PRINCIPES MÉTAPHYSIQUES
DE LA SCIENCE DE LA NATURE

DU MÊME TRADUCTEUR

À LA MÊME LIBRAIRIE

KANT, *Abrégé de philosophie*, 180 pages, 2009.
– *La dissertation de 1770*, 216 pages, 2007.

BIBLIOTHEQUE DES TEXTES PHILOSOPHIQUES
Fondateur Henri GOUHIER   Directeur Emmanuel CATTIN

KANT

PRINCIPES MÉTAPHYSIQUES DE LA SCIENCE DE LA NATURE

suivis des

PREMIERS ARTICLES SUR LA PHYSIQUE DE LA TERRE ET DU CIEL

Présentés, traduits et annotés
par
Arnaud PELLETIER

PARIS
LIBRAIRIE PHILOSOPHIQUE J. VRIN
6 place de la Sorbonne, V e
2017

© *Librairie Philosophique J. VRIN*, 2017
Imprimé en France
ISSN 0249-7972
ISBN 978-2-7116-2544-4
www.vrin.fr

INTRODUCTION

MATIÈRE À PENSER

LE PROBLÈME DE LA MATIÈRE

On reconnaît souvent à l'œuvre d'Immanuel Kant une place particulière dans l'histoire de la philosophie occidentale : cette œuvre immense, nourrie à de multiples savoirs et disciplines, a abordé de front, et à nouveaux frais, la plupart des questions classiques de la philosophie. On a même dit que, sur certaines d'entre elles, il ne fut plus possible de penser après lui comme on pensait avant[1]. Ou encore qu'il n'est plus possible aujourd'hui de savoir ce qu'était la philosophie avant Kant[2]. Mais on oublie parfois qu'avant même de publier des textes de philosophie – au sens où nous l'entendons aujourd'hui – Kant s'est essentiellement intéressé à des questions relevant des sciences de la nature, et que cet intérêt premier ne s'est jamais affaibli. En dehors de son essai de jeunesse des *Pensées sur la véritable estimation des forces vives* (1746)

1. Voir M. Foucault, *Les mots et les choses*, Paris, Gallimard 1966, p. 353, 396. Les abréviations employées sont données en fin de volume. Par commodité, nous désignons parfois la *Critique de raison pure* comme *Critique*, et les *Principes métaphysiques de la science de la nature* comme *Principes*. Les références à ce dernier texte sont directement données entre crochets [].

2. Voir J. Grondin, *Emmanuel Kant. Avant/après*, Paris, Criterion, 1991, p. 7.

et de son traité sur l'*Histoire générale de la nature et théorie du ciel*, qui paraît en 1755, il publie, entre 1754 et 1794, une dizaine d'articles portant essentiellement sur la physique de la Terre et les phénomènes astronomiques : il y aborde la question de la rotation axiale de la Terre, de la nature et de la propagation du feu, de l'origine des tremblements de terre, des météores, des phénomènes lunaires transitoires, ou des conditions météorologiques[1]. Et on ignore parfois que ces textes ont fait l'objet d'une réception très favorable chez les astronomes du XIXe siècle. François Arago souligne la préséance de « l'astronome de Königsberg » (!) sur ses contemporains[2]. Charles Wolf et Lord Kelvin redécouvrent en Kant l'une des origines de l'hypothèse de la nébuleuse (dite parfois hypothèse de Laplace-Kant) : le système solaire – comme tout système stellaire – se serait formé à partir d'une masse de gaz en rotation autour d'un axe, laquelle s'aplatit sous la forme d'un disque à mesure que le gaz se condense, et que les planètes se forment autour de leur étoile[3]. Et le tout premier

---

1. Les premiers de ces articles sont présentés et traduits en annexe.

2. F. Arago, « Analyse historique et critique de la vie et des travaux de Sir William Herschel », *L'annuaire pour l'an 1842 présenté au Roi par le bureau des longitudes*, Paris, Bachelier, 1842, p. 449, n. 1. C'est peut-être par l'intermédiaire d'Humboldt que François Arago a pris connaissance de ces textes, mais leur volumineuse correspondance n'en garde pas de trace. Au sujet des *Lettres cosmologiques* de Lambert publiées à Leipzig en 1761, Arago écrit : « C'est presque exactement l'ensemble des hypothèses adoptées par Kant dans son *Histoire du Ciel*. Comment est-il arrivé que six ans après la publication de cet ouvrage, Lambert n'ait fait aucune mention des vues qui y sont développées ? Comment 29 ans plus tard, Herschel abordant les mêmes problèmes, ne trouva-t-il jamais sous sa plume le nom du philosophe de Koenigsberg ou du géomètre de Mulhouse ? Ce sont deux questions que je ne saurais résoudre », *ibid.*, p. 451.

3. Kant, *Histoire générale de la nature et théorie du ciel*, trad. P. Kerzberg et A.-M. Roviello, Paris, Vrin, 1984, § 3, p. 74.

article de Kant assoie pendant un certain temps – et de manière rétrospective – sa réputation scientifique : il est en effet le premier à avoir expliqué que la Terre subit un ralentissement constant dans sa rotation axiale à cause du phénomène des marées[1]. Bien entendu, l'ampleur de sa réception chez les physiciens n'a jamais égalé celle de sa réception par les philosophes – mais elle n'est pas pour autant négligeable, et elle est même particulièrement significative de son œuvre.

Cet intérêt de Kant pour les sciences de la nature ne doit pas étonner. Il faut en effet rappeler que, jusqu'au XVIIIe siècle, l'appellation des disciplines, sinon leur démarcation, ne correspond pas à notre usage actuel. Nos actuelles sciences de la nature – à savoir l'étude scientifique des phénomènes physiques et de leurs lois – relèvent alors de la philosophie, et sont parfois encore désignées comme « philosophie naturelle », selon l'expression qu'employaient, par exemple, Galilée et Newton. Et même si le nom des sciences de la nature se différencie progressivement du nom de philosophie, ces sciences font pleinement partie de l'enseignement dispensé dans les facultés de philosophie. Ainsi, à l'université Albertina de Königsberg, Kant a étudié et enseigné la physique théorique (*physica dogmatica vel theoretica*) tout comme de la physique expérimentale (*physica specialis vel experimentalis*) en tant que parties intégrantes du cursus philosophique[2]. Dès les années 1740, le jeune Kant lit sous la direction de son professeur

---

1. Voir A. Pelletier, « Kant et la rotation de la terre (1754-1777) », dans *Kant – Les années 1747-1781. Kant avant la* Critique de la raison pure, L. Langlois (dir.), Paris, Vrin, 2009, p. 113-119 et la présentation en annexe, p. 253-273.

2. Voir R. Pozzo et M. Oberhausen, « The place of science in Kant's university », *History of Science*, Cambridge, n° 129, vol. 40 (3), 2002.

Martin Knutzen (1713-1751) les *Principia* et l'*Optique*
d'Isaac Newton : il en conservera un exemplaire,
respectivement dans les éditions de 1714 et 1719 qu'il cite
encore quarante ans plus tard dans les *Principes
métaphysiques de la science de la nature*[1]. Kant a également
suivi les cours de philosophie expérimentale de Johann
Gottfried Teske (1704-1772). Devenu titulaire d'une chaire
de logique et de métaphysique, il a lui même enseigné la
physique (essentiellement théorique) de manière continue
pendant trente ans, puisqu'il l'a enseignée pendant 22
semestres entre 1755 et 1788. Certes, il n'a laissé à la
postérité aucune contribution en physique expérimentale,
même si l'on rapporte que c'est sur une suggestion de Kant
que Ernst Chladni (1756-1827) aura l'idée de rendre visibles
des ondes sonores en faisant vibrer des plaques couvertes
de sable fin au moyen d'un archet, et de considérer ainsi
les ondes acoustiques de manière mécanique[2]. Du point
de vue de la physique théorique, ses contributions, modestes
mais réelles, sont parfois ignorées[3]. Toujours est-il que ses
notes de cours, ainsi que des notes d'étudiants, sont encore
conservées[4]. Cet intérêt, instruit et profond, pour la physique
rencontre une préoccupation métaphysique sur une question
particulière : celle de la matière.

1. Voir A. Warda, *Immanuel Kants Bücher*, Berlin, Verlag Martin
Brestauer, 1922, V, n. 23 et 24. Sur Martin Knutzen, considéré comme
un « héros » de la science à Königsberg pour avoir prévu l'apparition
d'une comète dans le ciel de l'hiver 1744, voir H.-J. Waschkies, *Physik
und physikotheologie des jungen Kant*, Amsterdam, B. R. Grüner,
1987, p. 296-347.
2. Voir E. A. C. Wasianski, *Immanuel Kant in seinen letzten
Lebensjahren*, Königsberg, F. Nicolovius, 1804, p. 167-168.
3. Voir les annexes, et leurs présentations, en fin de volume.
4. Respectivement AA 14, 65-537 (réflexions sur la physique et la
chimie) et AA 29, 69-169 (notes du cours de physique).

En effet, la thèse latine de Kant, et l'un de ses premiers textes métaphysiques, porte précisément sur la question de la matière : l'*Usage en philosophie naturelle de la métaphysique unie à la géométrie, dont le premier échantillon contient la Monadologie physique*, publié en 1756[1]. Le problème vient de la réception du concept de monade, que Leibniz définissait comme un « point métaphysique »[2], et qui a été identifiée ensuite, et de manière non leibnizienne, comme un point physique : si la matière est composée de monades, absolument simples et indivisibles, et qui seraient comme des points physiques de la matière, comment comprendre alors que l'espace rempli par ces monades soit divisible à l'infini ? Kant soutient alors que ces monades physiques ne remplissent pas directement l'espace par une quelconque étendue (que l'on aurait en effet bien du mal à concevoir comme indivisible), mais qu'elles sont comme des points doués de deux forces constitutives, la force d'attraction et la force de répulsion, par lesquelles elles occupent un certain espace et par lesquelles elles se délimitent réciproquement. Autrement dit, ce sont des points qui, en tant que tels, sont inétendus dans l'espace, mais qui, par leurs forces – et plus précisément par la force de répulsion qui tend à empêcher une autre monade de venir occuper son lieu – sont également compris comme les centres d'une « sphère d'activité » qui est, elle, étendue dans l'espace. Cette

---

1. Kant, *Metaphysicae cum geometria iunctae usus in philosophia naturali, cuius specimen I. continet monadologiam physicam*; AA 1, 473-487; trad. dans *Quelques opuscules précritiques*, introd., trad. et notes S. Zac, Paris, Vrin, 1970, p. 31 *sq.*
2. *Cf.* Leibniz, *Système nouveau de la nature et de la communication des substances* (1695), *Die Philosophischen Schriften*, éd. C. I. Gerhardt, Hildesheim, Olms, 1978, V, p. 482.

préséance de la force de répulsion sur la force d'attraction trouvera encore un écho dans les *Principes* de 1786. Toujours est-il que cette manière de penser la matière permet, en 1756, à la fois de poser que la monade elle-même reste indivisible, mais que sa sphère d'activité est divisible à l'infini. Derrière cette conceptualité, Kant identifie dans ces forces antagonistes l'élément constitutif de la matière. Aussi, loin de reconduire l'essence de la matière à la seule étendue dans l'espace, à la manière de Descartes[1], Kant s'inscrit plutôt dans la critique que Leibniz avait adressée à une telle conception : l'étendue ne suffit pas à expliquer toutes les propriétés des corps matériels, comme leur inertie naturelle ou indifférence au mouvement, leur solidité, leur impénétrabilité ou leur densité – et il faut donc recourir à la notion de force[2]. Dès ce premier texte, Kant identifie le concept de matière comme étant à l'articulation de la physique et de la métaphysique, et même : de la physique la plus empirique à la métaphysique la plus pure.

En effet, le physicien étudie les propriétés empiriques de la matière des corps naturels et cherche à établir une explication – par exemple mécaniste – des changements de propriétés de ces mêmes corps. Ce faisant, il pose au fondement de son investigation un concept de matière, qu'il n'a peut-être pas explicité, même s'il a supposé que son contenu pourrait être saisi au travers des objets de

1. *Cf.* Descartes, *Principes de la philosophie* (1644/1647), seconde partie, 4 : « Nous saurons que la nature de la matière, ou du corps pris en général, ne consiste point en ce qu'il est une chose dure, ou pesante, ou colorée, ou qui touche nos sens de quelque autre façon, mais seulement en ce qu'il est une *substance* étendue en longueur, largeur et profondeur » (AT IX, seconde partie, 65).
2. *Cf.* Leibniz, *Lettre sur la question si l'essence du corps consiste dans l'étendue* (1691), *Die Philosophischen Schriften*, éd. C. I. Gerhardt, IV, p. 464.

l'expérience. Ainsi Newton ouvre-t-il ses *Principes mathématiques de la philosophie naturelle* par une série de définitions : celle de la quantité de matière, de la quantité de mouvement, de la force qui réside dans la matière, etc. Et il ajoute, dans un scolie à ces mêmes définitions :

> Je viens de faire voir le sens que je donne dans cet ouvrage à des termes qui ne sont pas communément usités. Quant à ceux de *temps*, d'*espace*, de *lieu* et de *mouvement*, ils sont connus de tout le monde ; mais il faut remarquer que pour n'avoir considéré ces quantités que par leurs relations à des choses sensibles, on est tombé dans plusieurs erreurs[1].

Newton précise alors ce qu'il entend par ces termes d'usage courant. Mais non ce qu'il appelle matière et qui est pourtant, dès les premiers mots du texte, présupposé.

Il faut ainsi distinguer deux perspectives : celle du physicien, qui connaît la matière dans la mesure où il en explique les changements phénoménaux ; celle du métaphysicien, qui pense les déterminations du concept de matière qui ont dû intervenir pour qu'une matière phénoménale soit donnée comme elle est donnée. Mais à quoi bon cette dernière perspective si le physicien peut très bien s'en passer dans son activité d'investigation de la nature ? N'est-ce pas là formuler des hypothèses non réfutables, de simples spéculations arbitraires – et comme telles toutes équivalentes ? Et n'est-ce pas empiéter sur le domaine du physicien s'il s'agit de lui faire reconnaître d'étranges hypothèses sur la constitution de la matière ?

---

1. Newton, *Principes mathématiques de la philosophie naturelle, par feue Madame la Marquise du Chastellet*, Paris, Jacques Gabay, 2 tomes, 1990 (cité : Newton-Châtelet), t. 1, p. 7. L'orthographe des citations a été modernisée.

Newton, on le sait, a coupé court à une telle perspective, ainsi que Kant le rappelle dès la préface et, ensuite, au second chapitre des *Principes* :

> Tous les philosophes de la nature qui ont voulu procéder mathématiquement dans leur entreprise ont ainsi toujours employé, et ont dû employer (quoique inconsciemment), des principes métaphysiques, même lorsqu'ils se gardaient solennellement de toute prétention de la métaphysique sur leur science [472].
>
> On soutient généralement que Newton n'a pas du tout jugé nécessaire dans son système de supposer une action immédiate des matières, mais qu'avec la plus stricte réserve [que doit observer] la pure mathématique, il a laissé toute liberté aux physiciens d'en expliquer la possibilité comme il leur semblerait bon, sans aller mélanger ses propositions au jeu de leurs hypothèses [514].

La perspective de Newton s'inscrit à la suite du fameux énoncé de Galilée selon lequel l'univers est un livre gigantesque écrit en langage mathématique. Partant de là, l'affaire de Newton n'est pas d'expliquer la nature physique des propriétés des corps mais de formuler des règles mathématiques des changements phénoménaux et, en particulier, des mouvements des corps relativement les uns aux autres. C'est en ce sens que Newton opposait sa « philosophie expérimentale » à une « philosophie hypothétique » en indiquant que « ce n'est pas l'affaire de la philosophie expérimentale que d'enseigner les causes des choses au-delà de ce qui peut être prouvé par des expériences »[1]. Dans cette perspective, il n'est pas besoin

---

1. Newton : « Account of the Booke entituled *Commercium Epistolicum* », *Philosophical Transaction of the Royal Society of London*, 342 (janvier 1714 / janvier 1715), p. 223 : « The Philosophy

d'expliciter ou de justifier le concept de matière au-delà des propriétés qui lui sont reconnues, et dont certaines au moins s'attestent d'abord empiriquement. La question est alors de savoir quelles propriétés reconnaître à la matière, ou quels caractères joindre dans son concept. Dans son traité *De la gravitation*, Newton attribue aux corps – compris comme des quantités déterminées d'*étendue* – la *mobilité*, l'*impénétrabilité* et le fait de susciter des perceptions. La liste est étendue dans les *Regulae philosophandi* qui ouvrent la troisième partie des *Principia*, où il mentionne l'étendue, la dureté, l'impénétrabilité, la mobilité et la force interne d'inertie[1]. Comme il est bien connu – et comme le fait observer Kant en [515] en citant l'*Optique* – Newton ne comptait pas la gravité parmi les propriétés essentielles de la matière. Le concept de matière vient ainsi non pas déterminer à l'avance mais rassembler les caractères étudiés – les plus usuels étant sans doute la masse et le volume dans la mécanique classique – et on peut même concevoir un manuel de physique reposant sur un concept implicite de matière[2].

Tel est le point de départ de Kant : quel doit être le concept de matière pour que l'application de la mathématique à la nature ait tant de succès ? À n'employer qu'un concept

which Mr. Newton in his Principles and Optiques has pursued is Experimental; and it is not the Business of Experimental Philosophy to teach the Causes of things any further than they can be proved by Experiments ».

1. Voir Newton, *De la gravitation suivi de Du mouvement des corps*, trad. M.-F. Biarnais, Paris, Gallimard, 1995, p. 132 ; Newton-Châtelet, t. 2, p. 3-4.

2. Citons par exemple le manuel de physique fondamentale de D. Halliday, R. Resnick, J. Walker, *Fundamentals of physics*, Hoboken (NJ), Wiley, 2013, réédité dix fois depuis 1960, et qui ne définit jamais la matière en 1500 pages (même si ses trois états ainsi que sa propriété d'avoir une masse sont indiqués, p. 525 et 1338).

implicite de matière, le physicien prend le risque d'embarquer subrepticement des conceptions qui pourraient être erronées. Ou de considérer comme des données évidentes ou primitives ce qui n'est en fait qu'un fondement métaphysique nécessaire à un certain type d'explication. Ainsi, l'espace absolu newtonien n'est pas une donnée irréfragable, mais ce qu'il pense être un fondement nécessaire à sa mécanique[1]. Le fait que les physiciens se passent de métaphysique explicite n'est pas un argument pour Kant : il se pourrait bien qu'ils s'appuient en fait sur une métaphysique mal formée, et fassent passer des hypothèses spéculatives en contrebande, sans même s'en rendre compte, et même lorsqu'ils s'en défendent.

En somme, le syntagme d'une science mathématico-physique de la nature doit être décomposé selon Kant : l'application de la mathématique à la science de la nature ne peut se faire directement, mais exige l'intermédiaire d'une détermination métaphysique des concepts engagés. Le mathématicien qui pense se passer de métaphysique ne saisit ainsi pas lui-même la nature de la discipline qu'il pratique : « [L]a mathématique même a inévitablement besoin de ce peu pour être appliquée à la science de la nature, et comme elle doit ainsi nécessairement emprunter à la métaphysique, elle ne doit pas avoir honte de se montrer en sa compagnie » [479]. La tâche de la métaphysique est alors d'expliciter l'impensé de la physique, et de proposer

---

1. Voir Kant, *Dissertation de 1770*, § 2 (AA 2, 391 ; trad. p. 81) : « Ceux qui considèrent que cette recherche est superflue se trompent sur les concepts d'*espace* et de *temps* : ils les prennent pour des conditions primitives et déjà données en elles-mêmes par lesquelles, c'est-à-dire en dehors de tout autre principe, il serait non seulement possible, mais même nécessaire, que plusieurs choses actuelles soient les unes pour les autres comme des parties complémentaires formant un tout ».

« une décomposition complète du concept d'une matière en général » [472].

LA PLACE DES *PRINCIPES* DANS LA MÉTAPHYSIQUE DE KANT

L'ouvrage de 1786 paraît après la première édition de la *Critique de la raison pure* en 1781, et avant la seconde de 1787. Sa structure est directement justifiée par les développements de la *Critique*, et en particulier la table des catégories[1]. Mais le lien entre les deux ouvrages ne se limite pas à la justification d'un plan. Il nous faut brièvement repartir du projet d'une critique de la raison pure – qui ne peut être présenté ici que de manière très sommaire[2].

L'un des enjeux de la *Critique* est négatif : il s'agit de mettre fin à la métaphysique dogmatique qui prétendait *connaître*, au sens strict, ce que sont les choses au moyen de seuls concepts (ou pour reprendre le vocabulaire de Kant : qui prétendait les connaître par un usage purement discursif de l'entendement, et sans faire intervenir de contenu de l'intuition). Contrairement aux discours dogmatiques, l'entreprise critique cherche à s'assurer au préalable de l'étendue et des limites de ce qui peut être véritablement *connu*, et en particulier de la légitimité des propositions qui sont formulées de manière tout à fait indépendante de l'expérience (par la raison pure). Dans la note déjà citée de la préface aux *Principes*, Kant rappelle d'une phrase la grande leçon de l'ouvrage : « [Le système

---

1. Voir *infra*, « Structure de l'ouvrage », p. 38 *sq.*
2. Nous renvoyons ici aux exposés, à la fois courts et inspirants, de J. Grondin, *Kant et le problème de la philosophie : l'a priori*, Paris, Vrin, 1989 et L. Guillermit, *Leçons sur la Critique de la raison pure de Kant*, éd. et présentation M. Fichant, Paris, Vrin, 2008.

de la critique] est construit sur la proposition que *tout l'usage spéculatif de notre raison ne s'étend jamais plus loin que les objets d'une expérience possible* » [474]. Autrement dit, tout usage qui ne s'y rapporte pas ne livre aucune connaissance, au sens strict. Ainsi, Kant avait affirmé dans une phrase restée célèbre qu'il entendait substituer au nom orgueilleux d'ontologie (comprise comme une pensée de ce que les choses sont) le nom, plus modeste, d'une simple analytique de l'entendement pur (voir CRP, A 247). En toute rigueur, ce n'est pas tant l'ontologie parvenue jusqu'à Kant qui était orgueilleuse, mais la logique générale boursouflée en ontologie, à savoir la prétention selon laquelle les choses pourraient être connues simplement parce qu'elles peuvent être pensées (conformément à certaines lois logiques). Tel est le projet d'une philosophie transcendantale : il s'agit d'examiner « l'entendement et la raison comme se rapportant à des objets en général sans admettre des objets qui seraient donnés » (CRP, A 845/B 873) – lequel examen doit être le préalable, la propédeutique, l'entrée ou encore le vestibule d'une nouvelle métaphysique[1]. L'enjeu du projet critique peut donc être formulé simplement, même si sa mise en œuvre est autrement plus complexe et délicate : il s'agit bien d'établir les conditions d'une nouvelle métaphysique. Ainsi, et dès la première préface de la *Critique de la raison pure*, Kant formule l'espoir de faire

---

1. Kant, *Progrès de la métaphysique en Allemagne*, AA 20, 260. La thématique d'un vestibule ou d'une propédeutique nécessaire à l'instauration d'une nouvelle métaphysique remonte aux origines de la pensée d'une « ontologie transcendantale », indépendante de l'existence des objets eux-mêmes, dont les acteurs principaux en Allemagne furent les suáreziens Clemens Timpler et Christoph Scheibler (*cf.* A. Pelletier, « Les catégories : la réforme de la scolastique allemande dans le premier Leibniz », *Studia Leibnitiana*, 46/2, 2014).

suivre l'ouvrage propédeutique d'une métaphysique de la nature (A 21). Et il n'est ainsi pas étonnant qu'il présente à la fin de l'ouvrage une division de la métaphysique à venir, en précisant particulièrement la place qu'y prendrait la métaphysique de la nature :

> La philosophie de la raison pure ou bien est une *propédeutique* (un exercice préliminaire) qui examine le pouvoir de la raison relativement à toute connaissance pure *a priori*, et elle s'appelle *critique* ; ou bien, en second lieu, elle est le système de la raison pure (la science), toute la connaissance philosophique (aussi bien vraie qu'apparente) provenant de la raison pure, selon un agencement systématique de l'ensemble, et elle s'appelle *métaphysique* […].
> La métaphysique se divise en métaphysique de l'usage *spéculatif* et métaphysique de l'usage *pratique* de la raison pure, et ainsi est-elle ou bien une *métaphysique de la nature* ou bien une *métaphysique des mœurs*. La première contient tous les principes purs de la raison procédant de simples concepts (donc à l'exclusion de la mathématique) et portant sur la connaissance théorique de toutes choses […].
> Toute connaissance pure *a priori* constitue donc, en vertu du pouvoir de connaître particulier où elle seule peut trouver son siège, une unité particulière, et métaphysique est la philosophie qui doit présenter une telle connaissance dans cette unité systématique. Sa partie spéculative, qui s'est tout particulièrement approprié ce nom, à savoir celle que nous appelons *métaphysique de la nature*, et qui examine tout, en tant qu'il *est* (et non pas ce qui doit être), à partir de concepts *a priori*, se divise donc de la façon suivante.
> Ce qu'on appelle la métaphysique au sens restreint du terme se compose de la *philosophie transcendantale* et de la *physiologie* de la raison pure. La première considère

seulement l'*entendement* et la raison eux-mêmes, dans un système de tous les concepts et principes qui se rapportent à des objets en général sans admettre des objets qui seraient donnés (*ontologia*) ; la seconde considère la *nature*, c'est-à-dire l'ensemble des objets *donnés* (qu'ils soient donnés aux sens ou, si l'on veut, à une autre sorte d'intuition), et elle donc une *physiologie* (bien que seulement *rationalis*). Cela étant, l'usage de la raison, dans cette considération rationnelle de la nature, est soit physique, soit hyperphysique, ou mieux : soit *immanent*, soit *transcendant*. Le premier porte sur la nature, en tant que sa connaissance peut être appliquée dans l'expérience (*in concreto*), le second sur cette liaison des objets de l'expérience qui dépasse toute expérience. Cette physiologie *transcendante* a donc pour objet soit une liaison *interne*, soit une liaison *externe*, mais qui vont toutes deux au-delà de l'expérience possible : dans le premier cas, elle est la physiologie de la nature dans sa globalité, c'est-à-dire la connaissance transcendantale du monde, tandis que, dans le deuxième cas, elle est celle de la relation qui unit la nature dans sa globalité à un être situé au-dessus d'elle, c'est-à-dire *la connaissance transcendantale de Dieu*.

La physiologie immanente considère au contraire la nature comme l'ensemble qui inclut tous les objets des sens, par conséquent telle qu'elle *nous* est donnée, mais selon des conditions *a priori* sous lesquelles elle peut nous être donnée en général. Mais il n'y a que deux sortes d'objets des sens : 1. Ceux des sens externes, par conséquent l'ensemble de ces objets, la *nature corporelle* ; 2. L'objet du sens interne, l'âme, et d'après les concepts fondamentaux de l'âme en général, la *nature pensante*. La métaphysique de la nature corporelle se nomme *physique*, mais, puisqu'elle doit contenir seulement les principes de la connaissance *a priori* de la nature corporelle, *physique rationnelle*. La métaphysique de la nature pensante se nomme psychologie, et pour la même raison que l'on vient d'indiquer, il n'y a lieu d'entendre ici que la *connaissance rationnelle* de l'âme.

D'après quoi le système tout entier de la métaphysique se compose de quatre parties principales : 1. l'*ontologie*; 2. la *physiologie rationnelle*; 3. la *cosmologie rationnelle*; 4. la *théologie rationnelle*. La seconde partie, c'est-à-dire la doctrine de la nature de la raison pure, contient deux divisions : la *physica rationalis* et la *psychologia rationalis*[1].

Le texte propose des divisions dichotomiques successives qui esquissent le plan complet d'une philosophie de la raison pure, et qui détaillent en particulier les sous-divisions du système de la métaphysique. Ce plan appelle quelques remarques. D'une part, l'articulation entre la *critique* et la *métaphysique* apparaît. La critique propose, à titre de propédeutique, une philosophie transcendantale qui considère les choses *en général* comme objets d'une expérience possible; la métaphysique considère des choses *spéciales*, et en particulier la matière, comme objets d'une expérience réelle. En fait, même si la citation ci-dessus ne reprend pas l'ensemble des développements concernant l'usage pratique de la raison, ceux-ci restent cependant relativement limités et, somme toute, pas du tout explicites quant au contenu de la métaphysique des mœurs. C'est bien la métaphysique de la nature – correspondant à l'usage spéculatif de la raison – qui est ici particulièrement exposée : Kant souligne d'ailleurs que ce qui était désigné jusqu'à lui sous le nom de métaphysique correspondait en réalité qu'à la métaphysique de la nature, dans l'ignorance de la métaphysique des mœurs. A tel point que celle-là s'était comme approprié le nom même de métaphysique.

1. CRP, A 841, 845-847, trad. p. 679, 681-683.

Cette première remarque est comme confirmée par la division de la métaphysique de la nature en quatre parties principales qui rappellent les quatre parties du système total de la métaphysique selon Wolff, lequel distinguait la métaphysique générale (ontologie) des trois branches de la métaphysique spéciale (psychologie, cosmologie et théologie rationnelles). Le sens de ces divisions n'est bien entendu pas le même : ainsi, Kant conserve encore le nom d'ontologie dans son système de la métaphysique, non pour raviver l'ancienne ontologie orgueilleuse des choses en soi à laquelle la *Critique* a précisément mis un terme, mais pour lui substituer une modeste ontologie des objets en général qui prend ici le nom de « philosophie transcendantale ». D'ailleurs, il faut remarquer que les quatre parties principales de la métaphysique ainsi distinguées ne se situent pas à un même niveau dans la subdivision de la métaphysique de la nature. L'ontologie appartient au premier niveau de division : elle traite de la possibilité de connaître *a priori* des objets en général qui ne sont pas encore donnés. La physiologic rationnelle appartient au deuxième niveau de division, et il faut être attentif à une ambiguïté dans le texte : en effet, les objets donnés – qui déterminent à proprement parler un premier sens de la nature – sont l'objet de la physiologie de la raison pure (qui n'est pas encore la physiologie rationnelle que vise Kant !), qui est elle-même divisée en physiologie transcendante et en physiologie immanente. C'est cette physiologie immanente – qui considère la nature comprise cette fois-ci comme l'ensemble des objets donnés aux sens – qui désigne la deuxième partie de la métaphysique de la nature, à savoir la physiologie rationnelle (elle-même subdivisée en physique et psychologie rationnelle). Enfin, les deux dernières parties relèvent d'un troisième niveau de division puisqu'elles divisent la physiologie transcendante restante en, respectivement, cosmologie et théologie rationnelles. Cette différence de place dans le système est révélatrice d'un déplacement fondamental par rapport à la division de la métaphysique spéciale wolffienne.

En effet, Kant ne considère pas trois objets particuliers – dieu, l'âme, le monde – comme faisant chacun l'objet d'une discipline spéciale. Mais il considère, dans la partie physiologique – qui est, comme son nom l'indique, la métaphysique de la nature (*physis*) proprement dite – ce que signifie avoir une connaissance *a priori* d'objets donnés : celle-ci peut porter sur des objets donnés aux sens (et dans ce cas, on ne peut pas uniquement considérer l'âme, objet du sens interne, mais il faut encore considérer les corps, objets des sens externes), ou elle peut porter sur la liaison de ces objets donnés aux sens. La division kantienne fait donc apparaître un terme qui était ignoré dans la division wolffienne, à savoir : la physiologie rationnelle, c'est-à-dire la connaissance *a priori* des objets donnés aux sens, et en particulier celle des objets donnés aux sens externes. Il n'y avait, chez Wolff, aucune place pour une métaphysique de la nature corporelle comme telle. Et si l'on entend, pour commencer, que les sciences de la nature ont pour objet les corps donnés aux sens, c'est alors la possibilité même d'une métaphysique des sciences de la nature qui était occultée.

Tel que Kant le présente, on conçoit que le projet d'exposer une métaphysique complète de la nature représente une tâche immense, et dont l'étendue est plus grande encore que la totalité du système de la métaphysique wolffienne. Mais il faut bien commencer quelque part. Et Kant choisit de commencer par la partie qui était précisément ignorée jusque là, à savoir la physiologie rationnelle (au sens restreint). C'est par la métaphysique de la science de la nature, qui a l'avantage de porter sur des objets donnés *in concreto* aux sens externes, que Kant veut commencer sa métaphysique de la nature et, d'un même mouvement, confirmer la validité de la partie critique ou propédeutique de la philosophie de la raison pure. La physiologie rationnelle est exactement à l'articulation des sciences empiriques de la nature d'une part et de la métaphysique pure d'autre part. Elle est comme une application de celle-ci à celles-là, ainsi que l'écrit Kant à Christian Gottfried Schütz le 13 septembre 1785 :

> Avant de me mettre à la Métaphysique de la nature que j'avais promise, je dus m'acquitter de ce qui en est certes une *simple* application, mais suppose pourtant un concept *empirique*, celui des principes métaphysiques de la doctrine des corps, tout comme ceux, dans une annexe, de la doctrine de l'âme, d'une part, parce que cette métaphysique de la nature si l'on veut qu'elle soit tout à fait homogène, doit être pure, et d'autre part aussi, afin que je puisse y disposer de quelque chose à quoi je puisse me rapporter comme à des exemples *in concreto*, et qu'ainsi j'en puisse en rendre l'exposé compréhensible sans pour autant grossir le système en y incluant ces exemples. C'est cette application que je viens d'achever cet été sous le titre de *Principes métaphysiques de la science de la nature* ; je crois que même les mathématiciens ne l'accueilleront pas défavorablement[1].

Kant poursuit encore la rédaction du manuscrit, et finit par en exclure l'appendice sur la doctrine de l'âme, ainsi qu'il s'en explique dans la préface : la doctrine empirique de l'âme, n'étant pas susceptible d'un traitement

---

1. *Correspondance*, p. 244-245 ; AA 10, 406 (trad. modifiée comme suit : « principes » traduit *Anfangsgründe* et « doctrine » traduit *Lehre*).

mathématique comme peut l'être la doctrine empirique des corps, ne peut prétendre au titre de science à proprement parler, et il ne peut donc y avoir de métaphysique de cette science. Autrement dit, puisque la mathématique n'est pas applicable à la doctrine de l'âme, la métaphysique pure ne peut s'appliquer à cette même doctrine. Si le plan initial de la *Critique de la raison pure* est contrarié, c'est que Kant a entre temps formulé le critère de la mathématisation des sciences de la nature. Il ne reste alors qu'à rechercher les principes métaphysiques de la doctrine des corps, c'est-à-dire les principes métaphysiques de la construction du concept de corps – ou, plus précisément, de la matière corporelle – qui rendent celle-ci susceptible d'un traitement mathématique. En somme : quels principes métaphysiques interviennent dans la détermination du concept de matière, qui est posé au fondement de toutes les sciences de la nature ? L'ouvrage qui y répond paraît enfin à la foire de Pâques, en mai 1786. Il est, à strictement parler, le premier échantillon de la métaphysique kantienne de la nature[1].

DES PRINCIPES MATHÉMATIQUES DE NEWTON
AUX PRINCIPES MÉTAPHYSIQUES DE KANT

Arrêtons-nous d'abord sur le titre de l'ouvrage. Depuis sa première traduction française par Charles Andler en 1891, il était d'usage de le citer sous le titre de *Premiers principes métaphysiques de la science de la nature*. La traduction d'*Anfangsgründe* – littéralement, les fondements

---

1. Pour une étude approfondie du rapport des *Principes* non pas au plan prévu par la *Critique*, mais à « l'Analytique des principes », voir en particulier M. Friedman, *Kant's construction of nature. A reading of the Metaphysical foundations of natural science*, Cambridge, Cambridge University Press, 2013, p. 563-608. Notons que les *Fondements de la métaphysiques des mœurs*, parus en 1785, peuvent être considérés comme le premier échantillon de la métaphysique kantienne, tout court.

dont il faut partir – par *premiers* principes semble en effet, d'abord, plus littérale, et permet d'introduire immédiatement une distinction entre l'ordre des *premiers* principes, d'une part, et l'ordre des principes, tout court, d'autre part[1]. L'expression de « premiers principes » intervient d'ailleurs dès le titre latin du premier texte de métaphysique publié par Kant en 1755 : la *Nouvelle explication des premiers principes* [principiorum primorum] *de la connaissance métaphysique*[2]. Mais en 1786, Kant a déjà attiré l'attention sur la possible équivoque du terme général de « principe ». En effet, il a indiqué dans la *Critique de la raison pure* que le terme est ambigu, selon qu'il se rapporte à l'entendement ou à la raison. D'un côté, toute connaissance d'entendement s'appuie sur un certain nombre de principes, à savoir des connaissances qui sont prises au fondement du processus de connaissance à titre d'axiomes, de majeures dans un syllogisme ou de propositions fondamentales (*Grundsätze*) en général[3]. Ces propositions ne sont principes qu'en un sens relatif en tant qu'elles sont posées en premier par l'entendement : mais elles ne fournissent pas par elles-mêmes des connaissances synthétiques par concepts. D'un autre côté, la raison est le pouvoir des principes (*das Vermögen der Prinzipien*) en un sens plus strict du terme, à savoir au sens de propositions synthétiques par concepts. L'entendement est incapable de tels principes, et il est alors plus précisément déterminé comme le pouvoir des règles, ou « le pouvoir d'unifier les phénomènes par l'intermédiaire de règles »[4]. Si Kant opère ainsi une distinction technique

---

1. Un même souci est partagé par les traductions anglaises d'*Anfangsgründe* par *foundations*.
2. *Cf.* AA 1, 385-416 : *Principiorum primorum cognitionis metaphysicae nova dilucidatio.*
3. CRP, A 300/B356.
4. CRP, A 302/B359.

précise entre *Prinzip* et *Grundsatz*, il faut noter qu'il peut aussi employer ces termes de manière moins technique, pour renvoyer à un principe sans le déterminer explicitement. Toujours est-il qu'on peut comprendre le souci du traducteur de distinguer différents ordres de principes et, dans le cas qui nous concerne, les principes (*Grundsätze*) des sciences de la nature, d'une part, des *premiers* principes (*Anfangsgründe*) métaphysiques qui interviennent en celles-ci, d'autre part.

La spécification des *Anfangsgründe* comme *premiers* principes parmi les principes n'est cependant pas si immédiate d'un point de vue sémantique[1]. D'une part, on peut noter que la distinction des ordres parmi les principes est précisément marquée par leurs qualificatifs : c'est parce qu'ils sont métaphysiques que les *Anfangsgründe* sont premiers par rapport aux sciences de la nature. Ce n'est donc pas tant le terme même d'*Anfangsgründe* qui porte la spécification que la nature de ce qu'il qualifie. Ce fait est confirmé, d'autre part, par l'usage courant du terme dans les titres des manuels exposant les éléments ou les rudiments fondamentaux d'une discipline, à commencer par les mathématiques[2]. C'est également le cas des deux manuels qui étaient au programme des cours de physique théorique de Kant dans les décennies 1770 et 1780, à savoir : les *Anfangsgründe der Naturlehre* (Göttingen, Dieterich, 1772) de J. C. P. Erxleben et l'*Anleitung zur Kenntniß der Natur* (1783), révision des *Anfangsgründe*

---

1. D'autant que Kant a pu employer l'expression de « premiers *Anfangsgründe* de la mécanique » (dans les *Pensées sur la véritable estimation des forces vives*; AA 1, 48).
2. Citons, particulièrement, les *Anfangsgründe aller mathematischen Wissenschaften* (1710) de Christian Wolff ou les *Mathematische Anfangsgründe* (1758) d'Abraham Gotthelf Kästner.

der Naturlehre (1780) de W. J. G. Karsten[1]. Dans tous ces manuels, qui se présentent comme tels, le terme d'*Anfangsgründe* ne renvoie pas à un sens technique de « principe », mais simplement aux éléments par lesquels un débutant doit commencer. Au lieu d'essayer de faire intervenir une distinction conceptuelle entre différents types de principes qui aurait été établie dans la *Critique de la raison pure*, c'est plutôt en référence et en complément de ces derniers manuels qu'il faut comprendre le titre de Kant : son ouvrage entend exposer les principes ou les premiers éléments par lesquels il faut commencer lorsque l'on veut élaborer une métaphysique des sciences de la nature. Autrement dit, la possible équivoque mentionnée plus haut à propos du terme de « principe » est levée si l'on comprend que l'accent porte sur la nature des principes : il ne s'agit pas tant de distinguer des *premiers* principes d'autres principes, mais des principes *métaphysiques* des principes *mathématiques* des sciences de la nature. Au-delà de l'usage même du terme d'*Anfangsgründe*, qui ne renvoie pas à une détermination technique parmi les principes, il est une autre raison déterminante de traduire le titre directement par *Principes métaphysiques de la science de la nature* : c'est que Kant comprend ce titre en référence aux *Principia mathematica Philosophiae naturalis* de Newton, parus exactement un siècle auparavant[2].

En effet, Kant indique en divers endroits de ses notes publiées sous le titre d'*Opus postumum* que le titre de l'ouvrage de Newton est mal forgé. C'est d'ailleurs en ces

1. Le premier fut au programme des semestres d'été 1776, 1779, 1781 et 1783 ; le second au semestre d'été 1785 (AA 29, 171-590).
2. Les *Principia* furent présentés à la Société Royale en avril 1686, ont reçu l'*imprimatur* le 5 juillet 1686, mais ne furent en fin de compte publiés par Edmund Halley qu'en juillet 1687.

occasions qu'il traduit lui-même « *Principia* mathematica » par « mathematische *Anfangsgründe* ». La critique adressée à Newton se fonde sur l'opposition des procédés de la mathématique (par construction de concepts) et de la philosophie (par concepts), tel que l'expose, entre autre, le chapitre de la « Discipline de la raison pure » à la fin de la *Critique de la raison pure*[1]. Autrement dit, la *physique* comprise comme une science de la nature observant des principes mathématiques (ainsi que le veut Newton) ne peut plus relever de la *philosophie*, fût-elle de la nature, de sorte que le titre de l'ouvrage de Newton, mentionnant encore la *philosophie naturelle*, paye un tribut à l'usage au détriment de la rigueur conceptuelle :

> Si la physique doit s'appeler *philosophie naturelle*, alors cette expression contient en elle-même une contradiction si l'on en fait, comme Newton dans son œuvre immortelle (*Philosophiae naturalis principia mathematica*), quelque chose de pour ainsi dire bâtard (un *concept hybride*) qui n'est purement ni l'une ni l'autre. […] Car, pas plus qu'il ne peut y avoir de principes *philosophiques* de la mathématique, pas plus il ne peut y avoir de principes *mathématiques* de la philosophie (comme Newton le veut pourtant). […] Le titre aurait dû être *Scientiae naturalis principia vel philosophica vel mathematica* [Principes soit mathématiques soit philosophiques de la science de la nature], puisque la forme peut être philosophique même si la matière (le contenu) est mathématique.
>
> […] Il y a des principes mathématiques mais aussi métaphysiques de la science de la nature, mais il n'y a pas de principes mathématiques de la philosophie, car c'est incompatible.

---

1. Voir CRP, A 717-738.

La *science naturelle* peut certes être ainsi divisée mais non une *philosophie naturelle*, car ce serait assembler ce qui ne s'assemble pas (*gryphes iungere equis*), une hardiesse de mathématicien dans un champ où lui fait défaut l'élément sur lequel il doit s'appuyer[1].

Une philosophie de la nature, parce qu'elle procède par simples *concepts*, ne relève que de principes philosophiques ou métaphysiques, mais en aucun cas de principes mathématiques qui guident la construction des objets dans l'*intuition*. Au contraire, une science de la nature convoque deux types de principes : son contenu relève de principes mathématiques ; mais sa forme – c'est-à-dire par exemple la mise en ordre des connaissances – peut relever de principes métaphysiques[2]. C'est la raison pour laquelle le titre de l'ouvrage que Newton fait paraître en 1687 aurait dû être, selon Kant, *Principes soit mathématiques soit philosophiques de la science de la nature*[3]. Du moins, un titre plus correct aurait dû être *Principes mathématiques de la science de la nature* (« Mathematische Anfangsgründe der [Naturwissenschaft] »)[4]. Et ces derniers ne doivent évidemment pas être confondus avec les *Principes métaphysiques de la science de la nature* : tel est le titre de l'ouvrage que Kant fait paraître en 1786. Les deux ouvrages traitent ainsi d'un même objet : la matière. Le premier détermine les lois selon lesquelles la matière est mise en mouvement ; le second traite du concept de matière mobile selon des principes purement *a priori* :

1. *Opus postumum*, fascicule onze, AA 22, 488-490.
2. Voir aussi : *Opus postumum*, AA 21, 208.
3. Voir, dès 1773-1775, la *Réflexion 41* ; AA 14, 162 : « Les principes (*principien*) de la mathématique de la nature sont en eux-mêmes philosophiques et ne font pas partie de la mathématique de la nature ».
4. *Opus postumum*, AA 22, 088 ; 523 ; 164.

Par le terme de *science de la nature* (*scientia naturalis*),
on entend le système des lois de la matière (d'un mobile
dans l'espace) : ce dernier constitue les principes
métaphysiques de celle-ci lorsqu'il n'en contient que les
principes *a priori*, mais il est appelé Physique lorsqu'il
en contient aussi les principes empiriques[1].

Le titre de l'ouvrage de Kant ne se comprend donc que
par symétrie avec l'ouvrage de Newton[2]. Et s'il faut
conserver cette symétrie, c'est avant tout parce qu'elle
désigne un problème, que Kant poursuivra jusque dans les
notes de l'*Opus postumum* : celui de la distinction du
mathématique et du philosophique (ou métaphysique) dans
les sciences de la nature[3]. La symétrie se poursuit d'ailleurs,
au-delà du titre, dans la forme même de l'ouvrage.

DÉFINITION, AXIOME, THÉORÈME ET DÉMONSTRATION

Nous venons de voir que Kant a non seulement
explicitement articulé l'enquête métaphysique du concept
de matière mobile à la trame catégoriale de la *Critique de
la raison pure*, mais qu'il a également pensé ses principes
métaphysiques comme un contrepoint, et sans doute un
contrepoint préalable, aux principes mathématiques de
Newton. Et s'il a ainsi tenu à rigoureusement distinguer
ce que l'on pourrait appeler les perspectives mathématique
et métaphysique sur la matière, c'est avant tout pour éviter

1. *Opus postumum*, fascicule quatre ; AA 21, 474.
2. Si la traduction d'*Anfangsgründe* par principes permet de
rétablir la symétrie avec Newton, elle appauvrit cependant le réseau
sémantique puisque le terme reste relativement rare chez Kant (une
trentaine d'occurrences dans les ouvrages publiés), au contraire de
Prinzip et *Grundsatz* (des centaines d'occurrences à chaque fois).
3. L'*Opus postumum* reviendra précisément sur le problème du
passage des principes métaphysiques de la science de la nature à la
physique elle-même : AA 22, 543 *sq.*

qu'une métaphysique subreptice et fallacieuse ne vienne s'immiscer et se mélanger aux principes mathématiques du physicien qui croit pourtant y échapper. Kant avait identifié ce possible écueil du physicien, et l'utilité au moins négative, et comme thérapeutique, du métaphysicien, dès une note de la *Critique de la raison pure* :

> La métaphysique de la nature se distingue totalement de la mathématique, et bien qu'elle soit loin d'avoir à offrir des vues aussi enrichissantes que celle-ci, elle est néanmoins très importante du point de vue de la critique de la connaissance pure de l'entendement en général dans son application à la nature : à défaut d'une telle métaphysique, même les mathématiciens, en s'attachant à certains concepts communs, mais en fait métaphysiques, ont sans s'en apercevoir lesté la doctrine de la nature d'hypothèses qui disparaissent à la faveur d'une critique de ces principes, sans qu'il soit fait pourtant par là le moins du monde tort à l'utilisation (tout à fait indispensable) de la mathématique dans ce domaine[1].

Après avoir si bien distingué les perspectives et les procédés, il est particulièrement étonnant de constater que l'exposé des principes métaphysiques prend la forme externe d'un traité de physique mathématique comportant des définitions (*Erklärungen*), des remarques (*Anmerkungen*), un axiome (*Grundsatz*), des théorèmes (*Lehrsätze*), des démonstrations (*Beweise*) et des corollaires (*Zusätze*). Kant suit bien en cela la structure des *Principia mathematica* de Newton, qui présentent une division analogue en *definitio, scholium, lemma, theorema, demonstratio, corollarium*, et qui sont, de fait, un modèle pour les traités de physique au XVIIIe siècle. Parmi d'innombrables exemples, on peut ainsi mentionner la manière dont Christian Wolff présente

1. CRP, A 847 n., trad. p. 683.

des démonstrations géométriques de théorèmes de philosophie naturelle, en s'appuyant sur des définitions, des axiomes, des corollaires, et des expériences[1]. En français, le traité de Johann Heinrich Lambert sur les *Proprietés remarquables de la route de la lumière* (1759) offre la même division en « théorèmes », « démonstrations », « corollaires » et « remarques »[2]. Pourtant, dans la section de la « Discipline de la raison pure dans son usage dogmatique », dans la seconde partie partie de la *Critique de la raison pure*, Kant indique que la philosophie ne peut en aucun cas imiter la méthode mathématique :

> La solidité (*Gründlichkeit*) des mathématiques repose sur des définitions (*Definitionen*), des axiomes (*Axiomen*) et des démonstrations (*Demonstrationen*). Je me contenterai de montrer qu'aucun de ces éléments ne peut être ni procuré ni imité par la philosophie, au sens où le mathématicien les prend[3].

Et en effet, le texte vise à établir une distinction entre le sens large des termes courants en allemand (*Erklärung*, *Grundsatz* et *Beweis*) et le sens strict de termes techniques translittérés du latin (*Definition*, *Axiom*, *Demonstration*), lesquels ne sont pas de simples équivalents des premiers. Ce faisant, Kant veut se distinguer de l'usage indifférencié des termes dans le lexique de Christian Wolff, qui a fixé pour un certain temps la langue allemande tant philosophique que mathématique. Dans celui-ci, les termes allemands sont accolés d'un équivalent latin, et peuvent valoir tant

---

1. Voir Ch. Wolff, *Vernünftige Gedanken von den Kräften des menschlichen Verstandes...* (1713), 4, § 25, p. 178 où il démontre le théorème selon lequel « l'air n'a pas de force expansive ».
2. Les conceptions de Lambert sont probablement à l'arrière-fond de la remarque 1 du théorème 8 de la dynamique, voir [518].
3. CRP, A 726, trad. p. 611 *sq.*

en philosophie qu'en mathématique. Dans le cas des termes cités, le lexique mathématique de Christian Wolff tient pour équivalents les termes d'*Erklärung* et de *definitio*, de *Beweis* et de *demonstratio*, et considère les *Grundsätze* comme des propositions vraies sans démonstration et dont les deux types sont les axiomes (*axiomata*) et les postulats (*postulata*)[1]. Au contraire, écrit Kant, et en toute rigueur, seule la mathématique parvient à définir – et donc à délimiter et *clore la définition* (*Definition*) du concept : la philosophie ne parvient qu'à une exposition jamais achevée (*Exposition*) de celui-ci. En toute rigueur, seule la mathématique parvient à des axiomes (*Axiomen*), c'est-à-dire à des propositions fondamentales (*Grundsätze*) synthétiques qui soient immédiatement *certaines en elles-mêmes* : mais, en philosophie, une proposition fondamentale synthétique à partir de simples concepts n'est jamais de soi immédiatement certaine, et requiert encore une justification ou une déduction. Comme l'écrit de manière suggestive Kant : aucune proposition de philosophie ne sera jamais aussi manifeste que « deux fois deux font quatre ». Enfin, seule la mathématique comporte en toute rigueur des démonstrations (*Demonstrationen*), c'est-à-dire des preuves apodictiques qui se développent *en montrant l'objet dans l'intuition* : la philosophie, elle, n'offre que des preuves (*Beweise*) discursives « à travers de simples mots » sans dé-monstration dans l'intuition[2]. L'affaire est donc entendue : selon la conceptualité introduite dans la

---

1. Voir Ch. Wolff, *Vollständiges mathematisches Lexicon*, Leipzig, Gleditsch, 1734, p. 445 (*sub voce* « Erklärung »), p. 201 (*sub voce* « Beweis ») et p. 602 (*sub voce* « Grund-Satz »). Kant possédait bien entendu les ouvrages mathématiques de Wolff (*cf.* A. Warda, *Immanuel Kants Bücher*, *op. cit.*, VII, n. 26 à 28).

2. Voir CRP, A 729, 732 et 735.

« Discipline de la raison pure », l'ouvrage de 1786 revêt extérieurement la forme d'un traité mathématique mais n'offre, comme tout ouvrage métaphysique, que des caractérisations, des propositions (des principes) et des preuves discursives. On pourrait alors se demander si cette forme extérieure n'est qu'un artifice de présentation. Kant y répond de manière assez déroutante :

> Dans ce traité, bien que je n'ai pas suivi la méthode mathématique de manière complètement rigoureuse (ce qui aurait demandé plus de temps que je ne pouvais y consacrer), je l'ai cependant imitée, non pour lui ménager un meilleur accueil par un étalage ostentatoire de solidité (*Gründlichkeit*), mais parce que je crois qu'un tel système est tout à fait susceptible d'une telle solidité, et qu'une telle perfection peut tout à fait être atteinte avec le temps par une main plus habile si, [par exemple], des naturalistes mathématiciens, stimulés par cette ébauche, ne devaient pas trouver inintéressant de traiter la partie métaphysique, dont ils ne peuvent de toute façon pas se dispenser, comme une partie fondamentale spéciale dans leur physique générale, et de la réunir à la doctrine mathématique du mouvement [478].

Imiter la méthode mathématique de manière rigoureuse ; parvenir à une perfection mathématique dans le traitement de la métaphysique ; considérer la métaphysique même comme une partie spéciale de la physique générale : ces énoncés n'ont littéralement aucun sens dans les termes de la Discipline de la raison pure que nous venons de rappeler. C'est qu'il faut alors les prendre en un autre sens, plus lâche et moins déterminé : la méthode mathématique ne peut, en toute rigueur (*eigentlich*), être imitée en métaphysique mais la philosophie peut toutefois poursuivre la clarification des concepts et l'exposition des preuves avec une grande rigueur (*mit aller Strenge*), et faire montre d'un esprit de profondeur (*Gründlichkeit*) sans pour autant atteindre la rigueur démonstrative, le type de profondeur et de solidité des mathématiques[1]. Le passage témoigne ainsi d'une forme de dénégation : en reprenant extérieurement la forme mathématique, en ne précisant pas ici que les termes d'*Erklärung*, de *Grunsatz* et de *Beweis* sont pris autrement que dans le sens courant qu'ils ont dans les traités de mathématique (où ils désignent effectivement, et en toute rigueur, des définitions, des axiomes et des démonstrations mathématiques), Kant semble manifestement vouloir ménager un meilleur accès à son ouvrage chez les physiciens et même, explicitement, susciter leur intérêt à poursuivre – ou simplement commencer – le travail métaphysique.

Cette concession aux distinctions nettes, tant lexicales que conceptuelles, proposées par la *Critique de la raison pure* peut être comprise comme une indication sur le destinataire de l'ouvrage aux yeux de Kant, à savoir : les physiciens mathématiciens, qu'il faut d'une certaine manière convaincre qu'ils n'échappent pas à la métaphysique et qu'il est de leur intérêt de la traiter rigoureusement, même sans rigueur démonstrative. Cette perspective d'une réception de l'ouvrage par les physiciens mêmes était déjà présente dans la lettre à Schütz déjà citée, au moment où Kant travaille encore au manuscrit : « je crois – écrivait-il – que même les mathématiciens n'accueilleront pas [cet ouvrage] défavorablement ».

---

1. L'esprit de profondeur renvoie à la phrase bien connue sur Christian Wolff en CRP, B XXVI. Rappelons que, chez Christian Wolff, l'équivalent latin de *Gründlichkeit* est *soliditas* (*cf.* Wolff, *Vernünfftige Gedancken von Gott, der Welt und der Seele des Menschen...* (1720), « Das erste Register », *sub voce* « Gründlichkcit »).

Si l'on veut retrouver le signe de cette différence dans l'usage des termes à l'intérieur même des *Principes*, il n'y a qu'à mentionner le fait que ces derniers ne contiennent qu'un seul axiome concernant la composition des mouvements [484]. Newton, au contraire, ouvre ses *Principia* sur les trois lois du mouvement qu'il pose comme des axiomes (*axiomata sive leges motus*)[1], c'est-à-dire comme des propositions valables universellement, admises au départ et à partir desquelles un certain nombre de chaînes déductives sont possibles, à la manière euclidienne : « Les principes que j'ai expliqués jusqu'à présent sont reçus de tous les mathématiciens, et confirmés par une infinité d'expériences »[2]. À l'évidence, « l'axiome » mentionné par Kant ne s'inscrit pas dans une telle structure déductive : l'ouvrage de métaphysique suit une autre structure, comme nous allons le voir. Mais avant cela, la relative latitude dans l'usage des termes soulève une difficulté de traduction qu'il faut aborder.

Pour le lecteur de la *Critique de la raison pure*, il est bien clair que les termes dont nous parlons ne peuvent pas désigner, en toute rigueur, des « définitions », des « axiomes » et des « démonstrations ». Mais c'est une partie intégrante de l'enjeu des *Principes métaphysiques de la science de la nature* que de s'adresser à un lecteur mathématicien, qui n'aurait pas nécessairement connaissance de l'ouvrage de 1781, et qui n'aurait donc pas de raison d'entendre les termes autrement qu'il les entend couramment.

1. Voir Newton-Châtelet, t. 1, p. 17.
2. *Ibid.*, p. 27. On peut noter ici qu'une partie de la mécanique du XVIIIe siècle consistera précisément à établir des principes d'une mécanique rationnelle dont les « axiomes » ne peuvent être limités expérimentalement ni admettre d'exception, comme c'est en réalité le cas chez Newton.

C'est en raison de cette ambivalence entretenue par Kant que nous choisissons de présenter l'ouvrage comme étant composé de « définitions », d'un « axiome », de « théorèmes » et de « démonstrations », tout en ayant prévenu le lecteur, qu'il ne s'agit *pas* de définitions, d'axiomes, etc. selon la détermination rigoureuse qu'en donne Kant dans la « Discipline de la raison pure ». Donnons un aperçu de la structure – discursive – de l'ouvrage.

STRUCTURE DE L'OUVRAGE

Préface. – La préface annonce, comme nous l'avons déjà indiqué, « une décomposition complète du concept d'une matière en général » [472]. Celle-ci suit les quatre titres des catégories que la *Critique* avait déterminés : la quantité, la qualité, la relation et la modalité. Pourtant il ne s'agit pas de considérer directement le concept de matière sous ces quatre aspects. La raison en est que la matière à laquelle le physicien à affaire doit nécessairement, et fondamentalement, toujours être conçue comme mobile (*beweglich*) : c'est une détermination fondamentale à laquelle le physicien n'échappe pas. Ainsi Kant écrit :

> La détermination fondamentale de quelque chose qui doit être un objet des sens externes ne pouvait être que le mouvement, puisque les sens ne peuvent être affectés que par lui seul [476].

De la matière, le physicien étudie les phénomènes en tant qu'objets des sens externes. Or une telle expérience ne serait pas possible si l'on ne pouvait différencier deux états successifs, et si l'on ne supposait pas un changement fondamental entre ces états, lequel se manifeste avant tout par le mouvement. Si donc la matière doit pouvoir être l'objet d'une expérience possible pour nos sens externes, alors cette matière doit être mobile, autrement il ne pourrait y avoir aucune expérience possible des changements matériels. Cela ne signifie pas que, dans notre expérience réelle de la matière, la mobilité soit la *première* propriété qui affecte nos sens externes. D'ailleurs, plus loin dans le texte, Kant indique plutôt que la matière, en tant que chose réelle dans l'espace, se manifeste d'abord à nos sens externes par son impénétrabilité[1]. L'impénétrabilité est donc la détermination fondamentale de la *manifestation* de la matière comme chose réelle ; la mobilité est la détermination fondamentale de la *pensabilité* de la matière elle-même. Ce n'est donc pas la matière, mais la matière comprise comme *ce qui est mobile* qu'il s'agit de considérer au travers des catégories.

La mobilité fait partie des caractères traditionnellement attribués à la matière. Thomas d'Aquin notait par exemple : « Et comme ce qui est matériel est mobile, il s'ensuit que l'être mobile (*ens mobile*) est le sujet de la philosophie de la nature »[2]. La *Critique de la raison pure* peut cependant en donner une justification forte, qui ne repose pas sur une supposition empirique. En effet, le mouvement se manifeste comme un changement dans l'intuition. Il faut certes qu'un divers de l'intuition soit donné. Mais il faut aussi le saisir sous le concept de changement, lequel renvoie à deux déterminations catégoriales de l'entendement : la catégorie de substance et d'accident (au titre de la relation) et la catégorie d'existence et de non existence (au titre de la

---

1. Voir [508] : « L'impénétrabilité, en tant que propriété fondamentale par laquelle la matière se manifeste en premier lieu (*zuerst*) à nos sens externes comme une chose réelle dans l'espace, n'est rien d'autre que le pouvoir d'expansion de la matière ».

2. Thomas d'Aquin, *In octo libros Physicorum Aristotelis Expositio*, 1, 3, 3 : « Et quia omne quod habet materiam mobile est, consequens est ens mobile sit subiectum philosophiae naturalis ».

modalité)[1]. Le prédicat de la *mobilité* de la matière est ainsi non seulement à l'articulation de l'empirique et du transcendantal, mais aussi de la *Critique* et des *Principes*.

Le plan de l'ouvrage peut être justifié de plusieurs manières. La préface indique qu'il suit les quatre types de catégories comme autant de perspectives successives sur le concept de matière mobile. Ainsi, le chapitre sur la phoronomie renvoie à la *quantité* d'un mouvement dans la matière (qu'on peut lui ajouter ou retrancher); celui sur la dynamique à la *qualité* de la matière déterminée par des forces (l'attraction et la répulsion); celui sur la mécanique à la *relation* des parties de la matière entre elles (par exemple dans le cas d'une communication de mouvement dans un choc); et le chapitre sur la phénoménologie à la *modalité* de l'apparaître du mouvement de la matière (en tant que vrai ou apparent) [477]. Ainsi sont justifiées les quatre définitions de la matière en mouvement, ou de la matière mobile, qui ouvrent chacun des chapitres :

1. « La matière est ce qui est mobile dans l'espace » [480].

2. « La matière est ce qui est mobile en tant qu'il remplit un espace » [496].

3. « La matière est ce qui est mobile en tant qu'il a, comme tel, une force motrice » [536].

4. « La matière est ce qui est mobile en tant qu'il peut être, comme tel, un objet d'expérience » [554].

On peut remarquer que cet ordre catégorial correspond à un approfondissement dans l'analyse conceptuelle de la matière mobile, dont témoigne l'enchaînement des quatre définitions citées : être mobile *dans* l'espace est explicité comme *remplissant* un espace, ce qui présuppose à son

---

1. Voir CRP, A 82 / B 108, où le prédicable du changement est rapporté au prédicament de la modalité.

tour une *force* motrice qui rend raison du remplissement mais aussi de l'*expérience* que l'on peut avoir du mouvement de la matière comme expérience d'un mouvement *vrai* et non simplement *apparent*. Quels concepts faut-il poser pour pouvoir penser chacune de ces définitions ? Les quatre chapitres montrent alors qu'il faut repenser, entre autres, quatre concepts peut-être trop rapidement envisagés par Newton : ceux d'espace, de force, de substance et de phénomène. Indiquons brièvement quelques étapes de ces analyses, qui ne sont autre chose que des connaissances par simples concepts, c'est-à-dire des connaissances philosophiques.

Phoronomie. – De la matière mobile, il faut d'abord considérer le mouvement en tant que tel, c'est-à-dire le mouvement d'un point, en faisant abstraction de toutes les autres propriétés de la matière. Que faut-il pour concevoir le mouvement – c'est-à-dire la direction et la vitesse – d'un point ? Il n'est besoin que d'avoir un espace relatif dans lequel construire ce mouvement, mais il n'est pas besoin d'avoir un point fixe qui serait déterminé par son lieu dans l'espace absolu. Kant déconstruit ainsi deux conceptions. D'une part, le mouvement ne se définit ni comme un changement de lieu, ni en référence à un lieu : ainsi le mouvement rotatif n'implique manifestement aucun changement de lieu. De même, le repos ne doit pas se caractériser comme absence de mouvement mais bien, cette fois-ci, comme présence persistante en un lieu. D'autre part, si l'on veut, comme Newton, penser la composition de deux mouvements et la saisir géométriquement comme la diagonale d'un parallélogramme, alors il faut, contrairement à Newton, renoncer au concept d'un espace absolu, qui serait en lui-même immobile et sans relation aux choses externes. C'est que l'on ne peut *penser* la composition simultanée de deux mouvements dans *un* seul espace : elle ne se laisse construire mathématiquement qu'en supposant un mouvement dans un espace, et un mouvement de cet espace relativement à un autre [490]. Le chapitre sur la phoronomie présente ainsi un travail conceptuel qui illustre parfaitement l'intention de l'ouvrage : pour *penser* l'applicabilité de la mathématique à la nature, il faut parfois rectifier les concepts métaphysiques que ces mêmes mathématiciens ont posé, comme le concept d'espace absolu.

Dynamique. – Le deuxième chapitre abandonne la perspective du point pour aborder la matière mobile comme remplissant un espace. Que faut-il admettre pour penser qu'il y a un *remplissement*, et pas simplement une *occupation* de l'espace par la matière ? La simple présence spatiale, telle qu'elle se manifeste à nos sens, doit être pensée comme résultant d'une résistance originaire. C'est par une résistance à la pénétration dans l'espace – une résistance au déplacement de la matière dans l'espace – que cette même matière peut ensuite être dite occuper un espace. Autrement dit, remplir l'espace, c'est résister à la pénétration, au déplacement, ce qui suppose fondamentalement une force de répulsion. La présence étendue dans l'espace relève avant tout de la présence d'une force. Et comme cette présence serait infinie si elle n'était limitée, il faut alors penser une seconde force fondamentale, une force d'attraction, qui permet de déterminer le degré (fini) de force répulsive de chaque matière. La conception dynamique de la matière ainsi esquissée a de multiples implications conceptuelles : il faut, par exemple, reconnaître l'élasticité comme propriété fondamentale de la matière [501] ; reconnaître l'attraction comme action immédiate à distance [512 *sq.*] ; reconnaître l'étendue et l'impénétrabilité comme des propriétés dérivées de ces forces originaires, etc. Et cette conception dynamique rectifie, elle aussi, la métaphysique erronée des mathématiciens : Lambert a tort d'admettre la résistance comme une donnée [497] ; Newton a tort de ne pas faire de l'attraction une propriété de la matière [514 *sq*.] ; les atomistes ont tort d'imaginer un vide absolu interrompu par des atomes d'une densité absolue [532 *sq*.], etc.

Mécanique. – Le chapitre sur la mécanique aborde enfin la question de la communication du mouvement. C'est par là que les *Principia* de Newton commençaient. La seule place de ce chapitre dans l'ouvrage indique tout ce qu'il a déjà fallu supposer avant que de pouvoir concevoir une approche mathématique des lois du mouvement. Cette fois-ci, Kant rapporte chacune des lois du mouvement à la proposition de métaphysique générale qui la fonde : à savoir les analogies de l'expérience développées dans la *Critique de la raison pure* (lesquelles sont elles-mêmes les principes de l'entendement pur correspondant aux trois catégories de la relation). Autrement dit, les trois lois peuvent être comprises comme l'application des analogies de l'expérience au concept de matière mobile, et ces trois lois sont elles-mêmes requises pour penser la possibilité qu'une matière mobile puisse communiquer un mouvement. Ce faisant, il s'agit alors de repenser le concept de substance de la matière [540] et abandonner l'idée newtonienne d'une force d'inertie essentielle à la matière [544 *sq*.].

Phénoménologie. – Le chapitre sur la phénoménologie considère enfin le mouvement (et le repos) de la matière (que l'on sait être mobile et douée de force motrice) en tant qu'il se présente comme phénomène pour un sujet. Que faut-il penser pour que ce phénomène devienne un objet d'expérience ? Il s'agit alors d'expliciter les différentes déterminations modales du mouvement. Le mouvement d'un corps, comme changement des relations externes dans l'espace, *peut* être indifféremment attribué à l'un des deux du point de vue de la *possibilité* de sa construction dans l'espace ; il *est* attribué à l'un des deux – et non à l'autre – en raison d'une cause *réelle* ; il *doit* être *nécessairement* attribué aux deux. Ainsi s'achève l'élucidation des principes métaphysiques qui seuls rendent possible l'application des mathématiques aux phénomènes de la nature.

RÉCEPTIONS

Nous avons vu que Kant espérait particulièrement que son texte soit reçu par les physiciens. Mais il ne suscite aucune réaction publique, ni chez les physiciens ni chez les philosophes. Seule une courte recension est publiée dans les jours qui suivent la publication du texte, par un correspondant de Kant, Christian Gottfried Schütz, sous la forme d'une brève présentation censée annoncer une discussion plus détaillée dans l'année[1]. Celle-ci ne vient pas. La deuxième édition de l'ouvrage paraît en 1787, sans davantage provoquer de retour. La recension consistante annoncée n'est finalement publiée dans l'*Allgemeine Literatur Zeitung* qu'en août 1789, et Schütz commence par expliquer le silence entourant l'ouvrage de Kant par sa profondeur, c'est-à-dire peut-être aussi sa difficulté :

> Les physiciens pouvaient difficilement espérer voir un jour démontrés de manière *a priori* les principes universels qu'ils posent au fondement de la physique théorique et qu'ils devaient simplement *postuler*. Mais que ne peut-on attendre de notre auteur lorsque l'on voit le sens et la

1. *Allgemeine Literatur-Zeitung*, N. 110 (mai 1786), p. 261-264.

cohésion de son système ? L'auteur de ces lignes voudrait d'abord dire que cette œuvre dépasse encore en profondeur la Critique même de l'auteur et s'explique ainsi le silence qui, à l'exception d'*un* rapport favorable, a régné jusqu'ici à son sujet[1].

L'enthousiasme de Schütz n'est pas suivi[2]. Lorsque le célèbre *Dictionnaire physique* de Gehler est réédité au début du XIXᵉ siècle, la « perspective dynamique » initiée par Kant et qui prétend ramener tous les phénomènes de la nature, et en particulier l'existence même de la matière, à un conflit des forces antagonistes de répulsion et d'attraction, est simplement écartée comme une « voie de spéculation métaphysique »[3]. Le projet même de vouloir construire le concept même de matière est, en somme, pour ces physiciens, compris comme un retour dogmatique à une hypothèse explicative *ad hoc*[4]. Ce même projet est au contraire salué comme un geste fondateur d'une nouvelle « philosophie de la nature » par les romantiques et les premiers représentants de l'idéalisme allemand. Selon Hegel, la véritable réception de l'ouvrage n'a eu lieu ni chez les kantiens ni chez les physiciens, mais chez ceux qui ont su prolonger le projet kantien (sans pour autant

1. *Allgemeine Literatur-Zeitung*, N. 261 et 262 (août 1789), p. 537-552 ; ici p. 537.

2. Le texte de Kant ne commence à être discuté ou mentionné dans des ouvrages de physique qu'à partir de 1792 : voir K. Pollok, *Kants « Metaphysische Anfangsgründe der Naturwissenschaft »*, Hamburg, Felix Meiner, 2001, p. 519-520.

3. J. S. T. Gehler, *Physikalisches Wörterbuch*, Leipzig, Schwieckert, vol. 1, 1825, p. 123.

4. On a cependant pu trouver un certain intérêt pour Kant chez les chimistes au tournant du XIXᵉ siècle ; voir M. Carrier, « Kants Theorie der Materie und ihre Wirkung auf die zeitgenössische Chemie », *Kant-Studien*, 81(2), 1990.

supposer que « ce qui doit être attiré et repoussé est déjà dans la matière ») :

> Entre autres mérites, *Kant* a aussi celui d'avoir – dans ses *Premiers principes métaphysiques de la science de la nature*, et par son essai d'une *construction*, comme on dit, de la matière – commencé de poser un *concept* de la matière, après que celle-ci avait été, antérieurement, prise pour fondement seulement comme un être mort de l'entendement, et que ses déterminations avaient été appréhendées selon le rapport existant entre des *propriétés*. Avec cet essai, Kant a suscité le concept de la *philosophie de la nature*, laquelle n'est rien d'autre que la conception de la nature, ou, ce qui est la même chose, la connaissance du concept dans la nature[1].

Ce n'était sans doute pas la réception que Kant attendait. D'un autre côté, le texte pouvait-il avoir une réception en dehors de la métaphysique kantienne ? Dès la fin de la préface, Kant souligne l'admirable et indispensable service que cette métaphysique *spéciale* de la nature corporelle rend à la métaphysique *générale*, c'est-à-dire précisément à la philosophie transcendantale kantienne : elle en donne des exemples concrets, elle en réalise (*realisieren*) les concepts et les propositions, elle donne sens et signification aux formes de pensée de la métaphysique générale [478]. Autrement dit, la *Critique* avait bien établi la réalité objective des catégories, mais une réalisation de cette métaphysique générale dans les objets de l'intuition – une présentation concrète de celle-ci – faisait encore défaut[2]. Il n'est donc pas étonnant que la réception la plus engagée

---

1. Hegel, *Encyclopédie des sciences philosophiques II. Philosophie de la nature* (1827-1830), trad. B. Bourgeois, Paris, Vrin, 2004, p. 123.

2. Sur cette question, voir en particulier P. Pecere, « Kant's Newtonianism : a reappraisal », *Estudos Kantianos*, Marília (Brésil), vol. 2, N. 2, 2014.

et la plus effective de ce texte ait eu lieu ... dans la philosophie de Kant elle-même. En effet, si les *Principes* s'articulent à la *Critique* afin de proposer un début de réalisation d'une métaphysique de la nature, ils ne parviennent cependant pas aux yeux de Kant à achever cette partie du système. Ils ont, au contraire, ouvert le problème difficile du « passage (*Übergang*) des principes métaphysiques de la science de la nature à la physique », que Kant ne cessera de reprendre dans les feuilles détachées de l'*Opus postumum*, et dont il témoigne en ces termes en 1798 : « La tâche à laquelle je me suis attelé en ce moment concerne le *Passage des principes métaphysiques de la science de la nature à la physique*. Cette tâche doit être remplie sans quoi le Système de la philosophie critique comporterait une lacune »[1]. Les développements de cette question ne peuvent être abordés dans le cadre de cette introduction. Par contre, la faible réception des *Principes* n'est peut-être pas sans lien avec la faible réception des premiers articles de Kant sur la physique de la Terre et du Ciel que nous avons évoqués au début de cette introduction.

Si les *Principes métaphysiques de la science de la nature* ont été considérés comme trop métaphysiques, spéculatifs, discursifs par les physiciens pour susciter leur intérêt, ils ont toutefois contribué à former une certaine image de Kant comme, précisément, celle d'un métaphysicien considérant des questions de physique, mais sans pouvoir prendre part lui-même à la science de la nature. Or, à regarder la manière dont les premiers articles de Kant sur la Terre et le Ciel – qui sont aujourd'hui encore très largement ignorés – ont été reçus, il est tout à fait possible

---

1. Lettre de Kant à Christian Garve du 21 septembre 1798, *Correspondance*, p. 705. Une formulation analogue est donnée dans la lettre à Kiesewetter du 19 octobre 1798 (*ibid.*, p. 706).

que les *Principes* aient produit un effet rétrospectif d'occultation de ces premiers articles. En somme, Kant aurait abordé les premières questions de physique comme il abordera la matière dans les *Principes* : en métaphysicien. Telle fut l'interprétation, aujourd'hui encore très influente, d'Erich Adickes dans la première grande monographie sur le savant Kant (*Kant als Naturforscher*). Selon ce dernier, Kant a bien prétendu écrire du point de vue du physicien (*als Naturkündiger*) dans ces articles[1], mais il n'aurait jamais eu les moyens de sa prétention. Bref, il aurait dès le départ contribué non à la science de la nature mais à la métaphysique de la science de la nature : Kant se serait ainsi « attelé à sa tâche non pas en physicien (*Natur-wissenschaftler*) mais en philosophe de la nature (*Naturphilosoph*) »[2]. Le reproche principal d'Adickes est que le jeune Kant aurait manifesté une prédilection pour les questions concernant la physique de la Terre et du Ciel qui sont soustraites à toute vérification expérimentale, et par conséquent le plus susceptibles d'être traitées de manière *a priori* – de manière métaphysique :

> La manière dont Kant mène sa réflexion, sans observation nouvelle et sans aucune preuve expérimentale, sans formule ni calculs mathématiques utilisables et avec des figures qui pour la plupart induisent l'intuition en erreur, n'est pas du tout satisfaisante du point de vue d'une science de la nature. Elle montre sans doute une acuité extraordinaire, de grandes capacités spéculatives et

1. Voir « La question du vieillissement de la Terre, considérée d'un point de vue physique » (1754), traduite en annexe, et en particulier p. 310 : « mais je ne vais la traiter qu'en physicien, et qu'autant qu'il est nécessaire pour parvenir à une compréhension bien fondée de ce point de vue ».

2. E. Adickes, *Kant als Naturforscher*, Berlin, De Gruyter, vol. II, 1925, p. 489.

d'autres qualités qui donnent beaucoup à attendre de l'auteur – seulement pas dans les sciences de la nature, mais dans le domaine philosophique. [...] En fin de compte, Kant n'est pas un scientifique au sens strict de par la constitution de son esprit. C'est surtout un esprit déductif et il est du genre conceptuel-abstrait, et non du genre intuitif-concret[1].

Il nous semble qu'un tel jugement mérite d'être précisément examiné. Surtout, il nous semble introduire de manière rétrospective un point de vue métaphysique dans des textes qui, à tout le moins, ne se présentent pas comme tels. Autrement dit, les premiers articles sur la physique de la Terre et du Ciel n'ont d'abord pas été lus parce que leur diffusion fut initialement restreinte ; et ils n'ont ensuite pas davantage été lus parce qu'on a cru que s'y nouaient des considérations analogues à celles des *Principes métaphysiques de la science de la nature*. Cela justifie que nous présentions en annexe quelques-uns de ces articles de jeunesse écrits « en tant que physicien »[2]. Non seulement parce que – et comme nous venons de le suggérer – une certaine réception des *Principes* a pu contribuer à occulter ces premiers textes. Mais aussi parce que Kant ne se serait peut-être pas engagé à écrire une métaphysique de la nature s'il ne s'était auparavant engagé à contribuer à la science de la nature. Mais au-delà des enseignements que l'on peut tirer et des hypothèses que l'on peut formuler en confrontant ces différents textes, il reste que tous témoignent d'une vie d'efforts continus à vouloir penser la matière.

Arnaud Pelletier

1. *Ibid.* p. 487 et 485.
2. Voir notre présentation des premiers articles de Kant, p. 239 *sq.*

NOTE SUR L'ÉDITION,
LA TRADUCTION ET L'ANNOTATION

Les *Metaphysische Anfangsgründe der Naturwissenschaft* ont connu trois éditions du vivant de Kant – sans compter les éditions non autorisées (voir bibliographie). La traduction suit le texte tel qu'il est publié par Alois Höfler dans le volume IV de l'Académie des Sciences de Prusse des *Kant's gesammelte Schriften* (Berlin, 1911). D'autres éditeurs ont proposé de corriger le texte de l'édition de l'Académie : lorsque nous les suivons, nous l'indiquons en note de traduction.

Nous redonnons en marge la pagination de l'édition de l'Académie, que nous citons ailleurs entre [crochets droits] : [490] renvoie donc à la page AA 4, 490. La liste des abréviations est donnée dans la bibliographie.

Dans le cours du texte, les termes placés entre [crochets droits] correspondent à des ajouts de traduction. Les phrases de Kant sont relativement longues et comportent souvent de nombreuses appositions, parfois enchâssées l'une dans l'autre de sorte que plusieurs points virgules (« ; ») et plusieurs deux points explicatifs (« : ») peuvent se trouver dans une même phrase. La ponctuation a été le plus possible conservée mais nous avons dû parfois recourir à des tirets (« – ») pour isoler les appositions ou les digressions, et remplacer certains points virgules par un point final ou deux points explicatifs.

Le texte comporte deux types de notes de bas de page :
les notes appelées par un astérisque (*) sont de Kant ; celles
du traducteur sont numérotées par page. L'orthographe
des citations qui interviennent dans les notes de traduction
a été, le cas échéant, modernisée. Les notes de traduction
visent à expliciter le sens ou les références les plus
immédiates du texte, parfois à en souligner les difficultés
ou à justifier les choix de traduction. Pour un commentaire
linéaire approfondi du texte, nous renvoyons aux ouvrages
très détaillés de Pollok (*Kants « Metaphysische Anfangsgründe der Naturwissenschaft ». Ein kritischer Kommentar*,
2001), Pecere (*La filosofia della natura in Kant*, 2009) et
Friedman (*Kant's construction of nature. A reading of the
Metaphysical foundations of natural science*, 2013), ainsi
qu'à l'introduction à la première traduction française du
texte par Charles Andler (1891) qui fut une source pour
bien des études et des traductions ultérieures.

KANT

PRINCIPES MÉTAPHYSIQUES
DE LA SCIENCE DE LA NATURE

Si l'on prend le mot de nature simplement au sens *formel*, où il signifie le premier principe interne de tout ce qui appartient à l'existence d'une chose[*], il peut alors y avoir autant de sciences de la nature qu'il y a de choses spécifiquement différentes, chacune devant contenir son propre principe interne des déterminations qui appartiennent à son existence. Mais la nature est aussi prise au sens *matériel*, non comme une propriété constitutive[1], mais comme l'ensemble de toutes les choses en tant qu'elles peuvent être des *objets de nos sens*, et par suite aussi des objets d'expérience, de sorte que l'on comprend sous ce mot la totalité des phénomènes, c'est-à-dire le monde sensible, en excluant tous les objets non sensibles[2]. La

[*] L'essence est le premier principe interne de tout ce qui appartient à la possibilité d'une chose. C'est pourquoi on ne peut attribuer aux figures géométriques qu'une essence mais non une nature (puisque, dans leur concept, rien n'est pensé qui exprime une existence).

1. La *Beschaffenheit* (propriété) désigne la constitution propre d'une chose, ce qui fait qu'elle est faite telle qu'elle est, et renvoie au principe interne évoqué dans le sens formel du mot nature.

2. Les deux sens – formel et matériel – du mot « nature » se distinguent comme une acception *intensionnelle* du mot (où la nature explicite ce qui fait la *Beschaffenheit* d'une chose, voir note précédente) et une acception *extensionnelle* de celui-ci (où la nature désigne

nature, prise en ce sens du mot, comporte alors, conformément à la distinction principale de nos sens, deux grandes parties, l'une contenant les objets des sens *externes*, et l'autre contenant l'objet du sens *interne*, de sorte qu'une double doctrine de la nature est possible, la « doctrine des corps » et la « doctrine de l'âme », où la première considère la nature *étendue*, et la seconde la nature *pensante*[1].

Toute doctrine, si elle doit être un *système*, c'est-à-dire un tout de connaissances ordonné selon des principes, s'appelle une science ; et comme ces principes peuvent être des principes de la liaison soit *empirique* soit *rationnelle*

l'ensemble des phénomènes). Sous bien des modalités, cette dualité sémantique parcourt l'histoire du terme de nature depuis la *Physique* d'Aristote, qui distinguait entre la nature comme « principe interne de mouvement et de repos » de l'ensemble des êtres qui peuvent être identifiés par un tel principe (voir en particulier *Physique* II, 1). Cette dualité se retrouve par exemple dans les sept acceptions de « nature » relevées par Scipion Dupleix dans *La physique ou science des choses naturelles* (1603), I, 6 ou, de manière plus proche de Kant, dans la *Metaphysica* (1779) de Baumgarten : « § 430. La nature d'un être est l'ensemble (*complexus*) de ses déterminations internes qui sont les principes de ses changements ou en général des accidents qui lui sont inhérents. Appartiennent ainsi à la nature d'un être 1) ses propriétés essentielles (*essentialia*), 2) l'essence, 3) les facultés, 4) les réceptivités, 5) toutes les forces dont sont douées toutes choses. [...] § 466. L'ensemble (*complexus*) des natures dans toutes les parties singulières du monde prises simultanément est la *nature universelle* (la nature naturée). La nature de cet univers le plus parfait est l'agrégat ou l'ensemble de toutes les propriétés essentielles, les essences, les réceptivités, les facultés, les forces dont sont doués toutes ses parties, monades, éléments, esprits, matières et corps ».

1. Comme le dernier paragraphe en témoigne [564], le texte ne porte que sur la doctrine métaphysique des corps et laisse de côté la doctrine de l'âme. Dans sa lettre à Schütz de septembre 1785, Kant présente son ouvrage comme traitant explicitement des principes de la doctrine des corps et prévoit d'ajouter en annexe ceux de la doctrine de l'âme, ce qu'il ne fera pas (AA 10, 406).

des connaissances en un tout[1], alors | la science de la nature 468
– que ce soit la doctrine des corps ou la doctrine de l'âme –
devrait aussi pouvoir être divisée en science *historique* et
en science *rationnelle* de la nature, si ce n'est que ce mot
de *nature* (du fait qu'il signifie une dérivation du divers
appartenant à l'existence des choses à partir de leur *principe*
interne) rend nécessaire d'avoir une connaissance rationnelle
de leur enchaînement, si tant est que cette connaissance
doit mériter le nom de science de la nature[2]. C'est pourquoi
la doctrine de la nature pourra être mieux divisée en une
doctrine historique de la nature, qui ne contient rien que
les faits des choses naturelles systématiquement ordonnés
(et qui consisterait elle-même en une *description de la
nature*, ou système de classification des choses naturelles
selon leurs ressemblances, et en une *histoire naturelle*, ou
présentation systématique de celles-ci en différents temps

---

1. « Liaison » traduit *Verknüpfung*. Dans la seconde édition de la
Critique de la raison pure (A 162), Kant introduira dans une note la
différence entre le concept général de liaison (*Verbindung, conjunctio*)
et ses deux modalités que sont la composition (*Zusammensetzung,
compositio*) et la connexion (*Verknüpfung, nexus*). Mais ici, c'est bien
la *Verknüpfung* qui est susceptible de plusieurs modalités, et nous lui
gardons le sens général de liaison.
2. Si toute science suppose des principes de la liaison
(*Verknüpfung*) des connaissances en un tout, alors une science de la
nature (en général) devrait fournir la connaissance rationnelle de
l'enchaînement ou de l'articulation interne (*Zusammenhang*) de sa
partie rationnelle, mais aussi de l'enchaînement de sa partie historique
– lesquelles correspondent aux deux acceptions (que nous avons dites
« intensionnelle » et « extensionnelle ») du mot de nature. Mais les
deux domaines ainsi désignés ne sont pas susceptibles d'une *science*
proprement dite : l'acception extensionnelle du mot de nature ouvre à
une *doctrine historique de la nature* ; et seule l'acception essentialiste
ouvre à une *science de la nature*.

et lieux)[1], et en une *science de la nature*. La science de la nature serait dite elle-même *proprement* ou *improprement* science de la nature : la première traite de son objet entièrement selon des principes *a priori*, la seconde selon des lois de l'expérience.

On ne peut appeler *proprement* science que celle dont la certitude est apodictique ; une connaissance qui ne peut contenir qu'une certitude simplement empirique est ce qu'on n'appelle qu'improprement un *savoir*. N'importe quel tout de connaissances, s'il est systématique, peut bien pour cette raison s'appeler une *science*, et même une science *rationnelle* si la liaison de la connaissance dans ce système est un enchaînement de raisons et de conséquences[2]. Mais si les raisons ou les principes de celle-ci ne sont en fin de compte qu'empiriques, comme par exemple en chimie, et que les lois par lesquelles la raison explique les faits donnés ne sont que des lois de l'expérience, ils n'impliquent alors en eux-mêmes aucune conscience de leur *nécessité* (ils ne sont pas apodictiquement certains) et, par suite, le tout de connaissance ne mérite pas le nom de science au sens strict, et c'est pourquoi la chimie devrait s'appeler un art systématique plutôt qu'une science[3].

1. Les termes de description de la nature (*Naturbeschreibung*) et d'histoire naturelle (*Naturgeschichte*) sont usuellement confondus (et Kant n'explique pas leur différence lorsqu'il les mentionne dans l'un des trois articles de 1756 sur les tremblements de terre (*cf.* Kant (1756b ; AA 1, 429 *sq.*), mais il introduit la différence entre le système scolaire de la *Naturbeschreibung* et le système pour l'entendement de la *Naturgeschichte* dès l'essai sur *Les différentes races humaines* (1775 ; AA 2, 434 *sq.*) puis dans le texte postérieur *Sur l'usage des principes téléologiques en philosophie* (1788 ; AA 8, 161 *sq.*).

2. *Raisons* traduit *Gründe* : c'est la forme de l'enchaînement des raisons et des suites qui qualifie précisément la science de rationnelle.

3. L'existence de lois causales en chimie n'assure pas son caractère de science puisque ces lois sont empiriques. Kant ne devient familier

Une doctrine rationnelle de la nature ne mérite ainsi le nom de science de la nature que lorsque les lois de la nature qui la fondent sont connues de manière *a priori*, et ne sont pas de simples lois de l'expérience. Une connaissance de la nature du premier genre est appelée *pure*, et celle du second genre est appelée connaissance rationnelle *appliquée*. Puisque le mot de nature implique déjà en lui le concept de lois, et que ce dernier implique lui-même le concept de la *nécessité* de toutes les déterminations qui appartiennent à l'existence d'une chose, on voit aisément pourquoi | la **469** science de la nature ne reçoit légitimement cette appellation que de sa partie *pure* – à savoir de celle qui contient les principes *a priori* de toutes les autres explications de la nature – et pourquoi elle n'est proprement science qu'au moyen de cette partie pure. On voit de même que, selon les exigences de la raison, toute doctrine de la nature doit finalement conduire à la science de la nature et s'y achever, puisque la nécessité des lois est indissociablement liée au concept de nature et exige ainsi d'être complètement examinée : c'est la raison pour laquelle l'explication la plus complète de certains phénomènes à partir de principes chimiques reste toujours insatisfaisante, puisqu'on ne peut donner aucune raison *a priori* de ces principes, lesquels ne sont que des lois contingentes qui n'ont été enseignées que par l'expérience.

Toute science de la nature *proprement dite* requiert donc une partie *pure* sur laquelle puisse se fonder la certitude apodictique que la raison cherche en elle ; et comme cette

---

des nouvelles conceptions en chimie (Lavoisier, Gehler, etc.) qu'à partir de 1790 environ : *cf.* J. van Brakel, « Kant's legacy for the philosophy of chemistry », *in* D. Baird, E. Scerri, L. McIntyre (eds), *Philosophy of chemistry : synthesis of a new discipline*, Dordrecht, Springer, 2006, p. 69-91.

partie pure est totalement différente, du point de vue de ses principes, de ceux qui ne sont qu'empiriques, il est particulièrement avisé – et c'est même, en raison de la nature de la chose, un devoir inévitable du point de vue de la méthode – d'exposer cette partie, de la manière la plus complète possible, séparément et sans aucun mélange avec l'autre partie, afin de pouvoir exactement déterminer ce que la raison peut accomplir par elle-même et le point où son pouvoir commence à requérir l'aide des principes de l'expérience. La connaissance rationnelle pure par simples *concepts* s'appelle philosophie pure ou métaphysique ; par contre, celle qui ne fonde sa connaissance que sur la *construction* des concepts au moyen d'une présentation de l'objet dans une intuition *a priori* s'appelle mathématique.

Une science de la nature *proprement* dite présuppose d'abord une métaphysique de la nature. En effet, les lois, c'est-à-dire les principes de la nécessité de ce qui appartient à l'*existence* d'une chose, ont affaire à un concept qui ne peut être construit puisque l'existence ne peut être présentée *a priori* dans aucune intuition[1]. La science de la nature proprement dite présuppose donc une métaphysique de la nature. Maintenant, il est vrai que cette dernière doit toujours contenir des principes qui ne sont pas empiriques

---

1. La caractérisation générale de la loi donnée ici (comme principe de la nécessité de ce qui appartient à l'existence d'une chose) peut s'appliquer tant aux lois de la nature dont il est ici question (que ces lois soient empiriques comme celles de la chimie, ou *a priori* comme les lois de la mécanique) qu'à toutes sortes de lois, comme la loi morale. Dans tous les cas, la loi enferme deux éléments : une règle nécessaire, et la prescription de cette règle à un objet par une instance compétente, qui devient alors législatrice (voir par exemple CRP, B 163, pour la

(raison pour laquelle elle porte précisément le nom de métaphysique), mais elle peut encore : *soit* traiter des lois qui rendent possible le concept d'une nature en général sans même avoir de relation à quelque objet déterminé de l'expérience, et partant de manière indéterminée relativement à la nature de telle ou telle chose du monde sensible, et il s'agit alors de la partie *transcendantale* de la | métaphysique   **470** de la nature ; *soit* s'occuper de la nature particulière de telle ou telle espèce de choses dont un concept empirique est donné, mais de telle manière qu'on les connaisse en ne faisant usage d'aucun autre principe empirique en dehors de ce qui est posé dans ce même concept (par exemple, elle prend comme fondement le concept empirique d'une matière ou d'un être pensant et cherche l'étendue de la connaissance que la raison peut avoir *a priori* de ces objets), et une telle science doit encore ici s'appeler métaphysique de la nature – à savoir de la nature corporelle ou de la nature pensante – même s'il s'agit alors d'une science métaphysique de la nature non pas générale mais au contraire *spéciale* (la physique ou la psychologie)[1], dans laquelle

caractérisations des catégories comme des « concepts qui prescrivent (*vorschreiben*) *a priori* des lois aux phénomènes » ; ou *Prolégomènes*, § 36 ; AA 4, 320 : « [...] l'entendement ne tire pas ses lois (*a priori*) de la nature, mais les lui prescrit »). Sur ce concept, voir E. Watkins, « What is, for Kant, a Law of Nature ? », *Kant-Studien*, 105/4, 2014, p. 471-490.

1. Kant fait allusion ici à la distinction wolffienne entre métaphysique générale et métaphysique spéciale (*besondere, specialis*), qu'il a reprise tout en lui donnant un autre sens dans la *Critique de la raison pure* (voir notre introduction, p. 17 *sq.*). La métaphysique de la nature spéciale a deux objets (l'âme, le corps) là où la métaphysique spéciale wolffienne se divisait selon ses trois objets (Dieu, l'âme, le monde).

les principes transcendantaux mentionnés ci-dessus sont appliqués aux deux types d'objets de nos sens[1].

J'affirme cependant que dans toute doctrine spéciale de la nature, il ne peut se trouver plus de science *proprement dite* qu'il ne se trouve de *mathématique* en elle[2]. Car d'après ce qui précède, une science proprement dite, et avant tout une science de la nature, requiert une partie pure qui soit au fondement de la partie empirique et qui repose sur la connaissance *a priori* des choses de la nature. Or, connaître quelque chose *a priori* signifie le connaître d'après sa simple possibilité. Mais la possibilité de choses déterminées

---

1. *Cf.* CRP, A 845/B 873 : « Ce qu'on appelle la métaphysique au sens restreint du terme se compose de la *philosophie transcendantale* et de la *physiologie* de la raison pure. La première considère seulement l'*entendement* et la raison eux-mêmes, dans un système de tous les concepts et principes qui se rapportent à des objets en général sans admettre des objets qui seraient donnés (*ontologia*) ; la seconde considère la *nature*, c'est-à-dire l'ensemble des objets *donnés* (qu'ils soient donnés aux sens ou, si l'on veut, à une autre sorte d'intuition), et elle donc une *physiologie* (bien que seulement *rationalis*) ».

2. « Ich behaupte aber, daß in jeder besonderen Naturlehre nur so viel *eigentliche* Wissenschaft angetroffen werden könne, als darin Mathematik anzutreffen ist ». La formulation pourrait prêter à quelque ambiguïté si on ne soulignait pas l'aspect quantitatif (*nur so viel ... als*) de la condition qui est posée : ce n'est pas que la mathématique soit un réquisit pour que toute une doctrine de la nature devienne science ; mais c'est la proportion de mathématique dans cette doctrine qui détermine la proportion *possible* de science en elle. Si l'on est en effet attentif aux modalités de la phrase, il faut lire qu'autant il se trouve de mathématique en elle (*anzutreffen ist*), autant il est possible de trouver de science en elle (*angetroffen werden könne*). A la fin du paragraphe, la modalité est levée et la correspondance exacte entre la proportion de mathématique et la proportion *effective* (et non plus *possible*) de science proprement dite est établie : « une doctrine de la nature contiendra (*wird enthalten*) autant de science proprement dite qu'il y a de mathématique qui puisse être appliquée en elle ». On pourrait dire que le premier énoncé désigne une limite (il ne *peut* y avoir *plus* de science qu'il n'y a de mathématique) et que le second signifie une identité (*il y a* exactement

de la nature ne peut être connue d'après leurs simples concepts : en effet, ceux-ci peuvent certes faire connaître la possibilité de la pensée (à savoir qu'elle ne se contredise pas elle-même) mais non la possibilité de l'objet en tant que chose de la nature qui peut être donnée (comme existante) en dehors de la pensée. Ainsi, afin de connaître la possibilité de choses déterminées de la nature, et partant de les connaître *a priori*, il est également requis que l'*intuition* correspondant au concept soit donnée *a priori*, c'est-à-dire que le concept soit construit. Or la connaissance rationnelle par construction de concepts est mathématique. Ainsi, bien qu'une philosophie pure de la nature en général – à savoir celle qui n'étudie que ce qui constitue le concept d'une nature en général – soit possible même sans mathématique, une doctrine pure de la nature concernant des choses *déterminées* de la nature (la doctrine du corps

---

autant de science que de mathématique). Entre ces deux énoncés, Kant a explicité le sens de la condition ainsi posée : par mathématique, il ne faut pas entendre une discipline au sens strict, mais une manière de *construire* des concepts dans l'intuition pure (et indépendamment de toute intuition sensible). C'est ainsi que la psychologie et la chimie, dont les principes sont empruntés à l'expérience, ne relèvent pas d'un procédé mathématique et ne sont pas des sciences à proprement parler. L'affirmation de Kant (« Ich behaupte aber ») s'inscrit dans un débat sur la proportion de mathématique dans les sciences physico-mathématiques de la nature. La question est moins évidente qu'il n'y paraît, ainsi qu'en témoignent les manuels que Kant utilisait. D'un côté, Erxleben prévient qu'il n'expose que les connaissances mathématiques les plus simples requises pour des éléments de physique, mais qu'un exposé approfondi de la *Naturlehre* nécessiterait beaucoup plus de mathématique (Erxleben, *Anfangsgründe der Naturlehre* (1772), préface). D'un autre côté, Karsten se demande s'il ne serait pas possible d'expurger les manuels de physique de toute mathématique appliquée afin de ne garder que ce qu'il y aurait de propre à la *Naturlehre* ; mais il y renonce aussitôt, de peur de brusquer l'usage en cours (Karsten, *Anfangsgründe der Naturlehre*, Halle, 1780, préface).

et la doctrine de l'âme) n'est possible qu'au moyen de la mathématique. Et, comme dans toute doctrine de la nature, il ne se trouve autant de science proprement dite qu'il ne s'y trouve de connaissance *a priori*, une doctrine de la nature contiendra autant de science proprement dite qu'il y a de mathématique qui puisse être appliquée en elle.

Ainsi, tant qu'on n'aura trouvé aucun concept susceptible d'être construit pour les actions chimiques des matières les unes sur les autres, c'est-à-dire | tant qu'on ne peut donner une loi du rapprochement ou de l'éloignement des parties d'après laquelle, peut-être en proportion de leurs densités ou d'autres propriétés, on puisse présenter de manière *a priori* dans l'espace et rendre intuitifs leurs mouvements et leurs conséquences (exigence qu'il sera difficile de remplir un jour), alors la chimie ne peut être rien de plus qu'un art systématique, ou une doctrine expérimentale, mais jamais une science proprement dite, parce que ses principes sont simplement empiriques et ne permettent pas de présentation *a priori* dans l'intuition et, par conséquent, ne permettent en rien de comprendre les principes des phénomènes chimiques en leur possibilité même puisqu'ils ne sont pas susceptibles d'une application mathématique.

La doctrine empirique de l'âme doit cependant être encore plus éloignée du rang de véritable science de la nature proprement dite que la chimie même. En premier lieu, du fait que la mathématique ne peut s'appliquer aux phénomènes du sens interne et à leurs lois, il ne faudrait alors tenir compte que de la seule *loi de continuité* dans le flux des changements internes, ce qui constituerait une extension de la connaissance qui se rapporterait alors à la connaissance que procure la mathématique dans la doctrine du corps à peu près comme la doctrine des propriétés de la ligne droite se rapporte à la géométrie tout entière. En effet, l'intuition interne pure, dans laquelle les phénomènes de l'âme doivent être construits est le *temps*, qui n'a qu'une dimension. [En second lieu, la doctrine empirique de l'âme] ne pourra même jamais approcher la chimie comprise comme art systématique de la décomposition ou doctrine expérimentale, car on ne peut isoler en elle [l'âme] le divers de l'observation interne qu'au moyen d'une simple division en pensée, et on ne peut le maintenir séparément ni le réassocier à volonté : et encore moins un autre sujet pensant peut-il se soumettre à des expériences qui soient conformes à notre intention, [puisque] l'observation en elle-même affecte et modifie déjà l'état de l'objet observé. La doctrine empirique de l'âme ne pourra donc jamais être rien de plus qu'une doctrine historique de la nature du sens interne et, comme telle, une doctrine aussi systématique que possible, c'est-à-dire une description naturelle de l'âme, mais non une science de l'âme ni même, en réalité, une doctrine psychologique expérimentale. C'est aussi la raison pour laquelle nous avons donné, suivant l'usage courant, le titre général de science de la nature à cet ouvrage, lequel contient proprement les principes de la doctrine du corps, puisqu'une telle dénomination ne convient au sens propre qu'à elle seule et ne peut donc donner lieu à aucune ambiguïté[1].

1. Voir le passage correspondant en CRP, A 848/B 876 : « [...] quel lieu demeure donc pour la *psychologie empirique*, qui a depuis toujours revendiqué sa place dans la métaphysique [...] ? Je réponds : elle vient là ou doit être placée la doctrine de la nature proprement dite (empirique) – *die eigentliche (empirische Naturlehre)* –, c'est-à-dire du côté de la philosophie *appliquée*, en vue de laquelle la philosophie pure contient les principes *a priori*, devant ainsi entretenir un lien, certes, avec la philosophie appliquée, mais sens être confondue avec elle. La psychologie empirique doit donc être totalement bannie de la métaphysique, et s'en trouve déjà entièrement exclue par l'idée de cette science ».

472 | Mais afin de rendre possible l'application de la mathématique à la doctrine du corps, laquelle ne peut devenir une science de la nature que de cette manière, il faut que les principes de la *construction* des concepts qui relèvent de la possibilité de la matière en général soient indiqués en premier. Il faudra par conséquent se fonder sur une décomposition complète du concept d'une matière en général – ce qui est l'affaire de la philosophie pure, laquelle n'emploie à cette fin aucune expérience particulière mais seulement ce qu'elle trouve dans le concept séparé lui-même (bien qu'en soi empirique) et qui est en relation avec les intutions pures de l'espace et du temps (d'après des lois qui se rattachent déjà essentiellement au concept de nature en général) : c'est là par conséquent une véritable *métaphysique de la nature corporelle*.

Tous les philosophes de la nature qui ont voulu procéder mathématiquement dans leur entreprise ont ainsi toujours employé, et ont dû employer (quoique inconsciemment), des principes métaphysiques, même lorsqu'ils se gardaient solennellement de toute prétention de la métaphysique sur leur science[1]. Sans aucun doute, ils comprenaient la

1. Kant pense ici particulièrement à Newton, et à la célèbre formule du scolie général des *Principia* : « Je n'ai pu encore parvenir à déduire des phénomènes la raison de ces propriétés de la gravité, & je n'imagine point d'hypothèses. Car tout ce qui ne se déduit point des phénomènes est une hypothèse : & les hypothèses, soit métaphysiques, soit physiques, soit mécaniques, soit celles des qualités occultes, ne doivent pas être reçues dans la philosophie expérimentale. Dans cette philosophie, on tire les propositions des phénomènes, & on les rend ensuite générales par induction. C'est ainsi que l'impénétrabilité, la mobilité, la force des corps, les lois du mouvement, & celles de la gravité ont été connues. Et il suffit que la gravité existe, qu'elle agisse selon les lois que nous avons exposées, & qu'elle puisse expliquer tous les mouvements des corps célestes & ceux de la mer » (Newton-Châtelet, t. 2, p. 180).

métaphysique comme une folie consistant à inventer des possibilités à son gré et à jouer avec des concepts, qui ne peuvent peut-être pas du tout être présentés dans l'intuition et qui n'ont d'autre garantie de leur réalité objective que le simple fait qu'ils ne se contredisent pas eux-mêmes. Toute vraie métaphysique est tirée de l'essence du pouvoir même de penser, et ce n'est pas parce qu'elle n'emprunte rien à l'expérience qu'elle en est pour autant inventée : bien plutôt, elle contient les actes purs de la pensée, par conséquent les concepts et les principes *a priori* qui confèrent au divers des *représentations empiriques* une liaison ayant forme de loi par laquelle seule le divers peut devenir une *connaissance empirique*, c'est-à-dire une expérience[1]. Ainsi, ces physiciens mathématiciens ne pouvaient absolument pas se passer de principes métaphysiques ni, parmi eux, des principes qui rendent leur objet propre – à savoir la matière – susceptible *a priori* d'une application à l'expérience externe, comme par exemple les concepts de mouvement, de remplissement de l'espace, d'inertie, etc. Et ils considéraient à juste titre qu'il n'était pas du tout approprié à la certitude apodictique qu'ils voulaient donner à leurs lois de la nature de n'admettre à ce sujet que des principes simplement empiriques, aussi préféraient-ils les postuler sans en rechercher les sources *a priori*.

Il est pourtant de la plus grande importance, dans l'intérêt des sciences, de séparer les principes hétérogènes les uns des autres et de les rapporter chacun | à un système 473 particulier afin de constituer une science de sa propre

1. L'enjeu de cette « vraie métaphysique » – qui ne succombe pas aux illusions dogmatiques – a été exposé dans l'Analytique transcendantale (et en particulier l'Analytique des principes) de la *Critique de la raison pure* (A 65-235).

espèce, et d'éviter ainsi l'incertitude qui naît de leur
mélange, lorsque l'on ne peut pas bien distinguer auquel
des principes il faudrait attribuer soit les limitations soit
également les aberrations qui pourraient survenir à leur
usage. C'est pourquoi j'ai jugé qu'il était nécessaire, en
ce qui concerne la partie pure de la science de la nature
(*physica generalis*) où les constructions métaphysiques et
mathématiques ont l'habitude d'être mélangées, de présenter
en un système les premières [*sc.* les constructions
métaphysiques] ainsi que les principes de la construction
de ces concepts, c'est-à-dire les principes de la possibilité
d'une doctrine mathématique de la nature. Outre l'utilité
déjà mentionnée qu'elle procure, cette séparation présente
encore cet attrait particulier que suscite l'unité de la
connaissance – lorsque l'on prend garde que les limites
des sciences ne se confondent pas et que chaque science
occupe son propre champ délimité.

   Il est encore une autre raison de recommander cette
manière de faire. C'est que dans tout ce qui s'appelle
métaphysique, on peut espérer parvenir à des sciences
absolument complètes, ce qu'on ne peut promettre dans
aucun autre genre de connaissances. Par conséquent, comme
pour la métaphysique de la nature en général, on peut
raisonnablement s'attendre ici à parvenir à une métaphysique
complète de la nature corporelle. La raison en est qu'en
métaphysique on ne considère l'objet que comme devant
être représenté uniquement suivant les lois générales de
la pensée, alors que dans les autres sciences, on ne le
considère que comme devant être représenté d'après des
données de l'intuition (pure tout autant qu'empirique) : la
métaphysique donne nécessairement lieu à un nombre
déterminé de connaissances que l'on peut épuiser
complètement (puisqu'il faut alors toujours comparer

l'objet à *toutes* les lois nécessaires de la pensée), alors que les autres sciences, du fait qu'elles présentent une infinie diversité d'intuitions (pures ou empiriques) et par conséquent d'objets de la pensée, ne peuvent jamais parvenir à une complétude absolue mais peuvent toujours être augmentées à l'infini ; ainsi de la mathématique pure d'un côté et de la doctrine empirique de la nature de l'autre. Et je crois avoir complètement épuisé cette doctrine métaphysique du corps aussi loin qu'elle s'étende, sans pour autant avoir ainsi accompli un très grand travail.

Le schéma qui garantit la complétude d'un système de métaphysique, que ce soit de la nature en général ou de la nature corporelle en particulier, est | la table des catégories*.   474

---

* Dans la recension des *Institutiones Logicae et Metaphysicae* de M. le Prof. Ulrich parue dans le n. 295 de l'*Allgemeine Literatur Zeitung*, je trouve des doutes non à l'encontre de la table des concepts purs de l'entendement [1] mais des conclusions qui en sont tirées concernant la détermination des limites du pouvoir de la raison pure dans son ensemble, et par suite de toute métaphysique, et le très perspicace critique déclare être d'accord avec le non moins pénétrant auteur à l'égard de ces doutes, lesquels, parce qu'ils sont censés porter précisément sur le fondement principal du système que j'ai établi dans la *Critique*, seraient cause que ce système, relativement à sa fin principale, serait bien loin de présenter cette conviction apodictique qui est requise pour l'accepter sans restriction. Ce fondement principal serait

1. La recension en question a été rédigée par Johann Schultz, lequel fait l'éloge du livre recensé (à savoir les *Institutiones Logicae et Metaphysicae* de J. A. Ulrich, parues la même année 1785), qui est un livre partageant certaines thèses de la *Critique de la raison pure* mais pour, en fin de compte, en rejeter l'essentiel, à savoir la restriction de la validité objective des catégories aux objets de l'expérience. Sur cette reprise très critique de Kant par Ulrich, voir : F.C. Beiser, *The Fate of Reason*, Cambridge, Harvard University Press, 1987, p. 203-210. Contrairement à la formulation présente de Kant, Ulrich et Schultz s'attaquent prioritairement tant à la complétude qu'à la signification de la table des catégories.

Car il n'existe pas d'autres concepts purs de l'entendement
475 qui puissent concerner la nature des choses. | Toutes les
déterminations du concept général d'une matière en général
doivent pouvoir être ramenées sous les quatre classes [des
concepts purs de l'entendement] – celles de la *quantité*
(*Größe*), de la *qualité*, de la *relation* et enfin de la *modalité*
– et par suite aussi tout ce qui peut être pensé *a priori* de
la matière, tout ce qui peut être présenté dans une
construction mathématique ou tout ce qui peut être donné

ma *déduction* des concepts purs de l'entendement, qui serait exposée
pour partie dans la *Critique* et pour partie dans les *Prolégomènes* [1],
mais qui, dans cette partie de la *Critique* qui devrait précisément être
la plus claire, serait la plus obscure et même circulaire. Ma réponse
à ces objections ne s'adresse qu'à leur point principal, à savoir que
sans une déduction des catégories entièrement claire et satisfaisante,
le système de la Critique de la Raison Pure vacille en son fondement.
J'affirme au contraire que le système de la critique doit susciter une
certitude apodictique chez quiconque souscrit (comme le fait le
critique) à mes propositions concernant le caractère sensible de toute
notre intuition et l'adéquation de la table des catégories en tant que
déterminations de notre conscience qui procèdent des fonctions
logiques dans les jugements en général, parce que ce système est
construit sur la proposition que *tout l'usage spéculatif de notre raison
ne s'étend jamais plus loin que les objets d'une expérience possible.*
Car si l'on peut démontrer *que* les catégories, dont la raison doit se
servir dans toute sa connaissance, ne peuvent avoir aucun autre usage
que relativement aux objets de l'expérience (en tant qu'elles rendent
simplement possible la forme de la pensée dans une telle expérience),
alors la réponse à la question *comment* elles la rendent possible est
certes assez importante pour *achever* si possible cette déduction,
mais elle n'est en aucun cas *nécessaire* et elle est purement *méritoire*
relativement à la fin principale du système, qui est de déterminer les

1. Il s'agit là du point de vue exprimé par le critique Ulrich, et
son recenseur Schultz : Kant considère évidemment avoir exposé
complètement la déduction dans la *Critique*, et ne pas avoir été obscur
ni circulaire.

comme un objet déterminé de l'expérience. Il n'y a rien de plus à faire, à découvrir ou à ajouter ici si ce n'est, le cas échéant, d'améliorer ce qui manquerait de clarté ou de solidité.

limites de la raison pure[1]. Car la déduction va déjà *suffisamment loin* dans l'accomplissement de cette fin quand elle montre que les catégories [ainsi] pensées ne sont rien d'autre que des simples formes du jugement en tant qu'elles sont appliquées aux intuitions (qui sont toujours sensibles pour nous), au moyen desquelles seules elles reçoivent un objet et deviennent des connaissances ; et cela suffit donc déjà pour fonder tout le système de la Critique proprement dite de manière complètement sûre. Ainsi le système de la gravitation universelle de Newton tient fermement qu'il n'est pas possible d'expliquer comment l'attraction à distance est possible, même si cela entraîne des difficultés : mais *des difficultés ne sont pas des doutes*. Maintenant, que le fondement principal tienne fermement même sans une déduction complète des catégories, je le démontre à partir des propositions admises suivantes :

1) *On admet* que la table des catégories contient absolument tous les concepts purs de l'entendement ainsi que tous les actes formels de l'entendement dans les jugements, à partir desquels ces concepts sont dérivés et avec lesquels ils ne diffèrent en rien, si ce n'est que c'est au moyen d'un concept de l'entendement qu'un objet est pensé comme *déterminé* relativement à l'une ou l'autre fonction du jugement. (Ainsi, par exemple dans le jugement catégorique *la pierre est dure*, la *pierre* est employée comme sujet et *dure* est employé comme prédicat, mais de telle sorte qu'il reste possible à l'entendement d'échanger la fonction logique de ces concepts et de dire : quelque chose de dur est une pierre. Par contre, si je me représente comme étant *déterminé dans l'objet* que la pierre ne doive être pensée que comme sujet, et la dureté que comme prédicat, dans toute détermination possible d'un objet (et non d'un simple concept), alors ces mêmes fonctions logiques deviennent

---

1. Dans les termes de la *Critique de la raison pure*, cela signifie que Kant ne cherche pas à produire une explication naturaliste ou une « dérivation physiologique » (CRP, A 86 / B 113) de la manière dont les catégories sont effectivement mises en œuvre (à savoir *comment* elles les sont), mais il suffit d'établir *qu'elles* le sont.

Le concept de matière devait donc être déterminé à travers les quatre fonctions mentionnées des concepts de l'entendement (en quatre chapitres), chacun ajoutant une nouvelle détermination au concept de matière. La détermination fondamentale de quelque chose qui doit être

maintenant des concepts purs de l'entendement relativement à des objets, à savoir [les concepts purs de] *substance* et *accident*).

2) *On admet* que l'entendement implique par nature des principes synthétiques *a priori* au moyen desquels il soumet tous les objets qui peuvent lui être donnés à ces catégories, et par conséquent qu'il doit aussi y avoir des intuitions *a priori* qui contiennent les conditions nécessaires pour appliquer ces concepts *purs* de l'entendement : puisque, *sans intuition, il n'y a aucun objet* par rapport auquel la fonction logique pourrait être déterminée comme catégorie, et partant aussi aucune connaissance de quelque objet, et donc sans intuition pure il n'y a aucun principe qui puisse déterminer *a priori* la catégorie à cette fin.

3) *On admet* que ces intuitions pures ne peuvent jamais être rien d'autre que de simples formes des phénomènes du sens externe ou du sens interne (l'espace et le temps), et par conséquent seulement des *objets de l'expérience possible.*

Il s'ensuit que tout usage de la raison pure ne se rapporte jamais à rien d'autre qu'aux objets de l'expérience et, puisque rien d'empirique ne peut être la condition de principes *a priori*, ces derniers ne peuvent être rien d'autre que des principes de *la possibilité de l'expérience* en général. C'est là l'unique fondement vrai et suffisant pour déterminer les limites de la raison pure, mais non pour résoudre le problème de savoir *comment* l'expérience est maintenant possible au moyen des catégories et seulement grâce à elles. Ce dernier problème, bien que l'édifice tienne aussi fermement sans y répondre, est cependant d'une grande importance et, comme je m'en aperçois maintenant, très facile à résoudre puisqu'on peut le régler d'un trait à partir d'une définition précisément déterminée de ce qu'est un *jugement* en général (un acte par lequel d'abord des représentations données peuvent devenir des 476 connaissances d'un objet). | L'obscurité qui entoure mes précédentes discussions dans cette partie de la déduction, et que je ne conteste pas, s'explique par ce sort commun de l'entendement dans ses recherches qui fait que la voie la plus courte n'est généralement pas la première dont il s'aperçoit. C'est pourquoi je saisirai la prochaine occasion de

un objet des sens externes ne pouvait être que le mouvement, puisque les sens ne peuvent être affectés que par lui seul. L'entendement reconduit également au mouvement tous les autres prédicats | de la matière qui appartiennent à sa **477** nature, et la science de la nature est ainsi toute entière une

remédier à ce défaut (qui ne concerne que le mode de présentation et non le fondement de l'explication qui a déjà été correctement donnée dans cette partie), sans que le perspicace critique ne se trouve dans la nécessité, certainement pénible pour lui-même, de chercher refuge dans une harmonie préétablie qui puisse expliquer la surprenante concordance des phénomènes avec les lois de l'entendement alors que les uns et les autres ont des sources complètement différentes : ce serait un remède bien pire que le mal qu'il doit corriger, et qui ne peut en réalité être d'aucun secours. Car cette *nécessité objective* qui caractérise les concepts purs de l'entendement (et les principes de leur application aux phénomènes), par exemple dans le concept de cause liée à un effet, ne repose pas sur cette harmonie selon laquelle, au contraire, tout dans cette association n'est *nécessaire* que *subjectivement* et n'est, objectivement, que contingent : c'est exactement ce que Hume vise quand il l'appelle une simple illusion par habitude [1]. Aussi, aucun système dans le monde ne peut tirer cette nécessité d'ailleurs que des principes *a priori* au fondement de la possibilité de la *pensée même*, par lesquels seuls la connaissance des objets dont un phénomène nous est donné – c'est-à-dire l'expérience – devient possible. Et même en admettant qu'on ne puisse jamais expliquer de manière satisfaisante *comment* l'expérience devient par là seulement possible, il reste toutefois incontestablement certain *que* l'expérience n'est possible que par ces concepts et, inversement, que ces concepts ne peuvent avoir d'autre signification ni d'autre usage que relativement aux objets de l'expérience.

1. Dans son *Enquête sur l'entendement humain* (Londres, 1748 puis 1758), David Hume parle en effet de l'aspect trompeur et décevant (*fallacious and deceitful*) des inférences qui sont faites par habitude, ou plutôt « par accoutumance ou un certain instinct de notre nature » (*custom or a certain instinct of our nature*), lequel donne au sceptique une occasion de triompher (*Enquête*, section XII, 3e partie ; trad. p. 241).

doctrine, soit pure soit appliquée, *du mouvement*[1]. Les
principes *métaphysiques* de la science de la nature doivent
donc être compris sous *quatre* chapitres. Le *premier*
considère le *mouvement* comme un pur *quantum* du point
de vue de sa composition, indépendamment de toute qualité
du mobile, et peut-être appelé *phoronomie.* Le *second*
examine le mouvement en tant qu'appartenant à la *qualité*
de la matière, sous le nom d'une force motrice originaire[2],
et est par conséquent appelé *dynamique.* Le *troisième*
considère la matière ayant cette qualité comme étant, par
son propre mouvement, en *relation* à une autre matière, et
porte le nom de *mécanique.* Et le *quatrième* détermine le
mouvement ou le repos de la matière uniquement en relation

1. Ce n'est donc pas un concept implicite de matière qui est
déterminé selon les quatre titres des catégories (quantité, qualité,
relation, modalité), mais le concept de matière en tant qu'il est lui-même
déjà déterminé par celui de mouvement : aux catégories est soumise la
matière comprise comme ce qui est mobile (*das Bewegliche*) – c'est-à-
dire le mouvement de la matière. Kant justifie cette détermination de la
matière par un argument phénoméniste, tel qu'on peut le trouver chez
Robert Boyle par exemple : « motion [...] is the first and chief mood
or affection of matter » (Boyle, *The Origin of Forms and Qualities
according to the Corpuscular Philosophy* (1666), *in* M. A. Stewart (éd.),
Selected Philosophical Papers of Robert Boyle, Indianapolis, Hackett
Publishing Company, 1991, p. 50). L'explicitation en est donnée au
début du cours de physique de 1776 (dit *Berliner Physik* ou, désormais,
an-Friedländer 4.4) : « Nous considérons ici le monde en tant qu'il est
un objet du sens externe, c'est-à-dire les corps du monde. Nous devons
considérer ici : 1. Le mouvement de la matière. 2. Ses phénomènes
et 3. Les lois du mouvement. Comme nous ne connaissons tous les
changements du monde et des corps mêmes pas autrement qu'au
travers du mouvement de nos organes, il faut donc que tout, dans la
physique, se réduise au mouvement » (AA 29, 1, 75). C'est parce que
la perception des phénomènes implique le mouvement des organes que
la mobilité est la détermination fondamentale des objets du sens externe
– détermination qui peut à son tour être déterminée par les catégories.
2. « Force originaire » traduit *ursprüngliche Kraft,* qui renvoie à
l'expression latine courante de *vis originaria :* voir la *Dissertation de
1770,* § 28 ; AA 2, 417 (trad. p. 163).

avec le mode de représentation ou *modalité*, et par conséquent comme phénomène des sens externes, et est appelé *phénoménologie*[1].

Mais en dehors de cette nécessité interne de séparer les principes métaphysiques de la doctrine du corps non seulement de la physique – laquelle emploie des principes empiriques – mais même de ces prémisses rationnelles de la physique qui concernent l'usage qu'elle fait des mathématiques, il y a encore une raison externe, certes purement contingente mais néanmoins importante, pour dissocier leur traitement détaillé du système général de la

---

1. Les quatre disciplines peuvent être associées à quatre étapes dans l'étude moderne de la matière mobile. Le terme de *phoronomie*, dont les premiers usages se trouvent chez Joachim Jungius et Erhard Weigel, et qui désigne ici la doctrine purement géométrique du mouvement indépendamment de ses causes réelles, n'est pas d'usage très répandu (*cf.* Zedler, *Grosses Vollständiges Universal-Lexicon*, vol. 27, 1741, p. 2193, *sub voce* « Phoronomie » : « Certains appellent phoronomie la science du mouvement des corps solides et liquides. Elle comprend donc la mécanique, la statique, l'hydraulique et l'aérométrie »). Elle correspond à la « science entièrement nouvelle » du mouvement local que Galilée annonce au secrétaire du duc de Padoue en 1610 (et qui sera exposée dans le *Dialogue* de 1632) – et qu'on appelle cinématique à partir du xixe siècle. Le terme de *dynamique* a été inventé vers 1690 par Leibniz pour caractériser l'étude du mouvement en relation avec la force qui le cause (et est exposée dans le *Specimen dynamicum* de 1695). Le terme de *mécanique* désigne depuis longtemps l'étude des mouvements comme résultant de forces qu'exercent les corps les uns sur les autres – et les *Principia* de Newton ne dessinent ainsi rien d'autre qu'une *nova mechanica*. Notons que Leibniz, dans l'une des présentations programmatiques des sciences qui devaient contribuer à son projet (resté secret) de Science Générale, proposait une tripartition analogue en présentant la mécanique comme une combinaison des deux premières : « La Phorographie traite des traces du mouvement. La Dynamique traite de la cause du mouvement, c'est-à-dire de la cause et de l'effet, et de la puissance et de l'acte. [...] La Mécanique, constituée par la combinaison et l'usage des [deux] précédentes » (« Guilielmi Pacidii plus Ultra », 1686 ; A VI, 4, 676). Enfin, le terme de *phénoménologie* a été introduit par Johann-Heinrich Lambert pour désigner la critique de l'apparence en général dans son *Neues Organon* (1764).

métaphysique, et pour les présenter de manière systématique comme un tout particulier. S'il est en effet permis de tracer les limites d'une science non pas simplement d'après la constitution de son objet et de son mode particulier de connaissance, mais aussi d'après la fin que l'on a en vue en faisant autrement usage de cette science même ; et si l'on trouve que la métaphysique a jusqu'ici occupé tant d'esprits – et continuera de les occuper – non pour étendre par son moyen les connaissances de la nature (ce qui se produit bien plus facilement et plus sûrement par l'observation, l'expérience et l'application des mathématiques aux phénomènes externes), mais pour parvenir à une connaissance de ce qui se trouve complètement au-delà de toutes les limites de l'expérience – à savoir Dieu, la liberté et l'immortalité – ; alors on contribue à poursuivre cette dernière fin si on libère la métaphysique d'un rejeton qui provient certes de sa racine mais empêche cependant sa croissance régulière, et si on le plante à part, sans pour autant méconnaître son origine en elle [*sc.* la métaphysique] ni renoncer à l'intégrer dans le système de la métaphysique générale lorsqu'il aura grandi. Cela n'entrave pas la complétude de la métaphysique générale et facilite même la marche uniforme de cette science vers

478 sa propre fin si, à chaque fois | qu'on a besoin de la doctrine générale du corps, on peut se référer uniquement au système de celle-ci considéré séparément et sans être renflé du grand système de la métaphysique. Il est en effet très remarquable (sans qu'on puisse l'exposer ici en détail) que la métaphysique générale, à chaque fois qu'elle a besoin d'exemples (d'intuitions) pour donner aux concepts purs de l'entendement une signification, doive toujours les emprunter à la doctrine générale des corps, et par conséquent à la forme et aux principes de l'intuition externe ; et si ces derniers ne sont pas parfaitement exposés, elle

marche à tâtons, instable et chancelante, au milieu de concepts sans absolument aucun sens. C'est de là que viennent les querelles bien connues – ou du moins l'obscurité – autour des questions concernant la possibilité d'un conflit des réalités, la possibilité de grandeurs intensives, etc. où l'entendement n'apprend qu'au moyen d'exemples tirés de la nature corporelle quelles sont les conditions sous lesquelles seules ces concepts peuvent avoir une réalité objective, c'est-à-dire signification et vérité. Une métaphysique séparée de la nature corporelle rend un admirable et indispensable service à la métaphysique *générale* en fournissant des exemples (des cas *in concreto*) qui donnent une réalité aux concepts et aux théorèmes de cette dernière (et précisément à ceux de la philosophie transcendantale), c'est-à-dire qui donnent sens et signification à une simple forme de pensée.

Dans ce traité, bien que je n'ai pas suivi la méthode mathématique de manière complètement rigoureuse (ce qui aurait demandé plus de temps que je ne pouvais y consacrer), je l'ai cependant imitée, non pour lui ménager un meilleur accueil par un étalage ostentatoire de solidité, mais parce que je crois qu'un tel système est tout à fait susceptible d'une telle solidité, et qu'une telle perfection peut tout à fait être atteinte avec le temps par une main plus habile si, [par exemple], des physiciens mathématiciens[1],

---

1. *Mathematische Naturforscher.* Le terme de *Naturforscher* est ici employé comme équivalent aux « philosophes de la nature » (*Naturphilosophen*) ou aux « physiciens mathématiciens » (*mathematische Physiker*) mentionnés plus haut en [472] et ne doit donc pas être pris comme désignant, par exemple, des « naturalistes » qui ne seraient pas aussi mathématiciens que des « physiciens ». Les termes de *Naturforschung*, *Naturkunde* ou *Naturlehre* étaient encore des termes usuels pour désigner la *philosophia naturalis* ou *physica* latine : voir Zedler, *Grosses Vollständiges Universal-Lexicon*, vol. 23, 1740, p. 1147 ; Erxleben, *Anfangsgründe der Naturlehre* (1772), p. 2. Sur la traduction du terme, voir la présentation des annexes, p. 245.

stimulés par cette ébauche, ne devaient pas trouver inintéressant de traiter la partie métaphysique, dont ils ne peuvent de toute façon pas se dispenser, comme une partie fondamentale spéciale dans leur physique générale, et de la réunir à la doctrine mathématique du mouvement[1].

Newton dit dans la préface des *Principes mathématiques de la science de la nature* (après avoir remarqué que la géométrie n'a besoin que des deux opérations mécaniques qu'elle postule, à savoir tracer une ligne droite et un cercle) : *La Géométrie se glorifie de tirer tant de choses d'un si* 479 *petit nombre de principes empruntés ailleurs*[2]. | De la métaphysique, on pourrait au contraire dire : *elle est consternée qu'avec tout ce que la mathématique pure lui offre, elle ne puisse obtenir que si peu.* En attendant, la mathématique même a inévitablement besoin de ce peu pour être appliquée à la science de la nature, et comme elle doit ainsi nécessairement emprunter à la métaphysique, elle ne doit pas avoir honte de se montrer en sa compagnie.

1. Kant cherche ainsi explicitement à susciter l'intérêt des « physiciens mathématiciens » pour la partie métaphysique de leurs doctrines. Sa remarque concernant l'imitation de la méthode mathématique suivie par le traité peut surprendre, puisqu'il a rejeté toute imitation de la méthode mathématique en philosophie, dès les *Recherches sur l'évidence des premiers principes* (1764) et jusque dans la *Critique de la raison pure* (« Discipline de la raison pure dans l'usage dogmatique » : A 713 / B741 – A 738 / B 766). Sur la manière ont il faut comprendre cette imitation non au sens d'un retour à la méthode de Wolff mais, en un sens plus lâche, comme l'adoption *extérieure* de la forme mathématique d'exposition (qui ne peut être, à strictement parler, suivie en métaphysique), voir notre introduction, p. 31 *sq*.

2. « Gloriatur Geometria, quod tam paucis principiis aliunde petitis tam multa praestet » (Newton, *Princ. Phil. Nat. Math*, Préface). La traduction reprend des éléments de la traduction publiée de la marquise du Châtelet (« La Géométrie se glorifie du magnifique édifice qu'elle élève en empruntant si peu d'ailleurs » ; dans Newton-Châtelet, t. 1, p. xv) et de la première version manuscrite de sa traduction (I. Newton, É. du Châtelet, *Principes mathématiques de la philosophie naturelle*, éd. Toulmonde, t. 1, p. 134).

PRINCIPES MÉTAPHYSIQUES
DE LA PHORONOMIE

Définition 1

La *matière* est *ce qui est mobile* dans l'espace[1]. L'espace qui est lui-même mobile s'appelle l'espace matériel, ou encore l'*espace relatif*; et celui dans lequel tout *mouvement* doit en fin de compte être pensé (et qui, par conséquent, est lui-même absolument immobile) s'appelle l'espace pur, ou encore l'*espace absolu*[2].

1. Cette « définition » est en réalité une caractérisation de la matière sous un certain aspect, et n'est pas une définition au sens strict : sur la traduction d'*Erklärung* par *définition*, et la composition de l'ouvrage, voir l'introduction, p. 31 *sq.*

2. Dans le scolie aux définitions qui ouvrent les *Principia* – et auxquels Kant renvoie au chapitre 4 [557-558] – Newton caractérise l'espace absolu : « L'espace absolu, sans relation aux choses externes, demeure toujours similaire et immobile. L'espace relatif est cette mesure ou dimension mobile de l'espace absolu, laquelle tombe sous nos sens par sa relation aux corps, et que le vulgaire confond avec l'espace immobile » (Newton-Châtelet, t. 1, p. 8).

Remarque 1

Puisque dans la phoronomie on ne doit parler de rien d'autre que du mouvement, il ne sera ici attribué au sujet du mouvement, à savoir la matière, aucune autre propriété que la *mobilité*. La matière elle-même peut donc, en attendant, être considérée comme un point : dans la phoronomie, on fait abstraction de toute constitution interne, et par conséquent aussi de la quantité de ce qui mobile[1], et on n'a affaire qu'au mouvement et à ce qui peut être considéré comme grandeur en lui (la vitesse et la direction[2]). – Si néanmoins l'expression de « corps » devait être employée ici quelquefois, ce ne serait que pour anticiper d'une certaine manière sur l'application des principes de la phoronomie aux concepts plus déterminés de la matière qui doivent encore suivre, afin que l'exposé soit moins abstrait et plus compréhensible[3].

1. *Die Grösse des Beweglichen*. Le terme *Grösse* est, selon les contextes et selon les usages en français, traduit par « grandeur » (par exemple en [540] : *grandeur* intensive) en ou par « quantité » (par exemple en [489] : *quantité* de mouvement).
2. La direction peut-être considérée comme une grandeur en tant qu'on la considère comme une direction par rapport à une autre : K. Pollok fait observer qu'à strictement parler, c'est l'angle enfermé par deux directions qui est une grandeur (voir Pollok (1997), p. 133).
3. La phoronomie ne considère ainsi la matière que sous l'aspect de la mobilité de points en mouvement dans l'espace et dans le temps. Elle ne considère pas les corps qui seraient des objets des sens et elle fait donc abstraction de toutes les autres propriétés comme l'étendue, la masse, l'impénétrabilité, la solidité, etc. Ces points mobiles ne sont donc pas les particules mobiles (*moveable particles*) que Newton reconnaissait à la formation même de la matière : « [I]l me semble très probable qu'au commencement Dieu forma la matière en particules [mobiles] solides, massives, dures, impénétrables, de telles grandeurs et figures, avec telles autres propriétés [...] » (Newton-Coste, p. 586).

| *Remarque 2*

Si je dois définir le concept de matière non par un prédicat qui, lui-même en tant qu'objet, appartiendrait à la matière, mais seulement par un rapport au pouvoir de connaître dans lequel une représentation peut d'abord m'être donnée, alors la matière est tout *objet des sens externes* : telle serait la définition purement métaphysique de la matière[1]. L'espace ne serait alors que la forme de toute intuition sensible externe (nous laissons complètement de côté ici la question de savoir si cette même forme appartient aussi *en elle-même* à l'objet externe que nous appelons matière ou si elle ne réside que dans la constitution de notre sens). La *matière,* par opposition à la *forme,* serait ce qui est objet de sensation dans l'intuition externe, et par suite l'élément proprement empirique de l'intuition sensible et externe, puisqu'il ne peut pas du tout être donné de manière *a priori.* Dans toute expérience, quelque chose doit être objet de sensation, et ce quelque chose est le réel de l'intuition sensible, et ainsi l'espace – dans lequel nous devons faire l'expérience des mouvements – doit aussi être sensible, c'est-à-dire qu'il doit être désigné au moyen de ce qui peut être objet de sensation : cet espace, en tant qu'il comprend la totalité des objets de l'expérience et qu'il est lui-même un objet d'expérience, s'appelle *espace empirique.* Mais celui-ci, étant matériel, est lui-même mobile. Or un espace mobile, s'il faut pouvoir en percevoir le mouvement, présuppose à son tour un autre espace matériel plus large dans lequel il est mobile ; et ce dernier

---

1. Au contraire de la définition 1 qui désigne un prédicat objectif de la matière (sans rapport au pouvoir de connaître), la définition purement métaphysique la caractérise par son rapport subjectif au pouvoir de connaître.

en présuppose de la même manière un autre, et ainsi de suite à l'infini.

Ainsi tout mouvement qui est objet d'expérience est purement relatif; et l'espace dans lequel il est perçu est un espace relatif, qui est lui-même à son tour en mouvement dans un espace plus large, et peut-être suivant une direction opposée, de sorte que la matière qui était en mouvement par rapport au premier espace peut être dite immobile par rapport au second : et le concept des mouvements se modifie ainsi à l'infini à mesure que l'on change d'espace relatif. Admettre un espace absolu – c'est-à-dire un espace qui ne peut être objet d'expérience du fait qu'il n'est pas matériel – comme étant *donné en soi*[1], signifie admettre quelque chose qui ne peut être perçu ni en soi ni dans ses conséquences (à savoir, le mouvement dans l'espace absolu), et ceci en vue de rendre l'expérience possible, alors même que celle-ci doit toujours être établie sans lui. L'espace absolu n'est donc rien *en soi* et n'est pas du tout un objet, mais il signifie seulement n'importe quel autre espace relatif que je peux toujours penser en dehors de l'espace donné, et qui est le seul que je puisse repousser à l'infini au-delà de tout espace donné de sorte qu'il le contienne et dans lequel je puisse supposer que le premier espace est en mouvement. Cet espace plus large, bien qu'il soit encore toujours matériel, je ne le possède qu'en pensée, et comme je ne sais rien de la matière qui le caractérise, je fais abstraction de cette dernière, et c'est alors qu'il est

482 représenté comme un espace pur, non empirique | et absolu auquel je peux comparer tout espace empirique et dans lequel je peux représenter tout espace empirique comme

---

1. *Für sich gegeben*, littéralement « donné pour soi » : quelques lignes plus bas, Kant parle de l'espace absolu *en soi* (*an sich*).

mobile – de sorte qu'il est lui-même toujours considéré comme immobile. Faire de cet espace quelque chose de réel revient à confondre l'*universalité logique* d'un espace quelconque, auquel je peux comparer tout espace empirique en tant qu'il est contenu en lui, avec l'*universalité physique* d'une étendue (*Umgang*) réelle : c'est méconnaître la raison dans son idée[1].

Finalement, je remarque encore que la *mobilité* d'un objet dans l'espace, ne pouvant être connue *a priori* et sans que l'expérience ne l'enseigne, n'a pu ainsi être comptée parmi les concepts purs de l'entendement dans la *Critique de la raison pure*[2] ; et que ce concept, en tant qu'empirique, ne pouvait trouver place que dans une science de la nature qui s'occupe, en tant que métaphysique

---

1. L'espace absolu de Newton est donc compris comme le produit d'une abstraction que l'on peut simplement penser : il ne peut être l'objet d'une expérience réelle, mais est une idée de la raison (ainsi qu'il sera qualifié au chapitre 4 [560]). Autrement dit, l'espace absolu est précisément interprété par Kant comme un fondement *métaphysique* de la mécanique newtonienne nécessaire pour penser, par exemple, l'action réciproque. En guise d'espace absolu, Kant ne reconnaît qu'une série infinie d'espaces relatifs toujours plus larges, de telle sorte qu'un espace relatif de cette série considéré au départ comme étant immobile peut être considéré comme en mouvement relativement à un espace plus large.

2. La table des concepts purs de l'entendement ou catégories est donnée en CRP, A 80 / B 106 ; mais le *mouvement* et la *mobilité* sont exclus de la théorie transcendantale des éléments dès le § 7 de l'Esthétique transcendantale : « [...] tous les autres concepts appartenant à la sensibilité, y compris celui du mouvement, tel qu'il réunit les deux dimensions [*sc.* l'espace et le temps], supposent quelque chose d'empirique. De fait, le mouvement suppose la perception de quelque chose de mobile ; par conséquent, le mobile doit nécessairement être quelque chose qui n'est *trouvé dans l'espace que par expérience*, et donc il doit être un donné empirique » (CRP, A 41 / B 58).

appliquée, d'un concept donné par l'expérience, mais qui s'en occupe suivant des principes *a priori*.

DÉFINITION 2

Le mouvement d'une chose est le changement de ses *relations extérieures* à un espace donné.

Remarque 1

J'ai précédemment posé que le concept de mouvement était au fondement du concept de matière. Et comme je voulais déterminer ce concept indépendamment du concept d'étendue, et que je pouvais de cette façon considérer la matière en un point, je pouvais alors accorder que l'on emploie la définition courante du *mouvement comme changement de lieu*[1]. Maintenant qu'il faut définir le concept de matière d'une manière générale et qui convienne ainsi également aux corps en mouvement, cette définition ne suffit pas. Car le lieu de tout corps est un point. Lorsque l'on veut déterminer la distance de la Lune à la Terre, on veut connaître la distance de leurs lieux et, à cette fin, on ne mesure pas de n'importe quel point de la surface ou de l'intérieur de la Terre à n'importe quel point de la Lune, mais on prend la ligne la plus courte du centre de l'une au centre de l'autre, de sorte qu'un seul point constitue le lieu de chacun de ces corps. Maintenant, un corps peut se

---

1. Descartes s'était déjà opposé à cette définition courante (« le mouvement n'est autre chose que l'action par laquelle un corps passe d'un lieu en un autre », dans les *Principes de la philosophie*, II, 25 ; AT IX, 76), mais Newton la supposait : (« Motus absolutus est translatio corporis de loco absoluto in locum absolutum, relativus de relativo in relativum », dans les *Principia*, scolie aux définitions de la première partie – *cf.* Newton-Châtelet t. 1, p. 9).

mouvoir sans changer de lieu, comme la Terre tournant autour de son axe. Mais sa relation à l'espace extérieur change bien par là en même temps : par exemple, elle présente à la Lune ses différentes faces en 24 heures, d'où s'ensuivent toutes sortes d'effets variables sur la Terre. Ce n'est que d'un *point* mobile, c'est-à-dire physique, que l'on peut dire que le mouvement est toujours un changement de lieu. On pourrait objecter à cette définition qu'elle ne comprend pas le mouvement interne, | par exemple celui **483** d'une fermentation, mais la chose dite en mouvement doit par là même être considérée comme étant une unité. Dire que la matière, par exemple *un tonneau de bière*, est en mouvement veut donc dire autre chose que : la *bière dans le tonneau* est en mouvement. Le mouvement d'une chose n'est pas identique au mouvement dans cette chose ; mais, ici, il n'est question que du premier cas. Toutefois, l'application de ce concept au second cas est ensuite aisée.

Remarque 2

Les mouvements peuvent être *rotatoires* (sans changement de lieu) ou progressifs, et ces derniers peuvent soit être des mouvements qui élargissent l'espace, soit être limités à un espace donné. A la *première* espèce [des mouvements progressifs] appartiennent les mouvements rectilignes ainsi que les mouvements curvilignes qui *ne reviennent pas* sur eux-mêmes. A la *seconde* espèce appartiennent les mouvements qui *reviennent* sur eux-mêmes. Ces derniers sont à leur tour soit *circulaires* soit *oscillatoires*, c'est-à-dire des mouvements soit en cercle soit oscillants. Les premiers parcourent toujours exactement le même espace dans la même direction ; les seconds parcourent toujours l'espace alternativement selon des directions opposées, comme une pendule qui oscille. A l'un et à l'autre appartient encore la *vibration* (*motus tremulus*), qui n'est pas le mouvement progressif d'un corps, mais un mouvement de réciprocation d'une matière qui, par ce mouvement, ne change pas de place dans son ensemble, comme sont les tremblements d'une cloche frappée ou les vibrations de l'air mis en mouvement par le son. Je mentionne ces différentes espèces de mouvement dans une Phoronomie parce que l'on emploie communément, dans le cas des mouvements non progressifs, le mot *vitesse* en un autre sens que dans le cas des mouvements progressifs, ainsi que le montre la remarque suivante.

Remarque 3

La direction et la vitesse sont les deux éléments d'appréciation de tout mouvement, une fois abstraction faite de toutes les autres propriétés du mobile. La définition habituelle de l'une et de l'autre est ici supposée, avec toutefois diverses restrictions pour celle de la direction. Un corps dont le mouvement décrit un cercle change continuellement de direction, si bien qu'il a pris toutes les directions possibles dans un plan lorsqu'il revient à son point de départ, et cependant on dit qu'il se meut toujours dans la même direction, par exemple une planète d'Ouest en Est.

Mais de quel *côté* le mouvement est-il ici dirigé ? Cette question en rappelle une autre : sur quoi repose la différence interne [des coquilles] des escargots, qui sont par ailleurs semblables et même égales en tout point, mais dont une espèce est enroulée vers la droite, et l'autre vers la gauche ? 484 Ou encore : d'où vient que le haricot sabre | s'enroule autour de son tuteur comme un tire-bouchon, ou, comme diraient les marins, *contre le soleil*, alors que le houblon s'enroule *suivant le soleil*? C'est un concept que l'on peut certes construire mais qui, en tant que concept, ne peut en lui-même absolument pas être rendu distinct par des caractères généraux et selon la manière discursive de connaître, et qui ne peut fournir aucune différence pensable dans l'ordre interne[1] des choses mêmes (par exemple, chez quelques rares hommes, l'autopsie révèle que toutes les parties sont disposées selon les mêmes règles physiologiques que chez les autres hommes, si ce n'est que les viscères de droite sont interverties avec celles de gauche, contrairement à l'ordre habituel). Ce concept est par conséquent celui d'une différence vraiment mathématique et cependant interne et qui, sans se confondre entièrement avec lui, est cependant lié à celui de la différence entre deux mouvements circulaires qui sont en tous points égaux mais ont des directions différentes. J'ai montré ailleurs que, puisque cette différence peut certes être donnée dans l'intuition mais non point saisie par des concepts distincts, et ne peut donc pas être expliquée de manière intelligible (*dari, non intelligi*)[2], elle fournit un bon argument pour confirmer la proposition selon laquelle l'espace en général n'appartient pas aux propriétés ou aux relations des *choses en soi* – qui devraient nécessairement être saisies par des concepts

---

1. *In den innern Folgen.* Cet ordre interne est développé après la parenthèse, laquelle précise l'ordre habituel.

2. « Elle est donnée, mais non saisie par l'entendement ». L'exemple des objets non congruents – la main gauche et la main droite, les coquilles d'escargot ou certains haricots diversement enroulés – renvoie tant à la doctrine de l'Esthétique transcendantale de la *Critique de la raison pure* (A 23-A30 / B37-B45) qu'à leur mention au § 15 de la *Dissertation de 1770* (AA 2, 402) ou dans l'article sur le fondement de la différences des régions dans l'espace, de 1768 (AA 2, 381-383).

objectifs – mais appartient seulement à la forme subjective de notre intuition sensible des choses ou des relations, et ce que ces dernières sont en soi nous reste totalement inconnu. Ceci nous fait toutefois dévier de notre présente affaire, qui est de traiter l'espace de toute nécessité comme une *propriété* des choses que nous considérons, à savoir *les êtres corporels*, puisque ceux-ci ne sont que des phénomènes des sens externes, et c'est seulement comme tels qu'il faut les expliquer ici. En ce qui concerne le concept de vitesse, ce mot est parfois employé en un sens différent. Nous disons que la Terre tourne plus vite autour de son axe que le soleil, parce qu'elle le fait en un temps plus court, bien que le mouvement de ce dernier soit plus rapide. Le circuit du sang est bien plus rapide chez un petit oiseau que chez l'homme, bien que le mouvement de circulation y soit certainement moins rapide, et il en est de même pour les vibrations des matières élastiques. C'est en raison du temps plus court que le mouvement circulaire ou oscillant met pour revenir sur lui-même que l'on emploie le mot en ce sens, et cela n'est pas fautif pour autant que l'on évite tout malentendu. Car cette simple augmentation de la rapidité à revenir à son point de départ, sans que la vitesse spatiale ne soit augmentée, a des effets particuliers très importants dans la nature, et que l'on n'a peut-être pas encore suffisamment pris en compte en ce qui concerne la circulation des fluides dans les animaux.

Dans la phoronomie, nous n'employons le mot de vitesse que dans son sens spatial : $V = E/T$[1].

---

1. « $V = E/T$ » traduit « $C = S/T$ », soit *Celeritas est Spatium per Temporum* : la vitesse est l'espace divisé par les temps.

| Définition 3

Le *repos* est la présence persistante (*praesentia perdurabilis*) en un même lieu ; est *persistant* est ce qui existe pendant un certain temps, c'est-à-dire ce qui dure.

Remarque

Un corps qui est en mouvement se trouve pendant un instant en chaque point de la ligne qu'il parcourt. La question est alors de savoir s'il s'y trouve en repos ou en mouvement. Sans aucun doute, on dira qu'il y est en mouvement, puisqu'il n'est présent en ce point qu'en tant qu'il se meut. Mais supposons que son mouvement soit le suivant : Ô—Ô··Ô, à savoir que le corps parcourt la ligne AB avec une vitesse uniforme puis retourne de B vers A, de telle sorte – puisque l'instant où il est en B est commun aux deux mouvements – que le mouvement de A à B soit effectué en une demi-seconde, le mouvement de B à A aussi en une demi-seconde, et ainsi les deux mouvements ensemble en une seconde complète, c'est-à-dire aussi de telle sorte que la présence du corps en B ne prenne pas la moindre partie de temps, alors, sans augmenter en rien ces mouvements, le dernier mouvement qui s'est produit dans la direction BA pourra être transformé en un mouvement dans la direction Ba, qui se trouve en droite ligne de AB, auquel cas le corps doit être considéré comme étant en mouvement au point B, et non en repos. Il devrait donc être considéré comme étant aussi en mouvement au point B dans le premier cas, celui du mouvement qui revient sur lui-même, ce qui est pourtant impossible : en effet, d'après ce qui a été supposé, il n'y a qu'un seul instant – appartenant à la fois au mouvement AB et au mouvement BA, qui est contraire au premier et lui est lié en un seul et même instant

– qui soit un instant d'absence complète de mouvement. Par conséquent, si cette absence complète de mouvement constituait le concept du repos, alors un tel repos du corps devrait aussi se rencontrer en tout point du mouvement uniforme Aa, par exemple en B, ce qui contredit l'affirmation ci-dessus. Imaginons maintenant que la ligne AB s'élève verticalement au-dessus du point A de sorte qu'un corps monte de A en B, perde son mouvement en B à cause de la gravité, puis retombe de B vers A ; et je demande alors si le corps doit être considéré comme en mouvement ou en repos au point B. On dira sans aucun doute qu'il est en repos puisque tout son mouvement antérieur lui a été ôté une fois qu'il a atteint ce point et qu'un mouvement équivalent en sens inverse doive s'ensuivre après, et qui n'est donc pas encore là : or l'absence de mouvement, ajoutera-t-on, est le repos. Cependant, dans le premier cas où l'on supposait un mouvement uniforme, le mouvement

486 BA ne pouvait se produire que si le mouvement AB | avait déjà cessé, et que le mouvement de B vers A n'existait pas encore, et l'on aurait donc dû admettre une absence de tout mouvement en B, c'est-à-dire un repos selon la définition usuelle ; mais on ne pouvait cependant pas l'admettre puisqu'aucun corps ayant un mouvement uniforme, à une vitesse donnée, ne doit être conçu comme étant en repos en un point. En quoi le concept de repos est-il alors approprié dans le second cas, alors que la montée et la chute ne sont pareillement séparés que par un instant ? La raison en est que ce mouvement vertical n'est pas conçu comme étant uniforme, avec une certaine vitesse, mais comme étant d'abord uniformément retardé et ensuite uniformément accéléré, de sorte que la vitesse au point B n'est alors pas complètement ralentie mais seulement jusqu'à un certain degré plus petit que toute vitesse assignable. Avec cette dernière vitesse, si le corps était considéré comme continuant toujours à monter, et qu'au lieu de retomber, la ligne BA de sa chute était changée pour la direction Ba, alors il parcourrait uniformément, en raison de son seul moment de vitesse (la résistance de la gravité étant laissée ici de côté), un espace aussi petit qu'on voudra en n'importe quel temps suffisamment grand, et ne changerait ainsi pas de lieu (relativement à toute expérience possible) de toute éternité. Il se trouve alors dans un état de présence durable dans un même lieu, c'est-à-dire dans un état de repos, même si ce dernier est immédiatement supprimé par l'action continue de la gravité, c'est-à-dire par le changement de cet état[1].

1. Le terme de gravité traduit *Schwere* qui, littéralement, signifie pesanteur. Mais l'usage est de distinguer la gravité de la pesanteur (contrairement au traducteur français de l'*Optique* de Newton, Pierre Coste, qui traduit *gravity* par « pesanteur » dans l'Avertissement à la seconde édition). En effet, l'usage est de réserver le terme de gravité à l'effet de la « force de gravité » identifiée par Newton (cf. *Principia*, livre I, sections III et XII ; et livre III, prop. VII ; Newton-Châtelet, t. 2, p. 21 : « La gravité appartient à tous les corps, et elle est proportionnelle à la quantité de matière que chaque corps contient »), que l'on distingue comme l'une des composantes de la force de pesanteur (à côté, par exemple, de forces d'inertie). Autrement dit, la pesanteur peut-être construite comme la somme vectorielle de la gravité et d'autres forces : force d'inertie ou force centrifuge (voir, en annexe, les premiers brouillons de Kant sur la rotation axiale de la Terre). Dans ses cours de physique, Kant a bien caractérisé la gravité comme l'effet de la gravitation sur Terre (« Die Gravitation wie sie auf der Erde angetroffen wird heißt Schwere », *Berliner Physik* (1775) ; AA 29, 80-81), et l'a bien entendu distinguée du poids (*Gewicht*, in *Danziger Physik* (1785) ; AA 29, 142). Dans la Dynamique, à la remarque 2 du théorème 7, Kant traduit lui-même un passage de Newton, où *Schwere* rend *gravitas* [515], et distingue la gravitation de la gravité : « L'action de l'attraction universelle que toute matière exerce immédiatement sur toute autre et à n'importe quelle distance, est la *gravitation :* la tendance à se mouvoir dans la direction de la plus grande gravitation est la *gravité* » [518].

Être dans un *état persistant*, et *persister* dans cet état (lorsque rien ne le déplace), sont deux concepts différents qui ne sont pas incompatibles entre eux. Le repos ne peut donc être défini par l'absence de mouvement, laquelle, en tant que = 0, ne peut absolument pas être construite, mais il doit être défini par la présence persistante en un même lieu, puisque ce concept peut en effet être construit par la représentation d'un mouvement de vitesse infiniment petite pendant un temps fini, et peut par conséquent être ensuite utile dans l'application des mathématiques à la science de la nature[1].

DÉFINITION 4

Construire le concept d'un *mouvement composé* signifie présenter un mouvement *a priori* dans l'intuition comme résultant de deux ou plusieurs mouvements donnés unis dans un même mobile.

---

1. Notons que le repos n'est pas tant présence persistante en un lieu que l'*état* de présence persistante en un lieu, lequel état ne dure pas nécessairement mais peut être instantané : ainsi de l'état de repos du corps au plus haut de sa trajectoire verticale, juste avant de retomber. L'expression de « vitesse infiniment petite » vient de Leibniz, lorsqu'il fit paraître une lettre sur le principe de continuité, « principe de l'ordre général », et en donna une illustration physique dans le repos : « [...] le repos peut être considéré comme une vitesse infiniment petite, ou comme une tardité infinie. C'est pourquoi tout ce qui est véritable à l'égard de la tardité ou vitesse en général, doit aussi se vérifier du repos pris ainsi » (« Lettre de M. L. sur un principe général utile à l'explication des lois de le nature » (1687), *Die Philosophischen Schriften*, éd. C. I. Gerhardt, III, p. 52-53). Pour Leibniz, la considération du repos comme vitesse infiniment petite permet d'appliquer au repos les règles qui valent en général pour la vitesse ; pour Kant, cela permet de construire le concept de repos (comme présence en un lieu qui n'est pas nécessairement absence de mouvement) et de le rendre susceptible d'un traitement mathématique.

Remarque

Pour qu'il y ait construction de concepts, il faut que la condition de leur présentation ne soit pas empruntée à l'expérience, et qu'elle ne présuppose donc pas non plus certaines forces | dont l'existence ne peut être dérivée que 487 de l'expérience, ou, de manière générale, il faut que la condition de la construction ne soit pas elle-même un concept qu'on ne pourrait absolument pas présenter *a priori* dans l'intuition, comme par exemple ceux de cause et d'effet, d'action et de résistance, etc. Il faut avant tout noter ici que la phoronomie doit en premier lieu déterminer de manière *a priori* la construction des mouvements en général en tant que *grandeurs*, et comme son objet est la matière considérée seulement en tant que *mobile*, et donc sans qu'aucune grandeur ne soit prise en compte, elle doit déterminer de manière *a priori* ces mouvements uniquement en tant que grandeurs d'après leur vitesse et leur direction, c'est-à-dire d'après leur composition. En effet, il faut que tout cela soit constitué de manière entièrement *a priori*, et de manière intuitive, en vue des mathématiques appliquées. C'est que les règles de la liaison des mouvements par des causes physiques, c'est-à-dire des forces, ne peuvent jamais être fondamentalement exposées de manière approfondie avant que les axiomes de leur composition en général n'aient été posés, de manière purement mathématique, comme leurs fondements[1].

---

1. La phrase multiplie les références au fondement (*Grund*) : l'exposé approfondi (*gründlich*), les fondements (*Gründe*), les axiomes (*Grundsätze*). Sur la traduction de *Grundsatz* par axiome, voir l'introduction, p. 31 *sq*.

AXIOME 1

Tout mouvement, en tant qu'objet d'une expérience possible, peut indifféremment être considéré comme le mouvement du corps dans un espace immobile ou, au contraire, comme le mouvement de l'espace avec la même vitesse dans la direction opposée, le corps restant en repos[1].

Remarque

Pour faire l'expérience du mouvement d'un corps, il faut que non seulement le corps, mais encore l'espace dans lequel il se meut, soient des objets de l'expérience externe, et donc matériels. Un mouvement absolu, c'est-à-dire se rapportant à un espace non matériel, ne peut ainsi absolument pas faire l'objet d'une expérience et n'est donc rien pour nous (même si l'on voulait accorder que l'espace absolu soit quelque chose en soi). Et même dans tout mouvement

---

1. Il s'agit du seul axiome (*Grundsatz*) mis en exergue dans le texte. Si l'on considère la structure du texte en regard des *Principia* de Newton, ce *Grundsatz* n'a pas un statut comparable aux trois lois du mouvement que Newton présente, au début de son traité, après les définitions, comme des « axiomes ou lois du mouvement » (*axiomata sive leges motus*). Cet axiome peut être rapproché de « l'équivalence des hypothèses » évoquée par Leibniz dans la construction mathématique du mouvement : « Et quant au mouvement absolu, rien ne peut le déterminer mathématiquement, puisque tout se termine en rapports : ce qui fait qu'il y a toujours une parfaite équivalence des Hypothèses, comme dans l'Astronomie, en sorte que quelque nombre de corps qu'on prenne, il est arbitraire d'assigner le repos ou bien un tel degré de vitesse à celui qu'on en voudra choisir, sans que les phénomènes du mouvement droit, circulaire, ou composé, le puissent réfuter. Cependant il est raisonnable d'attribuer aux corps des véritables mouvements, suivant la supposition qui rend raison des phénomènes, de la manière la plus intelligible, cette dénomination étant conforme à la notion de l'Action, que nous venons d'établir » (*Système nouveau* (1695), *Die Philosophischen Schriften*, éd. C. I. Gerhardt, IV, p. 486-487).

relatif, l'espace lui-même, du fait qu'on suppose qu'il est matériel, peut à son tour être représenté comme en repos ou en mouvement. L'espace dans lequel je considère un corps en mouvement est lui-même représenté en repos lorsqu'aucun autre espace plus large ne m'est donné comme contenant ce dernier (comme lorsque je vois une bille rouler sur une table dans la cabine d'un bateau) ; et il est représenté comme étant lui-même en mouvement lorsqu'au-delà de cet espace, un autre espace m'est donné comme le contenant (la rive du fleuve dans l'exemple mentionné), puisque je peux alors considérer dans ce dernier espace que l'autre espace (la cabine) est en mouvement et que le corps lui-même | est éventuellement en repos[1]. Maintenant, **488** puisqu'il est tout simplement impossible de déterminer si un espace empirique donné, aussi grand soit-il, est lui-même ou non en mouvement relativement à un espace encore plus grand qui le contiendrait, il doit donc être entièrement équivalent du point de vue de l'expérience et de ses conséquences, que je considère un corps comme étant en mouvement, ou au contraire comme étant au repos dans un espace qui mû avec une même vitesse dans la direction opposée. Bien plus, puisque l'espace absolu n'est rien pour n'importe quelle expérience possible, les concepts sont donc tout aussi équivalents que je dise qu'un corps se meuve relativement à un espace donné à telle vitesse dans telle direction, ou que je pense ce corps comme étant en repos et que j'attribue tout ceci à l'espace, mais dans

---

1. Ce dernier cas survient lorsque, pour une certaine vitesse du bateau (suivant un mouvement rectiligne uniforme), la bille roule sur la table avec exactement la même vitesse mais dans la direction contraire. L'exemple était aussi pris dans la *Nouvelle définition du mouvement et du repos* de 1758 (AA 2, 17 ; trad. cit. dans *Quelques opuscules précritiques*, p. 58).

la direction opposée. Car des concepts qui ne diffèrent que par la liaison qu'on leur donne dans l'entendement mais dont il n'y a autrement aucun exemple de la différence, sont entièrement équivalents.

Nous sommes également totalement incapables de désigner, dans quelque expérience que ce soit, un point fixe par rapport auquel serait déterminé ce qu'il faudrait appeler de manière absolue un mouvement ou un repos ; en effet, tout ce qui nous est donné dans l'expérience est matériel, et donc mobile, et (puisque nous n'avons connaissance d'aucune limite externe de l'expérience possible dans l'espace) peut-être aussi réellement en mouvement, sans que nous soyons capables de percevoir ce mouvement. – Or pour tout mouvement d'un corps dans l'espace empirique, je peux donner une partie de la vitesse donnée au corps et l'autre partie à l'espace, mais dans la direction opposée : l'expérience possible tout entière sera, du point de vue des conséquences résultant de l'association de ces mouvements, complètement équivalente à l'expérience dans laquelle le corps seul est pensé être en mouvement avec la vitesse totale, ou bien celle dans laquelle le corps est pensé être en repos et l'espace être en mouvement avec la même vitesse dans la direction opposée. *Mais je suppose ici que tous les mouvements sont rectilignes.* Car en ce qui concerne les mouvements curvilignes, il n'est pas à tous égards équivalent d'avoir le droit de considérer que le corps (par exemple la Terre dans sa rotation axiale) est en mouvement et l'espace environnant (le ciel étoilé) au repos, ou de considérer que le corps est en repos et l'espace en mouvement : et cela va être particulièrement traité dans ce qui suit. Ainsi, dans la phoronomie, où je considère le mouvement d'un corps uniquement dans son rapport à l'espace (le corps n'ayant absolument aucune influence sur le mouvement ou le repos de l'espace), il est en soi tout à fait indéterminé et arbitraire que l'on veuille attribuer au corps ou à l'espace telle ou telle proportion de la vitesse du mouvement donné. Plus loin, dans la mécanique, où un corps en mouvement est considéré du point de vue de la relation active qu'il exerce sur les autres corps dans l'espace où il se meut, cela ne sera plus complètement équivalent, ainsi qu'il sera montré en son lieu[1].

| Définition 5   489

La *composition du mouvement* est la représentation du mouvement d'un point comme étant équivalent à deux ou plusieurs mouvements de ce point joints ensemble.

Remarque

Dans la phoronomie, puisque je ne connais la matière par aucune autre propriété que sa mobilité et que je peux, par conséquent, la considérer elle-même comme étant seulement un point, le mouvement peut être considéré comme n'étant que la *description d'un espace* – de telle manière cependant à ce que je ne tienne pas seulement compte, comme dans la géométrie, de l'espace qui est décrit, mais aussi du temps, et par conséquent de la vitesse, avec lesquels un point décrit un espace. La phoronomie est donc la pure doctrine de la quantité (*mathesis*) des mouvements. Le concept déterminé d'une quantité est le concept de l'engendrement de la représentation d'un objet par la composition de l'homogène. Or puisque rien n'est homogène au mouvement si ce n'est le mouvement lui-

---

1. Voir, dans le chapitre sur la mécanique, la note de Kant ajoutée à la fin de la démonstration du théorème 4 [547].

même, la phoronomie est la doctrine de la composition des mouvements d'un seul et même point en fonction de leur direction et de leur vitesse, c'est-à-dire, la représentation d'un seul et même mouvement comme contenant en lui deux ou plusieurs mouvements simultanés, ou encore la représentation de deux mouvements simultanés d'un seul et même même point en tant qu'ils n'en constituent *ensemble* qu'un seul, c'est-à-dire en tant qu'ils sont équivalents à ce mouvement, et non en tant qu'ils produiraient par exemple ce mouvement comme des causes produisent leur effet. Afin de trouver le mouvement qui résulte de la composition de plusieurs mouvements, aussi nombreux soient-ils, il n'est besoin, comme dans l'engendrement de toute quantité, que de chercher d'abord le mouvement qui, dans les conditions données, est composé de deux mouvements, lequel est ensuite joint à un troisième, et ainsi de suite. La doctrine de la composition de tous les mouvements peut donc être ramenée à celle *de deux* mouvements. Mais deux mouvements qui se trouvent simultanément dans un seul et même point peuvent être distingués de deux manières et être ainsi joints en lui de trois manières. D'abord, ils peuvent se produire simultanément *soit selon une seule et même ligne, soit selon des lignes différentes* : ces derniers mouvements sont ceux qui enferment un angle. Ceux qui se produisent *selon une seule et même ligne* ont alors, du point de vue de leur direction, soit la même *direction* soit des directions *opposées*. Puisqu'on considère que tous ces mouvements se produisent simultanément, le rapport des vitesses suit immédiatement du rapport des lignes, c'est-à-dire des espaces décrits par les mouvements dans le même temps. Il y a donc trois cas : 1) Celui où *deux mouvements* (de vitesses égales ou non), joints dans un corps et de même direction, doivent constituer un mouvement composé à partir d'eux. | 2) Celui où *deux mouvements* d'un même 490 point (de vitesses égales ou non), associés selon des directions opposées, doivent constituer par leur composition un troisième mouvement selon la même ligne. 3) Celui où *deux mouvements* d'un même point, de vitesses égales ou non, mais suivant des lignes différentes qui enferment un angle, sont considérés comme étant composés l'un à l'autre.

THÉORÈME 1

La composition de deux mouvements d'un seul et même point ne peut être pensée que si l'on se représente l'un des deux dans l'espace absolu et, à la place de l'autre, un mouvement de l'espace relatif de même vitesse, mais de direction opposée, comme lui étant identique.

DÉMONSTRATION

Premier cas. Lorsque deux mouvements *de même ligne et de même direction* s'appliquent en même temps à un seul et même point.

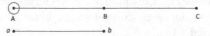

On se représente deux vitesses *AB* et *ab* comme contenues dans une seule vitesse du mouvement. Supposons pour le cas présent que ces vitesses sont égales, de sorte que *AB* = *ab*, je dis alors qu'on ne peut se les représenter comme se rapportant simultanément au même point dans un seul et même espace (absolu ou relatif). En effet, puisque les lignes *AB* et *ab* qui désignent les vitesses sont, à proprement parler, les espaces que ces vitesses parcourent en des temps égaux, alors la composition de ces espaces *AB* et *ab* = *BC*, et par conséquent la ligne AC qui est la somme des deux espaces, devrait exprimer la somme des deux vitesses. Mais les parties AB et BC, prises en elles-mêmes, ne représentent pas la vitesse = *ab*, puisqu'elles ne sont pas parcourues dans le même temps que *ab*. Ainsi la double ligne AC, parcourue dans le même temps que la ligne *ab*, ne représente pas une vitesse double de cette dernière, ce qui était pourtant demandé. Ainsi, la composition de deux vitesses de même direction ne peut se représenter intuitivement *dans le même même espace.*

491 | Par contre, si le corps A est représenté en mouvement avec la vitesse *AB* dans l'espace absolu, et si je donne par ailleurs à l'espace relatif une vitesse *ab* = *AB* dans la direction opposée *ba* = *CB*, alors c'est exactement comme si j'avais attribué au corps cette dernière vitesse dans la direction AB (axiome 1). Le corps parcourt alors la somme des lignes *AB* et *BC* = 2*ab* dans le même temps qu'il aurait mis à parcourir la seule ligne *ab* = *AB*, et sa vitesse est néanmoins représentée comme la somme des deux vitesses égales *AB* et *ab* : ce qui était demandé.

Deuxième cas. Lorsque deux mouvements *de directions exactement opposées* doivent se combiner en un seul et même point.

Soit AB l'un de ces mouvements et AC l'autre mouvement de direction opposée, dont nous supposerons ici que la vitesse est égale à celle du premier. L'idée même de représenter de tels mouvements comme simultanés dans un seul et même espace en un seul et même point serait impossible, et par conséquent le cas d'une pareille composition des mouvements aussi : ce qui est contraire à l'hypothèse.

Par contre, concevez le mouvement AB dans l'espace absolu et, au lieu du mouvement AC dans le même espace absolu, concevez le mouvement opposé CA de l'espace relatif avec exactement la même vitesse, lequel (suivant l'axiome 1) est entièrement équivalent au mouvement AC et peut lui être donc parfaitement substitué : de cette manière, deux mouvements égaux et exactement opposés d'un même point peuvent très bien être représentés simultanément. Puisque maintenant l'espace relatif se meut dans la même direction et à la même vitesse CA = AB que le point A, ce point – ou le corps qui est en ce point – ne change donc pas de lieu du point de vue de cet espace relatif. Autrement dit, un corps mû à la même vitesse dans deux directions exactement opposées est en repos ; ou, pour le dire de manière générale, son mouvement est égal à la différence des vitesses prise dans la direction de la plus grande (ce que l'on peut facilement conclure de ce qui a été démontré).

| *Troisième cas.* Lorsque deux mouvements d'un seul **492** et même point sont représentés comme étant combinés *selon des directions formant un angle.*

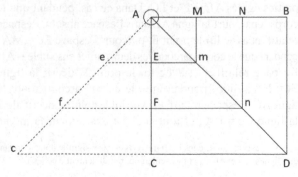

Les deux mouvements donnés sont AB et AC, dont les vitesses et les directions sont exprimées par ces lignes, tandis que BAC exprime l'angle que ces lignes enferment (lequel peut être, comme ici, un angle droit, mais aussi bien n'importe quel angle oblique). Maintenant, si ces deux mouvements doivent se produire simultanément selon les directions AB et AC, et dans un seul et même espace, ils ne pourraient toutefois se produire simultanément dans ces deux *lignes* mêmes AB et AC, mais seulement selon des lignes parallèles à celles-ci[1]. Il faudrait donc supposer qu'un de ces mouvements a produit un changement dans l'autre (à savoir en le déviant de sa trajectoire donnée) quand bien même les directions resteraient les mêmes de part et d'autre. Mais cela est contraire à ce que présuppose le théorème, à savoir qu'on entend sous le nom de composition le fait que les deux mouvements donnés sont *contenus* dans un troisième, et ne font donc qu'un avec lui, et non pas qu'ils en produisent un troisième du fait que l'un de ces mouvements *change* l'autre.

Que l'on suppose au contraire le mouvement AC comme s'effectuant dans l'espace absolu et, au lieu du mouvement AB, un mouvement de l'espace relatif dans la direction opposée. Supposons que la ligne AC soit divisée en trois parties égales AE, EF et FC. Dans ce cas, pendant que le corps A parcourt la ligne AE dans l'espace absolu, l'espace relatif, et avec lui le point E, parcourt l'espace Ee = MA ; pendant que le corps parcourt les deux parties ensemble = AF, **493** l'espace relatif, | et avec lui le point F, décrit la ligne Ff = NA ; enfin, pendant que le corps parcourt toute la ligne AC, l'espace relatif, et avec lui le point C, décrit alors la ligne Cc = BA ; et tout ceci est exactement la même

---

1. L'expression « dans les lignes AB et AC » signifie donc « en tant que lignes AB et AC », et pas seulement parallèlement à celles-ci.

chose que si le corps A avait parcouru les lignes Em, Fn et CD = AM, AN, AB pendant ces trois intervalles de temps, et que s'il avait parcouru la ligne CD = AB pendant la totalité du temps qu'il met à parcourir AC. Il se trouve ainsi au dernier instant au point D, et se trouve successivement pendant tout ce temps en chacun des points de la diagonale AD, laquelle exprime donc aussi bien la direction que la vitesse du mouvement composé[1].

Remarque 1

La *construction* géométrique requiert qu'une grandeur soit *équivalente* à une autre, ou que deux grandeurs composées l'une avec l'autre soient *équivalentes* à une troisième, mais non pas qu'elles soient des causes produisant la troisième, ce qui serait une construction mécanique. La complète similitude et égalité, en tant qu'elle ne peut être connue que dans l'intuition, est la *congruence*. Toute construction géométrique d'une complète identité repose sur la congruence. Maintenant, la congruence que deux mouvements unis ensemble ont avec un troisième (comme avec le mouvement composé lui-même) ne peut jamais avoir lieu si l'on représente ces deux mouvements dans un seul et même espace, par exemple l'espace relatif. C'est

---

1. Le théorème kantien de la composition des mouvements concerne ainsi les conditions selon lesquelles une telle composition peut à la fois être pensée et construite mathématiquement. Il s'écarte ainsi du théorème newtonien de la composition des mouvements, qui fait immédiatement référence aux *corps* et aux *forces*, sans se poser la question des conditions d'une addition vectorielle de deux mouvements – c'est-à-dire sans se poser la question de l'application des mathématiques aux phénomènes : « Un corps poussé par deux forces parcourt, par leurs actions réunies, la diagonale d'un parallélogramme dans le même temps dans lequel il aurait parcouru ses côtés séparément » (corollaire 1 à la troisième loi du mouvement, Newton-Châtelet, t. 1, p. 19).

ainsi que toutes les tentatives pour démontrer les trois cas du théorème ci-dessus n'ont jamais été que des solutions mécaniques; puisqu'on supposait en effet que des causes motrices – par lesquelles un mouvement donné était uni à un autre – produisaient un troisième mouvement, mais sans donner la démonstration que les deux premiers mouvements étaient équivalents à ce dernier, et pouvaient être représentés comme tels de manière *a priori* dans l'intuition pure.

Remarque 2

Si on dit, par exemple, que la vitesse AC est double, on ne peut entendre par là autre chose si ce n'est qu'elle est constituée des deux vitesses simples AB et AC (voir figure 1). Mais si l'on définit une vitesse double en disant qu'elle est un mouvement par lequel un espace deux fois plus grand est parcouru dans le même temps, on suppose alors quelque chose qui n'est pas évident par soi-même – à savoir que deux vitesses égales peuvent être jointes au même titre que deux espaces égaux – et il n'est pas de soi-même clair qu'une vitesse donnée soit constituée de vitesses plus petites, ni qu'une rapidité soit constituée de lenteurs de la même manière qu'un espace est constitué d'espaces plus petits. En effet, les parties de la vitesse ne sont pas extérieures les unes aux autres comme les parties de l'espace, et s'il faut considérer la première comme une grandeur, il faut alors que le concept de sa grandeur, en tant qu'elle est *intensive*, soit construite d'une autre manière **494** que celui de la grandeur *extensive* de l'espace[1]. | Mais cette construction n'est pas possible autrement que par la

1. Voir CRP, A 162 / B 203 : « J'appelle grandeur extensive (*extensive Größe*) celle où la représentation des parties rend possible la représentation du tout (et donc, nécessairement, la précède) ».

composition *indirecte* de deux mouvements égaux, dont l'un est celui du corps, et l'autre est celui de l'espace relatif dans la direction opposée et qui est, pour cette raison, complètement équivalent à un mouvement égal du corps dans la direction précédente. En effet, deux vitesses égales ne peuvent être composées *dans la même direction* dans un corps que par le moyen de causes motrices externes : par exemple, lorsqu'un bateau transporte un corps avec l'une de ces vitesses tandis qu'une autre force motrice indissociablement liée à ce bateau imprime au corps la seconde vitesse, qui est égale à la précédente. Mais ici, il faut encore toujours présupposer que le corps conserve sa première vitesse avec un mouvement *libre* lorsque la seconde vitesse s'ajoute : c'est là une loi de la nature des forces motrices dont il ne peut pas du tout être question lorsqu'il s'agit simplement de savoir *construire* le concept de vitesse comme quantité. Voilà ce qu'il y avait à dire sur l'addition des vitesses entre elles. Mais s'il est question de soustraire une vitesse à une autre, on peut certes facilement *penser* cette soustraction si l'on a déjà admis la possibilité [de penser] une vitesse comme quantité par addition, mais ce concept de la soustraction n'est pas si facile à *construire*. En effet, deux mouvements opposés doivent pour cela être liés dans un corps : mais comment cela peut-il être ? Il est impossible de penser deux mouvements égaux de directions opposées comme étant immédiatement dans le même corps, c'est-à-dire relativement au même espace au repos. La représentation de l'impossibilité de ces deux mouvements dans un corps n'est pas le concept du *repos* de ce corps, mais celui de l'*impossibilité de construire* cette composition de mouvements opposés, laquelle est pourtant posée comme possible dans le théorème. Cette construction n'est cependant pas autrement possible que par la liaison du mouvement du corps au *mouvement de l'espace*, ainsi qu'il a été montré. Enfin, concernant la composition de deux mouvements dont les directions forment un angle, on ne peut pas non plus penser cette composition dans un corps relativement à un seul et même espace, à moins de supposer que l'un de ces mouvements est l'effet d'une *force externe* continûment influente (par exemple, un véhicule transportant un corps), tandis que l'autre mouvement se maintient sans changement : de manière générale, il faut se fonder sur des forces motrices et sur l'engendrement d'un troisième mouvement à partir de deux forces unies – ce qui est bien là une mise en œuvre *mécanique* de ce qui est contenu dans un concept, mais non sa *construction mathématique*, laquelle devant seulement figurer dans l'intuition ce qu'est l'objet (en tant que quantité), et non comment il peut être *produit* par la nature ou par l'art au moyen de certains instruments ou forces. – La composition des mouvements doit suivre les règles de la congruence afin de pouvoir déterminer le rapport des mouvements entre eux en tant 495 que quantités : | cela n'est possible, dans les trois cas, que par l'intermédiaire d'un mouvement de l'espace qui soit congruent à l'un des deux mouvements donnés, faisant ainsi que les deux mouvements soient congruents au mouvement composé.

Remarque 3

La phoronomie, non comme pure doctrine du mouvement, mais seulement comme pure doctrine quantitative du mouvement, dans laquelle la matière n'est pensée selon aucune autre propriété que sa simple mobilité, ne contient donc rien de plus que ce seul théorème de la composition du mouvement – qui a été exposé au travers des trois cas mentionnés – et elle ne concerne en réalité que la seule possibilité du *mouvement rectiligne* et non du mouvement curviligne. Dans ce dernier cas, en effet, puisque le mouvement change (de direction) de manière continue, il faut faire intervenir une cause de ce changement, qui ne peut alors être le simple espace. L'habitude de ne comprendre sous l'appellation de *mouvement composé* que le seul cas où les directions de ce mouvement enferment un angle n'a pas été préjudiciable à la physique elle-même, mais bien au principe de la division d'une science philosophique pure en général. En effet, en ce qui concerne la première, les trois cas considérés dans le théorème ci-dessus peuvent tous être présentés de manière suffisante *uniquement dans le troisième*. En effet, si on pense l'angle enfermé par les deux mouvements donnés comme étant infiniment petit, le troisième cas contient le premier ; et si on le représente comme ne différant qu'infiniment peu d'une unique ligne droite, le troisième cas contient alors le second ; de sorte que les trois cas que nous avons mentionnés dans le théorème bien connu du mouvement composé peuvent assurément être compris sous une formule générale. On ne pourrait toutefois de cette manière apprendre à bien saisir *a priori* la doctrine quantitative du mouvement dans toutes ses parties, ce qui est aussi utile à bien des égards.

Si quelqu'un entend rapporter les trois parties du théorème général de la phoronomie au schéma de la division de tous les concepts purs de l'entendement – et en particulier ici à la division du concept de *quantité* – il remarquera alors que, puisque le concept d'une quantité contient toujours celui d'une composition de l'homogène, la doctrine de la composition des mouvements est en même temps la pure doctrine quantitative des mouvements, et ceci relativement aux trois éléments que l'espace nous livre : l'*unité* de la ligne et de la direction, la *pluralité* des directions dans une seule et même ligne, enfin la *totalité* des directions, tout autant que des lignes, suivant lesquelles le mouvement peut se produire, et qui renferme la détermination quantitative de tout mouvement possible, quoique la quantité du mouvement (pour un point mobile) ne consiste que dans la vitesse. Cette remarque n'est utile que dans la philosophie transcendantale.

PRINCIPES MÉTAPHYSIQUES
DE LA DYNAMIQUE

Définition 1

La *matière* est *ce qui est mobile* en tant qu'il *remplit un espace*. *Remplir* un espace signifie résister à tout mobile qui tend par son mouvement à pénétrer dans un certain espace. Un espace qui n'est pas rempli est un *espace vide*.

Remarque

Telle est la définition dynamique du concept de matière. Elle suppose la définition phoronomique mais elle lui ajoute une propriété qui, en tant que cause, se rapporte à un effet, à savoir le pouvoir de résister à un mouvement à l'intérieur d'un certain espace – ce dont il ne pouvait être question dans la science précédente, même lorsqu'il s'agissait de mouvements d'un seul et même point en des directions opposées. Ce remplissement de l'espace préserve un certain espace de la pénétration de n'importe quel autre mobile qui se dirigerait vers n'importe quel lieu de cet espace. Il faut maintenant encore examiner sur quoi repose la résistance de la matière dans toutes les directions et en quoi elle consiste. On voit déjà par la définition ci-dessus que l'on ne considère pas ici la matière en tant qu'elle résiste *lorsqu'elle est poussée de son lieu*, et doit par conséquent entrer elle-même en mouvement (lequel cas sera envisagé plus loin au titre de la résistance mécanique), **497** | mais simplement lorsque l'*espace* de son étendue propre doit être *diminué*. On emploie l'expression *occuper un espace* – c'est-à-dire être immédiatement présent en tous les points de celui-ci – pour désigner l'*extension* d'une chose dans l'espace. Cependant ce concept ne détermine pas quel effet suit de cette présence, ni même s'il s'ensuit un quelconque effet : est-ce le fait de résister à d'autres [mobiles] qui tendent de pénétrer dans cet espace ; ou signifie-t-il simplement un espace sans matière en tant qu'ensemble de plusieurs espaces (tout comme on peut dire de toute figure géométrique qu'elle occupe un espace en étant étendue) ; ou bien y a-t-il dans l'espace quelque chose qui force un autre mobile à y pénétrer plus profondément (ou qui attire les autres mobiles) ? Aussi, puisque le concept d'occupation d'un espace laisse tout ceci indéterminé, *remplir un espace* est une détermination plus précise de ce qu'est *occuper* un espace.

THÉORÈME 1

La matière remplit un espace non par sa simple *existence* mais par une *force motrice particulière*.

DÉMONSTRATION

Pénétrer dans un espace est un mouvement (que l'on appelle, à l'instant initial, tendance à pénétrer). La résistance au mouvement est la cause de sa diminution ou même de la transformation de ce mouvement en repos. Mais rien ne peut être lié à un mouvement qui puisse le diminuer ou le supprimer si ce n'est un autre mouvement du même mobile dans la direction opposée (théorème de la Phoronomie). Par conséquent, la résistance qu'oppose une matière à toute pénétration d'une autre matière dans l'espace qu'elle occupe est la cause du mouvement de cette dernière dans la direction opposée. Or la cause d'un mouvement s'appelle force motrice. Donc la matière remplit son espace par une force motrice et non par sa simple existence.

Remarque

Lambert et d'autres ont appelé *solidité* (terme assez ambigu) cette propriété de la matière par laquelle elle remplit un espace, et ils veulent qu'on l'admette pour toute chose *qui existe* (ou substance), du moins dans le monde sensible extérieur[1]. D'après leurs conceptions, la présence de quelque chose de *réel* dans l'espace | devrait déjà, par **498**

---

1. Dans l'*Anlage zur Architectonic, oder Theorie des Ersten und des Einfachen in der philosophischen und mathematischen Erkenntniß* (1771, § 88), Johann Heinrich Lambert énonce cinq axiomes (*Grundsätze*) donnés par le concept d'un solide matériel : « 1. Un solide remplit un espace autant qu'il peut. 2. Un solide exclut d'autres solides du lieu où il est. 3. Un solide a les trois dimensions de l'espace. 4. L'espace ne peut être rien de plus que rempli par des solides. 5. Un solide a une densité absolue, et est par conséquent une unité inaltérable ». Ces axiomes sont l'ensemble des principes qui permettent de penser ce qu'il a identifié comme des « concepts simples », qui sont ainsi, d'une certaine manière, plus fondamentaux que ces premiers. Ainsi, l'impénétrabilité du solide est une propriété indissociablement liée à la pensée de ce qui existe réellement dans l'espace – ce que Kant va rejeter ici. Pour l'identification des concepts simples – dont la solidité – Lambert dit suivre la liste des idées simples établie par Locke, qu'il faut ainsi peut-être compter parmi « les autres » mentionnés par Kant (*Cf.* Lambert, *Neues organon*, II, § 36 ; Locke, *Essai sur l'entendement humain*, II, VIII, 9). Sur cette question voir : A. Pelletier, « La profondeur et le fond : des concepts simples chez Lambert », à paraître dans les *Cahiers philosophiques de Strasbourg*.

son concept même, et ainsi conformément au principe de contradiction, impliquer cette résistance et faire que rien d'autre ne puisse être en même temps dans l'espace où cette chose est présente[1]. Seulement, le principe de contradiction ne repousse [lui-même] aucune matière s'avançant pour pénétrer dans un espace où une autre matière se trouve. Mais une fois que j'attribue à ce qui occupe un espace une [certaine] force de repousser tout mobile extérieur qui s'en approche, je comprends alors combien il y aurait de contradiction à ce qu'une chose de même espèce pénètre dans l'espace occupé par une chose. Le mathématicien a ici admis, en tant que donnée première pour construire le concept d'une matière, quelque chose qui ne peut lui-même être construit. Il peut certes partir de n'importe quelle donnée pour sa construction sans avoir à définir à son tour cette donnée ; mais il n'en est pas pour autant autorisé à déclarer que cette donnée ne peut aucunement être construite mathématiquement, et à empêcher de cette manière de remonter aux premiers principes de la science de la nature.

DÉFINITION 2

La *force d'attraction* est cette force motrice par laquelle une matière peut être la cause du rapprochement d'autres matières vers elle (ou, ce qui est la même chose, par laquelle elle résiste à leur éloignement).

---

1. Voir CRP, A 173 / B 215 : « Lequel de ces physiciens [...] aurait jamais eu l'idée qu'ils fondaient ainsi purement et simplement sur une supposition métaphysique, qu'ils prétendaient pourtant si fortement éviter, en admettant que le *réel* présent dans l'espace (je ne peux pas ici l'appeler impénétrabilité ou poids, parce que ce sont des concepts empiriques) serait de toute part d'une seule espèce et ne pourrait se différencier que par la grandeur extensive, c'est-à-dire par le nombre ? ».

La *force de répulsion* est cette force motrice par laquelle une matière peut être cause que d'autres s'éloignent d'elle (ou, ce qui est la même chose, par laquelle elle résiste à ce que d'autres s'approchent d'elle). Nous appellerons aussi parfois cette dernière *force d'impulsion*, et la première *force de traction*[1].

COROLLAIRE

Ces deux forces motrices de la matière sont les seules que l'on puisse penser. Car tout mouvement qu'une matière peut imprimer à une autre doit toujours être considéré comme étant communiqué suivant la ligne droite entre deux points, puisque chacune des deux matières n'est regardée à cet égard que comme un point. Or il n'y a que deux sortes de mouvements possibles sur cette ligne droite : l'un par lequel ces points *s'éloignent* l'un de l'autre, et

1. Kant énonce ici les deux forces motrices de la matière : il va montrer que ce sont les seules que l'on puisse penser (corollaire), que la force répulsive est constitutive du remplissement de la matière (théorème 2) et que la force d'attraction doit être pensée comme seconde force fondamentale du concept de matière (théorème 5). Notons aussi que Kant n'introduit pas immédiatement les forces d'attraction (ou de poussée) comme impliquant l'existence de forces qui leur soient toujours opposées (forces de répulsion ou de traction), à la manière de la troisième loi du mouvement de Newton : voir ci-dessous dans le chapitre 3, le théorème 4 (ou troisième loi de la mécanique) et, en note, le troisième loi de Newton. Rappelons aussi que Newton déclarait ne pas connaître les propriétés essentielles de la matière, et que l'attraction n'était en ce sens qu'une hypothèse parmi d'autres : l'inertie est, pour Newton, une propriété plus essentielle de la matière. Voir plus bas, Dynamique, théorème 7, remarque 2 et notes. La considération des deux forces fondamentales de la matière est au cœur de nombreuses réflexions des newtoniens : voir Keill, *Introductio ad Veram Physicam seu Lectiones Physicae* (1702) et Knight, *An attempt to demonstrate, that all the phœnomena in nature may be explained by two simple active principles, attraction and repulsion* (1748).

l'autre par lequel ils *s'approchent* l'un de l'autre. La force **499** | qui est cause du premier mouvement s'appelle *force de répulsion*, et celle qui est cause du second s'appelle *force d'attraction*. On ne peut donc penser que ces deux sortes de forces comme des forces auxquelles toutes les forces motrices dans la nature matérielle doivent être ramenées.

THÉORÈME 2

La matière remplit ses espaces par les forces répulsives de toutes ses parties, c'est-à-dire par une force d'expansion propre, qui a un degré déterminé à partir duquel des degrés plus grands ou plus petits peuvent être pensés à l'infini.

DÉMONSTRATION

La matière ne remplit un espace que par une force motrice (théorème 1) qui s'oppose précisément à la pénétration, ou au rapprochement, d'une autre. Or celle-ci est une force répulsive (définition 2). Donc la matière ne remplit son espace que par des forces répulsives qui sont en réalité des forces répulsives de toutes ses parties, car autrement une partie de son espace ne serait pas remplie (contrairement à l'hypothèse), mais seulement contenue [dans l'espace]. Mais *la force que quelque chose d'étendu a en raison de la répulsion de toutes ses parties est une force d'expansion* (force expansive). Donc la matière ne remplit son espace que par sa propre force d'expansion – *ce qui était le premier point.* Maintenant, une force plus grande doit pouvoir être pensée au-delà de n'importe quelle force donnée : en effet, une force telle qu'aucune autre ne soit possible au-delà d'elle ferait parcourir un espace infini en un temps fini (ce qui est impossible). De plus, on doit pouvoir penser une force plus petite en deçà de toute force motrice donnée (en effet, la force la plus petite serait celle qui, en s'ajoutant infiniment à elle-même pendant un temps donné, ne pourrait produire ainsi aucune vitesse finie, ce qui signifie alors l'absence de toute force motrice). Donc, en deçà de tout degré donné d'une force motrice, un plus petit degré doit toujours pouvoir être encore donné – *ce qui est le second point*. Par conséquent, la force d'expansion par laquelle toute matière remplit son espace a un certain degré, qui n'est jamais le plus grand ni le plus petit, mais qui est tel que des degrés plus grands ou plus petits peuvent être trouvés au-delà de lui à l'infini.

| COROLLAIRE 1   500

La force expansive d'une matière s'appelle aussi *élasticité*. Maintenant, puisqu'elle est le fondement sur lequel repose cette propriété essentielle qu'a toute matière de remplir l'espace, cette élasticité doit s'appeler *originaire*, puisqu'elle ne peut être dérivée d'aucune autre propriété de la matière[1]. Toute matière est par conséquent originairement élastique.

---

1. Les forces originaires (*ursprüngliche*) et dérivées (*abgeleitete*) sont toutes les deux des forces de la matière : cette distinction ne peut donc être rapprochée de la distinction leibnizienne entre forces primitives (*primitivae*) et forces dérivatives (*derivativae*), puisque seules ces dernières, en étant des limitations des premières, sont des forces de la matière phénoménale (voir Leibniz, *Specimen dynamicum* (1695), *Mathematische Schriften*, édition C. I. Gerhardt, Hildesheim, Olms, 1971, VI, p. 234-254.

COROLLAIRE 2

On peut trouver une force motrice plus grande au-delà de toute force d'expansion ; mais parce que celle-là peut aussi agir contre celle-ci et ainsi rétrécir l'espace que cette dernière tend à élargir – auquel cas cette force agissant contre cette dernière s'appellerait une force *compressive* –, il doit donc être possible de trouver pour toute matière une force compressive qui puisse la repousser de l'espace qu'elle remplit dans un espace plus étroit.

DÉFINITION 3

Une matière en *pénètre* une autre dans un mouvement lorsqu'elle supprime totalement, par compression, l'espace dans lequel s'étend cette autre matière.

Remarque

Dans le cylindre (rempli d'air) d'une pompe à air, la matière de l'air est comprimée lorsque l'on pousse le piston toujours vers le fond. Si cette compression pouvait être poussée jusqu'à ce que le piston touche complètement le fond (sans que la moindre partie de l'air ne s'échappe), la matière de l'air serait alors pénétrée : en effet, les matières entre lesquelles cette dernière se trouve ne lui laissent dans ce cas aucun espace libre, et elle se trouverait alors entre le piston et le fond sans occuper pourtant aucun espace. Cette pénétrabilité de la matière par des forces compressives extérieures, si quelqu'un voulait la supposer ou simplement la penser, pourrait s'appeler la pénétrabilité *mécanique*. J'ai des raisons de distinguer par une telle restriction entre cette pénétrabilité de la matière et une autre, dont le concept est peut-être aussi impossible que le premier, mais au sujet de laquelle je voudrais cependant faire quelques remarques plus loin[1].

| THÉORÈME 3 501

La matière *peut être comprimée* à l'infini, mais *jamais pénétrée* par une matière, si grande que soit la force de pression de celle-ci.

DÉMONSTRATION

Une force originaire, par laquelle une matière tend à s'étendre de toutes parts au-delà de l'espace donné qu'elle occupe, doit être plus grande lorsqu'elle est enfermée dans un espace plus petit, et doit être infinie lorsqu'elle est comprimée dans un espace infiniment petit. Maintenant, pour une force expansive donnée de la matière, on peut trouver une force de compression plus grande qui contraint celle-là à un espace plus étroit, et ainsi à l'infini ; ce qui était le premier point. Mais pour pénétrer la matière, il faudrait la rassembler dans un espace infiniment petit, et il faudrait par conséquent une force de compression infinie, ce qui est impossible. Donc une matière ne peut être pénétrée par aucune autre par compression ; ce qui est le second point.

Remarque

Dans cette démonstration, j'ai supposé dès le début qu'une force expansive doit réagir d'autant plus fortement qu'elle est repoussée dans un espace plus étroit. Mais, en

---

1. Voir plus loin la quatrième section de la « remarque générale sur la dynamique », qui aborde la question de la pénétration chimique [530-532].

fait, cela ne vaut pas de toutes les sortes de forces élastiques qui ne sont que dérivées ; toutefois, cela peut être postulé de la matière, dans la mesure où une élasticité essentielle lui appartient en tant que matière en général remplissant un espace. En effet, c'est la force expansive, s'exerçant de tous les points dans toutes les directions, qui constitue le concept même de cette matière. Et le même *quantum* de force extensive, si elle est ramené dans un espace plus étroit, doit en tout point de celui-ci repousser d'autant plus fortement qu'est plus petit l'espace dans lequel un certain *quantum* de force étend son activité.

Définition 4

L'*impénétrabilité* de la matière qui repose sur une résistance augmentant proportionnellement au degré de compression, je l'appelle impénétrabilité *relative* ; mais
502 celle qui | repose sur le *présupposé* que la matière comme telle n'est susceptible d'aucune compression s'appelle impénétrabilité *absolue*. Le *remplissement* de l'*espace* avec une impénétrabilité absolue peut être appelé remplissement *mathématique* de l'espace, et le remplissement avec une impénétrabilité seulement relative peut être appelé remplissement *dynamique* de l'espace.

Remarque 1

D'après le concept purement mathématique de l'impénétrabilité (qui ne suppose aucune force motrice comme appartenant originairement à la matière), aucune matière n'est susceptible de compression à moins qu'elle ne contienne en elle des espaces vides ; par suite, la matière en tant que matière résiste totalement et avec une nécessité absolue à toute pénétration. Mais selon notre examen de cette propriété, l'impénétrabilité repose sur un fondement physique ; car c'est la force expansive qui rend d'abord possible la matière elle-même en tant que quelque chose d'étendu remplissant son espace. Mais puisque cette force a un degré qui peut être dépassé [par une autre], et que l'espace où elle s'étend peut ainsi être diminué, c'est-à-dire pénétré jusqu'à un certain point par une force de compression donnée (mais de sorte qu'une pénétration totale soit impossible, car cela exigerait une force de compression infinie), *alors le remplissement de l'espace ne doit être considéré que comme une impénétrabilité relative.*

Remarque 2

L'impénétrabilité absolue n'est en fait ni plus ni moins qu'une qualité occulte (*qualitas occulta*). Que l'on demande la cause qui fait que des matières ne peuvent se pénétrer l'une l'autre dans leur mouvement, et l'on recevra cette réponse : parce qu'elles sont impénétrables. On échappe à ce reproche [de circularité] en faisant appel à une force repoussante. Car bien que cette force ne puisse être expliquée davantage quant à sa possibilité, et qu'elle doit par conséquent être tenue pour une force fondamentale, elle fournit cependant le concept d'une cause agissante, ainsi que de ses lois, d'après lesquelles les degrés de son action – à savoir la résistance dans l'espace rempli – peuvent être estimés.

Définition 5

Une *substance matérielle* est ce qui dans l'espace est mobile pour soi, c'est-à-dire indépendamment de toute autre chose existant en dehors d'elle dans l'espace. Le

503 mouvement d'une partie de la | matière par lequel elle cesse d'être une partie est la *séparation*. La séparation des parties d'une matière est la *division physique*.

Remarque

Le concept de substance désigne le sujet dernier d'existence, c'est-à-dire ce qui n'est pas lui-même à son tour un simple prédicat de l'existence d'un autre. Or la matière est le sujet de tout ce qui peut, dans l'espace, être attribué à l'existence des choses. En effet, à part la matière, aucun autre sujet n'est pensable sinon l'espace lui-même, lequel est cependant un concept ne contenant encore rien d'existant mais seulement les conditions nécessaires des relations externes des objets possibles des sens externes. Donc la matière, en tant qu'elle est ce qui est mobile dans l'espace, est la substance dans celui-ci. Mais toutes les parties de la matière doivent aussi de même être appelées des substances, et par suite à leur tour matière elles-mêmes, dans la mesure seulement où l'on peut dire d'elles qu'elles sont elles-mêmes des sujets et non de simples prédicats d'autres matières. Or elles sont elles-mêmes des sujets lorsqu'elles sont mobiles pour elles-mêmes, et qu'elles sont ainsi quelque chose d'existant dans l'espace indépendamment de leur rapport avec d'autres parties voisines. Aussi, la mobilité propre de la matière, ou de n'importe laquelle de ses parties, est en même temps une preuve que ce mobile, et chacune de ses parties mobiles, est substance.

THÉORÈME 4

La matière est *divisible à l'infini*, et cela en parties dont chacune à son tour est matière.

DÉMONSTRATION

La matière est impénétrable, et cela en vertu de sa force d'expansion originaire (théorème 3), laquelle n'est cependant que la conséquence des forces répulsives s'exerçant en tous les points d'un espace rempli de matière. Or un espace rempli de matière est mathématiquement divisible à l'infini, c'est-à-dire que ses parties peuvent être distinguées à l'infini bien qu'elles ne puissent être mises en mouvement ni, pas conséquent, séparées (selon les preuves de la géométrie). Mais dans un espace rempli de matière, chaque partie de l'espace contient une force répulsive agissant contre toutes les autres dans toutes les directions, et qui ainsi les repousse et se trouve tout aussi bien repoussée par elles, c'est-à-dire poussée à s'éloigner d'elles. Par suite, chaque partie | d'un espace rempli de **504** matière est mobile pour elle-même, et par conséquent séparable des autres, par une division physique, en tant que substance matérielle. Aussi loin donc que s'étend la divisibilité mathématique d'un espace rempli de matière, aussi loin s'étend également la division physique possible de la substance qui le remplit. Or la divisibilité mathématique va à l'infini, et partant la divisibilité physique aussi, c'est-à-dire que toute matière est divisible à l'infini, et cela en parties dont chacune est à son tour une substance matérielle.

Remarque 1

En prouvant la divisibilité infinie de l'espace, on est encore loin d'avoir prouvé celle de la matière si on n'a pas montré au préalable qu'il y a de la substance matérielle en toute partie de l'espace, c'est-à-dire que s'y trouvent des parties mobiles pour elles-mêmes. Car si un *monadiste* voulait supposer que la matière consiste en points physiques[1], dont chacun n'a (précisément pour cela) pas de parties mobiles mais remplit néanmoins un espace par sa seule force répulsive, alors il pourrait admettre que cet espace soit divisé, mais non la substance qui agit en lui – et admettre par conséquent que la sphère d'activité de la substance soit divisée en même temps que la division de l'espace, mais non le sujet mobile agissant, lui-même. Il composerait ainsi la matière de parties physiquement indivisibles, tout en leur faisant occuper un espace *de manière dynamique*[2].

Mais la démonstration ci-dessus a totalement fermé cette issue au monadiste. Car il suit clairement de celle-ci

1. Le *monadiste* est celui qui ne souscrit pas à la divisibilité de la matière à l'infini, et qui soutient donc une forme d'atomisme. C'était le cas de Kant lui-même, auteur d'une *Monadologie physique* en 1756, où il écrivait : « Tout corps est composé de parties primitives absolument simples, c'est-à-dire de monades » (AA 1, 477). Comme Kant l'écrit ci-après, l'hypothèse *monadiste* ne concerne pas Leibniz lui-même mais une « monadologie mal comprise » [507] – à savoir la monadologie physique de Christian Wolff et du jeune Kant.

2. Kant rappelle ici la conception de la « sphère d'activité » qu'il a lui-même soutenue dans les propositions IV à VII de la *Monadologie physique* de 1756 (AA 1, 479-482), ou encore dans sa recension de l'ouvrage de Silberschlag – traduite en annexe (*Theorie der am 23. Juli 1762 erschienenen Feuerkugel*, 1764) –, et qu'il va rejeter parce qu'elle n'échappe pas à la seconde antinomie (CRP, A 434-443 / B 462-471).

qu'il ne peut y avoir aucun point, dans un espace plein[1], qui n'exerce lui-même de répulsion de tous les côtés – tout comme il est lui-même repoussé – et qui ne soit par conséquent en lui-même mobile en tant que sujet extérieur à tout autre point répulsif et exerçant lui-même une réaction. Il suit clairement aussi que l'hypothèse d'un point remplissant un espace uniquement par une force de poussée, et non par d'autres forces également répulsives, est totalement impossible[2]. Afin de figurer ceci dans l'intuition, et en même temps la démonstration du théorème précédent, posons que A est le lieu d'une monade dans l'espace, *ab* le diamètre de la sphère de sa force répulsive, et donc *a*A le rayon de cette sphère :

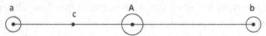

Il est donc possible (par la divisibilité infinie de l'espace) de déterminer un point *c* entre le point *a*, où s'exerce la résistance à la pénétration d'une monade extérieure à l'intérieur de l'espace qu'occupe cette sphère, et le centre A de cette sphère. Maintenant, si A résiste à ce qui tend à pénétrer en *a*, alors *c* doit aussi résister aux deux points A et *a*. S'il n'en était pas ainsi, ils s'approcheraient l'un de l'autre librement, et A et *a* se rencontreraient alors au point *c*, c'est-à-dire que l'espace | serait pénétré. Il doit donc y **505**

---

1. *In einem erfüllten Raume*, littéralement : dans un espace rempli. Dans la suite du texte, le plein est désigné comme *das Volle*.
2. Dans la définition 2, Kant a distingué entre force d'impulsion (*treibende*) et de traction (*ziehende*). Ici, il distingue deux types de forces d'impulsion : l'une qui serait purement impulsive (*treibende*) et d'autres qui seraient répulsives (*zurückstossende*). C'est parce qu'il n'y a pas de force impulsive qui ne soit en même temps répulsive que Kant pouvait indiquer que l'on appelle parfois les forces de répulsion des forces d'impulsion.

avoir quelque chose en *c* qui résiste à la pénétration de A et de *a*, et qui ainsi repousse la monade A, tout en étant aussi repoussée par elle. Mais puisque *repousser*, c'est mouvoir, *c* est quelque chose de mobile dans l'espace, et est donc matière, et l'espace entre A et *a* ne pourrait être rempli par la sphère d'activité d'une unique monade, non plus que l'espace entre *c* et A, et ainsi à l'infini.

Lorsque les mathématiciens se représentent les forces répulsives des parties de matières élastiques comme diminuant ou augmentant – à proportion de leur éloignement les unes des autres – lors d'une compression plus ou moins grande de ces matières (par exemple, que les plus petites parties de l'air se repoussent en raison inverse de leur éloignement les unes des autres, parce que leur élasticité est en raison inverse des espaces où elles sont comprimées), on se trompe alors totalement sur ce qu'ils veulent dire, et on interprète mal leur langage, si on attribue au concept de l'objet lui-même ce qui appartient nécessairement au procédé de construction de ce concept. Par ce procédé en effet, tout contact peut être représenté comme un éloignement infiniment petit – et cela doit même être nécessairement le cas lorsqu'il faut représenter un espace plus grand ou plus petit comme étant totalement rempli par une même quantité de matière, c'est-à-dire par un même quantum de forces répulsives. Mais il ne faut pas pour autant supposer, dans ce qui est divisible à l'infini, que les parties sont réellement éloignées l'une de l'autre : quel que soit l'élargissement de l'espace total, ces parties forment toujours un continu, même si la possibilité d'un tel élargissement ne peut être intuitivement saisie que par l'idée d'une distance infiniment petite.

Remarque 2

La mathématique, dans son usage interne, peut bien être tout à fait indifférente aux chicanes d'une métaphysique erronée, et rester assurée de l'évidence de ses affirmations concernant la *divisibilité infinie de l'espace*, quelles que soient les objections adressées par des arguties purement conceptuelles. Par contre, dans l'application de ses propositions – qui concernent l'espace – à la substance qui remplit cet espace, elle doit bien consentir à un examen par simples concepts, et partant à la métaphysique[1]. Le théorème ci-dessus en est déjà une preuve. En effet, même si la matière est divisible à l'infini du point de vue mathématique, et même si toute partie de l'espace est à son tour un espace et contient donc toujours des parties extérieures les unes aux autres, il ne s'ensuit pas nécessairement que la matière soit physiquement divisible à l'infini si l'on ne peut prouver qu'il y a encore de la *substance* dans chaque partie possible de cet espace *rempli*, et que cette substance existe donc en tant que mobile pour elle-même, en étant séparée de toute autre. Aussi, quelque chose d'indispensable pour une application certaine à la science de la nature manquait encore à la preuve mathématique, et c'est à ce manque que le théorème ci-dessus | a remédié. Maintenant, en ce qui concerne les **506**

---

1. Newton est ici de nouveau visé pour ne pas avoir considéré les conditions sous lesquelles une application des mathématiques à la nature au sens matériel est possible, et avoir été ainsi conduit à des conceptions erronées : après avoir dénoncé dans la phoronomie l'hypothèse d'un espace absolu, Kant va cette fois-ci dénoncer le refus newtonien de considérer l'attraction comme une propriété essentielle de la matière – refus qui va d'ailleurs mettre Newton en « désaccord avec lui-même » [514].

autres attaques de la métaphysique contre ce qui est *maintenant le théorème physique* de la divisibilité infinie de la matière, le mathématicien doit les laisser entièrement au philosophe, lequel s'engage de toute façon, en affrontant ces objections, dans un labyrinthe dont il lui est difficile de sortir, même quand il s'agit de questions qui le regardent directement : il a donc assez à faire à s'occuper de lui-même, sans que le mathématicien ne vienne en plus s'immiscer dans cette affaire. En effet, si la matière est divisible à l'infini, alors (conclut le métaphysicien dogmatique) *elle se compose d'un ensemble infini de parties*, car un tout doit bien déjà contenir en lui l'ensemble de toutes les parties en lesquelles il peut être divisé. Et cette dernière proposition est indubitablement certaine de n'importe quel tout *en tant que chose en soi.* Par conséquent, et puisque l'on ne peut admettre que la matière, ni même l'espace, *consiste en une infinité de parties* (car il est contradictoire de penser un ensemble infini, dont le concept même implique qu'il ne peut jamais être représenté comme achevé, comme étant totalement achevé), il faut alors soutenir soit, contre le géomètre, que *l'espace n'en pas divisible à l'infini,* soit, en contrariant le métaphysicien, que *l'espace n'est pas une propriété d'une chose en soi,* et que la matière n'est donc pas une chose en soi, mais seulement un phénomène de nos sens externes en général, tout comme l'espace en est la forme essentielle.

Mais le philosophe se trouve ici pris entre les cornes d'un dilemme dangereux. Il est vain de nier la première proposition – que l'espace est divisible à l'infini – car des arguties ne peuvent en rien infléchir les mathématiques. Or, considérer la matière comme une chose en soi, et par suite l'espace comme une propriété des choses en soi, revient à nier cette première proposition. Le philosophe se trouve alors contraint de renoncer à la seconde thèse, si commune et conforme au sens commun qu'elle puisse être, mais naturellement à la seule condition que la considération de la matière et de l'espace comme de simples phénomènes (en considérant par conséquent l'espace seulement comme la forme de notre intuition sensible externe, et en considérant que la matière et l'espace ne sont pas des choses en soi mais seulement des manières subjectives de représenter des objets qui nous sont en soi inconnus), lui permette de sortir de cette difficulté relative au fait que la matière *est divisible à l'infini* tout en n'étant *pas* composée *d'une infinité de parties.* Maintenant, ceci peut tout à fait bien être pensé par la raison, même s'il est impossible de le figurer dans l'intuition et de le construire. Car, pour ce qui n'est réel qu'en étant simplement donné dans la représentation, il n'en est rien donné *de plus* que ce qui se trouve dans la représentation, c'est-à-dire rien au-delà de la progression des représentations. Ainsi, à propos des phénomènes dont la division va à l'infini, on peut seulement dire qu'il y a autant de parties du phénomène que nous voulons en donner, c'est-à-dire aussi loin | que **507** l'on veuille diviser. En effet, les parties, en tant qu'elles appartiennent à l'existence d'un phénomène, n'existent que dans la pensée, c'est-à-dire dans la division même. Maintenant, la division va certes à l'infini, mais elle n'est jamais donnée comme infinie : il ne s'ensuit donc pas que ce qui est divisible contienne en lui, et en dehors de notre représentation, un ensemble infini de parties *en elles-mêmes.* Car cette division qui ne peut jamais être achevée, ni par conséquent totalement donnée – bien qu'elle puisse être poursuivie à l'infini et bien qu'il y en ait un fondement dans l'objet (lequel est en soi inconnu) – ne porte pas sur la chose mais sur la représentation de la chose ; et cela prouve donc aussi qu'il n'y a pas un ensemble réellement infini [de parties] dans l'objet (ce qui serait une contradiction manifeste)[1]. Un grand homme, qui contribue peut-être plus que quiconque à maintenir la réputation des mathématiques en Allemagne[2], a souvent rejeté les prétentions métaphysiques à renverser les théorèmes de la géométrie relatifs à la divisibilité infinie de l'espace, en rappelant à bon droit que *l'espace n'appartient qu'au phénomène des choses externes*[3]. Mais on ne l'a pas compris. On a pris cette proposition comme si elle signifiait que l'espace nous apparaît, qu'il est par ailleurs en lui-même une chose ou

1. La contradiction manifeste est que les parties de l'objet n'appartiennent pas à l'objet mais à la pensée : en ce sens, il n'y a pas de parties réelles (*wirklich*) et encore moins un ensemble *réellement* infini de parties *dans* l'objet.

2. On a suggéré les noms de Leibniz, Kästner, Euler, Lambert et même Wolff pour identifier le « grand homme » (Pollok (1997), p. 137 ; Friedman (2004), p. 44 ; de Gandt (1985), p. 1464). La proposition concernant l'espace que Kant lui attribue ci-après fait plutôt pencher pour Leibniz. L'usage du présent de l'indicatif (« contribue »), plutôt que du passé, pourrait quand même s'appliquer à Leibniz si l'on considère que la grandeur des inventions mathématiques est toujours, et peut-être d'autant plus, actuelle. L'expression de « grand homme » rappelle celle qui sera par ailleurs employée à propos de Leibniz dans le texte *Sur une découverte selon laquelle toute nouvelle critique de la raison pure serait rendue superflue par une plus ancienne* (1790) : « Faut-il vraiment croire que Leibniz, un si grand mathématicien [*Leibniz, ein so großer Mathematiker !*] ait voulu composer les corps de monades (et par conséquent aussi l'espace de parties simples) ! » (AA 8, 248). Le ton de cette évocation rappelle à son tour la défense de Kästner en tête de l'édition Raspe des œuvres de Leibniz : « Peut-on charger de cette absurdité celui à qui tout le continent de l'Europe doit le calcul de l'infini ? », Leibniz, *Œuvres philosophiques, latines et françoises de feu M. Leibnitz*, éd. Erich Raspe, 1765, p. IV.

3. L'énoncé peut bien correspondre au § 47 du Cinquième écrit de Leibniz contre Clarke (*Die Philosophischen Schriften*, éd. C. I. Gerhardt, VII, p. 400-402).

une relation de choses, mais qu'il n'est considéré par le mathématicien que tel qu'il apparaît. Au lieu de cela, on aurait dû comprendre ici que l'espace n'est pas du tout une propriété qui se rattache en soi à quelque chose en dehors de nos sens, mais qu'il est seulement la forme subjective de notre sensibilité, sous laquelle les objets des sens externes – dont nous ne connaissons pas ce qu'ils sont en soi – nous apparaissent, et c'est ce phénomène que nous appelons matière. Du fait de cette méprise, on continuait encore à penser l'espace comme étant une propriété se rattachant aux choses (en dehors de notre faculté de représentation) et que le mathématicien ne pense qu'au travers de concepts communs, c'est-à-dire de manière confuse (puisque c'est ainsi qu'on définit communément le phénomène[1]). Ainsi, le théorème mathématique de la divisibilité infinie de la matière, proposition qui implique la plus grande distinction dans le concept d'espace, était attribué à une représentation confuse de l'espace que le géomètre aurait prise pour fondement, de telle sorte qu'il était alors loisible au métaphysicien de composer l'espace de points et la matière de parties simples, et ainsi de rendre ce concept distinct (de son point de vue). La raison de ce fourvoiement se trouve dans une *monadologie* mal comprise, laquelle ne concerne en rien l'explication des phénomènes naturels, mais est une conception *platonicienne* du monde, développée par *Leibniz*, et qui est en elle-même correcte

---

1. Kant renvoie ici à l'interprétation, commune depuis Wolff et souvent attribuée à Leibniz (ou au système leibnizo-wolffien), selon laquelle la sensibilité n'est pas une source originaire de représentations, mais seulement un mode confus de la représentation. Kant l'attribue à Leibniz dans la *Critique de la raison pure* (voir la note suivante). En dénonçant ainsi la méprise des « leibniziens », Kant se méprend en réalité sur Leibniz lui-même.

dans la mesure où le monde, considéré non point comme un objet des sens mais comme une chose en soi, est seulement un objet de l'entendement, mais un objet de l'entendement qui est au fondement des phénomènes des sens[1]. Maintenant, le *composé de choses en soi* doit bien entendu être constitué de simples, puisque les parties doivent ici être données avant toute composition. Mais *le composé dans le phénomène* n'est pas constitué de simples, **508** puisque | dans le phénomène, lequel ne peut jamais être donné autrement que comme composé (étendu), les parties ne peuvent être données que par division, et par conséquent non avant le composé mais seulement en lui. C'est ainsi que l'opinion de Leibniz, autant que je la comprenne, n'était pas de définir l'espace comme un ordre des êtres simples les uns à côté des autres[2], mais c'était plutôt de

1. De nouveau, la « monadologie mal comprise » concerne au premier chef les différentes versions de la monadologie physique, dont celle que Kant avait soutenue en 1756. Le texte de Leibniz, rédigé en 1714, reçoit le titre de *Monadologie* de la part de son traducteur allemand, Heinrich Köhler, en 1720 (*Lehrsätze Über die Monadologie*) et ne sera publié en français qu'en 1840 par Erdmann (*G. G. Leibnitii opera philosophica, quae exstant Latina Gallica Germanica omnia*). La méprise dont il s'agit ici tient à croire que les simples sont les parties (homogènes) des composés, alors qu'il faut les distinguer comme deux niveaux ontologiques dont l'un est au fondement de l'autre. Kant substitue toutefois ici à cette première méprise une autre méprise en identifiant les monades à de simples objets de l'entendement et non à des unités réelles, ainsi qu'il l'avait fait dans la *Critique de la raison pure* : « Le célèbre Leibniz érigea un *système intellectuel du monde*, ou plutôt il crut connaître la constitution interne des choses, en comparant tous les objets simplement avec l'entendement et les concepts formels abstraits de sa pensée » (CRP, A 270 / B 326).

2. Kant renvoie à la formule bien connue des échanges entre Leibniz et Clarke, qui furent l'une des sources de diffusion de la philosophie leibnizienne au XVIIIe siècle : « Pour moi, j'ai marqué plus d'une fois que je tenais l'Espace pour quelque chose de purement relatif, comme

placer cet ordre à côté de l'espace, en le faisant correspondre à lui mais en le faisant appartenir à un monde seulement intelligible (inconnu de nous); et son opinion était de ne soutenir rien d'autre que ce qui a été montré ailleurs, à savoir que l'espace, ainsi que la matière dont il est la forme, ne contient pas le monde des choses en soi mais seulement leur phénomène[1], et qu'il n'est lui-même que la forme de notre intuition sensible externe.

THÉORÈME 5

La possibilité de la matière exige une *force d'attraction* comme seconde force fondamentale et essentielle de la matière[2].

le Temps; pour un ordre des coexistences, comme le temps est un ordre de successions. Car l'espace marque en termes de possibilité un ordre des choses qui existent en même temps, en tant qu'elles existent ensemble, sans entrer dans leurs manières d'exister particulières : et lorsqu'on voit plusieurs choses ensemble, on s'aperçoit de cet ordre des choses entre elles » (3ᵉ écrit contre Clarke, *Die Philosophischen Schriften*, éd. C. I. Gerhardt, VII, p. 363). Kant comprend cet ordre comme « à côté » (*zur Seite*) de l'espace; Leibniz le définit pourtant comme l'espace lui-même. La formule fut reprise dans la métaphysique de Christian Wolff (*Vernünfftige Gedancken von Gott, der Welt und der Seele des Menschen* (1720), § 46).

1. Le génétif de l'expression *nur die Erscheinung derselben* peut renvoyer soit au phénomène du monde soit au phénomène de chacune des choses en soi : dans les deux cas, l'emploi du phénomène au singulier peut surprendre – mais la remarque précédente sur le phénomène donné comme composé permet de justifier les deux traductions. « Ce qui a été montré ailleurs » l'a été dans l'Esthétique transcendantale (CRP, A 26-30).

2. L'hypothèse d'une attraction originaire de la matière a sans doute contribué au manque d'intérêt que les physiciens ont pu porter à l'ouvrage de Kant – car une telle hypothèse n'était pas en discussion. Elle contribuera à qualifier rétrospectivement l'ouvrage de Kant

DÉMONSTRATION

L'impénétrabilité, en tant que propriété fondamentale par laquelle la matière se manifeste en premier lieu à nos sens externes comme une chose réelle dans l'espace, n'est rien d'autre que le pouvoir d'expansion de la matière (théorème 2)[1]. Or une force motrice essentielle par laquelle les parties de la matière se fuient mutuellement ne peut pas, *en premier lieu*, se limiter elle-même, puisque la matière tend au contraire par son moyen à étendre continuellement l'espace qu'elle remplit ; ni, *en second lieu*, recevoir de limite déterminée par l'espace seul, car l'espace peut bien contenir la raison pour laquelle la force d'expansion s'affaiblit en proportion inverse de l'augmentation du volume d'une matière en expansion, mais il ne peut jamais contenir la raison pour laquelle cette force cesserait quelque part, puisque de toute force motrice il peut y avoir des degrés plus petits à l'infini. Ainsi la matière ne serait, par sa seule force répulsive (contenant la raison de l'impénétrabilité), et supposé qu'aucune autre force motrice n'agisse en sens contraire, retenue à l'intérieur

de simple « spéculation métaphysique » (Gehler, *Physikalisches Wörterbuch*, Leipzig, Schwieckert, 1825, p. 123). L'hypothèse d'une force attractive (*anziehende Kraft*) fondamentale à la matière était formulée dans l'un des manuels que Kant utilisait pour ses cours : *cf.* Erxleben, *Anfangsgründe der Naturlehre* (1772), § 101, p. 84.

1. L'impénétrabilité caractérise, du point de vue de la matière, son pouvoir d'expansion (*Ausdehnungsvermögen*) et, du point de vue d'un sujet sensible la percevant, la résistance manifestée par toute extension (*Ausdehnung*) dans la matière. Dans la préface, la mobilité était identifiée comme la détermination fondamentale de toute matière qui doit être objet des sens [476] ; ici, l'impénétrabilité est identifiée comme la propriété fondamentale qui se manifeste effectivement en premier (*zuerst*) à nos sens externes, avant même la perception du mouvement.

d'aucune limite d'extension, c'est-à-dire qu'elle se disperserait à l'infini, et, dans un espace donné, on ne trouverait pas de quantité donnée de matière. Par conséquent, s'il n'y avait que des forces répulsives, tous les espaces seraient vides et il n'y aurait en réalité pas de matière du tout. Toute matière exige donc, pour exister, | des forces **509** qui soient opposées à la force d'expansion, c'est-à-dire des forces de compression. Ces dernières à leur tour ne peuvent être originairement cherchées dans la tendance opposée d'une autre matière, car cette dernière a elle-même besoin d'une force compression pour être matière. Il faut donc supposer qu'il y a quelque part une force originaire de la matière, agissant en sens contraire des forces répulsives et produisant ainsi un rapprochement, c'est une force d'attraction. Mais comme cette force d'attraction appartient à la possibilité de la matière en tant que matière en général, et qu'elle précède par suite toutes les différences de la matière, elle ne doit pas être attribuée simplement à une espèce particulière de matière, mais il faut l'attribuer originairement à toute matière en général. A toute matière revient ainsi une attraction originaire en tant que force fondamentale appartenant à son essence.

Remarque

Dans ce passage d'une propriété de la matière à une autre propriété, spécifiquement différente, et qui appartient tout autant au concept de matière *bien qu'elle ne soit pas contenue en lui*, il faut considérer de plus près la manière dont procède notre entendement[1]. Si la force d'attraction

---

1. K. Pollok souligne la grande difficulté de lecture induite par les changements dans les formulations employées (*Kants « Metaphysische Anfangsgründe der Naturwissenschaft »*, *op. cit.*, p. 241 *sq.* et 282 *sq.*).

est originairement requise, y compris pour la possibilité de la matière, pourquoi ne pas s'en servir tout autant que de l'*impénétrabilité* comme caractéristique première de la matière ? Pourquoi l'impénétrabilité est-elle donnée immédiatement dans le concept d'une matière, tandis que la force d'attraction n'est pas pensée dans ce concept mais lui est seulement adjointe après raisonnement ? Que nos sens ne nous permettent pas de percevoir cette attraction de manière aussi immédiate que la répulsion et la résistance de l'impénétrabilité ne peut constituer une réponse suffisante à cette difficulté. Car même si nous avions une telle faculté, il est cependant facile de voir que notre entendement n'en choisirait pas moins le remplissement de l'espace pour signifier ce qu'est la substance dans l'espace, c'est-à-dire la matière ; et comment c'est précisément ce *remplissement* ou, comme on l'appelle encore, cette *solidité* qui est alors identifiée comme étant la caractéristique de la matière, en tant que chose distincte de l'espace. Même si nous en

Kant vient d'écrire (Démonstration) que l'attraction originaire est une force fondamentale appartement à l'essence de la matière (*zu ihrem Wesen gehörige*) ; il écrit maintenant que l'attraction comme propriété appartient au concept de matière (*zum Begriffe der Materie gehört*) sans être contenue en lui. Attraction et répulsion sont-elles des forces fondamentales *constitutives* de la matière, ou sont-elles des *propriétés* de quelque chose d'autre ? Il faut suivre Pollok et dire que l'attraction et la répulsion, en tant que propriétés, sont les effets des forces originaires d'attraction et de répulsion, lesquelles sont constitutives de la matière. Ces effets seront nommés « élasticité originaire » et « gravitation » dans le corollaire 2 du théorème 8 [518]. L'attraction originaire – au sens strict, i.e. en tant que force fondamentale – appartient bien à l'essence de la matière ; mais son effet – la propriété de la gravitation – appartient indirectement à son concept, sans être, au sens strict inclus en lui. « Appartenir au concept » peut alors s'entendre au sens d'appartenir aux conditions ou aux réquisits qui permettent de penser le concept, sans pour autant appartenir au contenu analytique de celui-ci.

avions une sensation comparable [à celle de la répulsion et de la résistance], l'attraction ne nous révélerait jamais une matière de *volume* et de *forme* déterminés mais seulement la tendance de notre organe pour s'approcher d'un point extérieur à nous (le centre du corps attractif). Car la force d'attraction de toutes les parties de la Terre ne peut agir sur nous ni plus ni autrement que si elle était tout entière réunie au centre de la Terre et que ce point seul influe sur nos sens ; et cela vaut aussi de l'attraction d'une montagne ou de n'importe quelle pierre, etc. Seulement, nous n'obtenons ainsi aucun concept déterminé d'un objet quelconque dans l'espace puisque ni sa forme, ni sa grandeur, ni même le lieu où il se trouverait ne peuvent tomber sous nos sens | (seule la direction de d'attraction **510** pourrait être perçue, comme pour la gravité : le point attractif [lui-même] serait inconnu, et je ne vois même pas comment on pourrait le déterminer après raisonnement sans avoir de perception de la matière en tant qu'elle remplit l'espace). Il est donc clair que la première application de nos concepts de *grandeurs* à la matière – par laquelle seule il nous est possible de transformer nos perceptions externes en concepts empiriques d'une matière en tant qu'objet en général – est fondée seulement sur cette propriété qui fait que cette matière remplit un espace ; et cette propriété nous fournit, par l'intermédiaire du sens du toucher[1], la grandeur et la forme de quelque chose d'étendu, et partant le concept d'un objet déterminé dans l'espace, lequel concept est au fondement de tout ce que l'on peut dire d'autre sur cette chose. Cela constitue précisément, et sans aucun doute, la raison pour laquelle, malgré les démonstrations les plus

---

1. *Sinn des Gefühls :* sur le sens du toucher, voir aussi la *Critique de la faculté de* juger, § 51 (AA 5, 323) ; et AA 25, 43-44.

claires établissant par ailleurs que l'attraction doit, tout autant que la répulsion, faire partie des forces fondamentales de la matière, on s'oppose pourtant si fort à cette première et on ne veut admettre aucunes autres forces motrices que celles résultant du choc et de la pression (par l'intermédiaire de l'impénétrabilité dans les deux cas). Car, dit-on, ce qui remplit l'espace est la substance : et cela est tout a fait correct. Mais cette substance ne nous manifeste son existence qu'au moyen du sens par lequel nous percevons son impénétrabilité, à savoir le toucher, et par suite que relativement à un contact dont le commencement (lorsqu'une matière s'approche d'une autre) s'appelle un choc, et dont la persistance s'appelle une pression. Il semble donc que toute action immédiate d'une matière sur une autre ne puisse jamais être autre chose qu'un choc ou une pression, les deux seules influences que nous pouvons ressentir de manière immédiate. Par contre, il est difficile de nous faire entrer dans l'esprit que l'attraction est une force fondamentale du fait que, par elle-même, elle ne nous donne soit aucune sensation soit du moins aucun objet déterminé de sensation.

THÉORÈME 6

Aucune matière n'est possible par la seule force d'attraction sans répulsion.

DÉMONSTRATION

La force d'attraction est la force motrice d'une matière par laquelle elle pousse une autre à s'approcher d'elle. Par conséquent, si elle s'exerce entre toutes les parties de la matière, la matière tend par son moyen à réduire la distance entre ses parties, et par suite également l'espace qu'elles occupent ensemble. Or rien ne peut empêcher l'action | d'une force motrice si ce n'est une autre force **511** motrice opposée, et la force qui s'oppose à l'attraction est la force répulsive. Ainsi, sans les forces répulsives et par simple rapprochement, toutes les parties de la matière se rapprocheraient les unes des autres sans être empêchées et réduiraient l'espace qu'elles occupent. Mais comme, dans ce cas, quelle que soit la distance entre les parties, il n'y a pas de force répulsive qui empêche leur plus grand rapprochement par attraction, elles se dirigeraient alors les unes vers les autres jusqu'à ce qu'il n'y ait plus aucune distance entre elles, c'est-à-dire qu'elles convergeraient en un point mathématique et que l'espace serait vide, à savoir sans aucune matière. Par conséquent, la matière n'est pas possible par les forces attractives seules et sans forces répulsives.

COROLLAIRE

Une propriété qui est une condition sur laquelle repose la possibilité interne elle-même d'une chose est une partie essentielle de cette possibilité. Ainsi la force de répulsion fait partie de l'essence de la matière tout autant que la force d'attraction, et l'une ne peut être séparée de l'autre dans le concept de matière.

Remarque

Puisqu'on on ne peut penser en tout que deux forces motrices dans l'espace, la répulsion et l'attraction, il était d'abord nécessaire, afin de démontrer *a priori* leur union dans le concept d'une matière en général, de considérer chacune d'elles à part et de voir la contribution respective de chacune à la représentation d'une matière. Il s'avère maintenant que lorsqu'aucune des deux forces n'est prise pour fondement ou lorsque l'une d'elles seulement est supposée, l'espace reste toujours et aucune matière ne se trouve en lui.

DÉFINITION 6

Le contact, au sens physique, est l'action et la réaction immédiates de l'*impénétrabilité*. L'action d'une matière sur une autre en dehors de tout contact est une *action à distance* (*actio in distans*). L'action à distance qui est possible même sans l'entremise d'une matière intermédiaire 512 | s'appelle action immédiate à distance, ou encore *action* d'une matière sur une autre *à travers l'espace vide*[1].

Remarque

Le contact, au sens mathématique, est la limite commune à deux espaces, et qui n'est donc à l'intérieur ni de l'un ni de l'autre. C'est pourquoi des lignes droites ne peuvent être en contact[2] l'une avec l'autre, car si elles ont un point

1. Nous suivons Pollok (1997, p. 58) qui corrige en singulier le pluriel de l'édition de l'Académie (*Wirkung der Materien auf einander :* action des matières entre elles, selon AA 04, 512).
2. *Berühren* est traduit ici par « être en contact » (plutôt que par le verbe usuel « toucher ») afin de faire écho au lexique du contact (*Berührung*) mais aussi au problème traditionnel de l'angle de contingence – ou « angle de contact » (*Berührungswinkel, angulus contactus*) entre un cercle et une droite – qui va être mentionné. Sur ce dernier, voir aussi la réflexion de Kant dans la « Loses Blatt Leningrad 2 » (trad. A. Pelletier, « Les réflexions mathématiques de Kant (1764-1800) », *Cahiers philosophiques de Strasbourg*, 26, 2009).

commun, ce point fait partie intégrante tant de l'une que de l'autre lorsqu'on les prolonge, c'est-à-dire qu'elles se coupent. Mais un cercle et une ligne droite, ou bien deux cercles, sont en contact en un point ; des surfaces sont en contact suivant une ligne et des corps suivant des surfaces. Le contact mathématique est posé au fondement du contact physique, mais il ne le constitue pas à lui seul, car il faut encore y ajouter la pensée d'un rapport dynamique – et non de forces attractives mais bien de forces répulsives, c'est-à-dire un rapport dynamique d'impénétrabilité – pour que s'en suive le contact physique. Le contact physique est l'action réciproque des forces répulsives à la limite commune de deux matières.

THÉORÈME 7

L'*attraction essentielle à toute matière* est une action immédiate d'une matière sur d'autres à travers l'espace vide.

DÉMONSTRATION

La force originaire d'attraction contient le fondement même de la possibilité de la matière en tant qu'elle est cette chose remplissant un espace à un degré déterminé, et partant aussi le fondement de la possibilité d'un contact physique de celle-ci. Elle doit donc précéder ce contact et son action doit par conséquent être indépendante de la condition du contact. Or l'action d'une force motrice qui est indépendante de tout contact est aussi indépendante du remplissement de l'espace qui se trouve entre ce qui meut et ce qui est mu, autrement dit, cette action doit avoir lieu même si l'espace entre les deux n'est pas rempli, et donc comme action à travers l'espace vide. Ainsi l'attraction originaire et essentielle à toute matière est une action immédiate d'une matière sur une autre à travers l'espace vide.

513 | *Remarque* 1

Vouloir rendre concevable la possibilité des forces fondamentales est une exigence totalement impossible : elles sont en effet appelées forces fondamentales précisément parce qu'elles ne peuvent être dérivées d'aucune autre, c'est-à-dire ne peuvent pas du tout être conçues[1]. Et la force d'attraction originaire n'est en rien *plus inconcevable* que la répulsion originaire[2]. Seulement, elle ne se présente pas aux sens d'une manière aussi directe que l'impénétrabilité, pour pouvoir nous fournir des concepts d'objets déterminés

---

1. Voir Kant, *Berliner Physik – An.-Friedländer 4.4 :* « On ne peut connaître les forces originaires par aucune raison, mais seulement par expérience : on peut bien les saisir (*einsehen*) mais non les concevoir (*begreifen*) » (AA 29, 1, 78).

2. Kant pense ici à la question de l'action (instantanée) à distance, qui a été refusée tant par Aristote que par Descartes, et surtout à la critique leibnizienne de l'attraction newtonienne comme un retour à une « qualité occulte inintelligible (voir *Cinquième réponse à Clarke, Die Philosophischen Schriften*, éd. C. I. Gerhardt, VII, p. 417). Newton s'en est défendu (voir A. Pelletier (ed.), *Leibniz's experimental philosophy*, Stuttgart, Steiner Verlag, 2016) : « Que la gravité soit innée, inhérente et essentielle à la matière de sorte qu'un corps puisse agir sur un autre à distance au travers du vide, sans la médiation d'une autre chose par laquelle et au travers de laquelle leur action et force puissent être communiquées de l'un à l'autre est, selon moi, une si grande absurdité que je crois qu'aucun homme ayant quelque compétence pour raisonner dans les matières philosophiques, ne peut jamais y succomber. La gravité doit être causée par un agent agissant constamment selon certaines lois ; et je laisse à la considération du lecteur de décider si cet agent est matériel ou immatériel » (Lettre de Newton à Richard Bentley du 25 février 1692, dans Newton, *Papers and Letters on natural philosophy*, éd. Cohen, p. 302-303).

dans l'espace. Comme elle ne peut être sentie mais seulement inférée, elle a ainsi l'apparence d'une force dérivée, comme si cette répulsion n'était qu'un jeu caché de forces motrices. Mais en la considérant de plus près, nous voyons qu'elle ne peut pas du tout être dérivée d'autre chose, et certainement pas de la force motrice que les matières tiennent de leur impénétrabilité, puisque son action est exactement à l'opposé de celle-ci. L'objection la plus commune contre l'action immédiate à distance est qu'une matière ne peut pas agir immédiatement *là où elle n'est pas*. Si la Terre presse immédiatement la Lune à se rapprocher d'elle, alors la Terre agit sur une chose éloignée d'elle de plusieurs milliers de lieues, et agit pourtant immédiatement : et l'espace entre elle et la Lune peut bien être considéré comme entièrement vide. En effet, même s'il y avait de la matière entre ces deux corps, elle ne contribuerait cependant pas à cette attraction. Elle agit donc immédiatement en un lieu où elle n'est pas, ce qui est apparemment contradictoire. En fait, cela est si peu contradictoire qu'on peut bien plutôt dire que toute chose dans l'espace n'agit sur une autre qu'en un lieu où la chose qui agit n'est pas. En effet, si elle devait agir au lieu même où elle est, alors la chose sur laquelle elle agit ne serait pas *en dehors d'elle*; car *en dehors* signifie la présence en un lieu où l'autre n'est pas. Même si la Terre et la Lune se touchaient, leur point de contact serait encore un lieu où ni la Terre ni la Lune ne seraient, car les deux sont distantes l'une de l'autre de la somme de leurs rayons. Et aucune partie de la Terre ou de la Lune ne se trouverait même au point de contact : ce point est situé à la limite des deux espaces remplis, et cette limite ne constitue aucune partie de l'un ou de l'autre. Dire ainsi que des matières ne peuvent agir immédiatement les unes sur les autres à distance reviendrait à dire qu'elles ne peuvent agir immédiatement les unes sur les autres que par l'intermédiaire des forces d'impénétrabilité. Or cela reviendrait précisément à dire que les forces répulsives sont les seules par lesquelles les matières peuvent être actives, ou qu'elles sont du moins les conditions nécessaires sous lesquelles seules des matières peuvent agir les unes sur les autres, ce qui rendrait la force d'attraction soit totalement impossible soit toujours dépendante de l'action des forces répulsives : dans les deux cas, l'affirmation est sans fondement. La raison de cette méprise vient ici de la confusion entre le contact **514** mathématique | des espaces et le contact physique par l'intermédiaire de forces répulsives. Le fait de s'attirer immédiatement en l'absence de tout contact signifie se rapprocher l'un de l'autre selon une loi invariable, et sans qu'une force de répulsion en soit la condition, ce qui doit être tout aussi pensable que le fait de se repousser immédiatement l'un l'autre, c'est-à-dire de se fuir selon une loi invariable, et sans qu'une force d'attraction y prenne quelque part. En effet, les deux forces motrices sont d'espèces complètement différentes, et il n'y a pas la moindre raison pour faire que l'une dépende de l'autre et pour contester qu'elle soit possible sans l'intermédiaire de l'autre.

Remarque 2

Absolument aucun mouvement ne peut résulter de l'attraction dans un contact ; car le contact est l'action réciproque de l'impénétrabilité, ce qui empêche donc tout mouvement. Il faut donc bien qu'il y ait quelque attraction immédiate en dehors de tout contact, et par conséquent à distance, car sinon même les forces de pression et de choc – qui doivent produire une tendance au rapprochement du fait qu'elles agissent dans la direction opposée de celle de la force répulsive de la matière – n'auraient aucune cause, du moins aucune qui relevât originairement de la nature de la matière. L'attraction qui s'exerce sans l'entremise de forces répulsives peut être appelée attraction *vraie*, et celle qui n'a lieu seulement que par leur moyen peut être appelée attraction *apparente*; en effet, un corps n'exerce à proprement parler aucune attraction sur un corps qui tend à s'approcher de lui du fait qu'il a été poussé vers lui en raison d'un choc venu d'ailleurs. Mais mêmes ces attractions apparentes doivent bien, en fin de compte, être fondées sur une attraction vraie, car la matière – dont la pression ou le choc doivent tenir lieu d'attraction – ne serait pas même matière sans les forces attractives (théorème 5) : la manière d'expliquer tous les phénomènes de rapprochement par une attraction *simplement apparente* tourne donc en cercle. On soutient généralement que Newton n'a pas du tout jugé nécessaire dans son système de supposer une action immédiate des matières, mais qu'avec la plus stricte réserve [que doit observer] la pure mathématique, il a laissé toute liberté aux physiciens d'en expliquer la possibilité comme il leur semblerait bon, sans aller mélanger ses propositions au jeu de leurs hypothèses[1]. Mais comment

1. Kant fait ici de nouveau allusion au fameux *hypotheses non fingo* de Newton : « J'ai expliqué jusqu'ici les phénomènes célestes et ceux de la mer par la force de la gravitation, mais je n'ai assigné nulle part la cause de cette gravitation. [...] Je n'ai pu encore parvenir à déduire des phénomènes la raison de ces propriétés de la gravité, et je n'imagine point d'hypothèses. Car tout ce qui ne se déduit point des phénomènes est une hypothèse : et les hypothèses, soit métaphysiques, soit physiques, soit mécaniques, soit celles des qualités occultes, ne doivent pas être reçues dans la philosophie expérimentale. Dans cette philosophie, on tire les propositions des phénomènes, et on les rend ensuite générales par induction. C'est ainsi que l'impénétrabilité, la mobilité, la force des corps, les lois du mouvement, et celles de la

pouvait-il fonder la proposition selon laquelle l'attraction universelle que les corps exercent à distances égales autour d'eux soit proportionnelle à la quantité de leur matière, s'il n'avait supposé que toute matière, c'est-à-dire simplement en tant que matière et par sa propriété essentielle, exerce cette force motrice[1] ? En effet, même s'il est vrai qu'entre deux corps dont l'un attire l'autre – que leurs matières soient semblables ou non – leur rapprochement réciproque (conformément à la loi de l'égalité de l'action **515** réciproque) doit toujours se produire en raison inverse | de la quantité de matière, cette loi ne constitue cependant qu'un principe de la mécanique, mais non de la dynamique, c'est-à-dire qu'elle est une loi des *mouvements* qui suivent des forces attractives et non une loi de la proportion des *forces attractives* elles-mêmes, et elle vaut de toutes les forces motrices en général. Ainsi, lorsqu'un aimant est attiré une première fois par un autre aimant de poids égal, puis une autre fois par le même aimant enfermé dans une boîte en bois deux fois plus lourde, ce dernier aimant provoquera un mouvement relatif du premier plus grand dans le deuxième cas que dans le premier, même si le bois, qui augmente la quantité de la matière du deuxième aimant, n'ajoute rien à la force d'attraction de l'aimant et ne

gravité ont été connues. Et il suffit que la gravité existe, qu'elle agisse selon les lois que nous avons exposées, et qu'elle puisse expliquer tous les mouvements des corps célestes et ceux de la mer » (Newton-Châtelet, t. 2, p. 179).

1. Dans un passage de l'*Optique* que Kant cite plus loin (note 1, p. 146), Newton affirme explicitement que la gravité n'est pas une propriété essentielle de la matière. Voir aussi la lettre à Bentley citée plus haut, note 2, p. 140. De nouveau, Kant insiste sur le problème de l'applicabilité des mathématiques aux phénomènes : afin de formuler une loi mathématique (par exemple : $G = -m.m'/d^2$) de *proportionnalité* quantitative de la force d'attraction, il faut d'abord la penser comme une *propriété* qualitative fondamentale de la matière.

démontre aucune force d'attraction magnétique de la boîte. Newton écrit (*Principia*, livre III, prop. 6, corollaire 2) : « Si l'éther ou un autre corps quelconque était sans gravité, comme il ne diffère de toute autre matière que par la forme, il pourrait être métamorphosé peu à peu et par un changement graduel de cette forme, en une matière de l'espèce de celles qui sont les plus lourdes sur la terre. Inversement, cette dernière pourrait aussi, par un changement graduel de sa forme, perdre toute sa pesanteur ; or cela est contraire à l'expérience », etc.[1] Ainsi, il n'a lui-même pas exclu l'éther (et encore moins les autres matières) de la loi de l'attraction. Quelle autre matière pouvait-il alors lui rester afin que le rapprochement des corps provoqué par un choc de cette matière puisse être considéré comme une attraction simplement apparente ? On ne peut trouver en ce grand fondateur de la théorie de l'attraction un prédécesseur si l'on prend la liberté de substituer une attraction apparente à l'attraction vraie que celui-ci affirmait, et si l'on admet la *nécessité* d'une transmission par le *choc* pour expliquer

---

1. La traduction de Kant diffère du texte de Newton, que la marquise du Châtelet traduit ainsi : « Si l'éther ou quelque autre corps était entièrement privé de gravité, ou qu'il gravitât dans une moindre raison que celle de sa quantité de matière : comme cette espèce de corps ne serait différente des autres, suivant Aristote, Descartes et d'autres, que par la forme de ses parties, il pourrait arriver que ces corps, en changeant peu à peu de forme, se changeraient dans l'espèce des corps qui gravitent en raison de leur quantité de matière ; et au contraire les corps graves pourraient perdre par la suite des temps leur gravité en prenant la même forme que les premiers. Ainsi les poids dépendraient des formes et pourraient varier avec elles, contre ce qui a été prouvé dans le Corollaire précédent » (Newton-Châtelet, t. 2, p. 20-21). Lequel corollaire 1 énonce : « Ainsi, les poids des corps ne dépendent point de leur forme et de leur texture. Car si ces poids variaient avec la forme, ils seraient tantôt plus grands, et tantôt moindres, selon les différentes formes, quoique la quantité de matière fut la même : ce qui est entièrement contraire à l'expérience » (*ibid.*, p. 20).

le phénomène du rapprochement. Il faisait à juste titre abstraction de toutes les hypothèses qui cherchent établir la cause de l'attraction universelle de la matière, car c'est une question physique ou métaphysique, mais non mathématique. Et bien qu'il dise dans l'Avertissement de la seconde édition de son *Optique* que : « Pour que personne ne pense que je place la gravité parmi les propriétés essentielles des corps, j'ai ajouté une question sur la recherche de sa cause »[1], on voit bien que l'irritation de ses contemporains, et peut-être même celle de Newton, envers le concept d'une attraction originaire l'a mis en désaccord avec lui-même. En effet, il ne pouvait en aucun cas affirmer que les forces d'attraction de deux planètes – par exemple celles de Jupiter et de Saturne, qui se manifestent par les distances égales de leurs satellites (dont on ne connaît pas la masse) – sont entre elles comme les quantités de matière de ces corps célestes[2], s'il n'avait

---

1. Kant cite ici le texte de la traduction latine, due à Samuel Clarke, de la seconde édition de l'*Optique*, qu'il possédait dans sa bibliothèque (*cf.* A. Warda, *Immanuel Kants Bücher*, *op. cit.*, V, n. 24) : « *Et nequis gravitatem inter essentiales corporum proprietates me habere existimet, quaestionem unam de eius causa investiganda subieci* » (« Auctoris monitio altera », dans *Optice : sive de reflexionibus, refractionibus, inflexionibus et coloribus lucis, libri tres*, Londres, 1719, p. x-xi). Newton fait référence à la question (*query*) XXI : « [L'éther] n'est-il pas cause de la gravitation de ces vastes corps, et de celles de leurs parties vers ces corps mêmes, chaque corps faisant effort pour aller des parties les plus denses du Milieu [éthéré] vers les plus rares ? » (Newton-Coste, p. 520). L'hypothèse de l'éther, qui intervient dans différentes *Queries*, aurait l'avantage de garantir un support matériel à l'exercice de la gravitation et d'éviter de poser une action à distance dans le vide ; mais elle ne reste en tout état de cause qu'une hypothèse imaginaire (Questions XXVII-XXVIII ; Newton-Coste, p. 534 *sq.*).

2. *Cf.* Newton, *Principia*, III, corollaires 1 à 4 du fameux théorème 8 (qui énonce : « Si la matière de deux globes qui gravitent l'un vers l'autre est homogène à égales distances de leur centres : le poids de

supposé que c'est simplement en tant que matière, c'est-à-dire par une propriété universelle de celle-ci, qu'ils attirent une autre matière.

| Définition 7 516

J'appelle *force superficielle* une force motrice par laquelle des matières ne peuvent agir immédiatement l'une sur l'autre qu'aux surfaces communes de contact. J'appelle au contraire *force pénétrante* une force par laquelle une matière peut agir immédiatement sur les parties d'une autre, même au-delà des surfaces de contact.

Corollaire

La force de répulsion par laquelle la matière remplit un espace est une simple force superficielle. En effet, les parties en contact limitent mutuellement leur espace d'action, et la force répulsive ne peut mouvoir aucune partie plus éloignée si ce n'est par le moyen des parties intermédiaires une action immédiate d'une matière sur une autre par des forces expansives qui traverseraient directement ces dernières est impossible. Au contraire, aucune matière intermédiaire n'impose de limites à l'action de la force d'attraction, par laquelle une une matière occupe un espace *sans le remplir*, et agit donc sur une matière autre éloignée *à travers l'espace vide*. C'est de cette manière qu'il faut maintenant penser cette attraction originaire qui rend possible la matière même : elle est donc une force pénétrante qui, par cette même raison, est toujours proportionnelle à la quantité de la matière.

l'un de ces globes vers l'autre sera réciproquement comme le carré de la distance qui est entre leurs centres », Newton-Châtelet, t. 2, p. 23).

Théorème 8

La force originaire d'attraction, sur laquelle repose la possibilité même de la matière comme telle, s'étend immédiatement à l'infini à travers l'univers, d'une partie à l'autre de cette matière.

Démonstration

Puisque la force originaire d'attraction fait partie de l'essence de la matière, il appartient aussi à chacune de ses parties d'agir immédiatement, même à distance. Supposez maintenant que cette force ne s'exerce plus au-delà d'une certaine distance, alors cette limitation de la sphère de son activité proviendrait soit *de la matière* qui se trouve à l'intérieur de cette sphère, soit simplement de la grandeur de *l'espace* dans lequel elle étend son influence. Le premier cas ne peut avoir lieu : l'attraction est en effet une force pénétrante qui agit *immédiatement* à distance à travers tout espace comme à travers un espace vide, et indépendamment de toute matière interposée. Le second cas n'a pas lieu non plus. En effet, toute attraction est une force motrice ayant un degré au-delà duquel on peut concevoir une infinité de degrés encore plus petits : ainsi, l'accroissement de la distance serait certes une raison pour que le degré d'attraction diminue en raison inverse de la mesure de la diffusion de la force, mais non pas pour qu'il soit entièrement supprimé. Ainsi, puisque plus rien ne limite maintenant, en quelque endroit, la sphère d'activité de l'attraction originaire à toute partie de la matière, cette attraction s'étend à toute autre matière au-delà de toute limite assignable, et par conséquent à l'infini à travers tout l'univers.

517 |

COROLLAIRE 1

De cette force originaire d'attraction – en tant que force pénétrante exercée par toute matière en proportion de sa quantité, et étendant son action sur toute matière à toute distance possible – on devrait pouvoir maintenant dériver, en l'associant à la force qui agit contre elle, à savoir la force répulsive, la limitation de cette même force répulsive, et par conséquent la possibilité d'un espace rempli à un degré déterminé. On aurait ainsi construit le concept dynamique de matière comme ce qui est mobile en tant qu'il remplit un espace (à un degré déterminé). Mais on a besoin pour cela d'une loi du rapport entre l'attraction originaire, ainsi que la répulsion, et les divers éloignements de la matière et de ses parties entre elles ; laquelle loi, du fait qu'elle repose simplement sur la différence de direction de ces deux forces (puisqu'un point peut être poussé soit à s'approcher soit à s'éloigner des autres) ainsi que sur la grandeur de l'espace dans lequel chacune de ces forces s'étend à n'importe quelle distance, ne constitue qu'un problème purement mathématique, qui ne relève plus de la métaphysique : et celle-ci n'est pas responsable si la construction du concept de matière de cette manière devait par hasard échouer. La métaphysique, en effet, n'est responsable que de la justesse des éléments qui sont mis à disposition | de notre connaissance rationnelle pour la **518** construction, mais elle n'est pas responsable de l'insuffisance et des bornes de notre raison dans la mise en œuvre de celle-ci.

COROLLAIRE 2

Puisque toute matière donnée doit remplir son espace avec un degré déterminé de force répulsive afin de constituer une chose matérielle déterminée, seule une attraction originaire en conflit avec la répulsion originaire peut rendre possible un degré déterminé de remplissement de l'espace, et par suite la matière. Ce degré peut d'ailleurs provenir de l'attraction propre qu'exerce entre elles les parties de la matière comprimée, ou de l'union de cette attraction avec celle de toute la matière de l'univers.

L'attraction originaire est proportionnelle à la quantité de matière et s'étend à l'infini. Par conséquent, le remplissement – déterminé par une mesure – de l'espace par la matière ne peut en fin de compte être effectué que par l'attraction de la matière s'étendant à l'infini, et être attribué à chaque matière selon la mesure de sa force de répulsion.

L'action de l'attraction universelle que toute matière exerce immédiatement sur toute autre et à n'importe quelle distance, est appelée *gravitation* : la tendance à se mouvoir dans la direction de la plus grande gravitation est la *gravité*. L'action de la force répulsive répandue dans les parties de toute matière donnée est appelée son *élasticité originaire*. Cette dernière constitue donc avec la gravité les seuls caractères universels de la matière qui puissent être saisis *a priori*, de manière interne pour l'élasticité et dans les relations externes pour la gravité. La possibilité même de la matière repose en effet sur ces deux fondements. La *cohésion*, si elle est définie comme l'attraction réciproque de la matière qui n'est limitée que sous la condition d'un contact, n'appartient pas à la possibilité de la matière en général, et ne peut donc être reconnue *a priori* comme lui étant liée. Cette propriété ne serait alors pas métaphysique, mais physique, et n'appartiendrait ainsi pas à nos considérations présentes.

Remarque 1

Je ne peux toutefois omettre d'ajouter un petit mot préalable à l'essai d'une telle construction, qui se révèlera peut-être possible.

1) A propos de toute force agissant immédiatement à différentes distances, et | qui n'est limitée, quant au degré **519** avec lequel elle exerce sa force motrice sur n'importe quel point donné à une certaine distance, que par la grandeur de l'espace qu'elle doit parcourir pour agir sur ce point, on peut dire qu'elle forme toujours une quantité constante dans tous les espaces où elle se propage, qu'ils soient petits ou grands, mais que le degré de son action sur tel point dans tel espace est toujours en raison inverse de l'espace dans lequel elle a dû se propager pour pouvoir agir sur lui. Par exemple, la lumière se propage dans toutes les directions à partir d'un point lumineux selon des surfaces sphériques qui augmentent avec le carré des distances, et le quantum de lumière reste toujours le même au total dans toutes ces surfaces sphériques qui deviennent de plus en plus grandes à l'infini[1]. Il s'ensuit qu'une partie de même dimension

---

1. Rappelons que si r est le rayon de la sphère, la surface de cette dernière vaut $4\pi r^2$ et est donc proportionnelle au carré du rayon. Kant tient probablement cette conception de la lumière de John Keill, dont il cite la représentation géométrique de la diffusion d'une force dès la *Monadologie physique* de 1756 (AA 1, 484 ; trad. cit. *Quelques opuscules précritiques*, p. 47), et de Johann Heinrich Lambert. Keill écrit : « Les intensions de la lumière, de la chaleur, du froid, des odeurs et des qualités de ce genre sont réciproquement comme les carrés des distances au point d'où elles procèdent » (Keill, *Introductio ad*

prise sur une de ces surfaces sphériques doit avoir un degré d'éclairement d'autant plus faible que la surface où se diffuse le même quantum [total] de lumière est plus grande. Et il en de même de toutes les autres forces, et des lois selon lesquelles elles doivent se propager, que ce soit sur des surfaces ou dans des volumes[1], afin d'agir, conformément à leur nature, sur des objets distants. Il est préférable de représenter ainsi la manière dont se propage, à partir d'un point, une force motrice à n'importe quelle distance, plutôt que de la représenter comme on fait d'ordinaire, et par exemple en optique, par des rayons divergeant d'un point central. En effet, puisque la conséquence inévitable de cette divergence est que des lignes tracées de cette manière ne peuvent jamais remplir l'espace qu'elles traversent, ni

---

Veram Physicam seu Lectiones Physicae (1702), p. 5). Lambert, lui, conçoit le principe d'un photomètre permettant de mesurer l'intensité de la lumière, à l'analogue d'un thermomètre, ou d'un hygromètre (*Hygrometrie oder Abhandlung von den Hygrometern*, Augsburg, Klett, 1774), et en souhaite la construction (*Photometria, sive de Mensura et gradibus luminis, colorum et umbrae*, Leipzig, 1760, I, § 6). Lambert dit s'appuyer sur les travaux antérieurs de Bourguer (*Essai d'optique sur la gradation de la lumière*, Paris, 1729) et d'Euler (*Réflexions sur les différents degrés de la lumière du soleil et des autres corps célestes*, Berlin, 1750 [1752]). Il conçoit des surfaces sphériques concentriques (*superficies sphaericae concentricae* – que Kant appelle ici *Kugelflächen*) autour d'un point lumineux irradiant en tous sens (*circa punctum radians*) : « la densité [de la matière lumineuse] décroît en fonction des surfaces des sphères, c'est-à-dire en raison inverse du carré de la distance au point irradiant » (*ibid.*, chap. 1, § 48, p. 25). On sait que dès les années 1760, le professeur de Kant en philosophie expérimentale, Johann Gottfried Teske (1704-1772), s'est mis à la construction d'un tel photomètre dans ses cours. Lambert avait par ailleurs déjà publié, en français, des *Proprietés remarquables de la route de la lumière* (La Haye, 1759).

1. « Volume » traduit ici *körperlicher Raum*, c'est-à-dire littéralement « espace corporel ».

par conséquent les surfaces qu'elles rencontrent, aussi nombreuses qu'on puisse les tracer ou les imaginer, cette manière de faire ne peut mener qu'à des conclusions contestables, et ces dernières à des hypothèses que l'on pourrait totalement éviter si seulement on tenait compte de la grandeur de la surface sphérique totale qui doit être éclairée *uniformément* par la même quantité de lumière, et si on considérait, comme cela est naturel, que le degré d'éclairement en tout endroit de cette surface est en raison inverse de la grandeur de cette surface par rapport au tout. Et il en est de même de toute propagation d'une force à travers des espaces de grandeurs différentes.

2) Si la force est une attraction immédiate à distance, il est d'autant plus nécessaire de se représenter les lignes de direction de l'attraction non comme des rayons partant du point attractif, mais comme convergeant de tous les points de la surface sphérique environnante vers le point attractif. En effet, cette ligne de direction du mouvement vers le point (qui en est la cause et le but) indique déjà le *terminus a quo* duquel les lignes doivent partir, à savoir : les lignes reçoivent leur direction en partant de tous les points de la surface vers le centre attractif, et non l'inverse. Seule en effet la grandeur de la surface détermine l'ensemble des lignes ; le centre laisse celui-ci indéterminé. *

---

* Avec des lignes qui rayonnent à partir d'un point, il est impossible de se représenter des surfaces données à certaines distances comme étant entièrement remplies par l'action de ces lignes, | que celle-ci soit **520** un éclairement ou une attraction. Ainsi, en recourant à de tels rayons lumineux émanant d'un point, on ne pourrait expliquer la diminution de l'éclairement d'une surface distante qu'en supposant qu'il reste, entre les endroits éclairés, des endroits non éclairés et qui sont d'autant plus grands que la surface est distante. L'hypothèse d'*Euler* échappe à cet inconvénient, mais rencontre d'autant plus de difficulté pour rendre

3) Si la force est une répulsion immédiate par laquelle un point (dans une présentation purement mathématique) remplit *dynamiquement* un espace, et que la question est alors de déterminer selon quelle loi des distances infiniment petites (équivalentes ici à un contact) une force originaire de répulsion (qui n'est limitée que par l'espace dans lequel elle se propage) agit à diverses distances, alors il est encore moins possible de se représenter cette force par des rayons

concevable le mouvement rectiligne de la lumière [1]. Or cette difficulté provient d'une représentation mathématique tout à fait évitable de la matière lumineuse comme un amas de petites sphères qui, en raison de ses différentes inclinations par rapport à la direction du choc, donnerait alors lieu à un mouvement latéral de la lumière ; mais rien n'empêche de penser autrement la matière comme quelque chose d'originairement fluide de part en part, et qui n'est pas composé de petits corps solides. Si le mathématicien veut représenter dans l'intuition la diminution de la lumière avec l'éloignement des distances, il recourt à des rayons divergents afin de représenter, sur la surface sphérique de sa propagation, la grandeur de l'espace dans lequel une même quantité de lumière

1. L'Hypothèse d'Euler est celle d'une propagation ondulatoire – et continue – de la lumière, analogue à celle des sons : « [...] les plus petites parcelles dans la surface de ces corps [lumineux] se trouvent dans un mouvement de vibration extrêmement rapide : lequel se communiquant à l'éther, à ce milieu aussi subtil qu'élastique, y produit ce que nous nommons rayons de lumière. Tout de même qu'un corps, dont les parties sont mises dans un mouvement de vibration plus grossier, produisent dans l'air et ébranlement, qui est la cause du son : de sorte que la lumière est à l'égard de l'éther la même chose que le son à l'égard de l'air » (L. Euler, « Réflexions sur les divers degrés de lumière du soleil et des autres corps célestes », (1750), p. 280). *Cf.* aussi Kant : « Euler compare la lumière avec le son, par quoi toutes les parties peuvent être éclairées même à distance. Cette opinion est bien plus correcte [que celle de la diffusion de rayons à partir d'un point] » (*Berliner Physik* ; AA 29, 1, 84). Cette comparaison de la lumière et du son rappelle celle du son et de l'air, dans les travaux d'E. Chladni (voir notre introduction, p. 10).

de répulsion divergeant à partir du point répulsif considéré, et même si la direction du mouvement trouve en ce point son *terminus a quo*. En effet, l'espace dans lequel la force doit se propager afin d'agir à distance est un volume qu'il faut concevoir comme étant rempli (même s'il n'est pas possible de présenter mathématiquement la manière dont un point peut remplir un volume par ses forces motrices, c'est-à-dire le remplir dynamiquement); or des rayons divergents à partir d'un point ne permettent pas de représenter la force répulsive d'un volume rempli : ils permettraient d'estimer la répulsion – entre des points qui se repoussent à des distances infiniment petites – | comme **521** étant simplement en raison inverse des volumes que chacun de ces points remplit dynamiquement (et donc en raison inverse du cube de leurs distances) sans pour autant pouvoir construire cette répulsion.

4) Ainsi l'attraction originaire de la matière agirait à n'importe quelle distance en raison inverse du carré de cette distance ; la répulsion originaire agirait en raison

---

doit se diffuser uniformément entre ces rayons – et ainsi représenter la diminution du degré d'éclairement. En faisant cela, il ne dit toutefois pas que ces rayons sont les seules sources de lumière, comme s'il y devait toujours y avoir entre eux des endroits privés de lumière, et qui augmenteraient avec la distance. Si l'on veut se représenter chacune de ces surfaces comme entièrement éclairée, alors il faut concevoir que la même quantité de lumière qui couvre une surface plus petite couvre aussi uniformément une plus grande, et il faut ainsi, pour indiquer la direction rectiligne, que l'on trace des lignes droites qui partent de tous les points de la surface et qui aillent vers le point éclairant. L'action, et la grandeur de l'action, doivent d'abord être pensées, afin d'en indiquer ensuite la cause. Ceci vaut aussi des rayons d'attraction – si on veut les appeler ainsi – et même de toutes les directions de forces qui doivent remplir un espace, et même un volume, à partir d'un point.

inverse des cubes des distances infiniment petites[1] ; et du fait de cette action et de cette réaction des deux forces fondamentales, une matière remplissant son espace avec un degré déterminé serait possible. En effet, puisque la répulsion augmente dans une plus grande mesure que l'attraction lorsque les parties se rapprochent, la limite du rapprochement − telle qu'un plus grand rapprochement n'est pas possible pour une attraction donnée − est ainsi déterminée, tout comme le degré de compression qui constitue la mesure du remplissement intensif de l'espace.

Remarque 2

Je vois bien que cette manière d'expliquer la possibilité d'une matière en général soulève une difficulté. Celle-ci réside dans le fait que si un point ne peut pousser immédiatement un autre point par la force répulsive sans en même temps remplir par sa force tout le volume jusqu'à la distance donnée, il semble alors s'ensuivre que ce volume devrait contenir plusieurs points répulsifs − ce qui contredit l'hypothèse et a été réfuté plus haut (théorème 4) au titre de la sphère de répulsion du simple dans l'espace. Il faut cependant faire une différence entre le concept d'un espace réel, qui peut être donné, et la simple idée d'un espace, qui est simplement pensée afin de déterminer le rapport entre des espaces donnés, et qui n'est pas en réalité un

---

1. Pour justifier le passage de l'attraction originelle de la matière à sa formulation mathématique, et newtonienne (qui est fonction du carré des distances), Kant procède manifestement par analogie avec le rapport, proposé par Lambert, entre force d'irradiation d'un point lumineux et surface sphérique d'illumination (voir *supra*, note 1, p. 151). Dans les deux cas, il s'agit d'un point de matière d'où irradient des forces (mais aussi, auquel s'appliquent des forces).

espace. Selon la prétendue monadologie physique déjà mentionnée, les espaces réels devraient être remplis de manière dynamique par un point, c'est-à-dire par répulsion[1] : ceux-ci existeraient alors comme des points avant toute production possible de matière à partir d'eux, et détermineraient, par leur propre sphère d'activité, la partie d'espace à remplir qui pourrait leur appartenir. Selon cette hypothèse, la matière ne peut alors pas être considérée comme divisible à l'infini ni comme une *quantité continue* (*quantum continuum*), car les parties qui se repoussent immédiatement l'une l'autre ont cependant une distance déterminée de l'une à l'autre (la somme des rayons de leurs sphères de répulsion). Par contre, si nous la pensons la matière comme une quantité continue, comme c'est effectivement le cas, il n'y a alors absolument aucune distance entre les parties se repoussant immédiatement, et par conséquent non plus aucune augmentation ou diminution de la sphère de leur activité immédiate. Or des matières peuvent s'étendre ou être comprimées (comme l'air), et on se représente alors que la distance entre des parties proches peut augmenter ou diminuer. Mais comme dans une matière *continue*, qu'elle soit étendue ou comprimée, les parties proches se touchent, | on conçoit alors ces **522** distances comme étant *infiniment petites* et cet espace infiniment petit comme étant rempli par cette force de répulsion à un degré plus ou moins grand. Mais un intervalle infiniment petit n'est pas différent d'un contact : il n'est

---

1. Voir *Monadologie physique*, AA 1, 484 ; trad. cit., *Quelques opuscules précritiques*, p. 47 : « On ne peut saisir en quoi consiste l'efficacité d'une force répartie à partir d'un point dans une sphère déterminée que si, par son action, elle remplit tout l'espace compris dans un diamètre donné ».

donc que l'idée d'un espace, servant à figurer l'élargissement d'une matière en tant comme quantité continue, même si cet élargissement ne peut en réalité être conçu de cette manière. Ainsi, lorsqu'on dit que les forces répulsives des parties de la matière qui se poussent immédiatement sont en raison inverse du cube de leurs distances, cela signifie seulement qu'elle sont en raison inverse des volumes que l'on imagine entre des parties qui, en réalité, se touchent immédiatement, et dont la distance qui les sépare doit précisément pour cela être appelée *infiniment petite*, afin de la distinguer de toute distance réelle. Les difficultés à construire un concept, ou plutôt le fait de comprendre de travers cette construction, ne doivent pas être une objection contre le concept lui-même, car sinon cela concernerait aussi la présentation mathématique de la proportion selon laquelle l'attraction à lieu à différentes distances, mais aussi celle de la proportion avec laquelle chaque point en repousse immédiatement un autre dans un tout de matière, que ce dernier s'étende ou se comprime. Dans les deux cas, la loi générale de la dynamique serait la suivante : l'action de la force motrice qui est exercée par un point sur tout autre point extérieur est en raison inverse de l'espace dans lequel une même quantité de force motrice a dû se diffuser pour agir immédiatement sur ce point à une distance déterminée.

De cette loi de la répulsion originaire s'exerçant entre toutes parties de la matière en raison inverse du cube de leurs distances infiniment petites, il devrait nécessairement s'ensuivre une loi de l'expansion et de la compression de la matière totalement différente de la loi de *Mariotte* sur l'air ; car cette dernière montre que les forces par lesquelles les parties proches se fuient mutuellement sont en raison inverse de leurs distances, ainsi que *Newton* l'expose

(*Princ. phil. nat.*, lib. II, prop. 23, schol.)[1]. Seulement, on peut considérer la force d'expansion de l'air non comme l'action de forces *originairement* répulsives, mais comme reposant sur la *chaleur*, laquelle force les parties propres de l'air (entre lesquelles on peut d'ailleurs déterminer des distances réelles) à se fuir mutuellement, et cela non simplement à la manière une matière qui les pénètrerait mais, selon toute apparence, au travers de secousses. Que ces vibrations doivent conférer aux parties proches les unes des autres une force d'éloignement qui est en raison inverse de leur distance, cela est tout à fait concevable d'après les lois de la communication du mouvement par oscillation des matières élastiques.

Je déclare enfin que je refuse que la présente exposition de la loi d'une répulsion originaire soit considérée comme faisant nécessairement partie de l'intention poursuivie par mon étude métaphysique | de la matière, et je ne veux pas **523** que cette dernière étude (pour laquelle il suffit d'avoir présenté le remplissement de l'espace comme une propriété dynamique de la matière) soit mêlée aux disputes et aux doutes qui pourraient atteindre la première.

COROLLAIRE GÉNÉRAL À LA DYNAMIQUE

Si nous jetons un œil sur tout ce qui a été discuté dans la dynamique, nous remarquerons alors que nous avons traité : *premièrement*, du réel dans l'espace (appelé aussi

---

1. *Cf.* Newton, *Principia*, II, prop. 23, scolie : « Si la densité d'un fluide composé de parties qui se fuient mutuellement est comme la compression, les forces centrifuges des particules seront réciproquement proportionnelles aux distances à leurs centres. Et au contraire, les particules dont les forces sont réciproquement proportionnelles aux distances à leur centre, et qui se fuient mutuellement, composent un fluide élastique dont la densité est proportionnelle à la compression » (Newton-Châtelet, t. 1, p. 314).

solide) relativement au remplissement de l'espace par la *force de répulsion*; *deuxièmement*, de ce qui est négatif par rapport à ce réel en tant qu'objet propre de notre perception externe, c'est-à-dire de la *force d'attraction* qui, en elle même, pénétrerait tout l'espace et supprimerait par conséquent tout solide; *troisièmement*, de la *limitation* de la première force par la seconde, et de la détermination qui s'ensuit d'un *degré de remplissement* de l'espace. Nous y avons ainsi traité entièrement de la *qualité* de la matière, sous les titres de la *réalité*, de la *négation* et de la *limitation*, et pour autant que cela relève d'une dynamique métaphysique.

REMARQUE GÉNÉRALE SUR LA DYNAMIQUE

Le principe général de la dynamique de la nature matérielle est que tout ce qu'il y a de réel dans les objets des sens externes, et qui n'est pas une simple détermination de l'espace (lieu, étendue et figure), doit être considéré comme une force motrice[1]. Par ce principe, la soi-disant solidité ou impénétrabilité absolue est donc rejetée de la science de la nature comme un concept vide et est remplacée par la force répulsive; par contre, la vraie et immédiate attraction est défendue contre toutes les arguties d'une métaphysique qui ne se comprend pas elle-même, et est déclarée, en tant que force fondamentale, comme étant nécessaire à la possibilité même du concept de matière. Une conséquence s'ensuit alors : c'est qu'on peut supposer, si cela est jugé nécessaire, que l'espace est entièrement

---

1. Ce principe préside explicitement à la définition leibnizienne de la Dynamique; cf. *Specimen dynamicum* (1695), *Mathematische Schriften*, éd. Gerhardt, VI, p. 233 *sq.*

rempli – quoique à des degrés différents – sans avoir à à disséminer des *intervalles vides* au sein de la matière. Car, selon le degré originairement différent des forces répulsives, sur lesquelles repose la propriété première de la matière, à savoir celle de remplir un espace, on peut penser d'une infinité de manières leur rapport à l'attraction originaire (que ce soit l'attraction de chaque matière prise en elle-même ou l'attraction réunie | de toute la matière de l'univers) : 524 c'est parce que l'attraction dépend de la quantité[1] de matière dans un espace donné, alors que la force expansive dépend du degré avec lequel la matière remplit cet espace – degré qui peut être spécifiquement très différent (par exemple, une même quantité d'air dans un même volume manifeste plus ou moins d'élasticité selon son échauffement plus ou moins grand[2]). La raison générale en est que par la vraie attraction, *toutes les parties* d'une matière agissent immédiatement sur *toutes les parties* d'une autre, alors que par la force expansive, seules les *parties de la surface de contact* agissent, et il n'importe pas qu'il y ait plus ou moins de matière derrière cette surface. De cela seul s'ensuit déjà un grand avantage pour la science de la nature puisqu'on lui épargne ainsi la peine de fabriquer par simple imagination un monde fait de plein et de vide[3]. On peut au contraire

1. *Menge* est traduit ici par « quantité » en tant qu'il désigne une quantité dénombrable ou un nombre (qui n'est pas nécessairement un nombre discret assignable, par exemple *eine Menge von Körpern :* un bon nombre – une foule – une grande quantité – un ensemble de corps).
2. Nous suivons la correction Hartenstein qui lit *Erwärmung* (échauffement) au lieu de *Erwägung* dans l'édition de l'Académie (voir Pollok (1997), p. 74).
3. Kant a rejeté l'hypothèse d'un espace vide dès la *Nouvelle définition du mouvement et du repos* de 1758 (AA 2, 17 ; trad. cit. *Quelques opuscules précritiques*, p. 58 : « [Q]uand bien même je voudrais imaginer un espace mathématique – espace vide de toute

penser tous les espaces comme pleins et cependant remplis à des degrés divers, ce qui fait déjà que l'espace vide perde toute *nécessité* et est ramené au rang d'hypothèse, alors qu'il pouvait sinon prétendre au titre d'axiome sous prétexte d'être la condition nécessaire pour expliquer les différents degrés de remplissement de l'espace.

En tout ceci, l'avantage d'une métaphysique qui est ici méthodiquement appliquée à se débarrasser de principes également métaphysiques, mais non encore soumis à l'épreuve de la critique, semble être purement *négatif*. Néanmoins, le domaine du physicien a été par là indirectement étendu, puisque les conditions par lesquelles il le limitait lui-même auparavant – et par lesquelles toutes les forces motrices originaires étaient philosophiquement rejetées – ont désormais perdu toute validité. Que l'on se garde toutefois d'aller au-delà de ce qui rend possible le concept général de la matière comme telle, et de vouloir expliquer *a priori* sa diversité et sa détermination particulière ou même spécifique. Le concept de matière est ramené uniquement à des forces motrices, et on ne pouvait s'attendre à autre chose puisqu'on ne peut penser dans l'espace aucune activité ni aucun changement autre que le mouvement. Mais qui peut prétendre avoir saisi la possibilité des forces fondamentales ? On ne peut que les supposer quand elles font inévitablement partie d'un concept dont on peut établir qu'il est fondamental et qu'il ne peut être dérivé d'un autre (comme celui du remplissement de l'espace) ; et ces forces

créature et envisagé comme un rapport des corps – cela ne me servira cependant à rien »). L'*Opus postumum* (AA 21) rassemble de nombreuses réflexions sur l'absence de vide et la possibilité d'un éther (voir, à ce sujet, P. Guyer, *Kant's System of Nature and Freedom : Selected Essays*, Oxford, Clarendon Press, 2005, p. 74-85 : « Kant's ether deduction and the possibility of experience »).

sont, de fait, les forces de répulsion et les forces d'attraction qui agissent contre elles. On peut bien à la rigueur juger *a priori* des connexions et des conséquences de ces forces – quels que soient les rapports que l'on puisse penser entre elles sans se contredire[1] – mais on ne peut pas pour autant prétendre pouvoir poser l'une d'elles comme réelle, puisque pour qu'une hypothèse soit autorisée, il est indispensablement requis que la *possibilité* de ce que l'on suppose soit complètement *certaine*, et que cette possibilité ne peut jamais être saisie pour les forces fondamentales. L'explication mathématico-mécanique a ici sur l'explication | métaphysico-dynamique un avantage que l'on ne peut   525 contester, à savoir celui de partir d'un matériau entièrement homogène et de parvenir – au moyen des diverses formes des parties et des intervalles vides intercalés entre elles – à une grande diversité spécifique des matières, tant en ce qui concerne leur densité qu'en ce qui concerne leur modes d'action (si des forces étrangères viennent s'ajouter). En effet, la possibilité tant des formes que des intervalles vides peut être expliquée avec une évidence mathématique ; par contre, si le matériau lui-même n'est formé que de forces fondamentales[2](dont nous ne pouvons pas déterminer *a priori* les lois, et encore moins indiquer de manière assurée quelle diversité de ces forces suffirait à expliquer les différences spécifiques dans la matière), alors tous les moyens nous font défaut pour *construire* ce concept de matière, et pour présenter comme possible dans l'intuition

---

1. « Connexion » traduit *Verknüpfung* (et se rapporte au liaisons réelles des forces) ; « rapport » traduit *Verhältnis* (et se rapporte aux liaisons pensées).
2. Littéralement : si le matériau est transformé (*verwandeln*) en forces fondamentales c'est-à-dire si on prend les forces fondamentales pour être le matériau (*Stoff*) originaire.

ce que nous avions pensé de manière générale. D'un autre côté, une physique purement mathématique paye doublement cet avantage, puisqu'elle doit premièrement prendre pour fondement un concept vide (celui de l'absolue impénétrabilité) et deuxièmement renoncer à toute force *propre* de la matière ; en outre, en faisant intervenir des configurations originaires du matériau fondamental ainsi que des espaces vides intercalés, selon les besoins de l'explication, elle doit aussi ménager à l'imagination plus de liberté, et même un plein droit, dans le domaine de la philosophie, qu'il n'est vraiment compatible avec la circonspection de cette dernière.

A défaut d'une explication suffisante de la possibilité de la matière, et de sa diversité spécifique, à partir de ces forces fondamentales, explication que je ne peux fournir, je veux présenter complètement, je l'espère, les *moments* auxquels cette diversité spécifique doit être ramenée *a priori* (bien que sa possibilité ne soit précisément pas concevable *a priori*). Les remarques insérées entre les définitions expliqueront leur application.

1) Un corps, au sens physique, est *une matière comprise entre des limites déterminées* (et qui a donc une figure). L'espace *compris entre ces limites, considéré du point de vue de sa grandeur*, est le *volume* [du corps][1]. Le degré de remplissement d'un espace de volume déterminé s'appelle *densité*. (Le terme *dense* est sinon aussi employé en un sens absolu pour désigner *ce qui n'est pas creux*,

---

1. « Volume » traduit ici *Raumesinhalt*, c'est-à-dire littéralement « contenu spatial ». Dans la phrase qui suit, Kant parle d'un espace de contenu déterminé (*von bestimmten Inhalt*), c'est-à-dire de volume déterminé.

c'est-à-dire ce qui n'est pas poreux ou bulleux[1]). En ce dernier sens, il y a une densité absolue dans le système de l'impénétrabilité absolue, à savoir lorsqu'une matière ne contient aucun intervalle vide. C'est à partir de ce concept du remplissement de l'espace que l'on établit des comparaisons : une matière est dite plus dense qu'une autre lorsqu'elle contient moins de vide, jusqu'à celle qui est dite parfaitement dense et dans laquelle il n'est aucune partie d'espace vide. Cette dernière expression ne peut être employée qu'en lien avec le concept simplement mathématique de la matière ; mais dans le système dynamique d'une impénétrabilité simplement relative, il n'y a ni maximum ni minimum de densité, et cependant toute matière, aussi raréfiée soit-elle[2], peut bien être dite totalement dense si elle remplit entièrement son espace sans | contenir d'intervalles vides, c'est-à-dire si elle est **526** un continu et non quelque chose d'interrompu. En comparaison avec une autre matière, elle peut pourtant être dite moins dense au sens dynamique si elle remplit son espace, certes entièrement, mais non pas au même degré. Mais, même dans ce dernier système, il n'est pas convenable de concevoir des rapports de densité entre les matières si on ne se les représente pas comme spécifiquement

---

1. Dans son *Physikalisches Wörterbuch* (1787), J. S. T. Gehler ne retient de la densité que son concept relatif : la répartition de la masse ou de la matière d'un corps dans un espace déterminé (vol. 1, p. 580). Gehler énonce que tous les corps peuvent être comparés du point de vue de la densité (par exemple, celles du mercure et de l'eau qui se tiennent dans un rapport de 14 à 1), ce que Kant va contester. Il y définit un corps entièrement dense comme ne présentant aucun intervalle vide, tout en indiquant qu'aucun corps connu n'y répond.

2. « Raréfiée » traduit *dünn* (couramment : ce qui est fin), suivant la traduction latine (*rarius*) proposée par Gehler, *Physikalisches Wörterbuch*, vol. 1, 1787, p. 579.

homogènes entre elles, de sorte que l'une puisse être engendrée d'une autre par simple compression. Mais comme ceci ne semble en rien être nécessairement requis par la nature de toute matière en elle-même, il ne peut y avoir, en dépit de l'usage courant, aucune comparaison légitime de densité entre des matières hétérogènes, par exemple l'eau et le mercure.

2) L'attraction, *en tant qu'on la pense comme agissant simplement au contact*, s'appelle *cohésion*. (A vrai dire, de très bonnes expériences font voir que cette même force qui s'appelle cohésion dans le contact se trouve aussi active à très petite distance ; mais l'attraction est toutefois appelée cohésion seulement *dans la mesure où* je la pense [comme agissant] simplement au contact, conformément à l'expérience commune où l'attraction est à peine ressentie à de petites distances[1]. La cohésion est ordinairement prise pour une propriété tout à fait universelle de la matière, non parce qu'on y serait déjà conduit par le concept de matière, mais parce qu'elle se fait voir partout dans l'expérience. Mais cette universalité ne doit pas être entendue *de manière collective* – comme si toute matière agissait *simultanément* sur toute autre matière dans l'univers par une sorte d'attraction, à la manière de la gravitation – mais simplement *de manière disjonctive*, à savoir que toute matière agit sur l'une ou l'autre matière qui entre en contact avec elle, quelle que soit l'espèce de matière. Pour cette raison, et puisque cette attraction (ainsi que plusieurs arguments peuvent l'établir) est une force superficielle et non

---

1. Voir Gehler, *Physikalisches Wörterbuch*, vol. 1, 1787, p. 514, *sub voce* « Cohäsion » : « C'est le nom que porte le phénomène universel de l'attraction dans le cas particulier où des parties en contact d'un seul et même corps sont si liées entre elles qu'une force est nécessaire pour les séparer ».

pénétrante; puisque, comme telle, elle ne se détermine
même pas partout selon la densité; puisque la puissance
totale de la cohésion requiert un état préalable où les
matières sont fluides et un état postérieur où elles sont
rigidifiées, et que le contact le plus exact possible entre
des matières solides brisées, suivant les surfaces précises
selon lesquelles elles se tenaient si fortement l'une à l'autre
avant (par exemple à l'endroit où un miroir a été brisé),
est cependant bien loin de permettre à nouveau le degré
d'attraction qu'il avait acquis de sa rigidification à partir
d'un état fluide; je tiens donc cette attraction au contact
non pour une force fondamentale de la matière, mais
seulement pour une force dérivée; ce que j'expose davantage
plus bas[1]). *Une matière dont les parties, aussi forte soit
leur cohésion entre elles, peuvent néanmoins être déplacées
par une force motrice aussi petite soit elle, est* FLUIDE[2].
Les parties d'une matière sont DÉPLACÉES *les unes par
rapport aux autres seulement lorsqu'elles sont contraintes
de changer le contact qu'elles ont entre elles sans pour
autant diminuer le quantum de ce contact.* | *Les parties,*   **527**
*et par conséquent aussi les matières, sont séparées lorsque
leur contact n'est pas seulement échangé avec d'autres,
mais supprimé ou diminué en quantité. Un corps solide,
ou plutôt rigide (corpus rigidum), est un corps dont les
parties ne peuvent être déplacées par n'importe quelle
force, et* qui par conséquent résistent au déplacement avec
un certain degré de force. *L'opposition au déplacement
des matières les unes par rapport aux autres est le*

---

1. Voir ci-dessous le troisième point sur l'élasticité.
2. « Fluide » traduit *flüssig*, qui peut aussi désigner un liquide.
Si la plupart des exemples pris par Kant seront ceux de liquides, le
terme de *flüssig* peut néanmoins s'appliquer à des états gazeux. Kant ne
considère pas ici trois états de la matière, mais deux : fluide ou rigide.

FROTTEMENT. La résistance à la séparation de matières au contact les unes des autres est la cohésion. Les matières fluides ne subissent donc pas de frottement dans leur division ; lorsqu'un frottement se produit, il est supposé que matières, du moins leurs plus petites parties, sont rigides dans une plus ou moins grande mesure – le plus bas degré étant la *viscosité* (*viscositas*). *Un corps rigide est cassant lorsque ses parties ne peuvent être déplacées sans qu'il ne se casse* – et par conséquent lorsque leur cohésion ne peut être changée sans être du même coup supprimée. (Il est tout à fait incorrect de situer la différence entre les matières fluides et solides dans les divers degrés de cohésion de leurs parties. En effet, une matière est appelée fluide non en fonction du degré de résistance qu'elle oppose à la rupture, mais seulement en fonction du degré résistance qu'elle oppose au déplacement de ses parties les unes par rapport aux autres. La première résistance peut être aussi grande que l'on veut, mais dans une matière fluide la seconde résistance est toujours = 0. Considérons une goutte d'eau. Si une particule à l'intérieur d'elle est tirée vers un côté par une attraction, aussi grande qu'elle soit, des parties voisines en contact avec elle, la même particule est donc aussi tout autant tirée en sens contraire, et comme ces attractions suppriment mutuellement leurs effets, la particule est tout aussi facile à mouvoir que si elle se trouvait dans un espace vide. Autrement dit, la force qui doit la mouvoir ne doit surmonter aucune cohésion [des parties entre elles], mais seulement la soi-disant inertie qu'il faut surmonter dans toute matière, même sans aucune cohésion[1]. Et c'est ainsi qu'un petit animal microscopique

---

1. Sur la « soi-disant inertie » (*sogenannte Trägheit*), voir ci-dessous au chapitre 3, théorème 3, remarque [544] et théorème 4, remarques 1 et 2 [549-551].

s'y mouvra aussi aisément que s'il n'y avait aucune cohésion à rompre. En effet, il n'a pas en réalité à détruire la cohésion de l'eau ni à diminuer le contact de ses parties avec l'eau, mais il a seulement à changer ce contact. Imaginons cependant que ce même animalcule veuille se frayer un passage à travers la surface extérieure de la goutte : il faut alors d'abord remarquer que l'attraction réciproque des parties de cette masse d'eau fait qu'elles continuent à se mouvoir jusqu'à ce qu'elles parviennent à avoir le plus grand contact entre elles, et par conséquent le plus petit contact avec le vide, c'est-à-dire jusqu'à ce qu'elles aient formé une sphère. Maintenant, si l'insecte en question s'efforce de franchir la surface de la goutte, il doit alors en changer la forme sphérique et, par conséquent, produire un plus grand contact de l'eau avec l'espace vide, et donc aussi un moindre contact de ses parties entre elles, c'est-à-dire qu'il doit en diminuer la cohésion |, et c'est à ce **528** moment là seulement que l'eau lui résiste par sa cohésion, sans lui résister à l'intérieur de la goutte où le contact des parties entre elles n'était pas diminué mais seulement changé en un contact avec d'autres parties, lesquelles n'étaient en rien séparées mais seulement déplacées. On peut dire des animaux microscopiques, et pour des raisons analogues, ce que Newton disait du rayon lumineux : ce n'est pas la matière dense qui le repousse, mais uniquement l'espace vide[1]. Il est donc clair que l'accroissement de la cohésion entre les parties d'une matière n'empêche en rien

---

1. *Cf.* Newton, *Optique*, livre II, partie III, prop. 8 : « La cause de la réflexion n'est pas l'incidence de la lumière sur les parties solides ou impénétrables des corps, comme on l'a toujours cru jusqu'ici » (Newton-Coste, p. 307). Newton ne dit pas explicitement que la lumière est repoussée « uniquement par l'espace vide » mais qu'elle « n'est pas réfléchie par le choc de ses rayons contre les parties solides des corps » (Newton-Coste, p. 312).

sa fluidité. L'eau présente une cohésion bien plus forte de ses parties qu'on ne le croit d'habitude quand on se fie à l'expérience de la plaque métallique retirée de la surface de l'eau[1] : cette expérience n'est pas décisive, parce qu'ici l'eau ne se détache pas de toute la surface qui était d'abord en contact, mais d'une surface bien moindre à laquelle elle est finalement arrivée par le déplacement de ses parties – tout comme un bâton de cire molle est d'abord rendu plus mince par le poids qui y est attaché avant de rompre sur une surface bien moindre que celle qu'on avait considérée au commencement. Ce qui est au contraire décisif relativement à notre concept de la fluidité est ceci : que les matières fluides peuvent aussi être définies comme celles *dont chaque point tend à se mouvoir dans toutes les directions avec exactement la même force que celle avec laquelle il subit une pression dans l'une quelconque [de ces directions]*. C'est sur cette propriété que repose la première loi de l'hydrodynamique[2]. Une telle propriété ne peut jamais être attribuée à un amas de corpuscules lisses et en même temps solides, ainsi qu'il peut être montré par une très simple analyse de leur pression d'après les lois de la composition des mouvements, démontrant ainsi que la fluidité est une propriété originale. Maintenant, si la matière fluide subissait la moindre opposition au déplacement [de ses parties], et donc le moindre frottement, ce dernier augmenterait avec la force de la pression avec laquelle les parties sont pressées les unes aux autres, jusqu'à

---

1. L'expérience renvoie probablement aux « Recherches sur l'effet d'une machine hydraulique proposée par M. Segner, *professeur a Goettingue* » d'Euler (*Mémoires de l'Académie des sciences de Berlin*, Volume 6, 1752, p. 311 *sq.*). Cet article fait suite aux « Réflexions sur les divers degrés de lumière » déjà citées (voir note 1, p. 151).

2. Kant entend « hydrostatique » ici.

en fin de compte parvenir à une pression telle que les parties
de cette matière ne pourraient plus être déplacées par
n'importe quelle petite force. Soit, par exemple, un tuyau
recourbé à deux branches, dont l'une peut être aussi large
qu'on voudra, et l'autre aussi étroite qu'on voudra, pourvu
que ce ne soit pas un tube capillaire : si l'on imagine que
les deux branches sont hautes de plusieurs centaines de
pieds, la matière fluide devrait, selon les lois de
l'hydrostatique, monter exactement au même niveau dans
la première branche et dans la deuxième. Mais puisque la
pression exercée sur le fond des tuyaux, et donc aussi sur
la partie reliant les deux branches communicantes, peut
être pensée comme augmentant à l'infini avec la hauteur,
il suit que s'il y avait le moindre frottement entre les parties
du fluide, on devrait alors pouvoir trouver une hauteur
pour laquelle une petite quantité d'eau versée dans le tuyau
étroit ne changerait rien dans le tuyau large. La colonne
d'eau en viendrait donc à monter plus haut dans le premier
que dans le second, parce que les parties basses, | subissant **529**
une si grande pression des unes envers les autres, ne
pourraient plus être déplacées par une force motrice si
petite que celle du poids d'eau ajoutée – ce qui est contraire
à l'expérience et même au concept de fluidité. Il en est de
même si l'on remplace la pression de la gravité par la
cohésion des parties, aussi grande soit-elle. Cette deuxième
définition donnée de la fluidité, sur laquelle repose la loi
fondamentale de l'hydrostatique – à savoir que la fluidité
est la propriété d'une matière dont toute partie tend à se
mouvoir en tous sens avec la même force que celle avec
laquelle elle subit une pression dans une direction donnée
– suit de la première définition, si on l'associe à la
proposition fondamentale de la dynamique générale selon
lequel toute matière est originairement élastique. En effet,

cette matière doit tendre à s'étendre dans toutes les directions de l'espace dans lequel elle est comprimée, et cela avec la même force que celle celle exercée par la pression dans l'une quelconque de ces directions – autrement dit (si les parties d'une matière peuvent être déplacées l'une par rapport à l'autre, sans opposition, par n'importe quelle force, comme c'est de fait le cas des matières fluides), cette matière doit alors tendre à se mouvoir dans toutes les directions.

On ne peut donc attribuer de frottement proprement dit qu'aux matières rigides (dont la possibilité exige encore, outre la cohésion des parties, un autre fondement explicatif), et le frottement présuppose déjà la propriété de rigidité. Mais pourquoi certaines matières, bien qu'elles n'aient peut-être pas de force de cohésion plus grande, et peut-être même plus petite, que celle d'autres matières qui sont fluides, résistent pourtant si fortement au déplacement de leurs parties ; et qu'on ne peut donc pas les séparer autrement qu'en détruisant en même temps la cohésion de toutes les parties sur une surface donnée – produisant ainsi l'apparence d'une cohésion indépassable – bref, comment des corps rigides sont-ils possibles : cela est un problème encore non résolu, même si la doctrine commune de la nature croit en être aisément venue à bout.

3) *L'élasticité* est le pouvoir qu'une matière a de *reprendre sa forme ou sa figure dès que cesse la force motrice externe qui les modifiait.* L'élasticité est soit *expansive* soit *attractive* : expansive lorsqu'après une compression, elle rétablit le volume antérieur plus grand ; attractive lorsqu'après une expansion, elle rétablit le volume antérieur plus petit. (L'élasticité attractive est, comme en témoigne l'expression même, manifestement dérivée. Un

fil de fer, étiré par des poids suspendus, retrouve brusquement son volume lorsqu'on coupe l'attache. En raison de cette même attraction qui est la cause de sa cohésion – ou, dans les matières fluides, si la chaleur était subitement retirée du mercure – la matière reprendrait rapidement son plus petit volume antérieur. L'élasticité qui consiste simplement à rétablir la figure antérieure est toujours attractive, comme dans le cas d'une lame d'épée recourbée dont les parties, après avoir été écartées l'une de l'autre sur la surface convexe, tendent à retrouver leur proximité antérieure, et également ainsi qu'une gouttelette de mercure peut être dite élastique. Quant à l'élasticité expansive, | elle peut **530** être soit originaire, soit aussi dérivée. L'air a ainsi une élasticité dérivée par l'intermédiaire de la matière de la chaleur qui lui est intimement unie – l'élasticité de cette dernière étant peut-être originaire. Par contre, le matériau fondamental du fluide que nous appelons *air* doit, ne serai-ce que comme matière en général, avoir déjà en soi cette élasticité que l'on appelle originaire. Il n'est pas possible de décider avec certitude à quel type appartient une élasticité observée dans les cas qui se présentent).

4) *L'action que des corps en mouvement exercent les uns sur les autres en communiquant leur mouvement est appelée mécanique ; mais l'action des matières est appelée chimique en tant qu'elles changent réciproquement, même au repos, la liaison de leurs parties par leurs propres forces.* Cette influence chimique s'appelle *dissolution* en tant qu'elle *a pour effet de séparer les parties de la matière* (la division mécanique, produite par exemple par un coin enfoncé entre les parties d'une matière, est donc totalement différente d'une division chimique puisque le coin n'agit pas de sa propre force). Mais l'influence chimique qui a

pour effet de séparer deux matières dissoutes l'une dans l'autre est la *décomposition*. La dissolution de matières spécifiquement différentes l'une dans l'autre de telle sorte qu'il n'y ait plus aucune partie de l'une qui ne se trouve pas unie, dans la même proportion que dans le tout, à une partie spécifiquement différente de l'autre, est une *dissolution absolue*, que l'on peut aussi appeler *pénétration chimique*. Que les forces dissolvantes qui se rencontrent effectivement dans la nature puissent produire une dissolution complète reste indéterminé. Il est seulement question ici de savoir si une telle dissolution est concevable. Maintenant il est évident que tant que les parties d'une matière dissoute sont encore de petites masses (*moleculae*)[1], leur dissolution est tout autant possible que celles des plus grandes masses, et même, si la force dissolvante perdure, une telle dissolution doit se poursuivre effectivement jusqu'à ce qu'il ne reste plus une seule partie qui ne ne soit composée du solvant et de la matière à dissoudre, et ce dans la même proportion qui est la leur dans le tout. Ainsi, puisque dans un tel cas il ne peut y avoir aucune partie du volume de la solution qui ne contienne une partie du dissolvant, ce dernier doit également remplir comme un continu tout l'espace constituant le volume de ce mélange. Et lorsque deux matières remplissent chacune complètement un seul et même espace, elles se *pénètrent* l'une l'autre. Une dissolution chimique parfaite serait donc une pénétration des matières, laquelle serait cependant totalement différente d'une pénétration mécanique, puisqu'on pense dans celle-ci le fait lorsque des matières en mouvement s'approchent de très près, la force répulsive

---

1. Il faut comprendre littéralement les *moleculae* comme de petites moles ou masses, qui peuvent flotter dans une solution (voir plus bas [531]). Rappelons que le concept actuel de molécule date du XIXe siècle (Avogadro).

de l'une peut entièrement l'emporter sur la force répulsive de l'autre, | de sorte que l'étendue de l'une ou des deux **531** puisse être réduite à rien. Au contraire, l'étendue reste ici la même, mais c'est seulement que les matières occupent ensemble un espace conformément à la somme de leurs densités, non en restant les unes extérieures aux autres, mais en étant les unes dans les autres, c'est-à-dire par *intussusception* (comme on dit communément)[1]. Il est difficile d'objecter quelque chose contre la possibilité de cette dissolution parfaite, ni par conséquent contre la pénétration chimique, bien qu'elle contienne une division *achevée* à l'infini, laquelle n'implique pas dans ce cas une contradiction en elle-même, puisque la dissolution se produit continûment pendant un temps, et par conséquent en s'accélérant à travers une série infinie d'instants. De plus, la somme des surfaces des matières encore à diviser croît avec la division, et puisque la force dissolvante agit continûment, la dissolution complète peut être achevée en un temps *assignable*. L'inconcevabilité d'une telle pénétration chimique de deux matières doit être mise au compte de l'inconcevabilité d'une telle divisibilité à l'infini d'un continu en général. Si l'on renonce à cette dissolution complète, il faut alors supposer qu'elle s'arrête à certaines petites masses de la matière à dissoudre, lesquelles flottent dans le solvant à distance fixe l'une de l'autre, sans que l'on puisse donner la moindre raison pour laquelle ces

---

1. Le terme d'*intussusception* a été introduit au début de l'« Architectonique de la raison pure » dans la CRP (A 833 / B 861) : « Le tout [dont l'idée donne le concept rationnel de la forme] est donc articulé (*articulatio*), et non pas produit par accumulation (*coacervatio*) ; assurément peut-il croître de l'intérieur (*per intussusceptionem*) mais non pas de l'extérieur (*per appositionem*), comme un corps animal auquel la croissance ne vient ajouter aucun membre, mais rend chaque membre, sans modifier les proportions, plus fort et mieux adapté à ses fins ».

petites masses, bien qu'elles soient encore des matières divisibles, ne sont pas elles aussi dissoutes. En effet, il se peut bien que l'action du solvant n'aille pas plus loin dans la nature, autant que l'expérience nous l'apprend ; mais il n'est question ici que de la possibilité d'une force dissolvante qui puisse également dissoudre cette petite masse, et tout ce qui en reste ensuite, jusqu'à achèvement de la solution. Le volume occupé par la solution peut être égal, plus petit ou plus grand que la somme des espaces occupés avant le mélange par les matières qui se dissolvent réciproquement : cela dépend du rapport des forces attractives aux répulsions. Dans la solution, elles constituent chacune en elle-même et toutes deux réunies un *milieu élastique*[1]. Cela seul peut également fournir une raison suffisante [pour expliquer] pourquoi la matière dissoute ne se sépare pas à son tour du solvant en raison de sa gravité. C'est que l'attraction de ce dernier, du fait qu'elle s'exerce avec une force égale dans toutes les directions, supprime elle-même la résistance [de la matière dissoute] ; et supposer une certaine viscosité dans le fluide ne s'accorde pas du tout avec la grande force que ces matières ainsi dissoutes (par exemple des acides dilués avec de l'eau) exercent sur des corps métalliques. Elles ne se déposent pas simplement sur eux – comme il devrait arriver s'ils ne faisaient que nager dans leur milieu – mais elles les séparent l'une de l'autre avec une grande force d'attraction et les répandent dans l'espace tout entier du véhicule. Même en supposant que l'art n'ait pas en pouvoir de telles forces de dissolution chimique capables de produire une dissolution complète[2], la nature pourrait

1. Le pronom « elles » renvoient aux matières.
2. Cet art (*Kunst*) est la chimie, qui se dit aussi couramment *Scheidekunst* (art de la séparation) en allemand ou, comme en [471], *Zergliederungskunst* (art de la décomposition).

cependant en faire peut-être montre dans dans ses opérations
végétales et animales, et par leur moyen ainsi engendrer
des matières qui, bien que mélangées, | ne pourraient être **532**
de nouveau séparées par aucun art. Cette pénétration
chimique pourrait même se rencontrer sans que l'une des
deux matières soit divisée et, littéralement, dissoute par
l'autre, un peu comme le calorique pénètre les corps puisque
s'il se répartissait seulement dans leurs intervalles vides,
la substance solide, qui n'en pourrait rien absorber, resterait
elle-même froide. On pourrait même penser de cette manière
le passage apparemment libre de certaines matières à travers
d'autres, par exemple de la matière magnétique, sans leur
ménager pour cela des canaux ouverts ou des intervalles
libres dans toutes les matières, mêmes les plus denses[1].
Cependant, ce n'est pas ici le lieu de trouver des hypothèses
pour des phénomènes particuliers, mais il s'agit seulement
de trouver le principe suivant lequel ils doivent tous être
jugés. Tout ce qui nous dispense de nous réfugier dans des
espaces vides est un gain réel pour la science de la nature[2].
Car ceux-ci laissent à l'imagination trop de liberté pour
remplacer par des fictions l'absence de connaissance intime

1. Kant fait ici probablement allusion à l'explication cartésienne – et
mécanique – des phénomènes magnétiques, qui suppose l'écoulement
de certaines parties magnétiques cannelées à travers certains conduits
des corps, et selon la direction permise par la forme intérieure même
de ces conduits : *Cf.* Descartes : *Principes de la philosophie*, IV, 133 ;
AT IX, 272 ; A. Pelletier, « Leibniz et l'explication des phénomènes
magnétiques », dans *Leibniz's experimental philosophy*, *op. cit.*,
p. 143-160.
2. La phrase est à double sens : se réfugier (*unsere Zuflucht nehmen*)
dans l'hypothèse explicative des espaces vides, c'est se réfugier dans
un vide explicatif, qui est celui de l'imagination. La phrase rappelle le
sens et la tonalité de l'appendice à la première partie de l'*Éthique* de
Spinoza, où la fiction de la volonté divine est fameusement qualifiée
« d'asile de l'ignorance ». La phrase qui suit confirme cette impression.

de la nature. Le vide absolu et la densité absolue sont dans la doctrine de la nature à peu près ce que sont le hasard aveugle et le destin aveugle dans la science métaphysique du monde, à savoir une entrave à la domination de la raison afin que celle-ci soit remplacée par la fiction ou endormie sur l'oreiller des qualités occultes[1].

En ce qui concerne maintenant le procédé de la science de la nature relativement à la plus haute de ses tâches – à savoir l'explication de la *diversité spécifique* possiblement infinie *des matières* – on ne peut emprunter que deux voies : la voie *mécanique* de l'explication de toutes les différences des matières par la conjonction du plein absolu et du vide absolu, et la voie opposée *dynamique* de l'explication de toutes les différences des matières par la simple différence dans la conjonction des forces originaires de répulsion et d'attraction. La première voie prend les *atomes* et le *vide* pour matériau de sa déduction. Un atome est une petite partie de matière qui est physiquement *indivisible*. Une matière est physiquement indivisible lorsque ses parties ont une force de cohésion que ne surpasse aucune force motrice se trouvant de la nature. Un atome, en tant qu'il se distingue spécifiquement des autres par sa figure, s'appelle un *corpuscule premier.* Un corps (ou corpuscule) dont la force motrice dépend de sa figure s'appelle une *machine.* Le mode d'explication de la différence spécifique des matières par la constitution et la composition de leurs

---

1. La « science métaphysique du monde » (*metaphysische Weltwissenschaft*) n'est autre que la cosmologie rationnelle : *cf.* CRP, A 334 / B 391. L'explication mathématique-mécanique, qui semble ménager une construction mathématique de la matière par grandeur, figure et mouvement, repose ultimement sur la supposition d'atomes (absolument impénétrables) et du vide (réellement vide), qui ne sont l'objet d'aucune expérience possible : cette construction relève de l'imagination – et de la position de qualités occultes – qui ne permet pas, en fin de compte, de penser le remplissement intensif de l'espace.

plus petites parties, considérées comme des machines, est la *philosophie mécanique de la nature*; mais celle qui déduit cette différence spécifique de la matière, non des matières comprises comme machines, c'est-à-dire comme de simples instruments pour des forces motrices extérieures, mais qui la déduit de leurs propres forces originaires d'attraction et de répulsion, peut être appelée *philosophie dynamique de la nature*. Le mode mécanique d'explication, du fait qu'il | est le plus propice aux mathématiques, a **533** toujours, sous le nom *d'atomisme* ou de *philosophie corpusculaire*, conservé son autorité et son influence sur les principes de la science de la nature, en subissant peu de changements depuis le vieux *Démocrite* jusqu'à *Descartes* et même jusqu'à notre temps[1]. Ce qui est essentiel

---

1. Kant considère ici indifféremment les hypothèses atomiste et corpusculaire comme des instances d'un même « mode mécanique d'explication », ainsi qu'en témoignent quelques notes de l'*Opus postumum* : « La philosophie corpusculaire est un atomisme (*Atomistik*) caché (AA 22, 481); « L'atomisme (philosophie corpusculaire) est agrégat de points (*sic*) » (AA 22, 96); ou encore « L'atomisme (philosophie corpusculaire) d'Épicure fonde la différence du contenu matériel des corps de même volume dans le mélange du vide avec le plein de la matière même » (AA 21, 559). S'il ne les différencie fondamentalement pas, c'est qu'il considère que les deux hypothèses reposent sur l'existence de vides intercalaires. Cela correspond bien à la conception atomiste de Démocrite (ou d'Épicure), mais cela ne correspond pas à la conception de Descartes qui récuse tant la position des indivisibles que celle du vide : « Sachez que je ne conçois pas les petites parties des corps terrestres comme des atomes ou particules indivisibles, mais que, les jugeant toutes d'une même matière, je crois que chacune pourrait être redivisée d'une infinité de façons, et qu'elles ne diffèrent entre elles que comme des pierres de plusieurs diverses figures, qui auraient été coupées d'un même rocher » (*Météores*, discours II; AT VI, 238-239). Ce que l'on a l'usage d'appeler la philosophie corpusculaire de Descartes (exposée en *Principes* II) suppose la continuité de la matière et ne peut ainsi être confondue avec les philosophies dites aussi corpusculaires de Gassendi ou de Boyle. Quant aux auteurs plus modernes, Kant pense peut-être plus particulièrement aux chimistes.

dans ce mode d'explication est la présupposition de *l'absolue impénétrabilité* de la matière primitive, l'*absolue homogénéité* de ce matériau, ne laissant subsister que les différences de figure, et l'absolue *insurpassabilité* de la cohésion de la matière dans les corpuscules fondamentaux mêmes. Ces matériaux permettaient d'expliquer l'engendrement des matières spécifiquement différentes : ils permettaient non seulement de disposer d'un matériau fondamental à la fois invariable mais ayant diverses formes afin d'expliquer l'invariabilité des genres et des espèces, mais encore d'expliquer *mécaniquement* la diversité des effets de la nature à partir des formes de ces premiers éléments en tant que machines (auxquelles rien d'autre ne manquait qu'une force imprimée de l'extérieur). Mais la première et principale lettre de créance de ce système repose sur *la nécessité* soi-disant inévitable *d'expliquer les différences spécifiques de densité des matières en recourant à des espaces vides*, répandus à l'intérieur des matières et entre ces particules, dans la proportion que l'on jugeait nécessaire, et même dans une proportion si grande pour certains phénomènes que la partie pleine d'un volume, même de la matière la plus dense, pouvait être considérée pour presque nulle en comparaison de la partie vide. – Afin d'introduire maintenant un mode dynamique d'explication (lequel est bien mieux approprié et favorable à la philosophie expérimentale en ce qu'il conduit directement à la recherche des forces motrices propres à la matière, et de leurs lois, tout en limitant au contraire la liberté de supposer des intervalles vides et des corpuscules fondamentaux de formes déterminées qu'aucune expérience ne permet de découvrir ni de déterminer), il n'est aucunement besoin de forger des hypothèses nouvelles, mais il suffit de réfuter le postulat du mode d'explication simplement mécanique

– à savoir *qu'il serait impossible de penser une différence spécifique dans la densité des matières sans y mêler des espaces vides* – en indiquant simplement un mode d'explication qui permet de penser cette différence sans contradiction. En effet, une fois que le postulat en question, et sur lequel seul repose le mode mécanique d'explication, est déclaré être invalide comme axiome, il va alors de soi qu'il ne faut pas l'admettre comme hypothèse dans la science de la nature aussi longtemps qu'il reste possible de penser la différence spécifique des densités en se passant de tous ces intervalles vides. Or cette possibilité repose sur ceci[1] que la matière ne remplit pas l'espace par son impénétrabilité absolue (ainsi que le supposent les purs physiciens mécanistes) mais par une force répulsive qui a un degré pouvant être différent dans différentes matières ; et comme ce degré n'a en lui-même rien de commun avec la force d'attraction (laquelle dépend de la quantité de matière), [la force répulsive] | peut être *originairement* **534** *différente* quant son degré dans des matières différentes où la force d'attraction est la même. Par conséquent également, le degré d'expansion de ces matières, pour une même quantité de matière – et, inversement, la quantité de matière pour un même volume, c'est-à-dire sa densité – admet originairement de grandes différences spécifiques. De cette manière, on ne trouverait pas impossible de penser une matière (telle qu'on se représente par exemple

---

1. Le texte dit : « Cette nécessité repose sur ceci » (*Diese Nothwendigkeit aber beruht darauf*). Andler (1891, p. 67) corrige le texte par « Or cette nécessité n'est pas réelle » ; M. Friedman fait observer qu'il s'agit plutôt d'une possibilité (Friedman (2004), p. 73), à savoir la possibilité de penser la densité sans supposer des espaces vides qui vient d'être mentionnée. Nous le suivons sur ce point.

l'éther[1]) qui remplirait totalement son espace sans aucun vide, et avec cependant une quantité incomparablement plus petite de matière, pour un même volume, que tous les corps que nous pouvons soumettre à nos expériences. Dans l'éther, la force répulsive doit être pensée comme infiniment plus grande, par rapport à sa propre force attractive, que dans toutes les autres matières connues de nous. C'est donc ici la seule chose que nous supposions *au seul motif que c'est pensable*, mais uniquement afin de contrebalancer une hypothèse (celle des espaces vides) qui repose seulement sur la prétendue affirmation qu'on *ne peut penser* une telle chose sans espaces vides. En dehors de cela, en effet, aucune loi ni de la force attractive ni de la force répulsive ne peut être hasardée sur des suppositions *a priori*, mais il faut que tout – même l'attraction universelle comme cause des gravités, ainsi que ses lois[2] – soit conclu des

1. Kant a introduit (à la suite, entre autres, de ses professeurs Teske et Knutzen) l'hypothèse de l'éther comme milieu matériel de cohésion, d'élasticité mais aussi de communication de la lumière, de la chaleur et du feu dès sa dissertation *De igne* de 1755 (*cf.* AA 1, 377 : « *Materia caloris non est nisi ipse äther (s. lucis materia) valida attractionis (s. adhäsionis) corporum vi intra ipsorum interstitia compressus* »).

2. La mention de la cause *des* gravités, au pluriel (*Die allgemeine Attraktion, als Ursache der Schweren*) indique qu'il s'agit ici des gravités spécifiques des matières qui dépendent de leur composition (de leur densité) et de leur éloignement respectif. La correction d'Hartenstein du pluriel en singulier (voir Pollok (1997), p. 89) ne semble pas justifiée. G. S. A. Mellin fait observer dans son *Encyclopädisches Wörterbuch der kritischen Philosophie* (12 volumes de 1797 à 1804) : « Kant se distingue ainsi des autres physiciens en ce qu'il entend réellement l'attraction comme la cause des gravités, quand les autres physiciens n'entendent que le phénomène de la gravité même. Par exemple S'Gravesande dit : *Nous appelons attraction toute force par laquelle deux corps tendent réciproquement l'un vers l'autre.* Mais Kant dit que l'attraction universelle est la cause de la gravité. Les autres physiciens disent que les causes de l'attraction universelle sont inconnues ; Kant dit que la cause de l'attraction universelle est

données de l'expérience[1]. Et il n'en sera pas autrement des affinités chimiques qu'on ne pourra rechercher par d'autre voie que l'expérimentation. Comprendre de manière *a priori* la possibilité des forces fondamentales dépasse en effet complètement l'horizon de notre raison, et toute philosophie de la nature consiste bien plutôt à rapporter les forces données apparemment diverses à un plus petit nombre de forces et de pouvoirs qui permettent d'expliquer les actions des premières, mais cette réduction s'arrête aux forces fondamentales au-delà desquelles notre raison ne saurait aller. Ainsi la recherche métaphysique de ce qui est au fondement du concept empirique de matière n'est utile qu'à la seule fin de guider aussi loin que possible la philosophie de la nature dans la recherche des fondements explicatifs dynamiques, qui seuls permettent d'espérer des lois déterminées, et par conséquent un véritable enchaînement rationnel des explications[2].

la force originaire d'attraction de la matière, laquelle n'est pas même pensable sans cette force, bien que l'on ne puisse définir davantage cette force en tant qu'elle est une force fondamentale » (G. S. A. Mellin, *Encyclopädisches Wörterbuch der kritischen Philosophie*, 1797, p. 381).

1. En particulier, la loi de la gravitation universelle n'est pas connaissable de manière *a priori* – comme serait une propriété géométrique de l'espace – puisqu'elle est fondée sur des forces (comme toute loi de la *nature* proprement dite). Même si l'on a « coutume de présenter cette loi comme connaissable *a priori* » (Kant, *Prolégomènes*, § 38; AA 4, 321), Kant ne soutient pas cette manière de voir, car il distingue la loi conditionnelle de propagation des forces, laquelle s'accorde à la géométrie des surfaces sphériques (à savoir : si une force se propage en droite ligne à partir d'un point, alors l'intensité de la force en un point de l'espace est inversement proportionnelle à l'aire de la surface sphérique sur laquelle se trouve ce point), des réquisits de cette loi (à savoir : qu'il y a bien une force se propageant à partir d'un point).

2. Autrement dit, selon les termes de la préface [467], seule la métaphysique permet de guider la philosophie de la nature vers la science (rationnelle).

Voilà donc tout ce que peut accomplir la métaphysique quand il s'agit de construire le concept de matière et, par suite, d'appliquer les mathématiques à la science de la nature, [et précisément] à ces propriétés qui font que la matière remplit un espace dans une mesure déterminée : elle permet de considérer ces propriétés comme dynamiques, et non comme des données (*Positionen*) originaires inconditionnées, ainsi que les postulerait un traitement simplement mathématique.

La question bien connue de savoir si l'on peut admettre des espaces vides dans le monde peut servir de conclusion. La *possibilité* n'en est pas contestable. En effet, toutes les forces de la matière exigent un espace, et puisque ce dernier contient aussi les conditions des lois de la diffusion de ces **535** forces, il est nécessairement | présupposé avant toute matière. Ainsi, une force d'attraction est attribuée à la matière en tant qu'elle *occupe* par l'attraction un espace autour d'elle, sans pour autant le *remplir*. Cet espace peut donc être pensé comme vide là même où une matière agit, parce qu'elle n'y agit pas par des forces répulsives et ne remplit donc pas cet espace. Seulement, aucune expérience, ni aucune conclusion tirée de celle-ci, ni aucune hypothèse nécessaire pour expliquer l'expérience ne nous autorisent à supposer ces espaces vides comme *réels*. En effet, toute expérience ne nous fait connaître que des espaces relativement vides, qui peuvent être parfaitement expliqués, selon leur degré, par cette propriété de la matière de remplir son espace par une force d'extension qui croît ou diminue à l'infini, sans avoir besoin d'espaces vides.

PRINCIPES MÉTAPHYSIQUES
DE LA MÉCANIQUE

Définition 1

La matière est ce qui est mobile en tant qu'il a, comme tel, une force motrice.

Remarque

C'est ici la troisième définition de la matière. Le concept simplement dynamique pouvait considérer la matière comme étant aussi bien au repos ; la force motrice que l'on envisageait alors concernait seulement le remplissement d'un certain espace, sans avoir à considérer que la matière qui le remplissait fût elle-même en mouvement. La répulsion était par conséquent une force originairement motrice capable de *mettre en* mouvement. Dans la mécanique, au contraire, on considère la force qu'a une matière mise en mouvement de *communiquer* ce mouvement à une autre matière[1]. Il est bien clair que le mobile n'aurait pas de

---

1. Mettre en mouvement (*eine Bewegung erteilen*) consiste à donner un mouvement à ce qui n'en n'a pas, et non simplement à communiquer (*mitteilen*) un mouvement à ce qui est déjà mû. L'expression d'imprimer un mouvement (*eindrücken*) peut s'appliquer aux deux cas.

force motrice *par son propre mouvement* s'il ne possédait pas de forces originairement motrices par lesquelles il est actif en chaque lieu où il se trouve avant même d'être lui-même en mouvement. Et il est aussi clair qu'aucune matière n'imprimerait un mouvement équivalent au sien à une autre matière se trouvant *devant elle* en droite ligne de son mouvement si toutes deux n'étaient soumises aux lois originaires de la répulsion[1] ; et il est clair enfin qu'aucune matière ne pourrait par son mouvement forcer une autre *à la suivre* en ligne droite (ne pourrait l'entraîner derrière elle) si toutes deux ne possédaient des forces d'attraction. Toutes les lois mécaniques supposent donc | les lois dynamiques, et une matière en mouvement ne peut avoir de force motrice que par l'entremise de ses forces de répulsion ou d'attraction, grâce auxquelles et sur lesquelles elle agit immédiatement dans son mouvement et communique ainsi son propre mouvement à une autre. On me pardonnera de ne pas mentionner davantage ici la communication du mouvement par attraction (comme dans le cas d'une comète, qui aurait par hasard un pouvoir d'attraction plus grand que la Terre, et qui entraînerait celle-ci à son passage) mais seulement de la communication du mouvement par les forces répulsives, c'est-à-dire par pression (comme dans le cas de ressorts bandés) ou par choc : de toute façon, l'application des lois concernant la répulsion aux cas de l'attraction ne diffère que relativement au sens de la direction, mais est sinon identique dans les deux cas.

537

---

1. Le texte dit littéralement : « si elles ne possédaient pas des lois originaires de la répulsion » (*wenn beide nicht ursprüngliche Gesetze der Zurückstoßung besäßen*). Kant vise ici à la fois le fait de posséder des forces répulsion et de posséder une réceptivité aux lois de la répulsion.

Définition 2

La *quantité de matière* est l'ensemble de ce qui est mobile dans un espace déterminé[1]. Cette quantité, dans la mesure où toutes ses parties sont considérées comme étant simultanément actives (motrices) dans son mouvement[2], s'appelle *masse*, et on dit qu'une matière *agit en masse* lorsque toutes ses parties, qui sont en mouvement dans une direction unique, exercent *simultanément* leur force motrice en dehors d'elles. Une masse de forme déterminée s'appelle un *corps* (au sens mécanique). La *quantité du mouvement* (estimée mécaniquement) est estimée à la fois par la quantité de matière en mouvement et par sa vitesse, et ne consiste *phoronomiquement* que dans le degré de vitesse[3].

Théorème 1

La quantité de matière ne peut être estimée, en comparaison avec *toute* autre, que par la quantité de mouvement à une vitesse donnée.

---

1. « L'ensemble de ce qui est mobile » traduit *Menge des Beweglichen*.
2. Le mouvement se rapporte ici à la quantité et non aux parties : les parties sont, par contre, motrices relativement au mouvement de la quantité.
3. Le début de ce chapitre sur les principes métaphysiques de la mécanique reprend les deux définitions qui ouvrent les *Principia* de Newton : « La quantité de matière se mesure par le volume et la densité. […] La quantité de mouvement est le produit de la masse par la vitesse » (Newton-Châtelet, p. 1-2). Le terme de « quantité de mouvement » (*quantitas motus*, ici *Grösse der Bewegung*) était déjà employé par Descartes (*Principes de la philosophie*, II, 36 ; AT VIII, 61).

DÉMONSTRATION

La matière est divisible à l'infini. Par conséquent, sa quantité ne peut pas être immédiatement déterminée *par un ensemble* de ses parties. Car même s'il en est ainsi **538** lorsque l'on compare la matière donnée avec | une autre de même espèce – auquel cas la quantité de matière est proportionnelle à la grandeur du volume –, cela contredit cependant ce que réclame le théorème, à savoir qu'elle puisse être estimée par comparaison avec *toute* autre (même spécifiquement différente). Ainsi, la matière ne peut être estimée de manière valable par comparaison *avec toute autre* – que ce soit indirectement ou directement – tant qu'on fait abstraction de son propre mouvement. Par conséquent, il ne reste pas d'autre mesure universellement valable de cette matière que la quantité de son mouvement. Mais la différence de mouvement[1], qui repose sur la différence de quantité des matières, ne peut être donnée que si l'on suppose que la vitesse des matières comparées est la même, par conséquent etc.

COROLLAIRE

La quantité de mouvement des corps est proportionnelle à la quantité de matière et à la vitesse de ces corps, c'est-à-dire qu'il revient au même de doubler la quantité de matière d'un corps en conservant sa vitesse ou de doubler la vitesse en conservant la même masse. En effet, le concept déterminé d'une grandeur n'est possible que par la construction du *quantum* correspondant. Mais relativement au concept de quantité, celle-ci n'est rien d'autre qu'une

---

1. Comprendre ici : « la différence de la quantité de mouvement ».

composition d'équivalents. Construire la quantité d'un mouvement est par conséquent composer plusieurs mouvements équivalents les uns aux autres. Or d'après les théorèmes de la phoronomie, il est identique d'attribuer à un mobile un certain degré de vitesse ou d'attribuer de manière égale à plusieurs mobiles tous les degrés inférieurs de vitesse qu'on obtient en divisant la vitesse donnée par le nombre de mobiles. De là résulte d'abord un concept apparemment phoronomique de la quantité d'un mouvement, en tant qu'il est composé de plusieurs mouvements de points mobiles extérieurs les uns aux autres et pourtant réunis en un tout. Maintenant, si on conçoit ces points comme ayant une force motrice *du fait même de leur mouvement*, il en résulte alors le concept mécanique de la quantité de mouvement. Mais, dans la phoronomie, il ne convient pas de se représenter un mouvement comme composé de plusieurs mouvements *extérieurs les uns aux autres* puisque le mobile – qui est représenté sans aucune force motrice – | ne présente pas d'autre différence du **539** point de vue de la quantité de mouvement, lorsqu'il est composé avec plusieurs mobiles de son espèce, que celle qu'il tient uniquement de sa vitesse. Le rapport qui existe entre les quantités de mouvement de deux corps est aussi celui qui existe entre les grandeurs de leurs effets – qu'il faut bien comprendre comme leurs effets *entiers*. Ceux qui prenaient pour mesure de l'action entière uniquement la grandeur de l'espace rempli par la résistance (par exemple, la hauteur à laquelle un corps ayant une certaine vitesse s'élève dans le sens contraire de la gravité, ou la profondeur à laquelle il peut pénétrer dans des matières molles) sont arrivés à une autre loi des forces motrices pour les mouvements *effectivement réels*, à savoir la loi selon laquelle [l'action entière] est proportionnelle à la quantité de matière et au carré de la vitesse[1]. Mais ils négligeaient la grandeur de l'action dans le temps donné pendant lequel le corps parcourt son espace avec une vitesse moindre, alors qu'elle seule peut être la mesure d'un mouvement qui est épuisé par une résistance uniforme donnée. Il ne peut donc non plus y avoir de différence entre les forces vives et les forces mortes si l'on considère les forces motrices mécaniquement, c'est-à-dire comme les forces que les corps ont en tant qu'ils sont eux-mêmes en mouvement – que celui-ci soit d'une vitesse finie ou infiniment petite (ou simple tendance au mouvement). Il serait au contraire bien plus approprié d'appeler forces mortes celles par lesquelles la matière agit sur d'autres matières même lorsque l'on fait totalement abstraction de son propre mouvement mais aussi de sa tendance au mouvement – lesquelles forces sont donc les forces originairement motrices de la dynamique[2] ; et on pourrait

1. Voir Leibniz, « Brevis demonstratio erroris memorabilis Cartesii » (1686) ; A VI, 4, 2027 *sq.* ; *Discours de métaphysique* (1686), a. XVII ; A VI, 4, 1556 *sq.* : « On voit par là comment la force doit estre estimée par la quantité de l'effect qu'elle peut produire, par exemple par la hauteur, à la quelle un corps pesant d'une certaine grandeur et espece peut estre elevé, ce qui est bien different de la vistesse qu'on luy peut donner. Et pour luy donner le double de la vistesse, il faut plus que le double de la force. Rien n'est plus simple que cette preuve, et Mons. Des Cartes n'est tombé icy dans l'erreur que par ce qu'à la fin il se fioit trop à ses pensées ».

2. Kant propose de changer le sens des appellations de « force vive » et « force morte » telles que Leibniz les a introduites : « [...] cela arrive dans le cas de la Force morte, ou du Mouvement infiniment petit, que j'ai coutume d'appeler *Sollicitation*, qui a lieu lorsqu'un corps pesant tâche à commencer le mouvement, et n'a pas encore conçu aucune impétuosité ; et cela arrive justement quand les corps sont dans l'Équilibre, et tâchant de descendre s'empêchent mutuellement. Mais quand un corps pesant a fait du progrès en descendant librement, et a

en revanche appeler forces vives toutes les forces motrices mécaniques, c'est-à-dire celles qui sont motrices par leur propre mouvement, sans tenir compte de la vitesse, dont le degré peut même être infiniment petit – pour autant du moins que ces appellations de forces vives et de forces mortes méritent encore d'être conservées[1].

Remarque

Pour éviter des développements trop importants, nous rassemblons en une seule remarque l'explication des trois propositions précédentes.

Que la quantité de matière ne puisse être pensée que comme l'ensemble de ce qui est mobile (ou l'ensemble des mobiles extérieurs les uns aux autres), suivant l'énoncé de la définition, est une proposition remarquable et fondamentale de la mécanique générale. Elle indique en effet que la matière n'a pas d'autre grandeur que celle qui

conçu de l'impétuosité ou de la *Force vive*, alors les hauteurs auxquelles ce corps pourrait arriver ne sont point proportionnelles aux vitesses, mais comme les carrés des vitesses » (*Essai de dynamique* (1695), *Die Philosophischen Schriften*, éd. C. I. Gerhardt, VI, p. 218-219).

1. Dans le théorème 3 ci-dessous, Kant écarte également la notion de « force vive » pour caractériser la force interne des corps : « la matière est sans vie ». En doutant de la pertinence de ces appellations, Kant abandonne en même temps la perspective de sa toute première publication, les *Pensées sur la véritable estimation des forces vives* (1746). Dans celle-ci, il maintenait que l'estimation cartésienne de la « force morte » (le produit de la masse par la vitesse) peut être retenue d'un point de vue mathématique, mais que l'estimation leibnizienne de la « force vive » (le produit de la masse par le carré de la vitesse) peut l'être d'un point de vue physique (AA 1, 139 *sq.*). D'Alembert avait rejeté dès 1743 la pertinence même du débat sur les forces vives : « [...] j'ai entièrement proscrit les forces inhérentes au Corps en Mouvement, êtres obscurs & Métaphysiques, qui ne sont capables que de répandre les ténèbres sur une Science claire par elle-même » (1743, préface, p. XVI).

consiste dans *l'ensemble* de ses diverses *[parties] extérieures les unes aux autres*[1], et qu'elle n'a par conséquent aucun degré de force motrice, à une vitesse donnée, qui serait

540 indépendant de cet ensemble | et qui pourrait être considéré seulement comme une grandeur intensive – ce qui serait pourtant le cas si la matière était constituée de monades dont la réalité doit en elle-même avoir un degré[2], lequel peut être plus grand ou plus petit sans [pour autant] dépendre d'un ensemble de parties extérieures les unes aux autres. En ce qui concerne le concept de masse dans cette même définition, on ne peut le tenir pour identique au concept de quantité [de matière], comme on le fait habituellement. Des matières liquides peuvent agir par leur propre mouvement en masse, mais elles peuvent aussi agir en flux. Dans ce que l'on appelle un marteau d'eau, l'eau qui frappe agit en masse, c'est-à-dire avec toutes ses parties en même temps[3] ; il en est de même de l'eau qui est enfermée dans un récipient et qui presse de tout son poids sur le plateau de la balance où repose ce récipient. Par contre, l'eau du ruisseau d'un moulin n'agit pas en masse sur les

1. « Diverses [parties] extérieures les unes aux autres » traduisent *des Mannigfaltigen außerhalb einander*, par symétrie avec une expression employée plus loin : « l'ensemble des parties extérieures les unes aux autres ».

2. Nous traduisons *in aller Beziehung* (littéralement : en toute relation) par *en elle-même* : l'expression s'applique à ce qui est absolu ou ce qui vaut absolument (*schlechthin*), et qui ne dépend pas d'une relation particulière. Sur cet usage, voir R. Eisler, *Kant-Lexikon*, Berlin, Mitter, 1930, *sub voce* « Absolut ».

3. Le marteau d'eau est un tube en verre, contenant de l'eau, dans lequel on a fait le vide par le haut (en faisant bouillir l'eau puis en scellant rapidement le tube) : lorsque l'on retourne le tube, l'eau contenue tombe dans le vide et frappe en masse le fond (qui se brise parfois) en faisant un bruit sec ressemblant à un coup de marteau.

pales de la roue à eau qu'elle entraîne[1], c'est-à-dire que toutes ses parties n'agissent pas sur la pale en même temps mais les unes après les autres. S'il faut donc déterminer ici la quantité de matière ayant, avec une certaine vitesse, une force motrice, il faut avant tout chercher son *volume en eau*, c'est-à-dire la quantité de matière qui, agissant en masse avec une certaine vitesse (en plus de son poids[2]), peut produire le même effet. C'est pourquoi on entend habituellement sous le mot de *masse* la quantité de matière d'un *corps solide* (pour un liquide, le récipient qui le renferme lui tient lieu de solidité). Il y enfin quelque chose d'étrange concernant à la fois le théorème et le corollaire qui lui est joint : à savoir que, d'après le théorème, la quantité de matière doit être estimée par la quantité de mouvement à une vitesse donnée, alors que d'après le corollaire, la quantité de mouvement (d'un corps, car celle d'un point consiste seulement dans le degré de sa vitesse), pour cette même vitesse, doit être estimée par la quantité de matière en mouvement – et il semble ainsi que l'on tourne en cercle et qu'on ne promettre de concept déterminé ni par le théorème ni par le corollaire. Ce prétendu cercle serait réel si l'on dérivait réciproquement deux concepts identiques l'un de l'autre. Or l'un ne contient que la définition d'un concept quand l'autre contient celle de son application à l'expérience. La quantité de ce qui est mobile dans l'espace est la quantité de matière ; mais cette quantité

---

1. Il s'agit ici d'une *unterschlägiges Wasserrad*, c'est-à-dire d'une roue à aube posée sur le courant d'un ruisseau (et alimentée par le bas par le flux du ruisseau), et non d'une roue entraînée par le haut par une chute d'eau.
2. « Poids » traduit ici *Schwere* : il s'agit ici de la pesanteur dont une masse est douée en vertu de la gravité. Sur *Schwere*, voir note 1, p. 91.

de matière (ou l'ensemble de ce qui est mobile) ne *se manifeste* dans l'expérience que par la quantité de mouvement à vitesse égale (par exemple, au travers de l'équilibre).

Il faut noter encore que la quantité de matière est la *quantité de substance* dans le mobile et n'est donc pas la grandeur d'une certaine qualité de la substance (la grandeur de la répulsion ou de l'attraction mentionnées dans la dynamique), et que la quantité de substance ne signifie ici rien d'autre que simplement l'ensemble de ce qui est mobile, et qui constitue la matière. Car seul l'ensemble de ce qui est mû peut produire, à vitesse égale, une différence dans la quantité | de mouvement. Que la force motrice possédée par une matière dans *son propre* mouvement manifeste à elle seule la quantité de *substance*, cela découle du concept de substance comme *sujet dernier* (qui n'est lui-même pas le prédicat d'un autre sujet) dans l'espace : et c'est précisément pour cela que ce sujet ne peut avoir d'autre grandeur que celle de l'ensemble des parties homogènes extérieures les unes aux autres. Maintenant, puisque le *mouvement propre* de la matière est un prédicat qui détermine son sujet (le mobile) et qui indique dans une matière, en tant qu'elle est un ensemble de ce qui est mobile, la pluralité des sujets en mouvement (d'une même manière à vitesse égale) – ce qui n'est pas le cas pour les propriétés dynamiques, dont la grandeur peut être aussi celle de l'action d'un sujet unique (puisque, par exemple, une particule d'air peut avoir plus ou moins d'élasticité) ; il en résulte alors que la quantité de substance dans une matière ne doit être estimée que mécaniquement, c'est-à-dire par la quantité de son mouvement propre, et non dynamiquement, par la grandeur des forces originairement motrices. Cependant, l'*attraction originaire*, cause de la gravitation universelle, peut encore fournir une mesure de la quantité de matière et de sa substance (comme cela est effectivement le cas quand on compare des matières en les pesant), quand bien même il semble qu'on s'appuie ici, non sur le mouvement propre de la matière attractive, mais sur une mesure dynamique, à savoir la force d'attraction. Mais comme, par cette force, une matière agit immédiatement avec toutes ses parties sur toutes les parties d'une autre, et qu'il est ainsi manifeste que son action (à distance égale) est proportionnelle au nombre des parties, et qu'ainsi le corps attractif acquiert par là une vitesse de mouvement propre (par la résistance du corps attiré) – laquelle vitesse est exactement proportionnelle au nombre des parties (si les circonstances extérieures sont égales par ailleurs), l'estimation est bien alors mécanique ici, quoique de manière seulement indirecte[1].

THÉORÈME 2

Première loi de la mécanique. Dans tous les changements de la nature corporelle, la quantité de matière reste la même au total, n'étant ni augmentée ni diminuée[2].

---

1. « Nombre de parties » traduit ici *Menge der Theile*. Sur *Menge*, voir note 2, p. 160.

2. Les trois lois de la mécanique énoncées aux théorèmes 2, 3 et 4 sont à mettre en parallèle avec deux des trois « axiomes ou lois du mouvement » de Newton : les théorèmes 3 et 4 correspondent aux lois 1 et 3 chez Newton (la deuxième loi n'étant pas reprise chez Kant). Sur les différences entre les lois du mouvement chez Kant et chez Newton, voir E. Watkins, « Kant's justification of the laws of mechanics », *Studies in history and philosophy of science*, 29, 1998, p. 539-560. Comme Kant le précise explicitement à chaque fois, chacune de ces lois est appuyée ou fondée sur une proposition de métaphysique générale – en l'occurrence ici les trois analogies de l'expérience (qui

DÉMONSTRATION

(Nous nous appuyons sur la proposition de métaphysique générale selon laquelle, dans tous les changements de la nature, aucune substance n'apparaît ni ne disparaît, et nous n'exposons ici que ce qu'est la substance dans la matière)[1]. Dans toute matière, le mobile dans l'espace est le sujet

542 dernier de tous les accidents inhérant dans la matière, | et l'ensemble de ces mobiles extérieurs les uns aux autres est la quantité de la substance. La grandeur de la matière n'est ainsi, du point de la substance, rien d'autre que l'ensemble des substances qui la constituent. Aussi la quantité de la matière ne peut être ni augmentée ni diminuée à moins qu'une nouvelle substance de la matière n'apparaisse ou ne disparaisse. Or, dans tous les changements de la

sont elles-mêmes les principes de l'entendement pur correspondant aux trois catégories de la relation). Autrement dit, les trois lois peuvent être comprises comme l'application des analogies de l'expérience au concept de matière mobile (voir CRP, A 176-182 *sq.*).

1. Cette proposition sera mentionnée au titre d'exemple de jugement synthétique *a priori* en physique dans l'introduction de la *Critique de la raison pure* (CRP, B 17) et au titre de ce qu'il appelait alors des « principes de convenance » au § 30 de la *Dissertation de 1770* : « J'appelle ainsi *principe de convenance* ces règles du jugement auxquelles nous nous soumettons volontiers et auxquelles on s'attache comme à des axiomes pour cette seule raison que *si nous nous en écartions, notre entendement ne pourrait presque plus du tout porter de jugement sur un objet donné*. [...] Le TROISIÈME principe de cette sorte est qu'*absolument aucune matière ne se crée ni ne se perd*, et que tous les changements du monde ne concernent que sa seule forme. Ce postulat, implicite dans l'entendement commun, est largement reçu dans toutes les écoles philosophiques, non qu'on le tienne pour assuré ou démontré par des arguments a priori, mais parce que si l'on admet que la matière elle-même est fluctuante et éphémère, il ne resterait absolument plus rien de stable et de durable qui permette l'explication des phénomènes suivant des lois universelles et constantes, et qui permette donc de continuer à se servir de l'entendement » (trad. p. 167-169).

matière, aucune substance n'apparaît ni ne disparaît jamais, et donc la quantité de matière n'augmente ni ne diminue pas non plus, mais elle reste toujours la même, du moins au total, de sorte qu'elle demeure dans une quantité constante dans le monde même si telle ou telle matière peut être augmentée ou diminuée par l'addition ou la soustraction de parties.

Remarque

Ce qui est essentiellement caractéristique dans cette démonstration de la *substance* – en tant que celle-ci n'est possible que dans l'espace et donc, conformément aux conditions spatiales, uniquement comme un objet des sens *externes* – est que sa grandeur ne peut être augmentée ou diminuée sans que de la substance n'apparaisse ou ne disparaisse, du fait que toute grandeur d'un objet simplement possible dans l'espace doit consister en *parties extérieures les unes aux autres*, lesquelles, si elles sont réelles (si elles sont mobiles), doivent ainsi nécessairement être des substances. Au contraire, ce qui est considéré comme un objet du sens interne peut, en tant que substance, avoir une grandeur qui ne *consiste pas en parties extérieures les unes aux autres*, et dont les parties ne sont donc pas non plus des substances, et dont l'apparition ou la disparition ne peut donc pas être l'apparition ou la disparition d'une substance, de sorte que son augmentation ou diminution soit possible sans porter atteinte au principe de la permanence de la substance. C'est ainsi que la *conscience*, et par conséquent la clarté des représentations de mon âme, et par suite aussi cette faculté de la conscience qu'est *l'aperception*, et avec cette dernière enfin la substance même de l'âme, ont un *degré* qui peut devenir plus grand ou plus petit sans qu'il soit nécessaire pour cela qu'une substance apparaisse ou disparaisse. Mais puisque qu'une diminution progressive de cette faculté d'aperception devrait conduire en fin de compte à sa disparition complète, la substance même de l'âme serait ainsi sujette à une disparition progressive quand bien même elle serait de nature simple : car la disparition de sa force fondamentale ne pourrait se produire par division (ou séparation d'une substance d'un composé) mais par une sorte d'extinction – laquelle ne se produirait elle-même pas en un instant mais par un affaiblissement progressif de son degré, qu'elle qu'en puisse être la cause. Le *moi*, ce corrélat universel de l'aperception qui n'est lui-même qu'une pensée, désigne, en tant que simple préfixe, une chose de signification indéterminée, à savoir : le sujet de tous les prédicats, sans aucune condition qui distinguerait cette représentation du 543 sujet de celle d'un quelque chose en général, | et il est donc une substance de laquelle le mot « moi » ne nous donne aucun concept. Au contraire, le concept d'une matière en tant que substance est le concept d'un mobile *dans l'espace*. Il n'est donc pas étonnant que l'on puisse démontrer la persistance de la substance pour la matière et non pour le moi, car dans le cas de la matière il découle de son *concept* même – à savoir qu'elle est le mobile qui n'est possible que dans l'espace – que ce qui a en elle une grandeur contient une pluralité de réels *extérieurs les uns aux autres*, et donc une pluralité de substances. Par conséquent, la quantité de la matière ne peut être diminuée que par division, et non par disparition – laquelle serait d'ailleurs impossible dans la matière en vertu de la loi de continuité. Par contre, la pensée du *moi* n'est *pas* du tout *un concept* mais seulement une perception interne dont on ne peut rien déduire (sinon la différence complète qu'il y a entre un objet du sens interne et ce qui est pensé simplement comme un objet des sens externes), et dont on ne déduit donc pas la permanence de l'âme comme substance[1].

THÉORÈME 3

Deuxième loi de la mécanique. Tout changement de la matière a une cause externe. (Tout corps persiste dans son état de repos ou de mouvement, dans la même direction et avec la même vitesse, s'il n'est pas forcé par une cause externe d'abandonner cet état)[2].

DÉMONSTRATION

(Nous nous appuyons sur la proposition de métaphysique générale selon laquelle tout changement a une *cause*, et on doit seulement démontrer ici qu'un changement dans la matière doit toujours avoir une *cause externe*). La matière, comme simple objet des sens externes, n'a pas d'autres déterminations que celles des relations externes dans l'espace, et ne subit donc de changement que par le mouvement. Quant à ce changement, en tant que passage d'un mouvement à un autre, ou d'un mouvement au repos, ou inversement, il faut en trouver une cause (d'après le principe de la métaphysique). Mais cette cause ne peut pas être interne, car la matière n'a tout simplement aucune détermination ni fondement de détermination interne. Donc

1. Ce passage sera repris dans la seconde version des « Paralogismes de la raison pure » (CRP, B 413-432).
2. À comparer avec la première loi du mouvement de Newton : « Tout corps persévère dans l'état de repos ou de mouvement uniforme en ligne droite dans lequel il se trouve, à moins que quelque force n'agisse sur lui et ne le contraigne à changer d'état » (Newton-Châtelet, t. 1, p. 17).

tout changement d'une matière est fondé sur une cause externe (c'est-à-dire qu'un corps persiste, etc.).

544 | *Remarque*

Seule cette loi mécanique doit être appelée loi d'*inertie* (*lex inertiae*) : la loi d'une réaction égale et opposée pour toute action ne peut porter ce nom. Car cette dernière dit ce que fait la matière, alors que la première dit seulement ce qu'elle ne fait pas, et cela convient mieux au terme d'inertie. L'inertie de la matière n'est et ne signifie rien d'autre que son *manque de vie* en tant que matière en elle-même. On appelle *vie* le pouvoir d'une *substance* de se déterminer à agir en vertu d'un *principe interne* : dans une *substance finie*, le pouvoir de se déterminer au changement, et dans une *substance matérielle*, le pouvoir de se déterminer au mouvement ou au repos, en tant que changements de son état. Or nous ne connaissons pas d'autre principe interne d'une substance qui puisse changer son état si ce n'est *l'acte de désirer*, et absolument aucune autre activité interne si ce n'est la *pensée*, et ce qui en dépend, à savoir le *sentiment* de plaisir ou de déplaisir, et le *désir* ou la volonté[1]. Mais ces actions et ces principes de détermination n'appartiennent pas aux représentations des sens externes, ni par conséquent aux déterminations de la matière en tant que matière. Toute matière est donc, comme telle, *sans vie*. C'est cela que dit le principe d'inertie, et rien de plus. Si nous cherchons la cause d'un changement quelconque

---

1. L'« acte de désirer » traduit *Begehren*; et « désir » traduit *Begierde*. L'acte de désirer relève de la faculté de désirer (*Begehrungsvermögen*, AA 5, 9) : sa détermination par la représentation d'un effet à venir donne lieu à un désir ou appétition (*Begierde (appetitio)* : AA 7, 251), sa détermination par la représentation d'une fin donne lieu à une volonté (AA 6, 213).

de la matière dans la vie, nous la chercherons alors par là même dans une autre substance, différente de la matière, bien qu'unie à elle. Dans la connaissance de la nature, il est en effet nécessaire de connaître d'abord les lois de la matière en tant que matière, en faisant abstraction des apports de toutes les autres causes efficientes, avant de les relier ensuite à ces dernières causes afin de pouvoir bien distinguer ce que chacune d'entre elles produit d'elle-même, et de quelle manière. La possibilité d'une science de la nature proprement dite repose entièrement sur la loi d'inertie (conjointement avec la loi de la persistance de la substance). Le contraire de cette loi, et partant aussi la mort de toute philosophie de la nature, est l'*hylozoïsme*[1]. De ce même concept d'inertie comprise comme simple *manque de vie*, il suit immédiatement qu'elle ne signifie pas un *effort positif* pour conserver son état. Seuls des êtres vivants sont appelés inertes en ce dernier sens parce qu'ils ont la représentation d'un autre état, qu'ils abhorrent, et auquel ils opposent leur force[2].

1. L'*hylozoïsme* est la doctrine selon laquelle la matière (en grec : ὕλη) est vivante (ζωή, la vie). Si la doctrine remonte aux présocratiques, le mot est réputé venir du *True intellectual system of the universe* (Londres, 1678) de l'un des platoniciens de Cambridge, Ralph Cudworth. Kant réitère sa critique de l'hylozoïsme dans les *Rêves d'un visionnaire* (AA 2, 330), la *Critique de la faculté de juger* (§ 73 ; AA 5, 395) et les leçons de métaphysique (AA 28, 2, 687).

2. Kant rejette ainsi tout « principe de vie » ou tout principe expliquant l'origine du mouvement dans la matière – à la manière des « natures plastiques » immatérielles de Cudworth ou des monades leibniziennes (*cf.* Leibniz, *Considérations sur les principes de vie ou les natures plastiques*, 1705, *Die Philosophischen Schriften*, éd. C. I. Gerhardt, VI, p. 539-546) – hors de la science de la nature. C'est une thèse sur laquelle reviendront les romantiques allemands : « La philosophie romantique contredira cette affirmation : elle retrouvera avec l'hylozoïsme de la *Naturphilosophie*, hylozoïsme qui pour

THÉORÈME 4

Troisième loi de la mécanique. Dans toute communication du mouvement, l'action et la réaction sont toujours égales l'une à l'autre[1].

DÉMONSTRATION

(Il faut emprunter à la métaphysique générale la proposition selon laquelle toute action externe dans le **545** monde est une *action réciproque*. | Afin de rester dans les limites de la mécanique, il faut seulement montrer ici que cette action réciproque (*actio mutua*) est en même temps une *réaction* (*reactio*) ; mais je ne peux pas non plus complètement ignorer ici la loi métaphysique de la communauté sans porter atteinte à la complétude du propos). Toutes les relations *actives* des matières *dans* l'espace, et tous les changements de ces relations, en tant qu'ils peuvent être *causes* de certaines actions ou effets[2], doivent toujours

Kant est la « mort de toute philosophie de la nature », des thèmes d'inspiration essentiels à la métaphysique leibnizienne, lorsqu'elle douait chaque monade de faculté représentative » (J. Vuillemin, *Physique et métaphysique kantiennes*, Paris, P.U.F., 1955, p. 299).

1. A comparer avec la troisième loi du mouvement de Newton : « L'action est toujours égale et opposée à la réaction ; c'est-à-dire que les actions de deux corps l'un sur l'autre sont toujours égales et dans des directions contraires. Tout corps qui presse ou tire un autre corps est en même temps tiré ou pressé lui-même par cet autre corps. Si on presse une pierre avec le doigt, le doigt est pressé en même temps par la pierre. Si un cheval tire une pierre par le moyen d'une corde, il est également tiré par la pierre : car la corde qui les joint et qui est tendue des deux côtés, fait un effort égal pour tirer la pierre vers le cheval et le cheval vers la pierre ; et cet effort s'oppose autant au mouvement de l'un qu'il excite le mouvement de l'autre » (Newton-Châtelet, t. 1, p. 18). Sur le couple action-réaction, voir J. Starobinski, *Action et réaction. Vie et aventure d'un couple*, Paris, Seuil, 1999.

2. « Actions ou effets » traduit *Wirkungen*.

être représentés comme réciproques ; c'est-à-dire, puisque tout changement de ces relations est mouvement, on ne peut alors penser aucun mouvement d'un corps relativement à un corps *absolument immobile*, car celui-ci doit aussi par là être mis en mouvement. On doit bien plutôt se représenter ce dernier comme étant *relativement en repos* à l'égard de l'espace auquel on le rapporte, et comme étant, avec cet espace, mû dans l'espace absolu avec la même quantité de mouvement mais dans une direction opposée à celle que le corps en mouvement a envers lui dans ce même espace. En effet, le changement de relation (et par conséquent le mouvement) est complètement réciproque entre eux : plus un des corps s'approche de chaque partie de l'autre, plus l'autre s'approche de chaque partie du premier. Et puisque ce n'est pas l'espace empirique enveloppant les deux corps qui importe ici, mais seulement la ligne qui les sépare (dans la mesure où ces corps ne sont considérés que comme étant en relation l'un avec l'autre du point de vue de l'influence que le mouvement de l'un peut avoir sur le changement d'état de l'autre, abstraction faite de toute relation à l'espace empirique), alors leur mouvement n'est considéré comme déterminable que dans l'espace absolu, où chacun des deux corps doit prendre une part égale au mouvement qui est attribué à un seul d'entre eux dans l'espace relatif, et ceci du fait qu'il n'y a aucune raison pour rapporter ce mouvement plus à l'un qu'à l'autre. Ceci étant posé, le mouvement d'un corps A vers un autre corps immobile B – à l'égard duquel précisément il peut être en mouvement – est ramené à l'espace absolu : c'est-à-dire que ce mouvement, en tant que relation de causes efficientes se rapportant uniquement l'une à l'autre, est considéré de telle sorte que chacun des deux corps prend une part égale au mouvement qui n'est attribué qu'au corps A dans le phénomène. Il ne peut en être ainsi que si la vitesse, qui n'est attribuée qu'au corps A dans l'espace relatif, est répartie entre A et B en proportion inverse de leur masse : on attribue à A, et seulement à lui, sa vitesse dans l'espace absolu et on attribue à B, *ainsi qu'à l'espace relatif* dans lequel il est au repos, sa vitesse

546 en sens contraire. Le même phénomène | de mouvement est ainsi parfaitement conservé, mais l'action est construite comme commune aux deux corps de la manière suivante :

Soit un corps A s'avançant, avec une vitesse égale à AB par rapport à l'espace relatif, vers un corps B qui est *au repos* par rapport à ce même espace. Divisons la vitesse

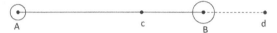

AB en deux parties, Ac et Bc, qui se rapportent l'une à l'autre en proportion inverse des masses B et A, et supposons que A est mû avec une vitesse Ac dans l'espace absolu et que B est mû, *conjointement avec l'espace relatif*, avec une vitesse Bc dans la direction opposée : les deux mouvements sont ainsi égaux et opposés l'un à l'autre, et comme ils se suppriment mutuellement, les deux corps se retrouvent relativement l'un à l'autre, c'est-à-dire dans l'espace absolu, au repos[1]. Mais B était en mouvement, *conjointement avec l'espace relatif*, à la vitesse Bc dans la direction BA, qui est exactement opposée à celle du corps A, à savoir AB. Si donc le mouvement du corps B est supprimé par le choc, le mouvement de l'espace relatif n'en est pas pour autant supprimé. Ainsi, *l'espace relatif* se déplace après le choc par rapport aux deux corps A et

---

1. Par « les deux mouvements sont ainsi égaux », il faut comprendre ici : les deux quantités de mouvement (masse par vitesse) sont égales. C'est le cas du choc inélastique.

B (maintenant au repos dans l'espace absolu), dans la direction BA et à la vitesse Bc, ou, ce qui revient au même, les deux corps se meuvent après le choc à égale vitesse Bd = Bc en suivant la direction AB du corps qui vient heurter. Or, d'après ce qui précède, la quantité de mouvement du corps B dans la direction et à la vitesse Bc, et donc aussi la quantité de mouvement dans la direction Bd à la même vitesse, est égale à la quantité de mouvement du corps A à la vitesse et dans la direction Ac ; par conséquent l'effet, c'est-à-dire le mouvement Bd que le corps B acquiert, dans l'espace relatif, par le choc, et donc aussi l'action du corps A à la vitesse Ac, est toujours égale à la réaction Bc. Puisque cette même loi (ainsi que l'enseigne la mécanique mathématique) n'admet aucune modification, alors si, au lieu du choc avec un corps en repos, on suppose un choc du même corps avec un corps pareillement en mouvement, et si, par ailleurs, la communication du mouvement dans un *choc* ne diffère de la communication du mouvement dans la *traction* que par la direction selon laquelle les matières | résistent les unes aux autres dans **547** leurs mouvements, il s'ensuit alors que *dans toute communication de mouvement* l'action et la réaction sont toujours égales (à savoir qu'un choc ne peut communiquer le mouvement d'un corps à un autre qu'en recevant un choc contraire égal, une pression qu'en recevant une pression contraire égale, et une traction en recevant une traction contraire égale *).

---

* Dans la phoronomie, où le mouvement d'un corps n'était considéré que relativement à l'espace, comme un changement de relation dans celui-ci, il était tout à fait indifférent de vouloir accorder au corps un mouvement dans l'espace ou au contraire à l'espace relatif un mouvement égal mais opposé : les deux donnaient un phénomène tout à fait identique. La quantité de mouvement de l'espace était simplement la vitesse de ce mouvement et, partant, la quantité de mouvement du

| COROLLAIRE 1

Une loi de la nature qui n'est pas sans importance pour la mécanique générale s'ensuit : que tout corps, aussi grande que soit sa masse, doit être *mobile* dans le choc avec n'importe quel autre corps, aussi petite que soit sa masse ou sa vitesse. En effet, au mouvement de A dans la

corps n'était de même rien d'autre que sa vitesse (raison pour laquelle il pouvait être considéré comme un simple point mobile). Mais dans la mécanique, où un corps est considéré en mouvement relativement à autre corps envers lequel s'établit une *relation causale* du fait de son mouvement, c'est-à-dire une relation causale de mouvoir lui-même cet autre corps, par où il acquiert une communauté avec lui – soit en se rapprochant de lui par la force d'impénétrabilité, soit en s'éloignant de lui par la force d'attraction –, il n'est alors plus indifférent d'attribuer un mouvement à l'un de ces corps, ou un mouvement opposé à l'espace. En effet, un autre concept de la quantité de mouvement entre maintenant en jeu, à savoir non celle qui n'est pensée que relativement à l'espace et qui consiste dans la seule vitesse, mais celle qui fait aussi intervenir la quantité de substance (comme cause motrice), et par laquelle il n'est alors plus arbitraire mais nécessaire de supposer que chacun des deux corps est en mouvement, et précisément avec une égale quantité de mouvement en des sens opposés. Et si l'un d'eux est en repos relatif par rapport à l'espace, il est nécessaire de lui attribuer, *en même temps qu'à l'espace*, le mouvement requis. Car un corps ne peut, par son propre mouvement, agir sur un autre que par rapprochement au moyen de la force de répulsion, ou par éloignement au moyen de la force d'attraction. Or puisque ces deux forces agissent toujours de chaque côté de manière égale mais dans des directions opposées, aucun corps ne peut, par leur moyen, agir sur un autre du fait de son mouvement, sans que l'autre ne réagisse avec exactement la même quantité de mouvement. Aucun corps ne peut donc, par son mouvement, imprimer un mouvement à un corps *absolument immobile*, mais celui-ci doit être mû (en même temps que l'espace) dans la direction opposée avec précisément la même quantité de mouvement que celle qu'il doit recevoir par le mouvement et selon la direction du premier. Le lecteur se rendra facilement compte qu'en dépit du caractère quelque peu inhabituel de cette manière de présenter la communication du mouvement, elle peut toutefois être exposée avec la plus grande clarté pour autant que l'on ne craigne pas la prolixité des explications.

direction AB correspond nécessairement un mouvement contraire et égal de B dans la direction BA. Dans l'espace absolu, les deux mouvements se suppriment mutuellement par le choc. Mais les deux corps acquièrent de cette manière une vitesse Bd = Bc suivant la direction du corps qui vient heurter, par conséquent le corps B est mobile aussi petite soit la force d'impulsion.

COROLLAIRE 2

Telle est donc la *loi mécanique* de l'égalité de l'action et de la réaction, qui repose sur le fait qu'aucune *communication* de mouvement n'a lieu à moins de supposer une *communauté* de ces mouvements et que, par conséquent, aucun corps n'en pousse un autre qui est immobile *par rapport à lui* : bien plutôt, ce dernier corps est immobile par rapport à l'espace dans la seule mesure où il est en mouvement *avec cet espace* – d'un mouvement de même ampleur mais de direction opposée et qui, s'ajoutant à la part relative de mouvement qui a été accordée au premier corps, donne une quantité de mouvement égale à celle que nous accorderions au premier dans l'espace absolu. En effet, aucun *mouvement* qui doit mettre un autre corps en mouvement ne peut être *absolu* : mais s'il est relatif par rapport à ce dernier corps, il n'y a alors aucune relation dans l'espace qui ne soit réciproque et égale. – Il y a cependant une autre loi de l'égalité de l'action et de la réaction des matières – à savoir une loi *dynamique* – non en tant qu'une matière *communique* son mouvement à une autre, mais en tant qu'elle lui *donne* originairement ce mouvement en même temps qu'elle le produit en elle-même du fait de la résistance de l'autre matière. Cela peut être facilement montré d'une manière semblable. En effet, lorsque la matière A attire la matière B, elle *contraint* cette dernière à *s'approcher* d'elle ou, ce qui est la même chose, elle *résiste* à la force avec laquelle cette dernière tendrait à *s'éloigner.* Mais puisque c'est la même chose que B s'éloigne de A, ou A de B, cette résistance est donc en même temps une résistance que le corps B exerce contre A dans la mesure où ce dernier tendrait à s'éloigner de lui : par suite, la traction et la traction contraire | sont égales l'une à l'autre. De même, si A repousse la matière B, alors A résiste au *rapprochement* de B. Mais puisque c'est la même chose que B s'approche de A, ou A de B, B résiste donc tout autant au rapprochement de A : la pression et la pression contraire sont donc aussi toujours égales.

Remarque 1

Telle est donc la construction de la communication du mouvement, qui implique en même temps, comme sa condition nécessaire, la loi de l'égalité de l'action et de la réaction que Newton n'a pas osé démontrer de manière *a priori* et en a plutôt pour cette raison appelé à l'*expérience*. D'autres ont à cette fin introduit dans la science de la nature une force particulière de la matière sous le nom, employé pour la première fois par Kepler, de *force d'inertie (vis inertiae)* et ils ont donc aussi, au fond, dérivé cette loi de l'expérience. D'autres enfin ont posé cette loi dans le concept de la simple communication du mouvement, qu'ils considéraient être comme un *passage* graduel du mouvement d'un corps à un autre – passage dans lequel ce qui met en mouvement doit perdre précisément autant de mouvement qu'il en imprime à ce qui est mû jusqu'à ce qu'il cesse de lui en imprimer (c'est-à-dire jusqu'à ce qu'il arrive à avoir la même vitesse que lui dans la même direction *). Ce faisant, ils supprimaient au fond toute réaction, c'est-à-dire toute force effectivement réactive du corps poussé contre celui qui le pousse (par exemple [la force réactive] d'un corps | qui serait capable de bander un ressort) et, outre **550** qu'ils ne démontraient pas ce qui était proprement signifié par cette loi, ils n'expliquaient absolument pas comment la *communication* même du mouvement est possible. En effet, le terme de *passage* (du mouvement d'un corps à un autre) n'explique rien et, si on ne veut pas le prendre au pied de la lettre (et s'opposer alors au principe selon lequel

---

* L'égalité de l'action avec la réaction (laquelle serait en ce cas bien mal nommée) s'observe tout aussi bien lorsque, dans l'hypothèse de la *transfusion* des mouvements d'un corps dans un autre, on admet que le corps en mouvement A transmette en un instant tout son mouvement au corps qui est au repos, de sorte qu'il soit lui-même au repos après le choc – et ce cas ne pouvait manquer de se présenter si tôt que l'on concevait les deux corps comme *absolument durs* (propriété qu'il faut distinguer de l'élasticité). Mais comme cette loi du mouvement ne s'accordait ni avec l'expérience ni avec elle-même dans son application, on ne pouvait s'en sortir autrement qu'en niant l'existence de corps absolument durs, ce qui revenait à reconnaître la contingence de cette loi du fait qu'elle devait reposer sur une qualité particulière des matières qui se meuvent l'une l'autre. Dans notre présentation de cette loi, il est au contraire tout à fait indifférent de considérer les corps qui entrent en choc comme absolument durs ou non. Mais je n'arrive absolument à comprendre comment les *transfusions* du mouvement peuvent bien expliquer de cette manière le mouvement des corps *élastiques* par le choc. Car il est ici clair que le corps au repos n'acquiert pas, en sa simple qualité de corps immobile, un mouvement que perd le corps qui vient heurter, mais il exerce dans le choc une force effective et de sens opposé contre ce dernier, de façon à comprimer pour ainsi dire le *ressort* qui est entre eux – ce qui exige de la part du corps mû tout autant de mouvement effectif (mais dans la direction opposée) qu'il n'en faut de son côté au corps qui meut.

« les accidents ne passent pas d'une substance à une autre »[1]) – comme si le mouvement était versé d'un corps dans un autre comme on verse de l'eau d'un verre dans un autre – le problème est donc ici précisément de montrer comment on peut concevoir cette possibilité, et cette explication repose alors sur le même fondement que celui dont on dérive la loi de l'égalité de l'action et de la réaction. On ne peut aucunement concevoir comment le mouvement d'un corps A doit être nécessairement lié au mouvement d'un autre corps B, à moins de concevoir en eux des forces qui leur reviennent (dynamiquement) avant tout mouvement – par exemple la répulsion – et de pouvoir alors démontrer que le mouvement du corps A, en se rapprochant de B, est nécessairement lié au rapprochement de B vers A (ou, si B est considéré comme en repos, au mouvement de B *conjointement avec son espace* vers A), dans la mesure où un corps, avec ses forces (originairement) motrices n'est considéré comme étant en mouvement que relativement à un autre corps[2]. Ceci peut être compris de manière complètement *a priori* du fait que le corps B peut bien être en mouvement ou en repos par rapport à l'espace empirique connaissable, cependant, il doit être nécessairement considéré comme étant en mouvement par rapport au corps A, à savoir en mouvement dans la direction opposée ; car

---

1. Kant cite le principe en latin : *accidentia non migrant e substantiis in substantias*. La formule, quasi proverbiale, fut employée par Thomas d'Aquin lors de son examen des « accidents réels » ou accidents eucharistiques : « accidentia non transeunt de subiecto in subiectum » (*Somme de Théologie*, III, q. 77, a. 1 co).

2. Hartenstein met « corps » au pluriel dans la fin de phrase : « des corps ne sont en mouvement etc. » (voir Pollok (1997), p. 108).

il n'y aurait sinon aucune influence de A[1] sur la force répulsive des deux corps, sans laquelle aucune action mécanique des matières l'une sur l'autre, c'est-à-dire aucune communication du mouvement par le choc, n'est tout bonnement possible.

Remarque 2

En dépit du nom célèbre de son inventeur, l'appellation de force d'inertie (*vis inertiae*) doit donc être entièrement retirée de la science de la nature, non seulement parce qu'elle renferme une contradiction dans les termes mêmes[2], ou encore parce que la loi d'inertie (manque de vie) pourrait ainsi être facilement confondue avec la loi de la réaction dans toute communication du mouvement[3], mais avant

1. Le texte ne mentionne qu'un génitif (*weil sonst kein Einfluß desselben*) que Friedman interprète comme s'appliquant à B (Friedman (2004), p. 90) : sans être exclu, puisqu'il s'agit précisément de montrer que chaque corps a une force motrice, il est cependant plus immédiat de parler ici de l'influence de A.

2. Kant fait allusion ici au sens littéral de l'in-ertie (*in* privatif s'appliquant à *ars* : ignorance de tout art, incapacité, indolence – et donc aussi inaction, mollesse) qui entre en contradiction avec le noyau sémantique de la force (active). Le « célèbre inventeur » du terme est Kepler (voir note suivante).

3. Le terme d'inertie est introduit par Johannes Kepler dans son *Astronomia nova* (1609) puis dans l'*Epitome Astronomiae copernicae* (1618-1621) comme « une répugnance au mouvement, d'autant plus grande qu'il y a de matière enfermée dans un espace » (*repugnans motui, eaque tanto fortior, quanto major est copia materiae in angustum coacta spacium*, cité par M. Clavelin, « Galilée et Descartes sur la conservation du mouvement acquis », *XVIIᵉ siècle*, 242, 2009, p. 38). Il s'agit de la tendance naturelle d'un corps à l'immobilité en raison de sa quantité de matière. Quant à une « loi d'inertie » proprement dite – signifiant la persévérance d'un corps dans son état de repos ou de mouvement – Kant pense sans doute à la formulation newtonienne des *Principia* (*Définition III*) : « La force qui réside dans la matière

tout parce qu'elle entretient et renforce la représentation erronée de ceux qui ne connaissent pas vraiment les lois mécaniques, et suivant laquelle la réaction des corps dont il est question sous le nom de force d'inertie consiste à consumer, amoindrir ou faire disparaître le mouvement dans le monde, mais non à en effectuer la simple communication du fait que le corps qui met en mouvement devrait dépenser une partie de son mouvement uniquement à vaincre l'inertie du corps en repos (ce qui serait en effet une perte pure et simple) et ne pourrait mettre ce dernier **551** en mouvement qu'avec la partie restante ; | et s'il n'en restait rien, il ne mettrait alors absolument l'autre corps en mouvement dans un choc, en raison de sa grande masse. Rien ne peut résister à un mouvement, si ce n'est le mouvement opposé d'un autre corps, mais certainement pas ce même corps en repos. Ce n'est donc ici pas l'inertie de la matière – c'est-à-dire sa simple incapacité à se mouvoir d'elle-même – qui est la cause d'une résistance. Une force spéciale, et tout à fait particulière, de simplement résister sans pouvoir mettre un corps en mouvement, et qu'on appellerait force d'inertie, serait un mot vide de signification. Les trois lois de la mécanique générale pourraient donc être appelées de manière plus appropriée les lois de la

(*vis insita*) est le pouvoir qu'elle a de résister. C'est par cette force que tout corps persévère de lui-même dans son état actuel de repos ou de mouvement uniforme en ligne droite. Cette force est toujours proportionnelle à la quantité de matière des corps [...] On peut donner à la force qui réside dans les corps le nom très expressif de force d'inertie » (Newton-Châtelet, t. 1, p. 2). La critique de la conception newtonienne de l'inertie est le pendant de la critique de sa conception de l'attraction : après avoir montré dans la dynamique que l'attraction doit être pensée comme une propriété essentielle de la matière, Kant refuse maintenant, toujours contre Newton, de voir dans l'inertie une propriété essentielle de celle-ci.

subsistance, de l'*inertie* et de la *réaction des matières* (*lex substistentiae, inertiae et antagonismi*) *dans tous leurs changements*. Que ces lois, et par suite l'ensemble des théorèmes de la présente science, répondent précisément aux catégories de la *substance*, de la *causalité* et de la *communauté*, pour autant que ces concepts sont appliqués à la matière, n'a pas besoin d'autre explication.

Remarque générale sur la mécanique

La communication du mouvement ne se produit que par le moyen de ces forces motrices qui résident dans la matière même lorsqu'elle est en repos (impénétrabilité et attraction). L'action d'une force motrice sur un corps en un instant est la *sollicitation* de celui-ci ; la vitesse produite dans ce corps par la sollicitation, en tant qu'elle peut croître proportionnellement au temps, est le *moment* de l'accélération[1]. (Le moment de l'accélération ne doit donc renfermer

---

1. Notons que ce vocabulaire découle de la réforme des appellations introduite plus haut. En effet, Leibniz distinguait (voir note 2, p. 190 et note 1, p. 191) la force morte comme étant, au commencement du mouvement, une sollicitation sans impétuosité et la force vive, une fois le mouvement acquis, comme impétuosité. Ici Kant distingue, dans tout commencement de mouvement, la sollicitation (comme action de la force motrice) du moment de l'accélération (comme vitesse produite) : la sollicitation est le commencement de l'action (m.dv), comme le moment de l'accélération est le commencement de la vitesse (dv/dt). Kant note dans ses réflexions de physique : « Le commencement de toute vitesse est le moment de l'accélération [*moment der acceleration*]. Le moment n'a pas de vitesse mais produit une vitesse en un certain temps. Si les temps sont égaux, alors les espaces [parcourus] sont en raison des moments. (Si les espaces sont égaux, alors les moments sont en raison inverse du carré des temps). Si les carrés des temps sont en raison inverse des moments, alors les espaces sont égaux » (*Refl. 40*, vers 1773-75 ; AA 14, 150).

qu'une vitesse infiniment petite, car sinon le corps atteindrait par son moyen une vitesse infinie en un temps donné, ce qui est impossible. D'ailleurs la possibilité de l'*accélération* en général[1], par le moment continu de celle-ci, repose sur la loi d'inertie). La sollicitation de la matière par une force expansive (par exemple, la force d'un air comprimé sous un poids) se produit toujours avec une vitesse finie, mais la vitesse qui est ainsi imprimée (ou retirée) à un autre corps ne peut être qu'infiniment petite ; en effet, cette force expansive est une force superficielle ou, ce qui revient au même, elle est le mouvement d'une quantité infiniment petite de matière, qui doit par conséquent se produire avec une vitesse finie afin d'être égal au mouvement d'un corps de masse finie et de vitesse infiniment petite (c'est-à-dire afin d'être égal à un poids). Par contre, l'attraction est une force pénétrante, et c'est par une telle force qu'une quantité finie de matière exerce une action motrice sur une quantité également finie d'une autre matière. La sollicitation de

552 l'attraction | doit donc être infiniment petite puisqu'elle est égale au moment de l'accélération (lequel doit toujours être infiniment petit) ; ce n'est pas le cas dans la répulsion, où une partie infiniment petite de matière doit imprimer un mouvement à une partie finie. On ne peut penser de vitesse finie de l'attraction sans que la matière ne doive *se pénétrer* elle-même par sa propre force d'attraction. En effet, l'attraction qu'une quantité finie de matière exerce avec une vitesse finie sur une autre quantité finie, doit être, en tous les points de la compression, supérieure à toute vitesse finie par laquelle la matière réagit, au moyen de

---

1. « Accélération » traduit ici *Beschleunigung*. Dans la phrase précédente, Kant a employé *Akzeleration*, sans qu'il ne soit possible de marquer une différence entre les deux termes.

son impénétrabilité, mais uniquement avec une partie infiniment petite de sa quantité de matière. Si l'attraction n'était qu'une force superficielle, ainsi qu'on s'imagine [parfois] la cohésion, alors c'est le contraire qui se produirait. Mais il est impossible de penser ainsi la cohésion, s'il faut qu'elle soit une une vraie attraction (et non une simple compression de l'extérieur).

Un corps absolument dur serait celui dont les parties s'attireraient si fortement l'une l'autre qu'aucun poids ne pourrait les séparer ni changer *leur position* les unes vis-à-vis des autres. Maintenant, puisque les parties de la matière d'un tel corps devraient s'attirer avec un moment d'accélération qui serait infini relativement à celui de la gravité, mais fini relativement à celui de la masse ainsi mise en mouvement, alors la résistance due à l'impénétra-bilité, en tant que force expansive, et qui n'a toujours lieu qu'avec une quantité infiniment petite de matière, devrait se produire avec une vitesse de sollicitation qui soit supérieure à toute vitesse finie, c'est-à-dire que la matière tendrait à s'étendre à une vitesse infinie, ce qui est impossible. Aussi, un corps absolument dur – c'est-à-dire un corps qui, dans un choc avec un corps ayant une vitesse finie, opposerait *instantanément* une résistance égale à la force totale du corps en mouvement – est impossible. Par conséquent, du fait de son impénétrabilité ou sa cohésion, une matière n'oppose instantanément qu'une résistance infiniment petite à la force d'un corps ayant un mouvement fini. De là s'ensuit la loi mécanique de la continuité (*lex continui mechanica*), à savoir : l'état de repos ou de mouvement d'un corps, ainsi que la vitesse et la direction de ce dernier, ne sont jamais changés instantanément dans un choc, mais seulement en un certain temps, en passant par une série infinie d'états intermédiaires qui ont entre eux une différence plus petite que la différence entre le premier le dernier état. Un corps en mouvement qui heurte une matière n'est donc pas ramené tout d'un coup au repos par la résistance de cette dernière, mais seulement par un ralentissement continu ; et un corps qui était au repos n'est mis en mouvement que par une accélération continue, et ne passe d'un degré de vitesse à un autre que selon la même règle. De même, la direction de son mouvement ne change pour une autre direction faisant un angle avec la première qu'en passant par toutes les directions intermédiaires possibles, c'est-à-dire au moyen d'un mouvement en ligne

553 courbe (laquelle loi peut également être étendue, | pour des raisons semblables, au changement de l'état d'un corps dû à l'attraction). Cette *lex continui* se fonde sur la loi de l'inertie de la matière. Par contre, puisque la loi *métaphysique* de la continuité devrait être étendue à tout changement en général (aussi bien interne qu'externe) – et qu'elle se fonderait ainsi sur le simple *concept d'un changement en général*, en tant que grandeur, et sur l'engendrement de celle-ci (qui, nécessairement, se produirait de manière continue en un certain temps, comme le temps lui-même) – une telle loi n'a donc pas sa place ici[1].

---

1. La loi de continuité de tous les changements relève ainsi de la « métaphysique générale » – c'est-à-dire de la philosophie transcendantale – et non de la métaphysique spéciale (voir CRP, A 206-211 / B 251-256).

PRINCIPES MÉTAPHYSIQUES
DE LA PHÉNOMÉNOLOGIE

Définition

La matière est ce qui est mobile en tant qu'il peut être, comme tel, un objet d'expérience.

Remarque

Le mouvement, comme tout ce qui est représenté par les sens, n'est donné que comme phénomène. Pour que sa représentation devienne une expérience, il est encore requis que quelque chose soit pensé par l'entendement, à savoir, en plus de la manière dont la représentation inhère dans le *sujet*, la détermination d'un *objet* par celle-ci. Ainsi le mobile, en tant que tel, devient un objet d'expérience quand un certain *objet* (ici une chose matérielle) est pensé comme étant *déterminé* relativement au *prédicat* du mouvement. Or un mouvement est un changement de relation dans l'espace. Deux termes sont toujours ainsi corrélés [dans un mouvement], et : ou bien, *premièrement*, le changement peut être attribué dans le phénomène aussi bien à l'un qu'à l'autre et *l'un comme l'autre* peuvent être dits en mouvement car les deux cas sont équivalents ; ou bien, *deuxièmement*,

l'un doit être pensé dans l'expérience comme étant en mouvement à l'exclusion de l'autre; ou bien, *troisièmement*, les deux doivent être représentés par la raison comme étant nécessairement en mouvement tous les deux. Le phénomène n'implique, du point de vue de son changement, qui ne
555 contient que la relation dans le mouvement, | aucune de ces déterminations; mais si le mobile *en tant que tel* – c'est-à-dire du point de vue de son mouvement – doit être pensé comme déterminé en vue d'une expérience possible, il est nécessaire d'indiquer les conditions sous lesquelles l'objet (la matière) doit être déterminé d'une manière ou d'une autre par le prédicat du mouvement. Il n'est pas question ici d'une transformation de l'apparence en vérité[1], mais du phénomène en expérience. En effet, dans l'apparence, l'entendement intervient toujours avec ses jugements déterminant un objet, même s'il court le risque de prendre ce qui est subjectif pour objectif; mais, dans le phénomène, on ne rencontre aucun jugement de l'entendement. Cette remarque est nécessaire non seulement ici mais dans toute la philosophie, car autrement on est toujours mal compris lorsqu'il est question de phénomènes

1. Kant distingue ainsi son usage du terme « phénoménologie », de l'usage qu'en faisait l'inventeur du terme, J. H. Lambert. Pour ce dernier, la phénoménologie est une doctrine de l'apparence (*Schein*), en tant qu'elle explique comment une apparence – laquelle « n'est en son essence qu'un milieu entre le vrai et le faux » (Lambert (1764), p. 217) – se transforme en erreur précisément lorsqu'elle est tenue pour vraie. Pour Kant, la phénoménologie est une doctrine du phénomène (*Erscheinung*), en tant qu'elle explique comment un phénomène se « transforme » en expérience : il s'agit de considérer le mouvement (et le repos) du point de vue des catégories de la modalité, lesquelles permettent de déterminer un phénomène (indéterminé) comme objet d'expérience.

et que ce terme est pris comme ayant une signification identique à celle d'apparence[1].

THÉORÈME 1

Le mouvement rectiligne d'une matière relativement à un espace empirique est, à la différence du mouvement opposé de l'espace, un prédicat simplement *possible*. Le même mouvement, mais conçu sans aucune relation à une matière qui lui est extérieure, c'est-à-dire *comme mouvement absolu*, est *impossible*.

DÉMONSTRATION

Qu'un corps soit en mouvement dans l'espace relatif tandis que celui-ci est dit au repos ou, inversement, que cet espace soit en mouvement avec une vitesse égale dans la direction opposée tandis que le corps est dit au repos, c'est là une dispute qui ne concerne pas l'objet mais seulement sa relation au sujet, et par suite non pas l'expérience mais le phénomène. En effet, si le spectateur demeure lui-même au repos dans cet espace, le corps est dit en mouvement pour lui ; s'il se place (du moins en pensée) dans un autre espace comprenant le premier et relativement auquel le corps est également au repos, alors c'est le premier espace, relatif, qui est dit en mouvement. Il n'y a donc dans l'expérience (ou connaissance déterminant l'objet de façon valable pour tous les phénomènes) absolument aucune différence entre le mouvement du corps dans l'espace relatif et le repos du corps dans l'espace absolu accompagné d'un mouvement égal et opposé de

1. Sur la distinction entre apparence (*Schein*) et phénomène (*Erscheinung*), voir CRP, A36/B53 ; *Prolégomènes*, AA 4, 291.

556 l'espace relatif. Maintenant, | la représentation d'un objet au moyen de l'un de deux prédicats – lesquels sont tous deux équivalents relativement à l'objet mais ne se distinguent que relativement au sujet et à son mode de représentation – n'est pas une détermination relevant d'un jugement *disjonctif* mais simplement un choix relevant d'un jugement *alternatif* (dans le premier cas, entre deux prédicats *objectivement* opposés, on admet l'un à l'exclusion de son contraire ; dans le deuxième cas, entre deux jugements[1] certes objectivement équivalents mais subjectivement opposés l'un à l'autre, on admet l'un des deux pour déterminer l'objet sans exclure pour autant le contraire de l'objet – et donc par simple choix)*. Autrement dit, par le concept du mouvement, en tant qu'objet de l'expérience, il est en soi indéterminé, et donc équivalent, qu'un corps soit représenté en mouvement dans l'espace relatif, ou que cet espace soit représenté en mouvement relativement à ce corps. Or, ce qui est en soi indéterminé relativement à deux prédicats opposés est dans cette mesure *simplement possible*. Ainsi le mouvement rectiligne d'une matière dans l'espace empirique, à la différence du mouvement égal et opposé de l'espace, est dans l'expérience un prédicat simplement possible – ce qui était le premier point.

Par ailleurs, puisqu'une relation, et par suite aussi le changement d'une relation, c'est-à-dire un mouvement, ne peut être un objet d'expérience que dans la mesure où

---

* On en dira davantage sur cette distinction entre l'opposition disjonctive et l'opposition alternative dans la remarque générale à ce chapitre.

1. Un jugement disjonctif présente un choix entre deux prédicats exclusifs dans l'objet ; un jugement alternatif est un choix entre deux jugements non exclusifs dans l'objet.

les deux termes corrélés sont des objets d'expérience ; et puisque l'espace pur, que l'on appelle aussi espace absolu par opposition à l'espace relatif (empirique), n'est pas un objet d'expérience et n'est jamais rien ; il s'ensuit que le mouvement rectiligne sans rapport avec quoi que ce soit d'empirique, autrement dit le mouvement absolu, est absolument impossible – ce qui était le second point.

Remarque

Ce théorème détermine la modalité du mouvement du point de vue de la *phoronomie*.

THÉORÈME 2

Le mouvement circulaire d'une matière est, à la différence du mouvement opposé de l'espace, un prédicat *réel* de cette matière ; par contre, le mouvement opposé **557** d'un | espace relatif, considéré à la place du mouvement du corps, n'est pas un mouvement réel du corps et, s'il est pris pour tel, ce n'est là qu'une simple apparence.

DÉMONSTRATION

Le mouvement circulaire (comme tout mouvement curviligne) est un changement continu du mouvement rectiligne, et comme celui-ci est lui-même un changement continu de relation relativement à l'espace externe, le mouvement circulaire est donc un changement du changement de ces relations externes dans l'espace, et est ainsi une apparition continue de nouveaux mouvements. Maintenant, puisqu'un mouvement qui se produit doit avoir, suivant la loi d'inertie, une cause extérieure et puisque par ailleurs le corps tend, quant à lui, à suivre en ligne droite la tangente au cercle en chaque point de celui-ci (suivant précisément la même loi) – lequel mouvement s'oppose à la cause externe –, tout corps en mouvement circulaire prouve donc par son mouvement même l'existence d'une force motrice[1]. Mais le mouvement de l'espace, à la différence du mouvement du corps, est simplement *phoronomique* et n'a pas de force motrice. Par suite, le jugement selon lequel soit c'est le corps qui est en mouvement, soit c'est l'espace qui est en mouvement dans la direction opposée, est un jugement *disjonctif* en vertu duquel, lorsqu'un terme est posé (à savoir le mouvement

---

1. Kant renvoie certainement ici à la démonstration newtonienne de la réalité du mouvement circulaire, dans le scolie aux premières définitions des *Principia*, qu'il cite dans la remarque qui suit. La démonstration est la suivante. Un sceau est mis en mouvement circulaire en étant attaché à une corde torsadée et qui se désentortille progressivement. Le sceau en mouvement est rempli d'eau. L'eau, qui a au départ un mouvement relatif très grand par rapport au sceau, finit par tourner avec la même vitesse que lui, de sorte que le mouvement relatif de l'eau par rapport au sceau soit nul et ne puisse donc plus être perçu du point de vue des relations externes. Si l'on fait donc abstraction de l'espace environnant, on ne peut pas attribuer de mouvement. Mais, en tournant, l'eau a acquis un mouvement tangentiel auquel s'oppose le sceau, et que l'on remarque du fait que l'eau s'élève plus haut sur le bord du sceau qu'en son centre : c'est la preuve pour Newton d'un mouvement absolu, même lorsque l'on fait abstraction de l'espace environnant (voir Newton-Châtelet, t. 1, p. 13-14). La distinction newtonienne entre le mouvement *réel* de l'eau et le mouvement apparent ou *relatif* de l'espace environnant, est autre que chez Kant. Pour Kant, ce dernier mouvement, rectiligne, est en effet purement phoronomique, puisqu'il ne fait pas intervenir de force externe (contrairement au mouvement circulaire, dynamique). Pour Newton, les deux mouvements impliquent des forces : des forces qui s'appliquent au corps en mouvement dans le cas du mouvement circulaire, des forces qui s'appliquent à l'espace de référence dans le cas du mouvement rectiligne. Voir K. Pollok, *Kants « Metaphysische Anfangsgründe der Naturwissenschaft »*, *op. cit.*, p. 485 *sq.*

du corps), l'autre (à savoir le mouvement de l'espace) est exclu. Ainsi le mouvement circulaire d'un corps, à la différence du mouvement de l'espace, est un mouvement *réel* ; et par conséquent le mouvement de l'espace, même s'il concorde du point de vue du phénomène avec le mouvement du corps, contredit cependant ce dernier du point de vue de la cohésion d'ensemble des phénomènes, c'est-à-dire de l'expérience possible, et n'est donc rien qu'une simple apparence.

Remarque

Ce théorème détermine la modalité du mouvement du point de vue de la *dynamique* ; en effet, un mouvement qui ne peut se produire sans l'influence d'une force motrice extérieure agissant continûment prouve, directement ou indirectement, l'existence de forces motrices originaires de la matière, soit d'attraction soit de répulsion. – A ce sujet, on peut consulter le scolie aux définitions que *Newton* a mis en tête de ses *Principia*, et précisément vers la fin de ce scolie, où il est clair que le mouvement circulaire de **558** deux corps autour d'un centre commun | (par suite aussi la rotation axiale de la Terre) peut être connu par expérience même dans un espace vide, et donc sans aucune comparaison possible dans l'expérience *avec un espace extérieur*[1] ; et

---

1. *Cf.* Newton, *Principia*, I, définitions, scolie : « On parviendrait de même à connaître la quantité et la détermination de ce mouvement circulaire dans un vide quelconque immense, où il n'y aurait rien d'extérieur ni de sensible à quoi on pût rapporter le mouvement de ces globes. Si dans cet espace il se trouvait quelques autres corps très éloignés qui conservassent toujours entre eux une position donnée, tels que sont les étoiles fixes, on ne pourrait savoir par la translation relative des globes, par rapport à ces corps, s'il faudrait attribuer le mouvement aux globes, ou s'il le faudrait supposer dans ces corps […] » (Newton-Châtelet, t. 1, p. 16).

qu'ainsi un mouvement, qui est un changement des relations externes dans l'espace, peut être donné empiriquement même si l'espace lui-même n'est pas donné empiriquement et n'est pas un objet d'expérience. Un tel paradoxe mérite d'être dénoué.

THÉORÈME 3

Dans tout mouvement par lequel un corps est mouvant et en mouvement[1] relativement à un autre corps, un mouvement égal et opposé de ce dernier est *nécessaire.*

DÉMONSTRATION

D'après la troisième loi de la mécanique (théor. 4), la communication du mouvement des corps n'est possible que par la communauté de leurs forces motrices originaires, et celle-ci n'est possible que par un mouvement égal et opposé des deux côtés. Le mouvement des deux [corps] est donc réel. Et comme la réalité de ce mouvement ne repose pas (comme dans le deuxième théorème) sur l'influence de forces extérieures, mais suit immédiatement et inévitablement du concept de la relation entre un corps *en mouvement* dans l'espace et tout autre corps rendu ainsi *mobile,* le mouvement de ce dernier [corps] est donc *nécessaire.*

Remarque

Ce théorème détermine la modalité du mouvement du point de vue de la mécanique. – Il est par ailleurs manifeste

---

1. « Mouvant et en mouvement » traduit le seul mot *bewegend* qui renvoie à la fois à l'action motrice (le fait de mettre en mouvement, d'être mouvant) et au déplacement qui en résulte (le fait d'être en mouvement).

que ces trois théorèmes déterminent le mouvement de la matière relativement à sa *possibilité*, sa *réalité* et sa *nécessité*, c'est-à-dire relativement aux trois catégories de la *modalité*.

REMARQUE GÉNÉRALE SUR LA PHÉNOMÉNOLOGIE

Trois concepts se présentent donc ici dont l'usage est inévitable dans la science générale de la nature, et dont la détermination précise est par conséquent nécessaire, quoiqu'elle ne soit pas si facile ni si aisée à établir, à savoir : **559** | le concept de *mouvement dans l'espace relatif* (mobile) ; deuxièmement, le concept de *mouvement dans l'espace absolu* (immobile) ; troisièmement, le concept de *mouvement relatif* en général, en tant que distinct du mouvement absolu. Le concept d'espace absolu est au fondement de tous. Mais comment arrivons-nous à ce concept particulier et qu'est-ce qui rend son usage nécessaire ?

Il ne peut être un objet d'expérience, car l'espace sans matière n'est pas un objet de perception, mais il est cependant un concept nécessaire de la raison, et partant rien de plus qu'une simple *idée*[1]. Car afin que le mouvement puisse être donné, ne fût-ce seulement que comme phénomène, une représentation empirique de l'espace est requise, relativement auquel le mobile puisse changer sa relation ; mais l'espace qui doit être perçu doit être matériel, et ainsi lui même mobile conformément au concept d'une matière en général. Maintenant, pour le penser en mouvement, il suffit de le penser comme contenu dans un espace de plus grande étendue que l'on suppose au repos.

1. Kant a précisément caractérisé l'idée comme « un concept nécessaire de la raison auquel aucun objet qui lui corresponde ne peut être donné dans les sens » (CRP, A 327 / B 383).

Et l'on peut refaire la même chose avec ce dernier espace relativement à un espace encore plus étendu, et ainsi de suite à l'infini, sans jamais parvenir dans l'expérience à un espace immobile (immatériel) relativement auquel le mouvement ou le repos pourrait être attribué de manière absolue à n'importe quelle matière. Au contraire, le concept de ces déterminations de relations devra être constamment modifié selon que le mobile sera considéré en relation avec l'un ou l'autre de ces espaces. Or, puisque la condition pour considérer quelque chose comme étant au repos ou en mouvement est elle-même toujours conditionnée, à l'infini, dans l'espace relatif, il devient par là clair que : *premièrement*, tout mouvement ou repos ne peut être que relatif et jamais absolu, c'est-à-dire que la matière ne peut être pensée en mouvement ou en repos que relativement à une matière et jamais relativement à un simple espace sans matière, et par suite un mouvement absolu, pensé sans aucune relation d'une matière à une autre, est tout à fait impossible ; *deuxièmement*, et pour cette même raison, aucun concept de mouvement ou de repos valable *pour tout phénomène* n'est possible dans l'espace relatif, mais il faut concevoir un espace dans lequel l'espace relatif peut lui-même être pensé en mouvement et dont la détermination ne dépend pas d'un autre espace empirique, de sorte qu'il ne soit pas à son tour conditionné – c'est-à-dire qu'il faut concevoir un espace absolu auquel tous les mouvements relatifs peuvent être rapportés, et dans lequel tout ce qui est empirique peut être en mouvement, de sorte que, précisément, tout mouvement des choses matérielles en lui puisse être considéré soit comme simplement relatif vis-à-vis d'une autre [chose matérielle] soit comme alternative- réciproque[*][1], mais sans qu'aucun ne puisse être considéré comme un mouvement ou un repos absolu (du fait que, | lorsque l'une est dite en mouvement, celle 560 par rapport à laquelle elle se meut est représentée comme absolument au repos). L'espace absolu est donc nécessaire, non comme concept d'un objet réel, mais comme une idée devant servir de règle pour considérer tout mouvement en

* En logique, l'expression *ou bien-ou bien* désigne toujours un jugement *disjonctif* : si l'un est vrai, l'autre doit être faux. Par exemple, un corps est *ou bien* en mouvement *ou bien* ne l'est pas, c'est-à-dire, est au repos. Car dans ce cas, on ne parle que du rapport de la connaissance à l'objet. Mais il en va autrement dans la doctrine du phénomène, où c'est le rapport au sujet qui importe afin de déterminer ensuite le rapport à l'objet. Dans ce cas, en effet, la proposition : ou bien le corps est en mouvement et l'espace est au repos, ou bien c'est l'inverse, n'est pas une proposition disjonctive d'un point de vue objectif mais d'un point de vue subjectif, et les deux jugements qu'elle contient sont valables *alternativement*. Dans cette même phénoménologie, où le mouvement n'est pas considéré de manière simplement phoronomique, mais bien plutôt de manière dynamique, la proposition disjonctive doit au contraire être prise en un sens objectif ; autrement dit, je ne peux supposer, au lieu de la rotation d'un corps, que ce corps est au repos et que l'espace a par contre un mouvement opposé. Mais lorsque le mouvement est aussi considéré *mécaniquement* (comme lorsqu'un corps se rapproche d'un autre qui est apparemment au repos), alors le jugement qui est disjonctif dans sa forme doit même être employé distributivement relativement à l'objet, de sorte que le mouvement ne doit pas être attribué *ou bien* à l'un *ou bien* à l'autre, mais de manière égale à tous les deux. Cette distinction concernant la détermination *alternative, disjonctive* et *distributive* d'un concept relativement à des prédicats opposés a son importance, mais ne peut être discutée davantage ici.

1. *Alternativ-wechselseitig.* L'expression relie deux adjectifs par un trait d'union (tout comme la note mentionne l'expression *ou bien-ou bien*). Friedman (2004, p. 99) interprète *alternativ* comme un adverbe et traduit par « alternativement réciproque ».

lui comme simplement relatif; et tout mouvement et tout repos doit être ramené à l'espace absolu si l'on veut en transformer le phénomène en un concept d'expérience déterminé (qui réunit tous les phénomènes).

Le mouvement rectiligne d'un corps dans l'espace relatif est ainsi ramené à l'espace absolu lorsque je pense ce corps comme étant en soi au repos et cet espace [relatif] comme étant en mouvement dans la direction opposée dans l'espace absolu (lequel n'est pas perçu), et que je pense cette représentation comme donnant exactement ce même phénomène : et c'est ainsi que tous les phénomènes possibles des mouvements rectilignes qu'un corps peut avoir en même temps sont reconduits au concept d'expérience qui les réunit tous ensemble, à savoir le concept du mouvement et du repos simplement relatifs.

Le *mouvement circulaire*, puisqu'il peut être donné, d'après le deuxième théorème, comme un mouvement réel dans l'expérience, même sans aucun rapport à l'espace extérieur donné empiriquement, semble bien être en réalité un mouvement absolu. En effet, le mouvement qui est relatif du point de vue de l'espace extérieur (par exemple, la rotation axiale de la Terre relativement aux étoiles du ciel) est un *phénomène*, auquel on peut substituer de manière complètement équivalente le mouvement opposé de cet espace (du ciel) dans le même temps ; mais ce mouvement ne peut en aucun cas lui être substitué dans l'expérience 561 d'après ce même théorème, et par suite | cette rotation ne doit pas être représentée comme relative extérieurement, ce qui semble vouloir dire que ce genre de mouvement doit être considéré comme absolu.

Mais il faut noter qu'il est ici question du *mouvement* vrai (réel), qui n'*apparaît* cependant pas comme tel, et qui ainsi pourrait être pris pour un *repos* si l'on voulait en juger uniquement par les relations empiriques à l'espace ; il est donc question du *mouvement vrai*, différent de l'*apparence*, mais non du mouvement absolu opposé au mouvement relatif. Par conséquent, le mouvement circulaire, bien qu'il ne présente dans le phénomène aucun changement de place, c'est-à-dire aucun changement phoronomique dans le rapport de ce qui est mouvement *à l'espace* (empirique), témoigne cependant d'un changement dynamique continu, démontrable par l'expérience, des relations de la matière *dans son espace* – par exemple, il résulte du mouvement circulaire une diminution continuelle de l'attraction par une tendance à s'échapper – ce qui indique de manière sûre la différence entre ce mouvement et une apparence. Par exemple, on peut se représenter la Terre comme tournant autour de son axe dans l'espace vide infini et confirmer ce mouvement par l'expérience, bien que ni le rapport des parties de la Terre entre elles ni le rapport de la Terre à l'espace externe ne soit changé phoronomiquement, c'est-à-dire dans le phénomène[1]. Car relativement au premier, en tant qu'espace empirique, rien ne change de place sur la Terre ou en elle ; et relativement au second, qui est entièrement vide, il ne peut nulle part y avoir un changement de rapport externe, et par conséquent aussi un phénomène de mouvement. Mais si je me représente une cavité profonde allant jusqu'au centre de la Terre et que j'y laisse tomber une pierre, je trouve cependant que la pierre dévie constamment dans sa chute de sa direction perpendiculaire[2], et dévie précisément d'Ouest en Est, bien que la gravité soit toujours orientée vers le centre de la

1. Les parties de la Terre gardent toutes le même rapport ; la Terre dans son ensemble garde le même rapport à l'espace externe ; mais les parties de la Terre changent de rapport relativement à l'espace externe.
2. Comprendre : perpendiculairement à la surface.

Terre quelle que soit la distance à celui-ci, et j'en conclus donc que la terre tourne autour de son axe d'Ouest en Est. Ou encore, si j'éloigne la pierre encore plus de la surface de la Terre et qu'elle ne demeure pas au-dessus du même point de la surface mais s'en éloigne d'Est en Ouest[1], j'en conclurai alors à la même rotation axiale de la Terre déjà mentionnée, et ces deux observations suffiront à prouver la réalité de ce mouvement, alors que le changement de relation à l'espace externe (le ciel étoilé) n'y suffirait pas puisqu'il n'est qu'un simple phénomène qui peut provenir de deux raisons en réalité opposées et puisqu'il n'est pas une connaissance tirée de la raison explicative de tous les phénomènes de ce changement, c'est-à-dire l'expérience. Mais que ce mouvement, bien qu'il ne soit pas un changement de la relation à l'espace empirique, ne soit cependant pas un mouvement absolu mais un changement continu des relations des matières entre elles, lequel changement, bien que représenté dans l'espace absolu, n'est en réalité que relatif et est donc pour cette même raison un vrai mouvement – tout cela repose sur la représentation d'un *éloignement* réciproque et continu de 562 chaque partie de la Terre (en dehors de l'axe) | d'avec la partie qui lui est diamétralement opposée à une égale distance du centre. En effet, ce mouvement est réel dans l'espace absolu du fait que la diminution de la distance en question – que la gravité induirait à elle seule dans le corps

1. L'édition originale dit bien *von Osten nach Westen*, ce que l'édition de l'académie a corrigé par l'inverse, *von Westen nach Osten*. Pollok (1997, p. 148) justifie le texte original en indiquant que, dans ce cas comme dans le cas de la chute d'une pierre, Kant décrit l'effet de la force de Coriolis, due à la rotation axiale de la Terre, sur la pierre : c'est le déplacement du référentiel d'Ouest en Est (rotation axiale) qui induit un déplacement de la pierre d'Est en Ouest.

– est compensée de manière continue, et cela non par quelque cause répulsive dynamique (comme on peut le voir dans l'exemple choisi par Newton dans les *Principia*, page 10 de l'édition de 1714[*]), mais par un mouvement réel se rapportant à l'espace qui est à l'intérieur de la matière en mouvement (c'est-à-dire son centre) et non à l'espace externe.

En ce qui concerne le *troisième théorème*, on n'a même pas besoin, afin de montrer la vérité des mouvements réciproques, opposés et égaux des deux corps même sans tenir compte de l'espace empirique, de recourir à l'influence dynamique active (de la gravité ou d'un fil tendu) donnée dans l'expérience et qui était nécessaire dans le second cas. Au contraire, la simple possibilité dynamique d'une telle influence, en tant que propriété de la matière (la répulsion ou l'attraction), fait que le mouvement de l'un implique immédiatement le mouvement égal et opposé de l'autre, à savoir par les concepts mêmes du mouvement relatif lorsqu'il est considéré dans l'espace absolu, c'est-

[*] Voici ce qu'il dit : « Il faut avouer qu'il est très difficile de connaître les mouvements vrais de chaque corps, et de les distinguer actuellement des mouvements apparents, parce que les parties de l'espace immobile dans lesquelles s'exécutent les mouvements vrais ne tombent pas sous nos sens. Cependant il ne faut pas en désespérer entièrement »[1]. Là-dessus, il fait tourner dans un espace vide, autour de leur centre de gravité commun, deux boules reliées par un fil et montre comment la réalité de leur mouvement ainsi que sa direction peut quand même être trouvée par expérience. C'est ce que j'ai aussi cherché à montrer dans le cas de la Terre tournant autour de son axe, à la modification de quelques circonstances près.

1. Kant cite ici directement le texte latin des *Principia*, Def. VIII, scolie, point IV ; repris ici d'après Newton-Châtelet, t. 1, p. 15. La deuxième édition des *Principia* date de 1713, mais Kant en possédait une copie parue à Amsterdam en 1714 (voir A. Warda, *Immanuel Kants Bücher*, V, n. 23).

à-dire en vérité : elle est donc, comme tout ce qui est suffisamment démontrable par simples concepts, une loi de l'absolue nécessité d'un contre-mouvement[1].

Il n'y a pas non plus de mouvement absolu même lorsqu'un corps est pensé en mouvement dans l'espace vide relativement à un autre ; leur mouvement n'est pas considéré ici comme étant relatif à l'espace qui les entoure, mais seulement à l'espace entre eux et qui, considéré comme espace absolu, détermine seul la relation externe qui est entre eux, et qui n'est donc lui-même que relatif. Un mouvement absolu serait ainsi seulement celui qui appartiendrait à un corps sans aucune relation à quelque autre matière. Seul le mouvement rectiligne de l'*univers tout entier*, c'est-à-dire du système de toute la matière, serait un mouvement de ce genre. En effet, si en dehors d'une matière il en existait encore une autre, même séparée par un espace vide, alors le mouvement serait déjà relatif. C'est pourquoi toute démonstration d'une loi du mouvement qui revient à montrer que la loi contraire aurait pour conséquence un mouvement rectiligne de tout le système **563** de l'univers | est une démonstration apodictique de la vérité de cette loi ; tout simplement parce qu'un mouvement absolu s'ensuivrait du cas contraire, ce qui est tout bonnement impossible. De cette sorte est la loi de l'*antagonisme* dans toute communauté de matière résultant d'un mouvement. En effet, toute déviation par rapport à celle loi déplacerait le centre de gravité commun à toute la matière, et par conséquent tout le système de l'univers – ce qui, par contre, n'arriverait pas si on voulait se le

1. *Gegenbewegung* désigne un contre-mouvement au sens d'une réaction, et non un mouvement de direction opposée (*entgegengestezte Bewegung*).

représenter comme tournant autour de son axe : on peut donc toujours penser ce dernier mouvement même si, autant qu'on puisse en juger, il n'y aurait aucune utilité évidente à l'admettre.

Aux différents concepts du mouvement et des forces motrices correspondent aussi différents concepts d'un *espace vide*. Du point de vue *phoronomique*, l'espace vide, qui s'appelle aussi l'espace absolu, ne devrait pas être appelé si facilement un espace vide, puisqu'il n'est que l'idée d'un espace dans lequel je fais abstraction de toute matière particulière qui en ferait un objet d'expérience, afin de penser en lui l'espace matériel, ou n'importe quel espace empirique, comme étant lui-même mobile, et de penser ainsi le mouvement non de manière simplement unilatérale comme un prédicat absolu, mais toujours de manière réciproque comme un prédicat simplement relatif. Il n'appartient donc absolument pas à l'existence des choses mais simplement à la détermination des concepts et, comme tel, il *n'existe* aucun espace vide. Du point de vue *dynamique*, l'espace vide est celui qui n'est pas rempli, c'est-à-dire celui dans lequel il n'y a pas d'autre mobile qui résiste à la pénétration d'un mobile, et où n'agit par conséquent aucune force répulsive : il peut être soit l'espace vide *dans* le monde (*vacuum mundanum*) soit, si le monde est représenté comme limité, l'espace vide *hors* du monde (*vacuum extramundanum*) ; et le premier peut être représenté à son tour soit comme disséminé (*vacuum disseminatum*, lequel ne constitue qu'une partie du volume de la matière) soit comme un espace vide accumulé (*vacuum coacervatum*, lequel sépare les corps, par exemple les corps célestes, les uns des autres). Cette dernière distinction n'est vraiment pas essentielle puisqu'elle repose seulement sur la différence des places qu'on assigne dans le monde à l'espace vide,

mais est tout de même employée à différentes fins : le
premier [l'espace disséminé] pour déduire la différence
spécifique de densité, et le second [l'espace accumulé]
pour déduire la possibilité d'un mouvement dans l'univers
libre de toute résistance externe. Dans la remarque générale
sur la dynamique, on a déjà montré, relativement à la
première fin, qu'il n'est pas *nécessaire* de supposer un
espace vide, mais on ne peut en aucun cas démontrer à
partir de son seul concept, et conformément au principe
de contradiction, que c'est *impossible*. Néanmoins, même
si l'on ne trouvait ici aucune raison logique de le rejeter,
il pourrait encore y avoir une raison physique plus générale
de l'exclure de la doctrine de la nature, à savoir celle de
la possibilité d'une composition d'une matière en général,
si cette dernière était seulement mieux comprise. En effet,
si l'*attraction* qui est supposée pour expliquer la cohésion
564 de la matière | ne devait être qu'apparente et non point
vraie, et si elle n'était en fait que l'effet d'une *compression*
par une matière externe répandue partout dans l'espace
(l'éther) dont la pression elle-même ne résulterait que
d'une attraction universelle et originelle, à savoir la
gravitation – opinion que justifie un certain nombre de
raisons –, alors un espace vide à l'intérieur de la matière
serait, sinon logiquement, du moins dynamiquement, et
donc physiquement impossible, parce que toute matière
se répandrait d'elle-même dans les espaces vides qu'on
supposerait en elle (car rien ne résisterait alors à sa force
expansive) et les tiendrait toujours remplis. Un espace vide
en dehors du monde – si on comprend celui-ci comme
l'ensemble de toutes les matières éminemment attractives
(les grands corps célestes) – serait impossible pour
exactement les mêmes raisons : à mesure que l'on s'en
éloigne, la force d'attraction sur l'éther (lequel enserre

tous ces corps et, poussé par cette force, les maintient dans leur densité par compression) diminue en proportion inverse, de sorte que l'éther lui-même perdrait en densité à l'infini mais ne laisserait nulle part un espace complètement vide. Que cette réfutation de l'espace vide soit avancée de manière totalement hypothétique ne doit étonner personne : il en va de même de son affirmation. Ceux qui se risquent à trancher dogmatiquement cette question litigieuse, que ce soit pour l'affirmer ou la nier, s'appuient en fin de compte sur de simples présupposés métaphysiques, comme on peut le voir dans la dynamique[1] ; et il était du moins nécessaire de montrer ici que ces présupposés ne peuvent nullement résoudre le problème en question. En ce qui concerne, troisièmement, l'espace vide *du point de vue mécanique*, il s'agit du vide accumulé à l'intérieur de l'univers afin de garantir aux corps célestes une liberté de mouvement. Il est aisé de voir que sa possibilité ou son impossibilité ne repose pas sur des raisons métaphysiques mais sur un secret de la nature difficile à découvrir, à savoir comment la nature fixe des bornes à sa propre force expansive. Néanmoins, si on accorde ce qui a été dit dans la remarque générale sur la dynamique à propos de la possibilité d'une expansion à l'infini de matériaux spécifiquement différents, pour une même quantité de matière (suivant leur poids), il pourrait ne pas être nécessaire de supposer un espace vide afin que le mouvement des corps célestes soit libre et permanent, puisque même dans des espaces entièrement remplis, une résistance peut toujours être pensée aussi faible qu'on voudra.

1. La limitation de la physique dogmatique dans les domaines qu'elle ne peut trancher est un motif qui parcourt précisément les premiers articles de Kant sur la physique de la Terre et du Ciel : voir ci-après les annexes et leurs présentations.

Ainsi s'achève la doctrine métaphysique des corps par le *vide* et donc, pour cette raison, par l'inconcevable, en quoi elle partage le même sort que toutes les autres tentatives de la raison lorsqu'elle s'efforce, en remontant aux principes, d'atteindre les premiers fondements des choses ; et comme 565 elle est d'une nature telle qu'elle ne peut jamais | concevoir que ce qui est déterminé sous certaines conditions données, et comme, par conséquent, elle ne peut ni en rester au conditionné ni rendre l'inconditionné compréhensible, il ne lui reste plus – lorsque le désir de savoir la pousse à saisir l'absolue totalité de toutes les conditions – qu'à se détourner des objets et revenir vers soi afin de chercher à déterminer, non la dernière limite des choses, mais la dernière limite de son propre pouvoir laissé à lui-même.

PREMIERS ARTICLES SUR LA PHYSIQUE
DE LA TERRE ET DU CIEL
(1754-1764)

KANT « EN TANT QUE PHYSICIEN »

Les textes présentés et traduits dans les annexes qui suivent comptent parmi les tout premiers articles publiés par Kant. Ils portent sur des questions relevant de la physique de la Terre et du Ciel. Ces articles sont encore largement méconnus. La plupart sont d'ailleurs encore inédits en français. Écrits trente ans avant les *Principes métaphysiques* de 1786, ils n'ont apparemment pas de rapport direct avec ceux-ci. Ils soulèvent cependant une question qui n'est pas sans intérêt pour comprendre la genèse de l'interrogation kantienne à l'égard des principes métaphysiques de la science de la nature, et bien avant que le projet de l'ouvrage de 1786 ne soit formulé. En effet, dans ses premiers textes, Kant dit écrire « en tant que physicien » et considérer des questions « du point de vue physique ». Avant de pouvoir porter un quelconque jugement rétrospectif sur la contribution scientifique de Kant, avant surtout d'envisager des critères externes pour juger de celle-ci, il peut être utile de restituer le sens que Kant donne à la science de la nature dans ses premiers articles, ainsi que la tâche qu'il s'attribue lorsqu'il dit écrire « en tant que physicien ». Nous donnons ci-dessous une présentation générale de ces articles, en insistant sur la nécessité de les considérer à nouveaux frais après une longue période de désintérêt. Pour une présentation plus circonstanciée de chaque article, nous renvoyons aux différentes introductions qui précèdent leur traduction.

KANT A-T-IL ÉCRIT EN PHYSICIEN?

Dans notre introduction, nous avons déjà mentionné trois raisons qui peuvent expliquer que les premiers articles n'ont eu pratiquement aucune réception.

D'une part, leur diffusion fut très limitée, non seulement parce qu'ils furent initialement publiés dans des journaux locaux de peu d'écho, mais aussi parce que Kant lui-même ne les a plus vraiment mentionnés par la suite : il indique d'ailleurs à la fin de sa vie qu'une édition de ses œuvres ne devrait pas inclure les textes antérieurs à 1770, et devrait par conséquent ignorer ses premiers articles[1].

D'autre part, nous avons suggéré que la réception limitée des *Principes métaphysiques* de 1786 – à savoir que ces considérations métaphysiques n'ont pas suscité l'intérêt escompté de la part des physiciens – a pu contribuer à maintenir les premiers articles dans l'oubli, au moment même où Kant jouit d'une certaine gloire philosophique.

Enfin, la troisième raison semble la plus communément partagée, au moins depuis la première étude systématique de ces textes par Erich Adickes dans sa monographie *Kant als Naturforscher* : les premiers articles de Kant présenteraient un intérêt documentaire ou historique, mais n'auraient proprement aucun intérêt scientifique. Certes, ils témoignent d'une connaissance approfondie des sciences naturelles, à tel point qu'on a pu les qualifier de « miroir

1. Lettre à Johann Heinrich Tieftrunk du 13 octobre 1797 ; AA 12, 208.

de la science de son temps »[1]. Mais il ne faudrait pas les considérer comme des contributions scientifiques réelles au motif que Kant y présenterait des hypothèses ou des interprétations des phénomènes qui ne peuvent être vérifiées. En somme, Kant ne serait qu'un « savant théorique », ou plus exactement un faiseur d'hypothèses qui ne serait pas entré sur la voie de l'expérimentation – sur la voie de la science. Tel est le jugement porté par Adickes : Kant est un philosophe newtonien, mais non un physicien newtonien[2]. Bien plus : selon Adickes, il faut conclure que la constitution d'esprit de Kant (*seine ganze Geisteskonstitution*) n'était en rien celle d'un scientifique au sens strict du terme parce que le besoin fondamental de mettre ses idées concrètement en œuvre (*das Bedürfnis nach Anschaulichkeit*) lui aurait fait défaut[3]. Le reproche consiste à dire que Kant se contente de formuler des hypothèses, d'en fournir parfois une illustration, mais qu'il se désintéresse des conditions empiriques particulières sous lesquelles ces hypothèses pourraient être confirmées ou infirmées, et qu'il se désintéresse d'en donner une explication complète à l'intérieur d'une théorie ou d'en trouver des formulations mathématiques. Bref, qu'il n'écrit pas en physicien, qu'il préfère énoncer des propositions *a priori* sur les forces ou sur l'éther, et même qu'il incline précisément à traiter des questions sur la Terre ou le Ciel qui sont largement soustraites à toute vérification expérimentale[4].

---

1. W. Lefèvre, F. Wunderlich, « The concepts of Immanuel Kant's natural philosophy (1747-1780) », *in* W. Lefèvre (ed.), *Between Leibniz, Newton and Kant*, Dordrecht, Kluwer, 2001, p. 269.
2. E. Adickes, *Kant als Naturforscher, op. cit.*, II, p. 489.
3. *Ibid.*, p. 483.
4. E. Adickes, *Kant als Naturforscher, op. cit.*, II, p. 484.

Si les remarques sur la « constitution de l'esprit » peuvent paraître aujourd'hui à la fois datées et inappropriées, la plupart des éléments qui suscitent les réserves d'Adickes sont avérés. Quels sont en effet les objets des articles ?

Les sept premiers articles, publiés entre 1754 et 1756, concernent la rotation ou le vieillissement du globe terrestre, le feu, la théorie des vents et les tremblements de terre. Sans jamais perdre son intérêt, Kant ne publie ensuite que trois articles relevant de la physique de la Terre et du Ciel : la recension d'un ouvrage sur un météore (1764), un article sur l'hypothèse de volcans lunaires suscitée par l'observation de taches rouges sur le satellite de la Terre (1785) et un dernier article sur l'influence de la Lune sur les conditions atmosphériques (1794)[1]. Il est donc vrai que les phénomènes physiques abordés échappent à toute vérification expérimentale, soit qu'ils ne peuvent être directement observés ou constitués dans l'expérience (comme la rotation terrestre, le vieillissement de la Terre, la déviation des vents), soit qu'ils concernent des observations si singulières qu'ils ne peuvent être là non plus reconduits à une régularité manifeste de la nature (comme les tremblements de terre, l'apparition d'une boule de feu dans le ciel, les phénomènes lunaires transitoires). Kant semble donc précisément s'intéresser à des phénomènes qui, par leur objet et dans leur situation historique, ne trouvent pas encore d'explication dans les sciences de la nature et témoignent donc des difficultés à constituer une science de la Terre (et du Ciel) proprement dite. Cette difficulté soulève une première question : si les objets dont s'occupe Kant ne relèvent pas de la physique expérimentale, sont-ils pour autant exclus de la physique ?

---

1. Voir les références bibliographiques en fin de volume.

A cette première difficulté concernant l'objet des articles s'ajoute une deuxième difficulté concernant leur interprétation par Kant : il expose des hypothèses explicatives d'apparence invraisemblable d'un point de vue physique. On peut mentionner trois énoncés particulièrement frappants, qui ont pu être cités à charge contre la valeur scientifique des travaux physiques de Kant. Dans l'article sur la rotation de la Terre, on peut lire que le mouvement de la Terre sera épuisé d'ici 2 millions d'années (AA 1, 188). Dans l'article sur le vieillissement de la Terre, Kant formule l'hypothèse explicative d'une matière subtile partout active ou « esprit du monde » (AA 1, 212). Enfin, la recension du traité sur la boule de feu fait grand cas de l'explication de la nature des éléments en termes monadologistes de sphère d'activité (AA 8, 450). Une lecture rapide peut convaincre de l'aspect superficiel de ces articles. Mais cela soulève une seconde question : quel est le statut et le sens de ces énoncés ? Sont-ils vraiment considérés par Kant comme des échantillons de physique dogmatique, ou poursuivent-ils un autre but ? Avant d'aborder ces deux problèmes, il faut évoquer ce qui fut sans doute l'obstacle majeur à la réception de ces articles : leur lieu de publication.

Les articles ne sont en effet pas parus dans l'un des grands journaux savants de l'Europe, mais dans la gazette hebdomadaire de Königsberg, publiée par le libraire – et pour un temps logeur de Kant – Johann Jakob Kanter[1].

1. Les *Wöchentliche Königsbergische Frag- und Anzeigungs-Nachrichten* (qui parurent de 1717 à 1774) et les *Königsbergsche Gelehrte und Politische Zeitungen* (qui parurent de 1764 à 1796). Ces journaux eurent une diffusion si restreinte que tous leurs numéros ne sont aujourd'hui pas intégralement conservés aux archives nationales du fonds culturel de Prusse à Berlin (*Geheimes Staatsarchiv Preußischer Kulturbesitz*, cote : GStA : 47, 8).

Kant la désigne, dans ses lettres de candidature, comme les feuilles savantes de Königsberg (*Intelligentz Werke*)[1]. Il faut rappeler que l'*Intelligenzblatt* apparaît en Allemagne au XVIIIe siècle comme un troisième genre de presse à côté du journal (quotidien ou hebdomadaire) et de la revue. C'est à l'origine un journal des annonces officielles relatif à une ville, une région ou un état et dont la vocation première est d'administrer l'économie locale. Toutefois, au cours du siècle, la part rédactionnelle et la publication de *nouvelles* de toutes sortes vient peu à peu supplanter les *annonces* administratives, et en particulier les nouvelles de l'actualité scientifique[2]. Ainsi Johann Gottfried Teske publie ses réflexions sur l'électricité dans les *Königsberger Intelligenzblätter*, alors que Martin Knutzen et Johann Heyn poursuivent une polémique célèbre sur la comète entre 1743 et 1745 dans les *Leipziger gelehrte Anzeigen*[3]. L'*Intelligenzblatt* est ainsi un type de publication très singulier dans l'histoire de la presse allemande : sans être spécialisée en un domaine, elle pouvait contenir des textes spécialisés et servir ainsi à son lectorat local de véritable introduction à l'actualité de la vie savante. Voyons cela.

---

1. Lettres de décembre 1758 au Recteur et à la faculté de philosophie ; AA 10, 04-06.

2. Voir H. Böning, *Deutsche Presse*, vol. 1. 1., Stuttgart-Bad Cannstatt, Frommann-Holzboog, 1996 et l'article « Presse » dans W. Schneiders (ed.), *Lexikon der Aufklärung. Deutschland und Europa*, München, Beck, 2001.

3. Voir J. G. Teske, « Neue Entdeckung verschiedener bisher noch unbekannter Wirkungen und Eigenschaften der Electricität » (1744). Dans la feuille de Königsberg, Knutzen avait déjà publié un article en 1737 : « Anmerckungen über den im vorigen Jahr angeblich erwarteten Cometen. Nebst Continuation » (*Wöchentliche Königsbergische Frag- und Anzeigungsnachrichten*, n. 15 et 16, 1737).

NATURFORSCHER :
QUELQUES REMARQUES SÉMANTIQUES

Il est probable que l'un des obstacles à la compréhension du « point de vue physique » développé par Kant tient au terme qu'il emploie pour décrire sa tâche, et qui est devenu désuet : *Naturforscher*. Le terme désigne, littéralement, celui qui entreprend des recherches sur la nature. Cette signification générale semble s'appliquer à des activités et des objets bien différents : celle du théoricien qui recherche une explication mathématique des phénomènes ; celle de l'expérimentateur ou de l'essayeur qui cherche à manifester une propriété dans l'expérience ; celle du naturaliste qui cherche à collecter des informations sur les espèces naturelles ; celle du philosophe qui s'interroge sur le concept de nature. *Naturforscher* serait donc un terme indéterminé qui nécessiterait d'être toujours spécifié. C'est ainsi qu'Erich Adickes l'employait : Kant aurait été un *Naturforscher* au sens d'un philosophe de la nature (*Naturphilosoph*), et non au sens d'un contributeur à la science de la nature (*Naturwissenschaftler*). Le terme pose ainsi également un problème de traduction. Dans la récente traduction anglaise des articles de physique, le terme est rendu soit par naturaliste (*naturalist*), soit par philosophe de la nature (*natural philosopher*), soit par scientifique (au sens indiqué ci-dessus : *natural scientist*)[1]. Ce qui peut en fin de compte convaincre de l'usage non scientifiquement déterminé du terme – et confirmer la lecture d'Adickes – est que Kant emploie aussi un autre terme qu'il semble réserver à l'approfondissement des sciences de la nature proprement dites : le terme de physicien (*Physiker*). Mais

---

1. Voir Kant, *Natural science*, éd. Watkins, respectivement p. 169 et 179 ; p. 181 et 332 ; p. 281 et 412.

la distinction sémantique entre le *Naturforscher* et le *Physiker* n'est peut-être pas aussi tranchée qu'on aimerait le dire.

Avant de nous tourner vers la langue kantienne, il peut être utile de rappeler quelques usages tels qu'établis par les dictionnaires. Le dictionnaire des frères Grimm donne pour équivalent de *Naturforschung* l'étude de la nature, la physique (*physica*). Le *Naturforscher* est une forme plus récente du terme *Naturkündiger* qui, au XVIᵉ siècle, désignait aussi celui qui connaît la nature, et la *Naturkunde* ne désigne autre chose que la physique ou la science des choses qui sont dans la nature. Selon cet usage, *Naturforschung*, *Naturkunde* ou *Naturlehre* ne sont que des traductions allemandes des termes latins *philosophia naturalis* ou *physica*[1]. Mais le terme de « naturaliste » vient compléter cette liste des équivalents de *Naturforscher* et *Naturkündiger*[2]. Autant dire que l'usage du terme reflète bien l'indétermination déjà indiquée. Du temps de Kant, les dictionnaires plurilingues intègrent *Naturforscher* et *Naturkündiger* à la fois dans les champs sémantiques du « naturaliste » (constituant une histoire naturelle) et de la « physique » comme science naturelle[3]. L'argument des usages sémantiques d'un terme est évidemment délicat à établir, et plus encore à utiliser pour en tirer des conclusions conceptuelles, mais la latitude du terme ainsi évoquée

1. Voir Zedler, *Grosses Vollständiges Universal-Lexicon*, vol. 23 1740, p. 1147 ; Erxleben, *Anfangsgründe der Naturlehre* (1772), p. 2.

2. Voir *Deutsches Wörterbuch von Jacob und Wilhelm Grimm* (1971), vol. 13, *sub voce* « Naturforscher », « Naturforschung », « Naturkunde », « Naturalist ».

3. Voir C. Ludwig et S. Johnson, *A Dictionary English, German and French*, Leipzig 1763, *sub voce* « natural », « physicks » ; J. H. Silbermann, *Nouveau Dictionnaire François-Allemand*, Strasbourg, 1800, *sub voce* « Naturaliste », « Physique ».

permet de comprendre en quel sens Kant peut, dans la préface aux *Principes métaphysiques*, distinguer entre science au sens large et science proprement dite.

La langue kantienne ne lève pas cette indétermination, même si les usages de *Naturforscher* relèvent plus, en raison même des objets dont traite Kant, du pôle des sciences de la nature. Rappelons que dans les *Principes métaphysiques*, le terme renvoie aux physiciens mathématiciens [472] ou mécanistes [533], y compris à ceux qui pensaient se passer de toute métaphysique [523]. Bacon et Newton sont donnés par ailleurs comme exemples de *Naturforscher* (AA 9, 32). Or c'est précisément ces derniers usages – et leurs références aux héros de la physique expérimentale et de la physique mathématique – qui ont sans doute, par contraste, jeté une suspicion sur la manière dont Kant reprenait à son propre compte ce terme de *Naturforscher*. Il est si manifeste que ces articles ne présentent ni les résultats d'une physique expérimentale ni la construction d'une physique théorique qu'il est aisé d'en conclure que Kant n'emploie pour lui le mot de *Naturforscher* que selon l'autre pôle sémantique : celui d'une philosophie de la nature qui n'est alors plus une science de la nature. Cette lecture n'est pourtant pas totalement adéquate à l'intention de ces articles, qui est précisément de déterminer en quel sens des objets soustraits à l'expérimentation directe peuvent cependant relever du point de vue du physicien. Autrement dit, le terme de *Naturforscher*, précisément en raison de son indétermination sémantique, ne se réduit pas pour Kant à l'alternative des deux pôles sémantiques indiqués. On peut au contraire lire ces articles comme esquissant une autre voie pour pour le physicien : une voie de la discrimination des hypothèses, une voie critique.

LA PHYSIQUE EXPÉRIMENTALE, DOGMATIQUE ET CRITIQUE

Avant d'aborder cette troisième voie du *Naturforscher*, il faut quand même brièvement rappeler que Kant est crédité de trois découvertes dans les sciences de la nature, c'est-à-dire de la première formulation de trois énoncés pourvus d'une justification complète à l'intérieur d'une théorie et qu'il est par ailleurs possible de confirmer expérimentalement. Il est le premier, en effet, à avoir fourni une explication scientifique valide de l'influence des marées sur le mouvement de rotation de la Terre : son explication ne sera vérifiée qu'un siècle après[1]. Il est le premier à avoir expliqué pourquoi la Lune présente toujours la même face à la Terre[2]. Il est enfin le premier à avoir montré que les vents d'équateur ou des pôles subissent une déviation latérale[3]. A ces trois résultats, dont on ignore encore bien souvent l'origine kantienne, il faut ajouter la formulation de deux hypothèses qui se sont révélées fécondes : l'hypothèse nébuleuse (qui est plus connue), et l'hypothèse, soutenue contre celle de William Herschel, selon laquelle les cratères observés sur la Lune ne seraient pas d'origine volcanique – question débattue dans l'Europe savante des années 1780[4].

Selon quels critères a-t-on alors pu juger du caractère scientifique des premiers articles de Kant ? Adickes faisait

[1]. *Recherche sur la question de savoir si la Terre a subi quelque modification dans sa rotation axiale* (1754).

[2]. *Ibid.*

[3]. *Nouvelles remarques pour l'explication de la théorie des vents* (1756).

[4]. Le détail et le contexte de ces découvertes scientifiques sont exposés dans les présentations des textes correspondants, ci-dessous dans ce volume.

manifestement de la recherche expérimentale, et de l'effort pour rendre des hypothèses concrètes, un réquisit de la définition du (travail du) physicien. Plus récemment, E. Watkins a soutenu que les différents critères caractéristiques de la science tels que Kant a pu les formuler dans différents ouvrages postérieurs – la systématicité, la certitude apodictique, la mathématisation, l'usage de principes *a priori* – ne s'appliquaient pas vraiment, ou rigoureusement, à ces articles qui, « techniquement, ne relèvent pas de la science naturelle selon Kant »[1]. De fait, ces critères ne s'appliquent pas totalement, mais Kant produit ici d'autres critères du *Naturforscher*.

Il est d'abord erroné de soutenir que Kant néglige le rôle de l'expérience et des observations – alors qu'il leur fait précisément porter le poids d'un critère d'acceptabilité des hypothèses[2]. Presque tous les textes s'appuient d'ailleurs sur des observations précises. Si l'on se rappelle la division de l'enseignement de la physique à l'université de Königsberg en physique dogmatique et expérimentale, on peut clairement se représenter la voie empruntée par Kant comme une *critique* de la physique dogmatique à partir des résultats de la physique expérimentale. L'un des caractères communs à ces articles est précisément d'établir, *négativement*, qu'il ne peut y avoir sur certains objets de solution à l'intérieur de la physique, c'est-à-dire que les sujets ne peuvent parvenir à une perfection physique en raison de leur nature même, dont un des signes est l'absence de données fiables ou vérifiables. Autrement dit, du point de vue de la physique même, les « devoirs du physicien »

---

1. Kant, *Natural science*, éd. Watkins, p. XVIII.
2. C'est en particulier le cas de l'article sur *le vieillissement de la Terre, considérée d'un point de vue physique* (1754).

(AA 1, 419) ne peuvent être remplis, que cela concerne la rotation axiale de la Terre, les altérations de sa surface ou les causes des tremblements de terre. Kant se fait donc le représentant d'une physique discriminante (*prüfend*) au sens où elle examine à l'aune de la théorie et des observations un éventail d'hypothèses possibles mais non exclusives. Il se sépare explicitement d'une part de la seule histoire naturelle, et d'autre part de la physique dogmatique qui prétend témérairement, et surtout arbitrairement, décider (*entscheiden*) en la matière (AA 1, 213). En empruntant cette voie, Kant s'engage bien dans une voie de sélection et de constitution des énoncés scientifiques. Il n'est donc ni étonnant ni contestable de lire que Kant se présente dans ces textes « en tant que physicien » (*als Naturkündiger* : AA 1, 197), et précisément sur des sujets qui, en raison même du manque de données fiables, exigent de la prudence.

La manière dont Kant met en œuvre ce point de vue du physicien, qui interroge tant les choses de la nature que les questions que l'on peut leur adresser, est développée dans les chapeaux introductifs à chacun des textes[1]. Qu'il nous suffise ici pour conclure de rappeler quelques énoncés de cette limitation critique de la physique dogmatique :

> Je me suis livré à quelques réflexions sur le sujet, et comme je n'ai examiné que son côté physique, j'ai voulu il y a peu esquisser mes pensées, après m'être rendu compte que, sur cet aspect, le sujet n'était pas de nature à recevoir le degré de perfection que doit avoir un traité qui pourrait remporter le prix [185].
>
> Je recommande cette enquête à ceux qui ont plus d'intérêt

---

1. Ces présentations s'appuient sur des publications antérieures. Voir en bibliographie : A. Pelletier, « Les réflexions mathématiques de Kant (1764-1800) » ; « L'érosion et la boule de feu : difficultés et tâches d'une science de la Terre selon Kant (1754-1764) ».

et de talent pour étudier cette question à travers les vestiges de l'histoire selon ces deux possibilités ; mais je ne vais la traiter qu'en physicien, et qu'autant qu'il est nécessaire pour parvenir à une compréhension bien fondée de ce point de vue [197].

Je n'ai par conséquent pas traité la question soulevée du vieillissement de la Terre de manière à trancher, comme l'exigerait l'esprit d'entreprise d'un physicien courageux, mais de manière à examiner, comme le caractère du sujet le requiert lui-même. [213]

Les traductions suivent les textes publiés dans les volume I et VIII des *Kant's gesammelte Schriften* : nous indiquons leurs références à la fin de chaque présentation et redonnons en marge la pagination dans le volume correspondant de l'édition de l'Académie. Les notes de bas de page appelées par un astérisque (*) sont de Kant ; celles qui sont numérotées sont du traducteur.

RECHERCHE SUR LA QUESTION DE SAVOIR SI LA TERRE A SUBI DEPUIS LES PREMIERS TEMPS DE SON ORIGINE QUELQUE MODIFICATION DANS SA ROTATION AXIALE (1754)

PRÉSENTATION

Le premier texte que Kant publie, après son travail universitaire sur l'évaluation des forces vives de 1747 (AA 1, 1-181), est un petit article sur la rotation de la Terre paru en juin 1754 dans la gazette hebdomadaire de Königsberg[1]. Il est le premier à y formuler l'hypothèse d'un ralentissement de la rotation axiale de la Terre, c'est-à-dire de l'allongement tendanciel de la durée du jour. L'hypothèse n'a aucun précédent. Mais surtout, Kant formule une explication physique complète tenue aujourd'hui encore comme parfaitement juste. C'est la redécouverte de son explication par l'astronome Charles Delaunay, plus d'un siècle après, en 1865, qui fera reconnaître à Kant une place, modeste mais réelle, dans

---

1. Dans les numéros 23 et 24 des 8 et 15 juin 1754 des *Wöchentliche Königsbergische Frag- und Anzeigungs-Nachrichten* (désormais AA 1, 183-191). Contrairement à l'édition de l'Académie qui donne le titre attribué au texte par Nicolovius en 1807, le titre original de l'article était « Untersuchung der Frage, welche von der Königlichen Akademie der Wissenschaften zu Berlin zum Preise für das letztlaufende Jahr aufegegeben wurde » (voir H.-J. Felber, « Kants Beitrag zur Frage der Verzögerung der Erdrotation », *Die Sterne*, 50, 1974, p. 85).

l'histoire des sciences, et peut-être avec plus de légitimité que pour l'énoncé de l'hypothèse nébuleuse dite de Kant-Laplace. Aujourd'hui n'importe quel manuel de mécanique céleste mentionne Kant au chapitre de la rotation de la Terre avant de préciser que son ralentissement est évalué entre 1, 6 et 2, 3 millisecondes par siècle[1].

Pourtant, le petit texte de Kant, et l'invention qu'elle contient, sont pratiquement ignorés du commentaire philosophique. On n'en retient au mieux qu'une formule – à savoir que la Terre va s'arrêter de tourner d'ici 2 millions d'années – formule aberrante qui justifierait à elle seule de refuser à Kant toute compétence dans le domaine de la physique, et qui reléguerait de manière rédhibitoire l'article sur la rotation dans les limbes obscures des réflexions physiques de jeunesse, réflexions forcément maladroites et que le commentaire philosophique préfère oublier afin d'anoblir le point de départ de la voie triomphale de la philosophie critique. Une lecture attentive du texte permet cependant d'écarter cette lancinante méprise.

LE PROBLÈME DE LA ROTATION QUOTIDIENNE DE LA TERRE

Le problème d'une variation de la rotation axiale est absent chez Newton, qui tient que la rotation est invariablement uniforme. Ainsi la proposition 17 du livre III des *Principes mathématiques de la philosophie naturelle* énonce : « Les mouvements diurnes sont uniformes, et la libration de la Lune [*sc.* le balancement de la Lune par rapport à son axe] vient de son mouvement diurne. Cela est clair par la première loi du mouvement et par le corollaire

1. Voir par exemple G. Pascoli, *Astronomie fondamentale*, Paris, Dunod, 2000, p. 19.

22 de la proposition 66 du livre I »[1]. Rappelons que la loi énonce le principe de l'inertie (*vis insita, vis inertiae*) : « Tout corps persévère dans l'état de repos ou de mouvement uniforme en ligne droite dans lequel il se trouve, à moins que quelque force n'agisse sur lui, et ne le contraigne à changer d'état »[2] ; et que le corollaire mentionné énonce que tous les mouvements ou forces qui s'appliquent à un globe pour lui faire prendre un mouvement de rotation se composent en un seul et unique mouvement uniforme « autour d'un seul axe incliné de manière invariable, et la force centripète ne peut changer ni l'inclinaison de l'axe, ni la vitesse de la rotation »[3]. Les deux propositions ne garantissent donc l'uniformité du mouvement diurne que sous la condition qu'aucune autre force (que celles qui se composent dans le mouvement de rotation) ne s'applique au globe pour augmenter ou diminuer son moment angulaire. Dans le livre III des *Principia*, Newton n'envisage qu'une seule force susceptible d'entraver les mouvements de rotation et de révolution : la force de résistance de l'espace céleste. Or celui-ci étant vide de matière – et les *Principia* ne mentionnent précisément pas la matière céleste ou l'éther au contraire des questions 22 et 28 du traité d'*Optique* – les planètes et les comètes ne rencontrent absolument aucune résistance et leurs mouvements se poursuivent continuellement (*perpetuo* dit le scolie général de l'*Optique*), ou selon une autre formulation, très longtemps (*diutissime* : *ibid.*, III, prop. 10). Bref, selon la lettre même des *Principia*, la rotation de la Terre est invariablement uniforme.

1. Newton-Châtelet, vol. 2, p. 33.
2. Newton-Châtelet, vol. 1, p. 17.
3. Newton-Châtelet, vol. 1, p. 196.

Pourtant, à partir des propositions mêmes du texte de Newton, il est possible de tirer d'autres conclusions sur le mouvement de rotation. Ce fait textuel a été souligné depuis longtemps par les historiens des sciences, à savoir que les *Principia* accomplissent d'un côté des avancées gigantesques dans la compréhension de la dynamique et de la mécanique célestes, mais que de l'autre ces avancées sont incomplètes, et par là même imparfaites[1]. La tâche d'une partie de la science newtonienne au XVIIIe siècle fut de surseoir à cette incomplétude. Or, on trouve précisément ce genre d'incomplétude dans les deux théories de Newton qui font intervenir la rotation de la Terre : la théorie de la figure de la Terre et la théorie des marées.

Pour l'explication de l'aplatissement de la Terre aux pôles (propositions 19 et 20 du livre III), Newton fait l'hypothèse que les planètes sont entièrement fluides, uniformément denses, et considère deux forces : la force gravitationnelle centripète qui s'applique aux particules de matière à l'intérieur de la Terre, et la force de rotation dont l'effet centrifuge tend à aplatir les pôles et à renfler le globe à l'équateur. Mais il indique que le rapport ainsi trouvé de l'ellipticité de la figure de la Terre (à savoir le rapport du diamètre polaire au diamètre équatorial – qui est de 229 à 230) doit être corrigé puisque les planètes ne sont pas uniformément denses à cause de leur gravité croissante vers le centre, énoncée par la proposition 9 : « La gravité dans l'intérieur des planètes décroît à peu près

---

1. *Cf.* I. Bernard Cohen, « A Guide to Newton's *Principia* », *in* Newton, *The Principia : Mathematical principles of natural philosophy*, University of California Press, 1999, p. 240 : « And yet, like other breakthroughs in the *Principia*, Newton's theory of the tides, although a tremendous intellectual leap forward, was incomplete and to that extent imperfect ».

en raison des distances au centre »[1]. Tout le problème est de savoir de quel centre il s'agit. Newton suppose que le centre de gravité coïncide avec le centre géométrique – et donc que l'effet de la gravité à l'intérieur de la Terre est stabilisé. Mais si l'on suppose que l'effet de la gravité n'est pas encore stabilisé, c'est-à-dire que les matériaux les plus lourds continuent d'être attirés ou de « tomber » vers le centre des planètes, et donc que le centre de gravité continue de chuter vers le centre géométrique, alors la région du centre géométrique devient toujours plus dense que la périphérie, ce qui n'affecte pas seulement la figure de la Terre, mais augmente *ipso facto* la vitesse angulaire[2]. Autrement dit, si l'on pense ensemble l'augmentation dans le temps de la densité vers le centre (à partir de la proposition III, 9) et la conservation du moment angulaire (à partir de la deuxième loi du mouvement), il est possible de penser une accélération de la rotation.

La rotation intervient par ailleurs dans l'explication du phénomène des marées (III, prop. 24, 36 et 37). Newton est, on le sait, le premier à avoir montré que l'attraction luno-solaire – qui attire l'eau des océans à leur verticale – et la rotation de la terre sont les causes du mouvement

1. Newton-Châtelet, vol. 2, p. 25.
2. L'affaissement du globe, et donc le recentrement de sa masse autour de l'axe, a tendance à faire diminuer le moment angulaire (aire balayée par la masse en une unité de temps), ce qui, selon la loi de la conservation de la quantité de mouvement (dans un système théorique fermé) – ici de la conservation du moment cinétique – a tendance à faire augmenter la vitesse angulaire. C'est le principe selon lequel la vitesse de rotation du patineur est plus élevée lorsque ses bras sont repliés que lorsqu'ils sont dépliés. La deuxième loi du mouvement énonce : « Les changements qui arrivent dans le mouvement sont proportionnels à la force motrice, et se font dans la ligne droite dans laquelle cette force a été imprimée » (Newton-Châtelet, vol. 1, p. 17).

de flux et de reflux des océans. Mais à aucun moment, il n'interprète le mouvement des marées, qui est opposé au mouvement de la rotation axiale, comme une force de résistance. Pourtant, il a explicitement énoncé la résistance due à l'inertie d'un fluide, et qui est proportionnelle à sa densité (II, sections 5 et 7). Cette fois-ci, il est possible de penser un ralentissement à partir du texte de Newton.

Résumons. Si les *Principia* énoncent l'uniformité de la rotation quotidienne de la terre, ils contiennent en puissance des éléments pour contester celle-ci selon deux directions : d'une part, la possibilité d'une accélération de la rotation sous l'effet de la chute du centre de gravité à l'intérieur des planètes, d'autre part la possibilité de son ralentissement sous l'effet de la résistance induite par les marées. Mais le problème de la rotation de la Terre n'émerge pas, à notre connaissance, avant que Leonhard Euler n'attire l'attention de Maupertuis sur ce point : il est vrai que la défense du newtonianisme se joue sur d'autres fronts dans la première moitié du XVIIIe siècle[1]. Leonhard Euler publie ainsi une *Theorie von der allmähligen Verkürzung des Jahreslaufs* en 1746, où il défend, contre Newton, l'existence d'une matière céleste, et ainsi l'existence d'une force de

---

1. Citons par exemple le problème de l'apogée de la Lune, de la conformité de la théorie avec les observations, de la lutte contre les tourbillons cartésiens (au moins jusqu'au triomphe du newtonianisme par l'expérience cruciale de Maupertuis sur la figure de la Terre en 1740). Ainsi lorsque, par exemple, Halley constate en 1695 un décalage entre le lieu théorique des éclipses de Lune et leur lieu effectif, il en déduit l'existence d'une accélération relative du mouvement lunaire – et non un ralentissement relatif du mouvement de rotation quotidienne de la terre. William Hastie avait déjà mentionné en 1900 la suggestion d'Euler : voir W. Hastie, *Kant's Cosmogony as in his essay on the retardation of the earth ...*, Glasgow, James Maclehose and sons, 1900, p. XLIV.

résistance au mouvement des planètes dans le ciel. La résistance ralentit le moment orbital (la force centrifuge), qui ne peut alors plus équilibrer la force gravitationnelle : sous l'effet de l'attraction solaire, la Terre s'approche du Soleil, son rayon de révolution raccourcit, et avec lui la durée de l'année solaire[1]. Mais c'est à la suite d'une nuit d'insomnie, le 9 mai 1748, qu'Euler propose alors à Maupertuis de porter la question au concours de la classe de mathématique :

> Monsieur, Ayant pensé cette nuit à d'autres sujets qui pourraient être proposés pour le prix, je suis tombé sur [les] question[s] suivante[s] : [...] 4. On demande la décision de la question si les temps périodiques des planètes autour du soleil, et celui de la lune autour de la terre, n'ont point changé depuis le temps que les plus anciennes observations ont été faites ? Et si l'année solaire moyenne est encore de la même durée qu'elle a été autrefois ?[2].

La question concerne la révolution des planètes sur leur orbite – et non leur rotation autour de leur axe. Mais il est clair que la diminution du rayon d'attraction du Soleil peut impliquer un changement dans l'une et l'autre. Le 1er juin 1752, Maupertuis choisit ainsi pour le problème de la

---

1. *Cf.* AA 14, 581, où est aussi citée la *Rettung der göttlichen Offenbahrung gegen die einwürfe der Freygeister* de 1747. La résistance de l'éther est également exposée dans le *De perturbatione motus planetarum a resistentia aetheris orta*, Berlin, 1746.

2. Leonhard Euler, « Lettre à Maupertuis du 9 mai 1748 », *Opera omnia*, série 4 A (*Commercium epistolicum*), volume 6 (*Commercium cum P.-L. M. de Maupertuis et Frédéric II*), Basel, Birkhäuser Verlag, 1986, p. 107 (orthographe modernisée). Les questions ont été suggérées par la lecture d'un mémoire sur le *frottement des corps*.

section mathématique de l'année 1754 de formuler le problème d'Euler du point de vue de la rotation :

> Si le mouvement diurne de la Terre a été de tout temps de la même rapidité, ou non ? Par quels moyens on peut s'en assurer ? Et en cas qu'il y ait quelque inégalité (*sic*), quelle en est la cause ?[1].

Il n'y a pas de trace des contributions qui ont été envoyées à l'Académie, mais en tout état de cause, elles n'ont pas été jugées suffisantes : le prix est reporté à l'année 1756 pour être finalement attribué le 3 juin 1756 au père Paulus Frisius de Pise qui soutient, avec une fidélité littérale au texte de Newton, que la rotation de la terre demeure inaltérée[2]. Quelques années plus tard, Abraham Gotthelf Kästner suggère même que Leibniz, avant Euler, a le premier « commencé à demander si toutes les révolutions de la terre autour de son axe sont égales »[3]. Quelle fut la solution de Kant ?

LES « DEUX » SOLUTIONS KANTIENNES DE 1754

A l'occasion du problème mis au concours, Kant rédige successivement deux textes, en empruntant successivement les deux voies présentes en creux chez Newton : l'une menant à la thèse d'une accélération de la rotation de la terre, l'autre menant à son ralentissement.

---

1. E. Winter, *Die Registres der Berliner Akademie der Wissenschaften 1746-1766...*, Berlin, Akademie Verlag, 1957, p. 180.

2. *Ibid.*, p. 202 et 224.

3. Leibniz, *Œuvres philosophiques, latines et françoises de feu M. Leibnitz*, éd. Erich Raspe, 1765, p. VIII. La référence que Kästner donne aux *Nouveaux Essais* (II, XIII, 4), alors publiés pour la première fois, n'est toutefois pas concluante.

Le premier texte est un brouillon, inachevé, et édité dans le volume 23 de l'Edition de l'Académie comme *Fragment zur Preisfrage von 1754*, qui contient des remarques sur la question de la figure de la Terre exposée par Newton dans les *Principia*[1], et sur les effets antagonistes de la gravité et de la force centrifuge. Il y prend explicitement parti contre Christiaan Huygens, qui suppose que la gravité est égale partout à l'intérieur de la Terre (c'est la thèse du *Discours sur la cause de la pesanteur* de 1690), et pour Newton qui suppose que la gravité augmente vers le centre (l'attraction n'étant que le phénomène de la gravité). Il n'est pas possible de dire qu'il y a réellement ici une première solution au problème de la rotation puisque celui-ci n'est jamais mentionné, mais s'il faut compter ces notes – comme le font les éditeurs – comme relevant du problème de 1754, alors il faut en conclure que Kant n'envisage ici que la possibilité d'une cause interne de modification de la rotation, en considérant la Terre comme un système fermé, et sans considérer le système Terre-Lune-Soleil. Si l'on suit le fil de la cause interne, alors ces notes s'orienteraient (soulignons le conditionnel) vers la solution d'une accélération de la rotation terrestre selon l'explication déjà mentionnée.

Ceci dit, il reste l'éventualité que ces notes n'aient pas de rapport au problème posé, ou alors que Kant ait simplement annoté les deux passages où la rotation intervient chez Newton, l'un concernant la figure de la Terre, et l'autre concernant les marées. Quoiqu'il en soit de la genèse de la réflexion, c'est bien la théorie des marées qui est au cœur de la solution publiée par Kant.

---

1. AA 23, 3-7 (traduit ici p. 288 *sq.*) et *Principia*, III, prop. 19-20.

Dans l'article que Kant fait paraître en juin 1754, il explique d'emblée (§ 1-2) pourquoi, d'une certaine manière, il ne concourt pas au prix : « Je me suis rendu compte que, du point de vue physique, le sujet n'est pas de nature à recevoir le degré de perfection que doit avoir un traité qui pourrait remporter le prix » (AA 1, 185). Kant affiche sa sagacité : au moment même où l'Académie s'apprête à rendre son verdict, il publie un article pour expliquer pourquoi le problème ne peut être satisfait et il invalide ainsi par avance tous les mémoires qui y prétendraient. La raison de cette impossibilité est double. D'une part, du point de vue physique, le sujet « n'est pas de nature à recevoir le degré de perfection souhaitable », c'est-à-dire de recevoir un traitement mathématique précis des forces de résistance ou d'accélération qui pourraient altérer la rotation de la terre : le problème ne relève pas de la physique mathématique telle qu'on l'enseigne à l'université (*physica dogmatica* ou *theoretica*). La remarque n'est pas un expédient : aujourd'hui encore, la formulation mathématique du rapport entre la forme d'un corps et la force de sa résistance, par exemple à l'air, ne peut se passer de coefficients qu'il faut déterminer expérimentalement. La deuxième objection est qu'il n'est pas possible du point de vue factuel de vérifier une hypothèse physique sur la rotation de la Terre ou la durée du jour, faute d'un dispositif expérimental de mesure, et faute d'observations historiques fiables. Le problème ne relève pas non plus de la *physica specialis* ou *experimentalis*[1]. De nouveau, il faut rappeler qu'aujourd'hui encore les relevés historiques des éclipses lunaires depuis 2500 ans, avec toutes les imprécisions

---

1. Voir R. Pozzo et M. Oberhausen, « The place of science in Kant's university ».

qu'ils charrient, restent la principale source d'information sur l'évolution à long terme de la rotation quotidienne de la terre[1]. Une fois ces deux objections préjudicielles faites, du point de vue théorique et du point de vue factuel, il reste cependant la possibilité de formuler une explication physique, « en s'en tenant uniquement à la nature » (AA 1, 186), et d'en estimer les effets sans pour autant pouvoir les mesurer. Le texte est ainsi composé de deux parties.

Dans la première (§ 3-6), Kant expose la cause du ralentissement de la rotation. Il rappelle d'abord les hypothèses newtoniennes du mouvement libre de rotation axiale (§ 3) et d'absence de résistance de la matière de l'espace (§ 4), pour énoncer qu'il « n'y a pas d'autre cause extérieure qui puisse avoir d'influence sur le mouvement de la Terre que l'attraction de la Lune et du Soleil, moteur universel de la nature » (AA 1, 186). Kant ne mentionne pas la cause intérieure qu'il avait envisagée dans son premier brouillon, mais s'en tient à désigner le phénomène des marées comme seul facteur possible. Or l'explication des causes du mouvement des océans a été précisément produite pour la première fois par Newton. En quoi consiste alors la contribution de Kant? Elle consiste à expliciter les conditions et la nature physiques du phénomène – que Newton a négligées. Premièrement, il faut préciser que le mouvement des océans (d'Est en Ouest) constitue une force opposée au mouvement de la Terre (d'Ouest en Est). Deuxièmement, la grandeur de l'une est une grandeur

1. Voir Robert R. Newton, *Ancient astronomical observations and the accelerations of the Earth and Moon*, Baltimore, John Hopkins University Press, 1970; *Medieval chronicles and the rotation of the Earth*, Baltimore, John Hopkins University Press, 1972; F. Richard Stephenson, *Historical eclipses and Earth's rotation*, Cambridge University Press, 1997.

négative infiniment plus petite que l'autre. Mais elle n'en est pas pour autant négligeable, car si l'on fait le bilan des forces qui s'exercent sur le globe à un instant *t*, il y a d'une part la force d'inertie de la rotation axiale – qui est l'effet de l'impulsion donnée au départ et une fois pour toutes à la Terre, et qui serait constant si rien ne s'y opposait – et d'autre part une force qui est en permanence opposée à ce mouvement et qui épuise peu à peu le moment cinétique. Kant expose très clairement ces deux remarques :

> L'attraction de la Lune [...] maintient l'eau des océans dans un soulèvement permanent par lequel elle tend à aller et à s'élever vers les points situés exactement sous la Lune, à la fois du côté de la Terre qui est tourné vers la Lune que du côté qui lui est opposé ; et parce que les points de ce renflement se déplacent d'Est en Ouest, ils communiquent à la totalité de l'océan un courant permanent orienté précisément vers cette région. Puisque ce courant est exactement opposé à la rotation de la Terre, nous tenons là une cause dont on peut sûrement escompter qu'elle tend en permanence à affaiblir et à diminuer celle-ci autant qu'il est en son pouvoir (AA 1, 187).

Newton, en partant des mêmes hypothèses, avait négligé cette force de résistance, à savoir la pression induite par les marées sur les côtes orientales des terres, émergées ou non. De manière remarquable, Kant fait intervenir contre Newton un principe newtonien : à savoir que la sommation continue de grandeurs infinitésimales (la force marine qui s'exerce à chaque instant sur les côtes) donne une grandeur totale potentiellement infinie. Et c'est peut-être avec une pointe de perfidie qu'il conclut que « ce serait une prévention peu convenable pour un philosophe, que de tenir pour négligeable un effet infime qui, par sa constante accumulation, doit pourtant finir par épuiser même la plus grande quantité » (AA 1, 188). Et de fait, si Newton n'a évidemment pas ignoré les grandeurs infinitésimales sur le plan mathématique, il considère également sur le plan physique, dans l'*Optique* par exemple, que la résistance infime de l'éther « n'est d'aucune considération »[1]. Mais peut-être Kant vise ici plus largement tous les savants qui ont remarqué et étudié les courants marins d'Est en Ouest – comme Buffon et encore avant ce dernier, Varenius – sans pour autant en tirer de conséquence sur la rotation[2].

La deuxième partie de l'article (§ 7-10) est consacrée à une estimation quantifiée du ralentissement. Les lecteurs peu attentifs y ont trouvé nombre de raisons de sous-estimer l'article, quand il ne fut pas tenu pour purement fantaisiste. Il est vrai que Kant n'y justifie aucun chiffre – ni les valeurs qu'il prend par hypothèse, ni les calculs auxquels il les applique – et qu'il parvient, nous l'avons dit, à un résultat aberrant (AA 1, 188)[3]. Mais c'est lui faire un faux procès que de le lui reprocher : il écrit explicitement que toutes ses hypothèses sont arbitraires, qu'elles sont surestimées (§ 8) et que de nombreux facteurs sont négligés (comme le fait d'ignorer les différences de densité ou la résistance du frottement des courants sur le fond des océans). En réalité, Kant veut simplement donner une représentation, une modélisation et comme *visualisation* du phénomène, à savoir qu'une cause infime peut avoir des effets apparemment disproportionnés. C'est pourtant un défaut d'*Anschaulichkeit* qu'Adickes reprochera à Kant. Alors, tant qu'à donner des estimations arbitraires, autant qu'elles

---

1. Newton, *Optique*, Livre III, qu. 22.
2. Voir H.-J. Felber, « Kants Beitrag zur Frage der Verzögerung der Erdrotation », art. cit., p. 86.
3. Faute de calcul ou faute d'impression, il faut en réalité lire « 200 millions d'années » dans le texte de Kant.

soient frappantes pour le lecteur de la gazette de Königsberg, qui n'est peut-être pas le lecteur des *Acta Eruditorum* ou du *Journal des Sçavants*. Le mouvement des océans qui fait pression sur les côtes orientales des terres est équivalent à une masse d'eau qui tombe en chute libre sur les côtes. En supposant qu'il s'exerce sur une profondeur de 100 toises sur une ligne partant du pôle Nord au pôle Sud, et en supposant que sa vitesse soit d'un pied par seconde à l'équateur et décroît progressivement vers les pôles, l'estimation devient spectaculaire : voilà donc qu'une force équivalente à une masse d'eau pesant sur les côtes de l'Amérique épaisse de 1,5 millimètres, autant dire infiniment plus petite que le volume de la Terre, arrivera à freiner complètement la rotation de la Terre en à peine 2 millions d'années[1].

Si l'on compare les deux textes de 1754, tout se passe comme si Kant avait envisagé deux types de cause qui peuvent agir sur la rotation de la Terre : d'une part, une cause interne, l'attraction terrestre, qui doit être un facteur accélérateur ; d'autre part, une cause externe, l'attraction lunaire qui, par la médiation de ses effets sur les eaux des océans, doit être un facteur ralentisseur. Il est remarquable que les deux causes ne sont en fait que des phénomènes d'un même principe, la gravité, selon que l'on considère ses effets dans le système fermé qu'est la Terre, ou dans le système ouvert Terre-Lune-Soleil. En l'absence d'indication, on peut suggérer les motifs pour lesquels Kant a tranché le débat en faveur de la seconde conception. Premièrement, l'augmentation de la densité du centre de la Terre serait un effet limité dans le temps, alors que

---

1. Kant donne les valeurs de 1/224 pied et de 123 billions de fois plus petite.

l'attraction lunaire est permanente. Deuxièmement, même à supposer que le premier effet compense le second, il ne l'annule jamais : c'est bien une erreur que Kant dénonce comme inconvenante que de tenir pour négligeable ce dont les effets sont infimes mais constants. Troisièmement, l'explication par la cause interne considère la Terre comme un système fermé, alors qu'on ne peut décider de la rotation axiale sans prendre en compte toutes les forces en jeu dans le système Terre-Lune-Soleil.

Malgré ce texte remarquable, qui allie la rigueur du raisonnement aux vertus de la vulgarisation, Kant va être le premier responsable de son oubli.

LE STATUT DE L'ÉNONCÉ DU RALENTISSEMENT DE LA TERRE POUR KANT

Kant est bien l'auteur d'une découverte scientifique si on appelle ainsi la formulation d'un énoncé pourvu d'une justification complète à l'intérieur d'une théorie (ici, la physique newtonienne), énoncé qu'il a d'ailleurs été possible de vérifier après coup en exhumant les relevés astronomiques des temps anciens (seul type de vérification empirique possible en la matière)[1]. Et Kant tire les conséquences de cet énoncé, puisqu'il voit bien que ce n'est pas un arrêt complet de la rotation qui se produira mais une concordance de son mouvement de rotation sur elle-même avec le mouvement de révolution de la Lune autour de la Terre (§ 9-10) : la Terre tournera constamment la même face à

---

1. Le phénomène en question est le décalage constaté entre le lieu théorique des éclipses de Lune et leur lieu effectif. Kant affirme qu'il n'a lui-même « trouvé aucune trace de [cet] événement que l'on peut si vraisemblablement présumer » (AA 1, 188), oubliant au passage les relevés d'Halley en 1695.

la Lune, tout comme la Lune tourne constamment la même face à la Terre[1]. Mais il faut distinguer d'une part l'énoncé scientifique comme tel, que l'on qualifie après coup de découverte, du statut de cet énoncé pour Kant. Il faut mentionner à ce sujet deux faits textuels remarquables.

Premièrement, Kant ne fait plus jamais mention de l'énoncé ni de l'article, qui ne sera republié qu'après sa mort, par Nicolovius, en 1807. Dans le chapitre de la *Théorie du ciel* de 1755 consacré à « l'origine des lunes et des mouvements des planètes autour de leur axe », Kant mentionne juste le problème pour en reporter l'étude à un travail ultérieur puisque la *Théorie du ciel* aborde bien l'origine de la rotation axiale des planètes, mais non leur devenir (AA 1, 286-287). Plutôt que de supposer que Kant planifiait un texte qui n'a pas vu le jour, il est raisonnable de supposer que le manuscrit de la *Théorie du ciel* est contemporain de l'essai sur la rotation de la Terre, et que le second a simplement paru avant le premier. Au final cet article, comme sans doute tous les articles de la gazette de Königsberg, est resté inconnu de la communauté savante européenne pendant un siècle.

Deuxièmement, les seules notes ultérieures de Kant sur le sujet portent sur l'énoncé contraire, et reconnu aujourd'hui comme faux, de l'accélération de la rotation axiale. Ainsi dans la Réflexion 94, datée du milieu des années 1770, et qui a dû prendre place dans les cours de géographie physique, Kant note :

---

1. L'explication ne sera là aussi redécouverte qu'un siècle plus tard : voir G. H. Darwin, « On the analytical expressions which give the history of a fluid planet of small viscosity, attended by a single satellite », *Proceedings of the Royal Society of London*, 1880 (note de Johannes Raths en AA 1, 539).

S'il y a encore dans les profondeurs de la Terre, un chaos
dans lequel des matériaux lourds descendent peu à peu
vers le centre, alors que les plus légers, jusque là dispersés
en désordre dans cet amalgame, montent et parviennent
jusqu'à l'écorce devenue solide, le même processus que
ci-dessus doit se produire, quoique à un degré moindre.
En effet, chaque particule lourde, qui se trouvait autrefois
à une plus grande distance du centre, se trouve, après
être descendue, à la fin d'un rayon plus petit, et tend par
conséquent à parcourir, avec sa vitesse propre, un plus
petit angle de rotation dans le temps le plus court – et
ainsi à accélérer la rotation quotidienne de la Terre[1].

Pourquoi Kant revient-il à la mention exclusive de la
cause interne[2] et à son double effet (la contraction et
l'accélération de la rotation du globe) malgré l'article de
1754 ? Il poursuit :

Ce raisonnement semble donner à la théorie du célèbre
Euler sur le raccourcissement progressif de l'année le
complément qui lui manquait. Comme on ne pouvait, en
comparant l'observation de la durée des années anciennes
et récentes, confirmer ce que ses arguments déduisaient
de prémisses très vraisemblables, Euler émit l'hypothèse
(dans une lettre à l'évêque Pontoppidan) selon laquelle
la rotation axiale de la Terre s'était peut-être
progressivement raccourcie, pour des raisons inconnues,

---

1. *Réflexion 94*; AA XIV, 580; trad. dans Kant, *Géographie*
(1999), p. 344.
2. Puisque la gravité s'applique à l'intérieur du globe terrestre et
que les particules les plus lourdes chutent vers son centre, alors le centre
de gravité (*Schwerpunkt*) tend à se rapprocher du centre géométrique
(*Mittelpunkt*) du globe, déterminé comme le sommet commun d'une
infinité de pyramides dont les bases infiniment petites coïncident avec
une partie de la surface du globe – et tend ainsi à augmenter sa force
d'inertie dans sa rotation axiale.

ce qui aurait rendu imperceptible la différence du mouvement périodique.[1]

En effet, dans sa lettre à Erich Pontoppidan du 11 mai 1754 (que Kant ne pouvait donc connaître au moment de la rédaction de l'article), Euler réaffirme sa thèse d'un raccourcissement de l'orbite de la Terre sous l'effet de l'attraction du Soleil – et non pour des raisons inconnues comme dit Kant[2].

Le commentaire philosophique rencontre une difficulté insurmontable s'il postule que Kant a adopté successivement l'une et l'autre thèse, et qu'il a donc abandonné une hypothèse reconnue comme vraie pour une hypothèse fausse. Par contre, la difficulté est résolue si l'on prête attention au statut que Kant confère à ces énoncés, à savoir celui d'énoncés plus ou moins probables, mais en l'état des connaissances et des observations, indécidables. Trancher la question serait une faute intellectuelle, un abandon au dogmatisme. Le procédé kantien est manifeste dans l'article de 1754 sur le vieillissement de la Terre comme dans les articles de 1756 sur le tremblement de terre de Lisbonne, à l'occasion desquels il examine la valeur explicative d'hypothèses concurrentielles (voir ci-après). C'est à notre sens aussi de cette manière qu'il faut considérer ensemble l'article sur le ralentissement de la rotation axiale et les notes sur son accélération. Le

---

1. *Réflexion 94*; AA I, 581, trad. p. 346.
2. Euler, « Lettre du 11 mai 1754 à Erich Pontoppidan » (E 218), dans *Leonhardi Euleri Opera omnia*, II, 31, Birkhäuser Verlag, 1996, p. 263. Elle fait suite à la lettre d'Euler à Wettstein sur le rapprochement de la Terre vers le Soleil du 28 juin 1749 (E 183). L'évêque avait envoyé six questions à Euler afin de rédiger un essai sur la nouveauté du monde. Euler donne pour confirmation de sa thèse l'accélération relative du mouvement lunaire.

premier, rappelons-le, n'est pas une *réponse* à la question de l'Académie : « La rotation a-t-elle été modifiée ? », mais il est une *recherche* à son sujet (*eine Untersuchung der Frage*), une recherche sur les conditions d'opportunité d'une réponse à la question. De même, les secondes n'adoptent pas la thèse d'Euler mais recherchent les caractères de sa vraisemblance : « une des théories les plus acceptables », « cela semble compléter Euler », « s'il y a encore un chaos fluide à l'intérieur de la Terre » écrit Kant.

On pourrait encore objecter que Kant a beau jeu d'examiner des hypothèses opposées qui ne sont de toute façon pas vérifiables. Mais cela serait oublier que l'équivalence des énoncés du point de vue de leur vérifiabilité n'implique pas leur équivalence du point de vue de leur valeur explicative. D'autre part, cela serait également oublier le contexte historique de la science astronomique au moment où les énoncés sont formulés. Plus de trente ans après, l'Académie des Sciences de Saint-Pétersbourg reposera la même question, et le même Paulus Frisius remportera le concours en soutenant la même thèse[1]. L'énoncé du ralentissement de la rotation axiale ne sera progressivement reconnu par la communauté scientifique qu'à partir des années 1860.

Il y a deux manières de considérer l'article de 1754. Du point de vue de l'histoire des sciences, il permet de voir en Kant un précurseur. L'explication physique du ralentissement de la Terre proposée, qui fut à son époque une des toutes premières contributions sur une question elle-même radicalement neuve, reste de nos jours parfaitement valable, même si l'on reconnaît un faisceau

---

1. Voir H.-J. Felber, « Kants Beitrag zur Frage der Verzögerung der Erdrotation », art. cit.

de causes secondes et secondaires (perturbations électromagnétiques du noyau et du manteau de la Terre, changements climatiques et du niveau de la mer, etc.)[1]. Depuis 1972, des secondes intercalaires sont régulièrement ajoutées au temps universel coordonné (UTC) afin de compenser les effets du ralentissement de la rotation.

Maintenant, du point de vue de l'histoire de la pensée kantienne, il ne doit pas être lu comme un énoncé génial isolé, et à cause de cela oublié, parmi d'autres énoncés; mais il faut le lire conjointement avec la Réflexion 94 des années 1770 qui examine précisément l'hypothèse contraire. Or que le premier fasse l'objet d'une estimation aberrante et que cette dernière soit rétrospectivement fausse ne doit pas être interprété comme le signe d'une incompétence scientifique de Kant, parce que l'on manque alors le geste kantien qui est d'examiner la nature des problèmes physiques et la valeur respective d'hypothèses concurrentielle. L'article de 1754 mérite donc d'être réévalué, ne serait-ce que parce qu'il infirme à lui seul deux interprétations : d'une part, le vieux jugement d'Erich Adickes selon lequel Kant fut sans doute un *Naturphilosoph*, mais n'avait aucune compétence comme *Naturforscher*[2]; d'autre part la tendance rémanente à rapporter les réflexions de Kant sur la physique dans les années 1740 et 1750 au seul contexte physico-théologique.

Notre traduction suit le texte de l'Académie. Nous y joignons deux textes avec lesquels il est instructif de le confronter. Dans l'appendice I, nous traduisons une partie des premiers brouillons sur la rotation axiale de la Terre,

---

1. *Cf.* F. Richard Stephenson, « Historical eclipses and Earth's rotation », *Astronomy & Geophysics*, vol. 44, N. 2, 2003, p. 222-227.
2. E. Adickes, *Kant als Naturforscher, op. cit.*, II, p. 484-487.

où Kant envisage une toute autre hypothèse en suivant de très près un passage des *Principia* de Newton. Nous donnons ensuite dans l'appendice II des extraits de la conférence de Charles Delaunay de 1866 sur le ralentissement de la rotation, dont la très grande parenté des formulations avec celles de Kant (l'explication étant la même) ne peut manquer de frapper.

Édition : AA 1, 185-191.

RECHERCHE SUR LA QUESTION DE SAVOIR SI LA TERRE A SUBI DEPUIS LES PREMIERS TEMPS DE SON ORIGINE QUELQUE MODIFICATION DANS SA ROTATION AXIALE, QUI PRODUIT L'ALTERNANCE DU JOUR ET DE LA NUIT, ET COMMENT EN ÊTRE ASSURÉ, LAQUELLE A ÉTÉ POSÉE PAR L'ACADÉMIE ROYALE DES SCIENCES DE BERLIN POUR LE PRIX DE L'ANNÉE EN COURS (1754)

185 | On connaîtra d'ici peu le verdict que va rendre l'Académie Royale des Sciences au sujet des essais qui ont concouru pour le prix à l'occasion du problème de cette année. Je me suis livré à quelques réflexions sur le sujet, et comme je n'ai examiné que son côté physique, j'ai voulu il y a peu esquisser mes pensées, après m'être rendu compte que, sur cet aspect, le sujet n'était pas de nature à recevoir le degré de perfection que doit avoir un traité qui pourrait remporter le prix[1].

1. Le problème a été posé par la section *mathématique* de l'Académie Royale des Sciences pour l'année 1754 : « Si le mouvement diurne de la Terre a été de tout temps de la même rapidité, ou non ? Par quels moyens on peut s'en assurer ? Et en cas qu'il y ait quelque inégalité (*sic*), quelle en est la cause ? » (E. Winter, *Die Registres der Berliner Akademie der Wissenschaften 1746-1766*, *op. cit.*, p. 180). L'impossibilité d'un traitement satisfaisant du problème tient à l'impossibilité d'un traitement *mathématique* précis de la force de résistance que l'eau des océans oppose à la rotation axiale de la Terre. La remarque de Kant reste valable aujourd'hui encore (voir notre présentation).

Le problème de l'Académie est le suivant : *si la Terre a subi depuis les premiers temps de son origine quelques modifications dans sa rotation axiale, qui produit l'alternance du jour et de la nuit, quelle en est la cause et comment en être assuré*. On peut envisager cette question de manière historique, en comparant ce que les vestiges[1] les plus anciens de l'Antiquité révèlent sur la durée d'une année (et sur les rectifications[2] que l'on a dû effectuer pour empêcher que le début de l'année ne se déplace d'une saison à l'autre) avec la durée d'une année telle que déterminée de nos jours, afin de voir si une année dans les temps les plus anciens contenait plus ou moins de jours ou d'heures que maintenant : dans le premier cas, la vitesse de la rotation axiale a diminué, et a augmenté jusqu'à aujourd'hui dans le second[3]. Je ne chercherai pas

1. *Denkmale*. Les vestiges dont il s'agit sont surtout les récits historiques qui ont pu être consignés (parfois sur des *monuments*), et auxquels Kant fait allusion par la suite quand il parle des témoignages (*Urkunde*, § 2), des preuves (*Zeugnisse*) et des traces (*Spuren*, § 9) des documents historiques, par ailleurs qualifiés de peu fiables au regard de la fiabilité des lois de la physique. Mais on ne peut exclure qu'il s'agisse aussi des monuments de la nature, comme des traces géologiques par exemple. La traduction par « vestiges » permet de maintenir les deux sens. Du point des vue des témoignages historiques, il faut bien sûr mentionner Ptolémée qui indique que la durée d'une année à son époque – 365 jours 5 heures et 55 minutes – est la même que celle trouvée par Hipparque à son époque (cf. *Almageste*, livre III, chap. 1).

2. *Einschaltungen*, littéralement les interventions ou les intercalaires. Il s'agit du problème du mois intercalaire – et de sa durée (de 22 à 29 jours) – dans les calendriers pré-juliens, avant l'adoption des années bissextiles ; et non du problème de la détermination du début de l'année à Noël (style de la Nativité), le 1er janvier (style de la circoncision) ou à Pâques (style de Pâques).

3. Aujourd'hui encore, la compilation des relevés historiques des éclipses lunaires depuis 2500 ans reste la principale source d'information sur l'évolution à long terme de la rotation axiale de la Terre, partant de la durée du jour. Voir note 1, présentation, p. 263.

d'éclaircissement du côté de l'histoire dans mon exposé. **186** Je trouve | ses témoignages si obscurs et leurs informations si peu fiables au regard de la question présente, qu'une théorie qui serait conçue de telle sorte qu'elle concorde avec les fondements de la nature ressemblerait vraisemblablement beaucoup à une fable[1]. Je m'en tiendrai donc uniquement à la nature, dont les liaisons peuvent clairement indiquer la direction à suivre et permettre d'orienter du bon côté les observations tirées de l'histoire.

La Terre tourne continuellement autour de son axe d'un mouvement libre qui, après lui avoir été imprimé une fois pour toutes lors de sa formation, persisterait dès lors à l'infini sans changement, avec la même vitesse et la même direction, si aucun obstacle ni aucune cause extérieure ne survenaient pour le ralentir ou l'accélérer. Je me propose de montrer qu'une telle cause extérieure existe réellement, et que cette cause fait peu à peu diminuer le mouvement de la Terre et tend à annuler sa rotation sur une période extrêmement longue. Cet événement, qui doit se produire un jour, est si important et si extraordinaire que, bien que le moment fatidique de sa réalisation est tellement éloigné que même la capacité du globe terrestre d'être habité et la durée de la race humaine n'atteignent peut-être pas le

---

1. Plus les informations factuelles historiques sont imprécises, plus un expédient est nécessaire pour les faire concorder avec les principes généraux de la physique dont elles semblent s'écarter. Malgré lui, Kant donne un très bon exemple de telles explications imaginaires lorsqu'il veut rendre compte à l'intérieur de son hypothèse sismologique – elle-même fausse – de phénomènes rapportés dans des gazettes mais qui n'ont très probablement jamais existé, comme l'ouverture d'un gouffre rempli d'eau près d'Angoulême ou l'évidement du lac de Neuchâtel (voir l'*Histoire et description naturelle des tremblements de terre* (1756); AA 1, 437).

dixième de cette période[1], cependant, la simple certitude de ce destin inéluctable et la marche constante de la nature vers celui-ci, est un sujet digne d'étonnement et de recherche.

Si le ciel[2] était rempli d'une matière quelque peu résistante, alors la rotation quotidienne de la Terre trouverait en celle-ci un obstacle permanent, qui consumerait peu à peu sa vitesse pour finalement l'épuiser en totalité. Mais il ne faut pas s'inquiéter d'une telle résistance depuis que Newton a montré de manière convaincante que le ciel – qui laisse même les légères vapeurs des comètes suivre un mouvement libre et sans entrave – doit être rempli d'une matière infiniment peu résistante[3]. En dehors de cet obstacle que l'on na pas à supposer, il n'y a pas d'autre cause extérieure qui puisse avoir d'influence sur le mouvement de la Terre que l'attraction de la Lune et du Soleil ; laquelle, étant le moteur universel de la nature à partir duquel Newton a dévoilé tous ses secrets d'une manière si distincte et

---

1. La période est estimée à 200 millions d'années, en corrigeant la valeur de 2 millions d'années donnée par Kant (voir note 1, p. 284).

2. *Himmelsraum*. Il s'agit de l'espace au sens astronomique et non de l'atmosphère terrestre.

3. Kant ne reprend donc pas la thèse d'Euler de l'existence d'une résistance de l'éther, mais reprend l'hypothèse newtonienne, en faisant ici plutôt référence aux formulations de l'*Optique*, où l'espace est rempli d'une matière infiniment dispersée et infiniment peu résistante, plutôt qu'à celles de *Principia* où l'espace céleste est vide de matière, et par conséquent exempt de toute résistance : « Les planètes et les comètes, et tous les corps massifs ne peuvent-ils pas se mouvoir plus librement, et trouver moins de résistance dans ce Milieu éthéré, que dans aucun fluide qui remplirait exactement tout l'espace sans laisser aucun pore (...) ? Et la résistance de ce milieu ne peut-elle pas être si petite qu'elle ne soit d'aucune considération ? Par exemple, si cet *Ether* (car c'est ainsi que je le nommerai) était supposé 700 000 fois plus

187 indubitable, | fournit un fondement tout à fait solide pour engager un examen assuré[1].

Si la Terre était une masse entièrement solide sans aucun élément fluide[2], alors ni l'attraction du Soleil ni celle de la Lune ne modifierait son mouvement libre de rotation axiale; puisqu'elle attire avec une force égale aussi bien la partie orientale que la partie occidentale du globe terrestre et ne provoque ainsi aucune inclination d'un côté ou de l'autre, laissant donc la Terre totalement libre de poursuivre cette rotation sans entrave, comme si elle ne subissait aucune influence extérieure. Mais dans le

élastique que notre Air, et plus de 700 000 fois plus rare, sa résistance serait plus de 600 000 000 fois moindre que celle de l'eau, et une si petite résistante causerait à peine aucune altération sensible dans les mouvements des planètes en dix mille ans. Si quelqu'un s'avisait de me demander comment un milieu peut être si rare, qu'il me dise lui-même comment dans les parties supérieures de l'atmosphère l'air peut être plus de mille fois cent mille fois plus rare que l'or » (Newton-Coste, question 22, p. 522-523). La formulation est un peu plus radicale à la question 28, où toute résistance est exclue : « Il suit [des mouvements réguliers et constants des planètes et des comètes, qui vont en tous sens au travers des cieux] que les Espaces célestes sont privés de toute résistance sensible, et par conséquent de toute matière sensible » (Newton-Coste, p. 538-539); « Pour assurer les mouvements réguliers et durables des planètes et des comètes, il est absolument nécessaire que les cieux soient vides de toute matière, excepté peut-être quelques vapeurs très légères, ou exhalaisons qui viennent des atmosphères de la Terre, des planètes et des comètes » (Newton-Coste, p. 543).

1. Kant réduit ainsi les causes *extérieures* possibles qui pourraient agir sur la rotation axiale à une seule. Il n'évoque pas ici, même pour la rejeter, la possibilité d'une cause *interne*, comme par exemple la chute progressive du centre de gravité vers le centre géométrique (voir l'appendice et notre présentation sur les raisons probable de ce choix).

2. « Élément fluide » : *Flüssigkeiten*. Plus bas, Kant parle de *flüssiges Element* et de *flüssige Materie*, pour désigner les eaux d'une planète, en tant qu'elles composent avec l'élément terrestre la matière d'une planète.

cas où la masse d'une planète contient en elle une quantité considérable d'élément fluide, alors l'attraction conjointe de la Lune et du Soleil, en mettant en mouvement cette matière fluide, communiqueront à la terre une partie de cette perturbation. La Terre est dans une telle situation. L'eau des océans recouvre au minimum le tiers de sa surface[1] et est en mouvement permanent à cause de l'attraction des corps célestes mentionnés, et précisément d'un mouvement orienté vers le côté exactement opposé à la rotation axiale. Il mérite donc d'être examiné si cette cause n'est pas à l'origine d'une modification de la rotation. L'attraction de la Lune, qui a la plus grande part dans cet effet, maintient l'eau des océans dans un soulèvement permanent par lequel elle tend à aller et à s'élever vers les points situés exactement sous la Lune, à la fois du côté de la Terre qui est tourné vers la Lune que du côté qui lui est opposé ; et parce que les points de ce renflement se déplacent d'Est en Ouest, ils communiquent à la totalité de l'océan un courant permanent orienté précisément vers cette région[2].

---

1. En réalité, les océans recouvrent 71 % de la surface du globe terrestre, soit deux fois plus que l'estimation de Kant.
2. *Cf.* Newton, *Philosophiae naturalis principia mathematica*, livre III, prop. XXIV, théorème XIX. L'attraction de la Lune sur la Terre produit des renflements de l'océan diamétralement opposés, le renflement le plus proche de la Lune étant plus important en raison de la force gravitationnelle. L'expression « l'eau s'efforce d'aller vers les points situés exactement sous la Lune » traduit le fait que la rotation de la Terre entraîne avec elle les renflements qui se forment en direction de la Lune : l'obliquité de position des renflements par rapport à la Lune (que l'on observe empiriquement par le retard de la pleine mer – d'environ 3 heures – sur le passage de la Lune dans la direction du midi) donne naissance à deux forces qui contrarient le mouvement de rotation de la Terre, provoquant ce que Kant appelle un courant d'Est en Ouest. Voir le schéma de Charles Delaunay dans l'appendice II, p. 294.

L'expérience des navigateurs a depuis longtemps mis hors de doute ce mouvement universel, que l'on observe le plus clairement dans les détroits et dans les golfes, où la vitesse de l'eau augmente puisqu'elle doit suivre un chenal étroit. Puisque ce courant est exactement opposé à la rotation de la Terre, nous tenons là une cause dont on peut sûrement escompter qu'elle tend en permanence à affaiblir et à diminuer celle-ci autant qu'il est en son pouvoir.

Il est vrai que si l'on compare la lenteur de ce mouvement avec la vitesse de la Terre, la faiblesse de la quantité d'eau **188** | avec la grandeur du globe, et la légèreté de la première avec le poids du second, il pourrait sembler que son effet doive être tenu pour rien. Mais si l'on considère d'autre part que cette action est continue, qu'elle dure depuis toujours et qu'elle existera toujours ; et que la rotation de la Terre est un mouvement libre tel que la plus infime quantité qui lui est enlevée reste perdue si elle n'est pas compensée ; et qu'au contraire, la cause du ralentissement reste continûment active avec la même force, alors ce serait une prévention peu convenable pour un philosophe que de tenir pour négligeable un effet infime qui, par sa constante accumulation, doit pourtant finir par épuiser même la plus grande quantité[1].

Afin de pouvoir évaluer à peu près l'importance de l'effet que le mouvement continu de l'océan d'Est en Ouest oppose à la rotation axiale de la Terre, nous ne tiendrons compte que de l'assaut de l'océan sur les côtes orientales de la terre ferme d'Amérique, dont nous prolongeons l'étendue jusqu'aux deux pôles afin de compenser plus

---

1. Kant vise peut-être ici Newton qui, dans un autre contexte, juge négligeable une résistance qui est infime (voir note 3, p. 277).

qu'il n'est nécessaire ce qui lui manque, à savoir la pointe saillante de l'Afrique et les côtes orientales de l'Asie[1]. Supposons que la vitesse dudit mouvement de l'océan soit d'un pied par seconde à l'équateur et supposons qu'elle décroît vers les pôles dans la même proportion que le cercle des parallèles[2] ; et supposons enfin que la hauteur de la surface que la terre ferme offre aux assauts de l'eau, mesurée par la verticale de la profondeur immergée, soit de 100 toises (ou verges françaises de six pieds)[3] : alors nous trouverons que la force que le mouvement de la mer fait peser sur cette surface opposée est égale au poids d'un

1. Kant fait comme si la totalité des forces qui s'exercent sur les côtes orientales des continents (à savoir les côtes Est de l'Amérique, de l'Asie et de l'Afrique – à quoi il faudrait sans doute aussi ajouter l'Australie) était équivalente à une force qui s'exercerait sur la côte Est d'un continent qui s'étendrait d'un pôle à l'autre. Il paraît douteux que la prolongation ainsi proposée compense « plus qu'il n'est nécessaire » l'action de l'océan sur la totalité des côtes orientales manquantes ; surtout si l'on suit l'indication même de Kant selon laquelle la force de résistance décroît en raison inverse de la latitude : la force qui s'exerce sur les côtes équatoriales de l'Asie ne pourrait donc pas être compensée par celle qui s'exercerait sur des terres polaires. Par ailleurs, Kant a lui-même remarqué que l'attraction de la Lune produit deux renflements – et donc deux courants marins – diamétralement opposés, et non un seul.

2. Plus on se rapproche des pôles, plus le rayon de la parallèle qui détermine la latitude est petit. Si R est le rayon de la Terre à l'équateur et r le rayon du cercle d'une latitude quelconque x, alors la vitesse v_x du courant induit par l'attraction lunaire à la latitude x vérifie : $v_x / V_{équateur} = r / R$, soit $v_x = r / R$ avec l'hypothèse $V_{équateur} = 1$ pied/seconde.

3. La toise est une mesure française qui vaut 1, 949 mètres (le pied de Paris ou pied-de-Roi valant 0, 32485 m.). Kant suppose donc que la profondeur moyenne des côtes est d'environ 200 mètres. Cela s'entend du rivage immédiat, mais les mesures actuelles donnent une profondeur moyenne des océans de 3800 mètres.

volume d'eau, dont la base recouvre toute la surface imaginée d'un pôle à l'autre, et dont la hauteur est égale à 1/224ᵉ de pied[1]. Cette masse d'eau, qui contient onze fois cent mille toises cubiques, est 123 billions de fois plus

---

1. Kant ne justifie pas ce chiffre, que l'édition de l'Académie croit bon de considérer comme une faute d'impression pour 1/124 (AA 1, 540). Pourtant la reconstruction du raisonnement et du calcul probable de Kant nous amène à maintenir le chiffre original de 1/224 pour les raisons suivantes.

1) D'après l'hypothèse de Kant, puisque la vitesse du mouvement de l'eau dans un hémisphère en un point est une fonction affine directe de l'inverse de la parallèle sur lequel se trouve ce point (*Cf.* note 2, p. 281 : v_x / $V_{équateur}$ = r / R) ; puisque la vitesse est par hypothèse de 1 pied par seconde à l'équateur et nulle au pôle ; alors à supposer que le globe terrestre est une sphère parfaite, la vitesse moyenne de l'océan dans l'hémisphère est : v_m = ½ pied par seconde. En effet, tout défaut de vitesse au Nord du 45ᵉ parallèle Nord est compensé par l'excès de vitesse au parallèle symétrique par rapport au 45ᵉ : ainsi, la vitesse est de ¾ de pied par seconde au parallèle 22°50' Nord et de ¼ de pied par seconde au parallèle 67°50' Nord). Par ailleurs, l'hypothèse de Kant repose sur l'identification de la force du courant sur les côtes à une masse d'eau couvrant toute la surface déterminée et chutant à la vitesse du courant, qui est ici en moyenne de ½ pied par seconde. Cela revient donc à identifier la vitesse du courant à une vitesse de chute sur les côtes. Par la proposition XXVI du livre II des *Principia mathematica philosophiae naturalis*, la vitesse de chute est déterminée par l'équation (a) : v^2 = 2gh. Connaissant la vitesse moyenne v du courant, et la valeur g de la pesanteur, il est donc aisé de trouver la hauteur en question.

2) Dans l'édition de l'Académie, Johannes Raths, en prenant sans la justifier la valeur g = 31 pieds/seconde² (et non 31 pieds !), calcule avec justesse que la hauteur théorique de chute à l'équateur (v = 1) est de 1/62 pieds (AA 1, 540). Or il considère ensuite que la *hauteur* de la masse d'eau est inversement proportionnelle à la latitude et trouve donc une hauteur d'eau moyenne de 1/124 pied – interprétant ainsi la valeur 1/224 comme une faute d'impression. Mais Kant dit bien que c'est la *vitesse* qui est inversement proportionnelle à la latitude, sachant que la hauteur d'eau est supposée égale d'un pôle à l'autre.

petite que le volume du globe terrestre[1], et puisque le poids de cette masse d'eau fait constamment pression contre le mouvement de la Terre, on peut trouver facilement combien de temps devra s'écouler avant que cette force de résistance n'épuise le mouvement de la Terre en totalité. Cela prendrait 2 millions d'années si l'on suppose que la vitesse du courant de l'océan reste la même jusqu'à la fin, et que les continents | ont une densité égale à celle de la matière de **189**

3) La seule difficulté de l'équation (a) est donc l'estimation de la gravité g. Nous n'avons aucune indication textuelle sur ce point. Nous pouvons simplement raisonnablement conjecturer que Kant prend la valeur employée par Newton lui-même, qui indique qu'un corps en début de chute parcourt « quinze pieds à la seconde ». En appliquant l'équation galiléenne de la chute des corps (b) : $2h = gt^2$, on obtient g = 30 pieds/seconde[2]. Or il faut faire attention que Newton emploie le pied de Londres (0, 3048 mètres) alors que Kant emploie expressément les unités de mesure françaises, ici (voir note 3, p. 281) comme en d'autres textes, et donc le pied de Paris (0, 3248 mètres). La conversion donne g = 28,15 soit environ 28 pieds/seconde[2] (pieds de Paris). En appliquant les valeurs v = ½ et g = 28 dans (a), on trouve très précisément h = 1/224 pied.

L'estimation chiffrée importe peu, puisque Kant va lui-même dire que la vitesse prise à l'équateur de 1 pied par seconde est très nettement surestimée. Il importe surtout de frapper le lecteur, puisque la force qui va finalement provoquer l'arrêt complet de rotation de la Terre est équivalente à une masse d'eau qui presse les côtes de l'Amérique – masse dont la profondeur est de 200 mètres et la hauteur de 1/224 pied soit… 1,5 millimètres !

1. Le « billion » désigne en Allemagne à l'époque un million de millions soit 10^{12}. Cette indication permet d'obtenir la valeur du rayon R de la Terre avec laquelle Kant travaille : en effet si 1 100 000 toises cubiques sont 123.10^{12} fois plus petites que le volume de la Terre ($V = 4/3. \pi.R^3$), à supposer qu'elle soit une sphère parfaite, alors le calcul donne un rayon d'environ 3, 190 millions de toises, ce qui est en effet conforme à la valeur alors reçue, entre autre par Newton (3, 25 millions de toises).

l'eau[1]. A ce compte là, le ralentissement à moyen terme, quand la diminution n'est pas encore conséquente, par exemple d'ici deux mille ans, devrait être si important que la durée d'une année devrait être plus courte de 8 heures ½, parce que la rotation axiale sera devenue d'autant plus lente[2].

Ceci dit, la diminution du mouvement quotidien doit être en réalité grandement limitée pour les raisons suivantes :

1. Pour arrêter le mouvement de rotation, il faut que le ralentissement par jour soit de 24 heures. Il faut donc que la quantité de mouvement de la Terre soit égale à la somme des quantités de mouvement moyennes qui s'y appliquent : Masse $_{Terre}$ × Vitesse angulaire $_{Terre}$ = masse $_{Résistance}$ × force × Temps

La vitesse angulaire de rotation (distance parcourue par un point à la surface de la Terre en une journée) vaut : $2\pi R/24.3600 = 1500$ pieds par seconde. Pour transposer le rapport de 1 à 123 billions concernant les volumes respectifs de l'eau en mouvement et de la Terre en un rapport des masses, il faut supposer comme le fait Kant que leurs densités sont égales. En appliquant alors ce rapport de 1 à 123 billions, et en prenant la valeur $g = 30$ pieds/seconde[2], le calcul donne environ 209 millions d'années – soit 200 millions d'années – et non 2 millions d'années. Sur l'erreur de calcul de Kant, Adickes note : « Cela montre seulement de nouveau que Kant n'était pas proprement mathématicien ni physicien. Concevoir des pensées nouvelles, géniales, radicales : voilà ce qu'il a en propre. Mais la justification et la réalisation physique restent souvent loin derrière » (*Kant als Naturforscher*, II, 1925, p. 318).

2. Si le ralentissement de la Terre est de 24 heures au bout de 2 000 000 d'années, alors son ralentissement d'ici 2000 ans est mille fois moins important, soit 0, 024 heures (c'est-à-dire environ une minute et demi, et non 8 heures et demi). Et si l'on tient compte de l'erreur de calcul de Kant, il ne s'agira en fait que de la centième partie de cette durée, à savoir 0, 864 secondes. Dans sa conférence de 1866, Charles Delaunay estime que « la durée du jour n'augmenterait d'une seconde que dans l'espace de 100 000 ans » (*Conférence sur l'astronomie et en particulier sur le mouvement du ralentissement de rotation de la Terre*, cf. appendice II, p. 24). L'allongement du jour est aujourd'hui estimé à 0, 00164 secondes par siècle : voir G. Pascoli, *Astronomie fondamentale*, *op. cit.*, p. 19.

1) la densité de la masse totale de la Terre n'est pas égale
à la pesanteur spécifique de l'eau, contrairement à ce qui
a été avancé ici[1] ; 2) la vitesse du mouvement de l'océan
dans son étendue ouverte semble être sensiblement inférieure
à un pied par seconde[2]. Mais d'un autre côté, ce manque
est très largement compensé par le fait que 1) la force du
globe terrestre, qui est ici estimée être un mouvement
élancé avec la vitesse d'un point à l'équateur, n'est qu'un
mouvement de rotation axiale qui est sensiblement plus
faible ; et qu'à cela, la résistance[3] qui s'applique à la surface
d'un globe tournant sur lui-même bénéficie d'un effet de
levier en vertu de sa distance au centre, ce qui fait que ces
deux causes prises ensemble augmentent la diminution
provoquée par l'assaut de l'eau d'environ 5 ½[4] ; et 2) et
ce qui est le plus important, c'est que cette action du
mouvement de l'océan ne se fait pas sentir uniquement
sur les aspérités saillantes du fond de la mer, sur les
continents, sur les îles et les récifs, mais elle s'exerce aussi

1. La densité de la Terre sera mesurée en 1798 par l'expérience
d'Henry Cavendish (1731-1810), dans les « Experiments to determine
the density of the Earth », *Philosophical Transactions*, 1798, p. 469. La
valeur trouvée (5, 448 g/cm[3]) est proche de celle admise aujourd'hui
(5, 517 g/cm[3]).
    2. Alors que le chiffre d'un pied par seconde à l'équateur n'avait
pas été justifié, Kant dit qu'il faut cependant le revoir à la baisse parce
que les continents ne présentent pas une barrière continue d'un pôle à
l'autre.
    3. *Hinderniß*, littéralement obstacle. Nous traduisons résistance
puisqu'il s'agit d'une force qui s'applique (*anbringen*) à la surface du
globe.
    4. Il est difficile de donner une raison de ce chiffre. Là encore,
l'estimation précise ne nous semble pas ce qui est en question (car en
vertu de quoi les deux causes mentionnées se verraient-elles affectées
d'un coefficient commun de pondération de 5 ½ ?) : il s'agit surtout
de montrer que les ordres de grandeurs ne sont qu'indicatifs et non
significatifs.

sur la totalité du fond de la mer, où elle est en réalité bien moins importante que dans l'assaut frontal du premier calcul, mais où elle est en revanche surabondamment compensée du fait de l'étendue de l'espace où elle s'exerce et qui dépasse de 8 millions de fois la surface précédemment mentionnée.

Après cela, il ne sera plus possible de mettre encore en doute le fait que le mouvement incessant de l'océan d'Est en Ouest[1], qui a une puissance réelle considérable, contribue également en permanence en quelque chose à la diminution de la rotation axiale de la Terre, et que son effet ne doit pas manquer d'être perceptible à long terme. Il faudrait maintenant à juste titre produire des preuves historiques pour étayer cette hypothèse, mais je dois avouer que je n'ai pu trouver aucune trace d'un événement que l'on peut si vraisemblablement présumer, | et je laisse par conséquent à d'autres le mérite de combler cette lacune autant que possible.

Si la Terre s'approche progressivement de l'arrêt de sa rotation, alors la période de ce changement sera achevée quand sa surface sera en repos relatif par rapport à la Lune, c'est-à-dire quand elle tournera autour de son axe exactement dans le même temps que la Lune met pour tourner autour de la Terre, et qu'elle lui présentera par conséquent toujours la même face. Cet état sera occasionné par le mouvement de la matière fluide qui recouvre une partie de sa surface sur une profondeur relativement faible. Si elle était fluide de part en part jusqu'en son centre, alors l'attraction de la Lune ramènerait en un temps très court son mouvement de rotation axiale à ce mouvement résiduel limité. Cela

---

1. Le texte dit fautivement « von Abend gegen Morgen », et n'est pas corrigé par l'édition de l'Académie, malgré les occurrences de l'expression en [187] et [188].

nous fait voir clairement en même temps la cause qui a contraint la Lune à présenter toujours la même face à la Terre dans son orbite autour de celle-ci. Ce n'est pas parce qu'il y a un excédent de la partie visible de la Lune par rapport à la partie cachée, mais c'est parce qu'il y a une rotation vraiment uniforme de La lune autour de son axe précisément dans le même temps qu'elle met pour tourner autour de la Terre, que la Lune présente continuellement la même moitié à la Terre[1]. On peut en conclure avec sérieux que l'attraction qu'a dû exercer la Terre sur la Lune au moment de sa formation originaire, quand elle était encore une masse fluide, a dû réduire son mouvement de rotation axiale – qui a probablement dû être plus rapide à l'époque chez cette planète voisine – à ce mouvement résiduel limité de la manière indiquée ci-dessus. Par où l'on voit aussi que la Lune est un corps céleste plus tardif et qui s'est adjoint à la Terre après que la Terre ait déjà perdu sa fluidité et ait pris son état solide ; car sinon l'attraction de la lune aurait immanquablement fait subir à la Terre en peu de temps le même sort que la Lune a subi de [l'attraction de] notre Terre. On peut considérer cette

1. Le problème est exposé, sans solution, dans la *Théorie du ciel* de 1755 : « Si c'est la formation même d'un corps qui produit sa rotation axiale, alors tous les globes de l'univers doivent normalement en avoir une ; mais alors pourquoi la Lune n'en a-t-elle pas, elle qui semble, quoique ce ne soit qu'une apparence, posséder une rotation par laquelle elle tourne vers la Terre toujours la même face, ce qui, pour certains, provient d'une sorte d'excédent de l'un de ses hémisphères plutôt que d'une véritable impulsion de sa rotation ? N'aurait-elle pas autrefois tourné plus vite autour de son axe et, pour je ne sais quelles raisons qui ont peu à peu ralenti ce mouvement, a été amenée à ce reste faible et restreint. On peut résoudre cette question à propos d'une seule planète et l'application aux autres coulera de source. Je réserve cette solution pour une autre occasion car elle a un lien nécessaire avec le problème qu'a proposé l'Académie Royale des Sciences de Berlin pour l'année 1754 » (AA 1, 286-287, trad. p. 125).

dernière remarque comme un essai d'histoire naturelle du ciel dans laquelle le premier état de la nature, la formation des corps célestes, et les causes de leurs rapports systématiques doivent être déterminés à partir des caractères que les relations à l'intérieur de la structure du monde font apparaître. Cette considération, qui transpose à grande échelle, ou plutôt à l'infini, que ce que contient l'histoire de la Terre à une petite échelle, peut être menée dans cette

191 large extension avec autant de confiance | que l'on a montré dans les tentatives faites de nos jours pour esquisser [une histoire naturelle] de notre globe terrestre. J'ai consacré à ce sujet une longue suite de réflexions et je les ai assemblées en un système qui va être publié prochainement sous le titre : *Cosmogonie, ou essai pour déduire l'origine de l'Univers, la formation des corps célestes et les causes de leurs mouvements, à partir des lois universelles du mouvement de la matière, conformément à la théorie de Newton*[1].

APPENDICE I

PREMIER BROUILLON SUR LA ROTATION DE LA TERRE (1754)[2]

3 | Le pôle C n'est pas à une hauteur proportionnée de cette même masse fluide qui puisse la maintenir en équilibre, et il s'en faut de beaucoup qu'elle ne soit plus petite que de $1/28^e$ sous le pôle C qu'elle n'est en B (ce qu'exige la

---

1. Le texte sera publié en 1755 sous le titre d'*Histoire générale de la nature et théorie du ciel, ou tentative pour déduire la constitution et la formation mécanique de l'Univers à partir des principes newtoniens*.
2. Le texte fait partie des « feuilles détachées » publiées en AA 23, 3-7 sous le titre *Fragment zur Preisfrage von 1754*. Le texte fait directement référence à la proposition 19 du livre III des *Philosophiae naturalis principia mathematica* de Newton (« trouver la proportion

force centrifuge)[1], et encore moins a-t-elle de hauteur mesurable[2]. Cependant la surface fluide de la Terre conservera en réalité cette forme elliptique à cause de la variation de la direction de la pesanteur orientée vers le centre C, laquelle provient de la rotation axiale, indépendamment des lois de l'équilibre, puisque en partant du pôle C la véritable ligne horizontale qui soit en effet perpendiculaire à toutes les directions de la pesanteur se prolonge précisément dans la ligne BC et s'arrête à l'équateur au point B, parce que la ligne BD est très petite au regard de la moitié du diamètre de la Terre BA si l'on trace à partir du point D une ligne DE parallèle à l'ellipse du haut et qui soit horizontale au point D et où donc le point E sur la ligne EC est au dessus de l'horizontale au point D, puisque EC est pratiquement égale à la ligne BD, et du fait que les éléments fluides ont une même hauteur et sont chacun en équilibre, la matière fluide en C a exactement le même équilibre que la matière fluide en B.

| Cela se produit uniquement si le globe intérieur ADC 4 est solide. Mais supposons que la masse toute entière de la Terre soit fluide et décrivons au dedans une ligne HE partant d'un point E sur l'axe et allant horizontalement vers un point H et par rapport à laquelle toutes les directions

de l'axe d'une planète au diamètre qui lui est perpendiculaire »), et le confronte aux analyses de Huygens sur l'effet de la pesanteur (*Schweere*, somme vectorielle de la force centrifuge – *Centrifugalkraft* – et de la gravité – *Gravitaet*) sur la forme de la Terre. La version finale du texte négligera totalement la force centrifuge, induite par le mouvement de rotation axiale.

1. L'édition laisse fautivement 1/28 – alors que Newton indique 1/289e, ainsi que la suite du texte l'atteste.

2. Le texte de Kant n'est pas accompagné de schéma, mais l'ensemble du texte indique clairement qu'il a sous les yeux l'édition parue en 1714 à Amsterdam des *Philosophiae naturalis principia mathematica* (Warda V, n. 23).

de la gravité sur cette surface sont en tous lieux perpendiculaires. Mais parce que dans l'hypothèse de Huygens la gravité à n'importe quelle distance du centre est égale à la force centrifuge[1], il s'ensuit aussi que cette déviation occasionnée de la direction gravitationnelle décroît avec la distance au centre de sorte que la petite sphère ainsi engendrée reçoit un faible aplatissement tel que le rapport du diamètre entre AE et AH est plus petit qu'entre AC et AB et est même plus petit que AH qui contient en lui AB[2].

Mais si l'on prend la ligne horizontale qui part de D et s'arrête en E, qui n'est vraiment pas en tout point à égale

1. *Cf.* Christiaan Huygens, « Discours sur la cause de la pesanteur » (1690), dans *Traité de la lumière*, Paris, Dunod, 1992, p. 188 : « J'ai supposé que la pesanteur est la même au dedans de la Terre qu'à sa surface ; ce qui me paraît fort vraisemblable, nonobstant la raison qu'on peut avoir d'en douter (…). Mais quand il en serait autrement, cela ne changerait presque rien à ce qui a été trouvé de la figure de la Terre : mais bien alors quand la force centrifuge fait une partie considérable de la pesanteur, ou qu'elle lui est égale, comme dans le cas de la figure parabolique, qui alors deviendrait tout autre » (Addition sur les Principes mathématiques de Newton).

2. Les indications raturées de Kant (AA 23, 3, n. 20) permettent de reconstituer la figure suivante : FG, cercle de centre A ; les « lignes de niveaux » HE et BC sont des sphères de centre A ; HB > CE.

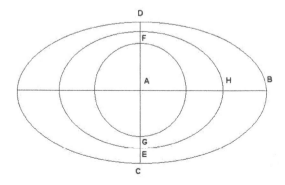

distance de la ligne horizontale au-dessus BC mais dont
au contraire la hauteur EC est plus petite que BD (puisque
cette différence est véritablement plus grande lorsque l'on
prend une ligne horizontale entre le centre et un point E
sur l'axe qui coupe le diamètre de l'équateur en H), alors
la ligne BH est plus grande que la ligne GC, et par
conséquent aussi la hauteur du point B à l'équateur sur
l'horizontale du pôle F est plus grande que la hauteur que
le point C fait sur cette même horizontale et ainsi la sphère
fluide ne pourra avec cette forme rester en équilibre en
vertu de la seule direction de la pesanteur, si la force
centrifuge – qui fait diminuer la pesanteur du volume fluide
BH précisément à mesure qu'elle augmente à cause de
l'obliquité de direction de la gravite – ne détermine pas
complètement en même temps l'équilibre. Maintenant
puisque la figure, que tend à prendre la surface selon la
l'orientation de la direction de la gravité, contient en elle
un rapport du diamètre de l'équateur à l'axe de 578 / 577,
mais qu'elle ne peut maintenir, il faut donc que le diamètre
à l'équateur se réduise d'1/578e en vertu de la force
centrifuge aussi bien que de la pesanteur du volume fluide,
ce qui se produit effectivement | ; mais parce que d'un 5
autre côté, dans l'état fluide de la Terre, la force centrifuge
tend à produire un allongement de l'équateur d'1/578e en
raison de la diminution de la pesanteur, mais qu'elle n'y
arrive pas, à moins que la direction de la pesanteur ne
devienne perpendiculaire à un telle sphère et n'ait en même
temps la valeur que nous avons trouvée, nous nous trouvons
alors devant un accord merveilleux de deux principes
totalement différents et provenant de *principia* totalement
indépendants, mais qui s'accordent ensemble pour
déterminer la même figure[1].

---

1. Nous laissons *principium* en latin dans le texte, comme Kant qui
emploie *Grund* et *principium* dans la même phrase.

Mais cela ne se produit qu'en supposant l'hypothèse de Huygens d'après laquelle la gravité à l'intérieur de la Terre est égale, quelle que soit la distance au centre, et est toujours dirigée vers le même point. Mais l'on a des raisons de douter de ces deux hypothèses depuis la découverte convaincante faite par Newton de l'attraction, dont le *phénomène* est la gravité. Si nous considérons maintenant, simplement comme un cas possible, que la gravité à l'intérieur de la Terre décroît avec la distance au centre, il mérite d'être noté que parce que la force centrifuge devient plus petite que la pesanteur à mesure qu'elle s'approche du centre, la matière perd en chaque point du diamètre de l'équateur B autant de pesanteur, à savoir 1/289e, et va par conséquent tendre vers un aplatissement uniquement pour une raison d'équilibre dans un état fluide, puisque le rapport de la moitié du diamètre de l'équateur à la moitié de l'axe n'est pas de 578 / 577, mais correspond au rapport de la pesanteur diminuée à l'équateur en raison de la force centrifuge à la pesanteur au pôle, c'est-à-dire à 289 / 288.

APPENDICE II

L'EXPLICATION DU RALENTISSEMENT DE LA ROTATION AXIALE PAR CHARLES DELAUNAY (1866)[1]

La lune attire à elle toutes les parties dont la terre est composée. Si la terre était entièrement solide, la lune, en attirant ses diverses parties, produirait exactement le même effet que si une seule force d'attraction était appliquée au corps tout entier. Mais la terre n'est pas entièrement solide,

---

1. Charles Eugène Delaunay, *Conférence sur l'astronomie et en particulier sur le mouvement du ralentissement de rotation de la Terre*, Baillère, Paris, 1866, p. 21, 23 et figure 10 p. 34.

elle est recouverte d'une certaine quantité d'eau qui forme une couche de peu d'épaisseur relativement aux dimensions de notre globe. Cette couche d'eau constitue les mers.

La lune attire l'eau de la mer. Elle attire la masse de la terre tout entière ; mais son attraction ne s'exerce pas exactement dans les mêmes conditions sur la partie solide que sur la partie liquide. Les eaux de la mer, tournées du côté de la lune, se trouvant plus près de ce corps attirant que la masse du globe terrestre, sont soumises à une attraction plus forte ; les eaux placées du côté opposé, par une raison analogue, sont au contraire moins fortement attirées par la masse de la terre. Il en résulte que les eaux situées du côté de la lune sont portées vers elle par suite de cet excès d'attraction[1], et que du côté opposé de la terre, les eaux tendent à rester en arrière relativement à la masse du globe qui est plus fortement attirée qu'elles. Par suite de ces différences d'attraction, les eaux de la mer viennent s'accumuler et forment une proéminence du côté de la lune ; elles s'accumulent en même temps du côté opposé[2].

[...] La terre tourne sur elle-même, et en même temps qu'elle tourne, à chaque instant la mer tend à se gonfler du côté de la lune et aussi du côté opposé. Mais puisque la terre tourne, il est clair qu'elle tend à entraîner avec elle le gonflement liquide qui se forme dans la direction de la lune. Il est entraîné en effet, disparaît peu à peu, à mesure qu'il s'éloigne de la direction de la lune ; se reforme en même temps en d'autres points, pour être entraîné et disparaître de même, et ainsi de suite. Il résulte de là que ce gonflement liquide n'est jamais exactement situé dans

1. Delaunay parle d'excès d'attraction, là où Kant parlait d'excédent de la masse (*Überwicht*) d'une moitié de la Lune sur l'autre, mais cela revient au même puisque celle-ci aurait pour conséquence celle-là.

2. On retrouve bien ici l'explication kantienne de la formation d'un double renflement (*Aufschwellung*) d'eau.

la direction de la lune. Comme il est toujours entraîné par le mouvement de rotation de la terre, il n'existe en réalité qu'un peu plus loin, au delà de cette direction de la lune. Le frottement que les eaux éprouvent dans leurs oscillations, dans les bassins des mers, contribue à entretenir cette obliquité de position des protubérances liquides par rapport à la lune. (…) Ainsi il y a constamment un retard de la pleine mer sur le passage de la lune dans la direction du midi[1]. […]

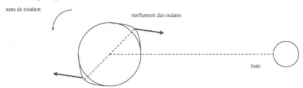

La Lune tend constamment à ramener ces deux protubérances liquides dans leur position normale, à faire disparaître l'obliquité suivant laquelle elles se présentent par rapport à elle, elle attire donc la protubérance A [en haut] qui la fuit et repousse la protubérance B [en bas] qui marche vers elle. Il en résulte deux forces qui agissent de manière à contrarier constamment le mouvement de rotation de la Terre, et à produire ce ralentissement dont nous avons parlé[2].

1. Kant n'avait pas explicitement thématisé l'obliquité du courant d'eau par rapport à la direction de la Lune en raison de l'effet d'entraînement de la rotation axiale – et donc le retard de la pleine mer sur la lune dans la direction du midi – mais il avait indiqué que les eaux « tendent » (*sich bemühen*) vers les régions situées exactement sous la Lune.

2. Les renflements, s'ils sont diamétralement opposés, n'en sont pas égaux. En effet, le renflement près de la Lune est plus important qu'à l'opposé car la force gravitationnelle est plus importante – il y a donc une légère perte de mouvement angulaire, qui est par conséquent gagné par la Lune, qui apparaît donc accélérer.

LA QUESTION DU VIEILLISSEMENT DE LA TERRE,
CONSIDÉRÉE D'UN POINT DE VUE PHYSIQUE
(1754)

PRÉSENTATION

Après l'article de juin 1754 sur la rotation de la Terre, Kant publie un autre texte issu du travail de préparation à son *Histoire naturelle et théorie du ciel* de 1755, toujours sous forme de feuilleton dans les *Wöchentliche Königsbergische Frag- und Anzeigungs-Nachrichten* (numéros 32 à 37 du 10 août au 14 septembre 1754), concernant cette fois-ci la question du vieillissement de la Terre. Les deux textes relèvent non seulement d'un même genre de question (à savoir l'histoire de la Terre, et en particulier la question de la forme de la Terre, qui était au cœurs des premiers brouillons sur la rotation[1]), mais traitent de phénomènes comparables (à savoir des effets extraordinaires – le ralentissement ou le vieillissement de la Terre – provoqués par l'intégration ou la sommation de causes minimes – les courants marins ou l'érosion fluviale) sous la même considération du « point de vue physique ». En effet, en l'absence de donnés historiques fiables dans l'un et l'autre cas (AA 1, 185 et 197), la seule chose qu'il

---

1. Voir *supra* l'appendice au premier texte de 1754, p. 288 *sq.*

est possible de faire est de formuler une hypothèse qui ne soit pas contraire à la saine physique ou aux observations qui ont pu être recueillies par les savants. La « nature même du sujet » exige donc de la prudence (AA 1, 197), et ne permet sans doute ni de parvenir aux conclusions définitives d'un physicien téméraire, ni d'exclure la possibilité d'autres causes explicatives (AA 1, 213). Aussi à défaut d'établir des vérités, peut-on au moins se prémunir des erreurs : le « point de vue physique » écarte non seulement le point de vue de la religion révélée[1] ou de l'histoire naturelle comprise comme recueil descriptif des vestiges du passé, mais il n'embrasse le point de vue de la science physique qu'autant qu'il ne s'agit pas d'une physique dogmatique (*entscheidend*) qui cherche à trancher les questions, mais qu'autant qu'il s'agit d'une physique discriminante (*prüfend*) qui examine les différentes hypothèses, évalue leur vraisemblance, et écarte celles qui contredisent les faits et les lois (AA 1, 213). Si l'on se rappelle que l'enseignement de physique à l'université de Königsberg (entre 1720 et 1803) était divisé en deux parties, la *physica dogmatica* ou *theoretica* et la *physica specialis* ou *experimentalis*, on comprend que Kant emprunte une troisième voie : la voie d'une physique « critique ».

Les circonstances exactes de la rédaction de l'article ne sont pas connues. La question ne fut pas mise au concours de l'Académie des Sciences de Berlin ; elle n'apparaît pas non plus sous cette forme dans la *Théorie du ciel* de 1755. On peut ainsi supposer soit qu'une dispute savante interne à Königsberg est à l'origine de l'article, soit que Kant reprend une question de son maître Martin Knutzen qui s'était opposé dix ans auparavant à l'interprétation

---

1. Voir la note 2 de la traduction, p. 310.

catastrophiste du dépérissement de la Terre avancée par William Whiston dans sa *Theory of the Earth*[1].

Là où l'article sur la rotation formulait une hypothèse directement à partir de la physique newtonienne – et citait Newton comme unique référence – l'article sur le vieillissement mérite plus précisément cette désignation de physique critique, puisqu'il procède à l'examen de quatre hypothèses pour lesquelles il convoque à charge ou à décharge les travaux des savants de toute l'Europe : l'hypothèse orographique de l'astronome de Bologne Eustachio Manfredi, les relevés du chimiste suédois J. Gottschalk Wallerius ou du botaniste hollandais Nicholaus Hartsöcker, les expériences minéralogiques du médecin hollandais Hermann Boerhaave ou les expériences botaniques du naturaliste anglais Stephen Hales. Ce style de présentation et de raisonnement, où l'on examine plusieurs hypothèses en les confrontant aux derniers résultats et observations, est usuel dans la science naturelle du XVIIIᵉ siècle, et peut-être Kant a-t-il en tête l'*Histoire naturelle* de Buffon qui expose et examine successivement les systèmes de Whiston, Burnet, Woodward et d'autres[2]. Toujours est-il que l'article de Kant est très informé et témoigne des nombreuses lectures scientifiques qui préparèrent sa carrière universitaire.

Le texte comporte deux grandes parties. La première est la détermination du concept de vieillissement (§ 6-12) – dont Kant dit qu'il est l'objet de l'article : « J'ai cherché à déterminer plus précisément le concept que l'on doit se faire d'un tel changement » (AA 1, 213). Kant *semble*

1. Voir Knutzen, *Vernünftige Gedanken von den Cometen* (1744), p. 75. Kant y fait allusion à la fin de l'article (AA 1, 213).
2. Voir Buffon, *Histoire naturelle, générale et particulière* (1749), p. 168-203.

reprendre alors la vieille analogie des *Météorologiques* où Aristote établissait l'identité du rapport entre les changements de surface et l'épuisement des forces internes – pour la Terre comme pour les vivants. Leur différence, qui justifie précisément le recours à l'analogie, est que les transformations – en surface comme en profondeur – suivent des périodes cycliques de vigueur et de dépérissement, et sont ainsi à la fois partielles et réversibles, au contraire des corps vivants[1]. Kant, lui, ne se contente pas d'une simple analogie entre le vieillissement de la Terre et du vivant, mais veut les comprendre tous les deux, de manière globale et irréversible, sous *un même concept* de « vieillissement d'un corps qui parvient à sa perfection par des forces naturelles et qui se modifie par la force des éléments » :

> Toutes les choses de la nature sont soumises à la loi selon laquelle le même mécanisme qui contribuait au début à leur perfection contribue en fin de compte à leur perte de manière imperceptible, puisqu'il continue de les modifier, et les éloigne donc peu à peu des conditions de leur bonne constitution (AA 1, 198).

Il est alors fait particulièrement référence au modèle végétal du vieillissement (§ 7). Il n´est donc pas étonnant que la *Statique des végétaux* de Stephen Hales (dont Kant possède la traduction allemande de 1748 : voir Warda (1922), III, n. 12) se tient à l'arrière-plan de nombreuses formulations de l'article. Les caractères que Kant retient du concept sont, d'une part, que les causes de la formation et du dépérissement des êtres sont les mêmes – mais qu'elles mènent dans un cas à un ordre croissant et dans un autre à une désorganisation croissante – et, d'autre part, que le

---

1. *Cf.* Aristote, *Météorologiques*, I, 14, 351a.

vieillissement est un processus permanent de modification qui se repère à la série des changements que subit un être et qui déterminent son histoire comme une suite de termes (*Glieder*). Derrière la formulation singulière du problème du *vieillissement* de la Terre se trouve en réalité la question très classique de ses *transformations* (*Veränderungen*), qu´il s´agit de déterminer précisément.

La question des transformations recouvre en réalité des questions différentes : celle de la forme sphéroïde d'équilibre de la Terre, qui remonte à Newton[1] ; celle de l'orographie – dans laquelle l'action de l'érosion fluviale a déjà été notée par Leibniz et Buffon[2] ; ainsi que celle des changements de fertilité de la terre dûs à l'érosion fluviale[3]. Ces trois niveaux sont trois manières de comprendre la Terre comme soumise à un système de forces : masse globale soumise aux forces de la mécanique céleste ; surface terrestre comme lieu d'exercice de contraintes physiques à la fois internes et externes ; modifications de la constitution physico-chimique du sol. Ces trois niveaux représentent surtout trois étapes d'une théorie de l'histoire de la Terre dont seule la dernière n'est pas achevée : comme la Terre a déjà atteint son équilibre du point de vue géomorphologique,

1. Newton, *Principia mathematica philosophiae naturalis* (3ᵉ édition, 1726), livre III, prop. XIX et XX.

2. Leibniz, *Protogaea* (publiée en 1749), § XXII et XXXIX ; Buffon, *Histoire naturelle* (1749), p. 569 *sq.*

3. P. Grillenzoni (*Kant e la scienza. Volume I : 1747-1755*, Scienze filosofiche 62, Vita e Pensiero, Milano, p. 459) cite certains travaux contemporains sur la question : l'*Abhandlung von der merkwürdigen Veränderungen, welchen nach und nach die Oberfläche unserer Erde unterworfen ist* paru dans le « Hamburgisches Magazin » de 1749, les *Recherches sur la fertilité de la terre en général* de Johann Theodor Eller publiées dans les « Mémoires de l'Académie des Sciences de Berlin » en 1751.

comme l'érosion fluviale est un effet « sûr et certain » qui doit conduire progressivement à l'aplanissement de tous les reliefs (AA 1, 196), il ne reste plus, conclut Kant, qu'à poser la question de la perte de fertilité ou du dépérissement du sol. La question du vieillissement est ainsi réduite et déterminée comme celle des *transformations de la surface de la Terre*, et plus précisément encore comme celle des mécanismes de la *dégradation irréversible de la fertilité du sol terrestre dans sa totalité* sous l'effet de l'érosion fluviale[1]. Kant peut bien prévenir qu'il ne faut pas se précipiter à conclure au vieillissement, il répond cependant par avance par l'affirmative puisque son concept correspond à l'état actuel de la Terre, laquelle a déjà atteint son équilibre, c'est-à-dire sa maturité ou son maximum de fertilité – qui ne peut que progressivement descendre des parties hautes vers les parties basses (AA 1, 201) avant de s'amenuiser progressivement. Si la question du vieillissement ne concerne pas la profondeur de la Terre mais sa surface – et si le mécanisme fondamental est celui de l'érosion fluviale – il reste alors à déterminer le processus précis du dépérissement de la Terre.

La seconde grande partie de l'article est consacrée à l'examen de quatre hypothèses du dépérissement de la Terre (§ 13-26) : 1) la perte de fertilité des terres suite à l'évacuation du sel terrestre ; 2) l'immersion progressive

1. Le processus est le suivant (§ 8). La Terre émergea du chaos comme une sphère fluide dont la croûte se solidifia au dessus de cavernes produites par les particules d'air emprisonnées à l'intérieur. L'effondrement de la croûte en certains endroits produisit la différence des hauteurs et des dépressions, qui devint bientôt la différence de la terre ferme et des océans. L'eau qui tomba alors sur terre fut évacuée vers la mer par des cours d'eau qui construisirent peu à peu leur lit, en emportant les matières terreuses (et fertiles) des sommets.

des terres sous la mer suite à l'érosion fluviale, qui remplit la mer à mesure qu'elle abaisse les reliefs ; 3) la disparition progressive des mers au profit des terres ; 4) l'épuisement progressif de « l'esprit du monde » ou principe actif de toute vie sur Terre. Les trois premières décrivent trois scénarios possibles de l'effet de l'érosion fluviale – que Kant rejette tous en leur opposant les observations des différents naturalistes. Cela lui permet de déterminer en même temps son propre scénario de l'érosion fluviale : le gain progressif des terres au détriment des mers (AA 1, 206), et l'aplanissement des reliefs comme son « effet sûr et certain » (AA 1, 209). Dans l'examen critique des hypothèses, il n'est pas besoin d'expérience cruciale, mais seulement d'observation discriminante : seulement l'observation elle-même ne prend sens qu'à l'intérieur d'une théorie. Ainsi il n'est pas sûr que l'observation « décisive » de la diminution des lacs de Prusse orientale puisse confirmer l'idée d'une diminution de leur apport en eau, quand elle pourrait être due – ce qui est le cas – à leur envasement sous les sédiments fluviaux[1]. D'autres observations auraient été nécessaires pour discriminer ces deux hypothèses à leur tour. Mais il faut reconnaître que l'intention première de Kant n'est pas de développer lui-même une hypothèse bien étayée, mais d'invalider seulement les trois premières. A l'inverse, la quatrième, qui peut sembler la plus invraisemblable, et qui est la seule à s'appliquer à la totalité de la matière terrestre et non pas à la seule surface, passe le critère de l'acceptabilité parce qu'elle ne contredit aucune observation : elle peut même être rendue crédible par analogie avec l'huile primitive

---

1. *Cf.* O. Reinhardt, D. R. Oldroyd, « Kant's Thoughts on the Ageing of the Earth », *Annals of science*, 1982, p. 355.

des végétaux. Sans être désignée comme la cause unique et nécessaire du vieillissement de la Terre, l'hypothèse de l'épuisement d'un *Weltgeist*, d'un esprit du monde, est cependant la seule à ne pas être rejetée dans l'article de 1754 :

> Ceux qui supposent en ce sens l'existence d'un esprit du monde universel entendent par là non pas une force immatérielle, non pas une âme du monde ou des natures plastiques, créations d'une imagination débridée, mais une matière subtile et partout active qui constitue le principe actif de toutes les formations de la nature et qui est prêt, tel un vrai Protée, à prendre toutes les formes et toutes les figures. Une telle conception n'est pas si contraire aux observations et à la saine physique qu'on voudrait bien le penser (AA 1, 211).

Kant reste ici allusif sur l'identification de la matière subtile en question ; mais ce passage reprend en réalité l'hypothèse et des formules très exactes de la *Statique des végétaux* du botaniste anglais Stephen Hales, à laquelle il vient de renvoyer (en AA 1, 208) et dont il possédait la traduction allemande de 1748. Hales a mis en évidence la présence de gaz solidifiés dans tous les végétaux ainsi que le rôle des échanges gazeux dans la croissance des végétaux et animaux :

> L'air est le principe actif qui met toute la nature en mouvement (…) sans lequel le monde serait une masse en repos et inerte. Il faudrait compter ce Protée qui prend toutes les formes, ce principe actif dans tous les corps, parmi les principes chimiques[1]

---

1. Stephan Hales, *Statik der Gewächse oder angestellte Versuche mit dem Saft in Pflanzen und ihren Wachsthum* (1748), p. 177-178.

L'élucidation de la source du texte apporte des précisions déterminantes. Loin d'un obscur « esprit du monde », il est ici question de l'appauvrissement progressif des échanges gazeux dans la nature. En même temps, l'usage d'un texte de botanique, qui expose un principe chimique, pour traiter d'une question de physique de la Terre pourrait faire resurgir le soupçon selon lequel Kant se contenterait d'une analogie entre la Terre et le vivant. Il faut cependant rappeler le statut et le projet de la *Statique des végétaux* : parue en 1727 sous les auspices de la Royal London Society que présidait encore Isaac Newton, elle se comprend explicitement comme la mise en œuvre du programme newtonien de dérivation de tous les phénomènes naturels (et en particulier chimiques et physiologiques) à partir des forces d'attraction et surtout de répulsion. Le projet d'intégration de la chimie à la physique remonte ainsi à la fameuse question 31 de l'*Optique*[1]. Avec Stephen Hales, il s'agit de comprendre les processus physiologiques des végétaux (force de pompage de l'eau, pression de la circulation des sucs, etc.) selon les forces attractives et répulsives des éléments (souffre, air, etc.)[2]. Autrement dit, lorsque Kant évoque en filigrane l'hypothèse du botaniste, il ne renvoie pas à une vague analogie entre la Terre et le vivant, mais à la tentative de comprendre la nature vivante dans les termes de la mécanique des corps.

Si une lecture inattentive pouvait douter du sérieux tant de la question du « vieillissement » que du recours à un « esprit du monde », l'article de 1754 souligne au contraire les difficultés à accorder la question de l'épuisement

---

1. *Cf.* Isaac Newton, *Opticks*, livre III, query 31.
2. *Cf.* Hans-Joachim Waschkies, *Physik und Physikotheologie des jungen Kant, op. cit.*, § 20.

des ressources naturelles aux devoirs du physicien, et suggère – sans doute de manière trop rapide mais non sans fondement – le rôle primordial que pourraient remplir les échanges gazeux dans le cadre non seulement d'une théorie de la Terre mais d'une théorie unifiée de la nature.

De tous les articles sur la théorie du ciel et de la terre, celui sur le vieillissement peut sans doute paraître pour le moins original et le moins accompli : non seulement parce qu'il ne tire pas les conséquences de l'existence du feu intérieur qu'il mentionne pourtant – et qui sera le pivot de sa théorie du volcanisme en 1756 – et alors même qu'il insiste sur la portée des causes imperceptibles et insignifiantes ; mais surtout parce qu'il interrompt la considération sur la fin de la Terre en rappelant la prédiction de l'Apocalypse (AA 1, 211) alors même qu'il avait d'entrée écarté le recours à la Révélation. Mais cela ne doit pas faire oublier que ce texte témoigne d'une compréhension très claire du phénomène de l'érosion fluviale et de la sédimentation en particulier, et d'une conception discriminante et intégrative de la physique : il s'agit d'un côté de rejeter les hypothèses qui ne sauvent pas les phénomènes et, de l'autre, de penser les phénomènes physiques dans un cadre plus large, où la question de l'érosion de la terre ne serait pas sans lien avec la question des échanges gazeux.

Édition : AA 1, 195-213.

LA QUESTION DU VIEILLISSEMENT DE LA TERRE, CONSIDÉRÉE D'UN POINT DE VUE PHYSIQUE
(1754)

| Lorsque l'on veut savoir si une chose doit être dite vieille, très vieille, ou bien encore jeune, il ne faut pas le juger au nombre d'années qu'elle a duré, mais au rapport de ce nombre d'années au temps qu'elle doit durer. La même durée, qui peut être dite un grand âge pour une espèce de créatures, ne l'est pas pour une autre. L'homme est à peine sorti de son enfance qu'un chien atteint l'âge de sa vieillesse, et les chênes et cèdres du Liban n'ont pas encore atteint leur pleine maturité que les tilleuls et les sapins vieillissent et se dessèchent. L'homme se trompe grandement lorsqu'il veut prendre la suite des générations humaines qui se sont écoulées pendant un certain temps comme une mesure de l'âge dans la grande œuvre de Dieu[1].

1. Il est difficile de dire si Kant vise un auteur en particulier, mais la remarque pourrait s'appliquer à l'âge de la Création d'après la Bible, déterminé traditionnellement par le décompte des générations énumérées dans les Écritures (ainsi l'archevêque James Usher fait remonter la Création à 4004 avant Jésus Christ dans ses *Annales veteris et novi testamenti*, parues en 1654). On retient généralement l'âge de 5000 ou 6000 ans, auquel Kant renvoie par deux fois dans la suite du texte, tout comme il renvoie à la Révélation des Écritures, au livre de la Genèse et à celui de l'Apocalypse en particulier. Mais il ne faut pas croire que « Kant pense vraiment que la Terre a environ 6000 ans, comme on l'interprète à partir de la Bible » (O. Reinhardt,

Il est à craindre qu'à juger de cette façon, il en soit comme des roses de Fontenelle qui s'interrogeaient sur l'âge de leur jardinier. *Notre jardinier*, disaient-elles, *est un très vieil homme, il fut toujours le même de mémoire de rose; assurément il ne meurt pas et il ne change même pas*[1]. Si l'on considère la durabilité, presque infinie, que les dispositions de la Création confèrent à ses plus grands éléments, alors on est porté à croire qu'une période de 5 ou 6000 ans ne correspond peut être même pas pour durée déterminée de la Terre à ce qu'est une année pour la vie d'un homme[2].

A dire vrai, il n'y a aucun élément dans la Révélation dont nous pouvons tirer que la Terre puisse être aujourd'hui

196 considérée comme jeune | ou vieille, dans la fleur de l'âge

---

D. R. Oldroyd, « Kant's Thoughts on the Ageing of the Earth », *Annals of Science*, 1982, p. 352). Le chiffre de 6000 ans sera employé plus bas à titre de valeur emblématique à des fins d'illustration, plutôt qu'à titre de donnée irréfutable. Le comparaison de l'âge de la Terre à l'âge d'un homme est appelée plus bas une chimère, *Einbildung* (AA 1, 196).

1. Voir Fontenelle, *Entretiens sur la pluralité des mondes* (1686) Paris, Vialetay, 1970, p. 108 : « Si les roses, qui ne durent qu'un jour, faisaient des histoires, et se laissaient des mémoires les unes aux autres, les premières auraient fait le portrait de leur jardinier d'une certaine façon et, de plus de quinze mille âges de roses, les autres qui l'auraient encore laissé à celles qui les devaient suivre, n'y auraient rien changé. Sur cela, elles diraient : Nous avons toujours vu le même jardinier, de mémoire de rose on n'a vu que lui, il a toujours été fait comme il est, assurément il ne meurt point comme nous, il ne change seulement pas » (*Cinquième Soir : Que les étoiles fixes sont autant de Soleils, dont chacun éclaire un monde*).

2. Puisqu'il est dit dans la suite du texte que la Terre a atteint sa maturité, on peut lire cette remarque comme une contestation indirecte de la durée supposément biblique de la Terre de 6000 ans, puisqu'alors – selon cette même comparaison – la Terre serait âgée d'un an à l'échelle de la vie d'un homme et ne serait donc pas dans sa maturité.

ou dans le déclin de ses forces[1]. Elle nous a bien révélé le temps de sa formation et le moment de son enfance, mais nous ne savons pas de quelle extrémité de sa durée, de son début ou de sa fin, elle est maintenant la plus proche. Il semble en réalité que ce soit un sujet digne de recherche que de déterminer si la Terre vieillit et s'approche de sa fin dans un déclin progressif de ses forces, ou si elle est au contraire en pleine possession de ses moyens, ou bien si elle n'a pas encore complètement achevé sa phase de développement et n'est ainsi peut-être pas encore sortie de son enfance.

Lorsque nous entendons les lamentations des personnes âgées, nous avons l'impression que la nature vieillit à vue d'œil et l'on sentirait presque les pas qui la mènent à sa chute. Le climat, disent-elles, n'est plus aussi bon qu'autrefois. Les forces de la nature sont épuisées, sa beauté et son ordre déclinent[2]. Les hommes ne sont plus si forts ni si vieux qu'auparavant. Et ce déclin, comme elles disent, ne s'observe pas seulement dans la constitution naturelle de la Terre, mais il gagne aussi l'état des mœurs. Les vertus d'antan se perdent et sont remplacées par de nouveaux vices. La fausseté et la tromperie se sont substituées à l'honnêteté de jadis. Cette absurdité, qui n'est même pas digne qu'on la réfute, n'est pas tant une conséquence de l'erreur que de la vanité. Ces braves

1. Nous traduisons *Verfall* par déclin ou par chute ; *Untergang* par fin (en tant qu'opposée à l'*Anfang* – au commencement) ; et *Verderben* par dépérissement.

2. La beauté et l'ordre témoignent de l'arrangement harmonieux des éléments, c'est-à-dire de leur *équilibre* dans le tout qui est le signe de leur maturité, au contraire des éléments en formation ou en dégénérescence qui manifestent une constante désorganisation. Sur le lien entre arrangement, équilibre et maturité, voir note 1, p. 314.

vieillards, qui ont la suffisance de se persuader que le ciel a eu envers eux la sollicitude de les mettre au jour à l'époque florissante, ne peuvent se persuader que cela continuera dans le monde après leur mort comme c'était avant qu'ils naissent. Ils préfèrent s'imaginer que la nature vieillit en même temps qu'eux, de sorte qu'ils n'ont pas à regretter de quitter un monde qui est lui même proche de sa fin.

Aussi infondée que soit cette chimère de vouloir mesurer l'âge et la durée de la nature à l'aune de l'âge d'un seul homme, une autre idée ne semble cependant pas si absurde que cela au premier regard, à savoir que certains changements dans la constitution de la surface de la Terre pourraient **197** être observés dans plusieurs milliers d'années[1]. | Il ne suffit pas ici de noter avec Fontenelle que les arbres ne sont pas plus grands qu'autrefois, que les hommes n'ont jamais été si vieux et si forts qu'ils ne le sont aujourd'hui : cela ne suffit pas, j'insiste, pour en conclure que la nature ne vieillit pas[2]. C'est que ces caractéristiques ont des limites qui sont fixées par leurs déterminations essentielles, que même les conditions naturelles les plus avantageuses dans leur état le plus florissant ne peuvent dépasser. Il n'y a aucune différence à cet égard entre les pays : les terres riches et situées dans les meilleures régions n'ont ici aucun avantage

---

1. D'entrée, la question du vieillissement de la Terre dans son ensemble est réduite à celle des transformations de sa surface. Le problème est de savoir si les transformations affectent la surface de la Terre en partie ou dans son ensemble (AA 1, 202).

2. Fontenelle, *Poésies pastorales* (1688), *Digression sur les Anciens et les Modernes* : « Toute la question de la prééminence entre les anciens et les modernes étant une fois bien entendue, se réduit à savoir si les arbres qui étaient autrefois dans nos campagnes étaient plus grands que ceux d'aujourd'hui ». Et Fontenelle poursuit en écrivant que si l'on compare tous les hommes de tous les siècles à un seul homme, alors il faut avouer « que cet homme n'aura point de vieillesse ».

sur les terres pauvres et stériles. Il semble que l'on pourrait éclairer le problème en question s'il était seulement possible de comparer des récits fiables du temps passé avec les observations précises du temps présent pour savoir si l'on ne remarquerait pas quelque différence dans la fertilité de la terre, et si elle n'avait pas auparavant besoin d'être moins travaillée pour offrir sa subsistance au genre humain, si tant est que cette question puisse être tranchée[1]. Cela nous donnerait à voir du même coup les premiers termes d'une longue évolution, qui nous permettrait de connaître l'état vers lequel la Terre s'approche peu à peu sur le long terme[2].

1. Kant précise dans la suite immédiate du texte qu'une telle comparaison est impossible. La seule chose que l'on puisse faire, c'est une étude sur les données historiques dont on dispose – et qu'il recommande également par la suite à qui a assez de passion pour cela – tout en sachant qu'il ne sera pas possible de trancher la question en raison même du manque de données. Tout ce passage reprend le lieu commun de la distinction entre l'histoire naturelle – qui n'admet que des systèmes, à savoir des hypothèses non confirmées par l'expérience – et la science naturelle ou physique – qui admet des théories susceptibles de preuves. Voir par exemple Buffon, *Histoire naturelle* (1749), p. 66 : « Toute Physique où l'on n'admet point de systèmes n'est-elle pas l'Histoire de la nature ? (...) Dans les sujets d'une vaste étendue dont les rapports sont difficiles à rapprocher, dont les faits sont inconnus en partie, et pour le reste incertains, il est plus aisé d'imaginer un système que de donner une théorie ». Dans son article de 1756 sur les causes des tremblements de terre (traduit plus loin dans ce volume), Kant renverra explicitement à l'*Histoire naturelle* de Buffon, dont il connaissait peut-être la traduction allemande : *Allgemeine Historie der Natur nach allen ihren besondern Theilen abgehandelt : nebst einer Beschreibung der Naturalienkammer Sr. Majestät des Königes von Frankreich*, Hamburg, Grund, 1750.

2. L'historicité de la Terre, et le fait qu'elle puisse être décrite comme une suite de termes (*Glieder*), tient au fait – comme il va être expliqué – qu'elle subit une activité incessante du feu intérieur et de l'érosion fluviale, et par conséquent un processus ininterrompu de transformations (*eine lange Progression* – AA 1, 197 –, *eine Kette der Folgen* – AA 1, 198 –, ou un *fortschreitendes Verhältnis* – AA 1, 211).

Mais une telle comparaison est très incertaine, ou bien plutôt elle est impossible. L'activité humaine contribue tant à la fertilité de la terre qu'il sera difficile de déterminer si c'est à la négligence des hommes ou à la diminution de la fertilité de la terre qu'il faut imputer principalement le retour à l'état sauvage et la désertification des terres là où il y avait avant des pays florissants qui sont aujourd'hui presque entièrement dépeuplés. Je recommande cette enquête à ceux qui ont plus d'intérêt et de talent pour étudier cette question à travers les vestiges de l'histoire selon ces deux possibilités ; mais je ne vais la traiter qu'en physicien[1], et qu'autant qu'il est nécessaire pour parvenir à une compréhension bien fondée de ce point de vue[2].

L'opinion de la plupart des physiciens[3] qui ont élaboré des théories de la Terre consiste à dire que la fertilité de la terre diminue progressivement, qu'elle s'approche lentement d'un état inhabité et désertique et que ce n'est qu'une question de temps pour qu'on finisse par voir la

---

Puisqu'il n'est pas possible de déduire l'état futur de la Terre à partir des premiers termes de son évolution, Kant va inverser le raisonnement pour juger de l'état actuel de la Terre au regard du dernier terme de son évolution, à savoir sa ruine (AA 1, 198).

1. *Als Naturkündiger.* Voir la présentation d'ensemble des annexes.

2. Du point de vue physique. Dans le contexte immédiat, il semble – comme nous l'avons noté ci-dessus – que Kant distingue le point de vue physique du point de vue de l'histoire naturelle. Mais nous avons aussi noté que les premières lignes écartaient d'entrée le point de vue de la Révélation, comme il le fait plus clairement dans une réflexion contemporaine : [traduction] « Si nous voulons examiner l'histoire de la Terre de manière physique (*physikalisch*), nous ne devons pas alors nous tourner vers la Révélation (*Offenbarung*). Celle-ci ne révèle que le moyen par lequel Dieu a fait un habitat adapté à l'homme. Les grandes transformations se sont produites avant » (*Réflexion 93* – 1752-1755 – AA 14, 573). Le « point de vue physique » mentionné dans le titre de l'article doit donc être lu selon ces deux dimensions.

3. *Naturforscher.* Voir la présentation d'ensemble des annexes.

nature totalement vieillir et dépérir dans l'épuisement de ses forces. Cette question est importante et il vaut la peine de n'avancer vers cette conclusion qu'avec prudence.

Déterminons d'abord le concept qu'il faut se faire du vieillissement d'un corps qui parvient à sa perfection | par **198** des forces naturelles, et qui se modifie par la force des éléments.

Le vieillissement d'un être n'est pas une période dans le cours de ses changements dont les causes sont extérieures et brutales. Les causes qui font qu'une chose parvient à sa perfection et s'y maintient sont les mêmes qui la mènent imperceptiblement et par degrés à sa fin. C'est une progression naturelle dans la poursuite de son existence, et qu'elle doive dépérir et décliner est une suite des mêmes raisons qui l'ont constituée. Toutes les choses de la nature sont soumises à la loi selon laquelle le même mécanisme qui contribuait au début à leur perfection contribue en fin de compte à leur perte de manière imperceptible, puisqu'il continue de les modifier, et les éloigne donc peu à peu des conditions de leur bonne constitution. Ce processus de la nature se laisse clairement voir dans l'économie du règne animal et végétal[1]. Car le même facteur qui fait pousser l'arbre le fait ensuite mourir quand il a fini sa croissance. Quand les fibres et les vaisseaux ne peuvent plus s'étendre, alors la sève commence à obstruer et à comprimer l'intérieur des vaisseaux en continuant à irriguer les parties, de sorte que la plante finit par se dessécher et faner en raison du mouvement entravé de la sève. Le même mécanisme qui fait croître et vivre un animal ou un homme le mène

---

1. La similarité du processus dans les règnes animal et végétal est notée par Stephan Hales, *Statik der Gewächse...*, (1748), p. XLX. Le texte de Hales est clairement à l'arrière-plan de nombreux passages de Kant.

finalement à la mort quand il a fini sa croissance. Car lorsque les sucs nutritifs qui pourvoient à sa subsistance ne peuvent plus élargir ou étendre les canaux dans lesquels ils se déversent, les cavités intérieures se rétrécissent de sorte que la circulation des fluides est entravée et que l'animal se recourbe, vieillit et meurt[1]. De la même manière, le déclin progressif de la saine constitution de la Terre est si intimement lié à la série des modifications qui ont au départ mené à sa perfection qu'on ne peut s'en apercevoir que sur de longues périodes. Il nous faut par conséquent jeter un œil sur les séquences de transformation que la nature présente depuis son commencement jusqu'à sa fin, afin d'embrasser toute la chaîne des événements jusqu'au dernier, qui est sa ruine.

199 | Quand elle émergea du Chaos, la Terre était sans aucun doute dans un état fluide. Non seulement sa forme ronde, mais surtout la forme sphéroïde que prend la surface du fait qu'elle est perpendiculaire en chacun de ses points à la direction de la gravité – laquelle est modifiée par la force de rotation – prouvent que la masse de la Terre a la capacité de prendre d'elle-même la forme que l'équilibre requiert dans ce cas[2]. Elle est passée de l'état fluide à l'état solide, et il y a en effet des indices indiscutables que la

---

1. Le processus concernant les empêchements de la circulation sanguine a été décrit par Albrecht von Haller, *Primae linae physiologiae*, Göttingen, 1747 (reprint Hildesheim, Olms, 1974), p. 71-74.

2. Sur la question classique de la forme d'équilibre de la Terre, voir Newton, *Principia mathematica philosophiae naturalis* (3ᵉ éd., 1726), livre III, prop. XIX et XX ; ou Buffon, *Histoire naturelle* (1749), p. 162 – qui redonne le rapport newtonien de 229 à 230 pour la longueur des axes de la Terre. La forme sphéroïde de la Terre est prise comme une preuve de son état originel fluide, en tant que c'est la forme d'équilibre que prend une masse fluide « d'elle-même », c'est-à-dire soumise aux forces centrifuge et gravitationnelle.

surface s'est d'abord solidifiée tandis que l'intérieur du globe – où les éléments continuaient de se dissocier selon les lois de l'équilibre – envoyait en permanence sous la croûte solidifiée les particules emprisonnées de l'élément aérien élastique[1], ménageant ainsi sous la surface de vastes cavités, où celle-ci s'est enfoncée en d'innombrables affaissements qui produisaient ainsi les irrégularités de la surface, les terres émergées, les montagnes, les vastes dépressions des mers et la séparation des eaux et de la terre ferme. Nous avons de même d'indubitables vestiges de la nature qui nous font connaître que ces bouleversements n'ont en fait jamais cessé à longue échelle, comme il convient à l'immense globe fluide que fut autrefois et pendant longtemps l'intérieur de notre Terre, et dans lequel la dissociation des éléments et la séparation de l'air emprisonné dans le chaos général ne s'est pas accomplie très rapidement; bien plutôt, les cavités produites se sont peu à peu agrandies, les fondations des larges voûtes de nouveau ébranlées et effondrées, de sorte que des régions entières qui étaient enfouies sous le fond des mers ont émergé tandis que d'autres ont été englouties. Après que l'intérieur de la Terre ait revêtu un état plus solide et ait arrêté son délabrement, la surface du globe est devenue un peu plus calme bien qu'elle était encore loin d'être complètement formée; les éléments devaient encore être établis à l'intérieur de certaines limites qui permettent de maintenir l'ordre et la beauté sur toute la surface de la Terre en empêchant toute confusion. La mer élevait elle-même les rivages de la terre ferme en y déposant les

---

1. Qu'il faut distinguer des particules d'air solidifiées – dont Stephan Hales a montré le rôle dans le règne végétal, et auquel Kant fait référence (voir note 1, p. 332).

matériaux qu'elle charriait, ce qui creusait du même coup son propre lit ; elle rejetait des dunes et des bancs de sable qui prévenaient des inondations. Les fleuves, qui devaient emporter l'eau de la terre ferme, n'étaient pas encore

200 enfermés dans leur propre lit : | ils inondaient encore les plaines jusqu'à ce qu'ils se limitent finalement à certains canaux plus restreints et forment une pente régulière depuis leur source jusqu'à la mer. Après que la nature ait atteint cet état ordonné et s'y tienne, tous les éléments à la surface de la Terre furent en équilibre. La fertilité dispensait ses richesses de toutes parts, la Terre était florissante, dans la fleur de l'âge, ou, si je peux m'exprimer ainsi, dans son âge viril[1].

Mais la nature de notre globe terrestre n'a pas atteint avec l'âge le même stade de développement en toutes ses parties. Certaines de ses parties sont jeunes et florissantes, tandis qu'elle semble décliner et vieillir en d'autres. Elle est sauvage et encore à moitié formée en certaines régions, quand d'autres se trouvent dans la fleur de l'âge, et que d'autres encore s'approchent lentement de leur chute en laissant derrière elles leurs meilleures périodes. En général, les régions hautes de la Terre sont les plus vieilles, ayant émergé du Chaos et ayant achevé d'être formées les premières ; les régions basses sont plus jeunes et ont atteint leur niveau de développement plus tard. Selon cet ordonnancement, leur sort commun, qui est d'avancer vers leur dépérissement, frappera en premier les régions hautes,

---

1. Ce passage établit l'équivalence entre ordre (*Ordnung*), équilibre (*Gleichgewicht*) et maturité et fertilité de la Terre. Il montre aussi que Kant suppose par avance que la Terre a déjà atteint son équilibre, et donc sa maturité, et qu'elle est entrée dans le processus de dégradation, même s'il va immédiatement distinguer entre les différentes régions de la Terre.

tandis que le régions basses seront encore éloignées de leur destin.

Les hommes ont d'abord habité les régions les plus hautes de la Terre, et ne sont descendus que tardivement dans les plaines et ont dû eux-mêmes travailler à accélérer l'exploitation de la nature, qui était trop lente à se développer devant l'augmentation rapide de l'humanité. L'Égypte, ce cadeau du Nil, était habitée et très peuplée en sa partie haute quand la moitié de la Basse-Égypte – tout le delta et la région où le Nil a élevé le niveau de son fond par l'accumulation de limon et a dessiné les rives de cours d'eaux canalisés – n'étaient encore que des marécages inhabités. Il semble aujourd'hui que la région de l'ancienne Thèbes n'ait pas conservé grand chose de l'exceptionnelle fertilité et du florissement qui firent son extraordinaire prospérité ; en revanche, la beauté de la nature est descendue vers les parties basses et plus jeunes du pays, qui sont désormais plus fertiles que les parties hautes. La région de Basse-Allemagne, produite par le Rhin, les parties les plus plates de Basse-Saxe, | la partie de la Prusse où la 201 Vistule se divise en de nombreux bras – et où elle cherche le plus souvent possible, et comme forte d'un droit éternel, à recouvrir sous les eaux le pays que le labeur des hommes lui a en partie conquis – semblent être plus jeunes, plus grasses et plus florissantes que les régions élevées aux sources de ces fleuves, qui étaient déjà habitées quand ces dernières n'étaient encore que des marécages et des estuaires.

Cette transformation de la nature mérite une explication. Lorsque les terres sèches furent débarrassées de la mer, les fleuves n'ont pas trouvé immédiatement des couloirs tout faits et une pente régulière propre à leur écoulement. Ils débordaient encore en de nombreux endroits et formaient des eaux stagnantes qui rendaient les terres inutilisables. Ils creusèrent peu à peu leur lit dans le sol vierge et mou et formèrent, avec la vase qu'ils charriaient, leurs propres rives de chaque côté de leur cours le plus puissant, lesquelles pouvaient contenir et canaliser le fleuve lors des basses-eaux mais qui étaient progressivement élevées par les débordements lors des crues plus fortes jusqu'à ce que leur lit parfaitement formé soit capable d'évacuer vers la mer l'eau des terres avoisinantes en une pente uniforme et régulière. Les régions les plus hautes sont les premières qui aient eu à se réjouir de cette évolution nécessaire de la nature, et furent par conséquent les premières à être peuplées, alors que les régions basses subirent un certain temps de confusion et ne parvinrent que plus tard à leur état achevé. Depuis lors, les terres basses s'enrichissent aux dépends des régions hautes[1]. Les fleuves, lorsqu'ils sont en crue et qu'ils sont chargés des alluvions qu'ils emportent, déposent celles-ci près des embouchures au moment de leur montée, élevant le sol sur lequel ils se déversent et formant ainsi un sol sec, lequel, une fois que le fleuve a élevé ses rives à la bonne hauteur, devient habitable et plus fertile que les régions hautes dont les matières l'ont enrichi.

Par cette formation progressive et cette transformation subies par la forme de la Terre, les régions les plus basses deviennent habitables quand les hauteurs cessent parfois de l'être. Ceci dit, cette transformation ne concerne avant tout que les pays qui souffrent précisément d'un manque d'eau de pluie, qui sont donc privés d'une nécessaire

---

1. Tel est le principe général de l'érosion fluviale qui, avec le principe général de l'effondrement de la surface dans des cavités sous l'effet du feu souterrain, constitue le mécanisme permanent de la transformation et du vieillissement de la Terre.

humidité en l'absence d'inondations périodiques, et qui
doivent rester un désert inhabité | lorsque les fleuves ont 202
eux mêmes limité ces inondations par la propre élévation
de leurs rives. L'Égypte est l'exemple le plus clair d'une
telle transformation : ses caractères ont été tellement
modifiés que, selon le témoignage d'Hérodote, le pays a
été entièrement inondé 900 ans avant son époque lorsque
le fleuve s'éleva de seulement 8 pieds, alors qu'il devait
s'élever de 15 pieds à son époque pour pouvoir le recouvrir
entièrement, et qu'il faut de nos jours une augmentation
de 24 pieds[1]. Par où l'on voit que ce pays se rapproche
continûment d'un dépérissement de plus en plus menaçant.

Mais parce que cette modification de la nature est
minime et insignifiante du fait qu'elle n'affecte que certaines
parties de la surface de la Terre, il faut aborder la question
du vieillissement de la Terre dans sa totalité, et pour cela
il faut en premier lieu examiner les causes que la plupart
des physiciens attribuent à ce phénomène et qu'ils ont jugé
suffisantes pour proclamer le déclin de la nature du globe.

La *première* cause est donnée par l'opinion de ceux
attribuent la salinité de la mer aux fleuves qui apportent
avec eux le sel déposé par l'eau de pluie sur la terre, où il
reste et s'accumule du fait de l'évaporation continuelle de
l'eau douce. C'est ainsi que la mer a recueilli tout le sel
qu'elle contient encore aujourd'hui. Il est facile d'en
conclure, du fait que le sel est le principal ressort de la
croissance et la source de la fertilité, que la terre, qui est

---

1. Hérodote, *Histoires*, II, 13, 1. Comme le notent Reinhardt et
Oldroyd (*op. cit.*, note 55, p. 362), Hérodote – dont il n'est pas sûr que
Kant le considère comme un témoignage fiable du passé – ne donne pas
des mesures en pieds mais en coudées, de sorte que le niveau des crues
n'est en réalité pas si différent du temps d'Hérodote (15 coudées, soit
22,5 pieds) et du temps de Kant (24 pieds).

dans cette hypothèse peu à peu dépourvue de sa force, doive évoluer vers un état de mort et de stérilité.

La *deuxième* cause est mise au compte de l'effet de la pluie et des cours d'eau dans leur drainage de la terre et leur évacuation des eaux vers la mer, qui semble ainsi toujours de plus en plus remplie alors que le niveau du continent s'abaisse continuellement, de sorte qu'il est à craindre que la mer, s'élevant toujours plus, doive nécessairement finir par recouvrir la terre ferme qui lui échappait jusque là.

La *troisième* opinion est l'hypothèse de ceux qui, ayant remarqué que la mer se retire de la plupart des rives sur de longues périodes de temps et transforme de grandes étendues de terre qui reposaient jusque là au fond de la 203 mer en sol sec, | soit redoutent une absorption réelle de l'élément liquide par une sorte de transmutation à l'état solide, soit craignent d'autres causes empêchant la pluie, qui provient de l'évaporation de la mer, de retourner à l'endroit d'où elle a été enlevée.

La *quatrième* et dernière opinion peut être décrite comme celle de ceux qui admettent un esprit du monde universel, un *principe* imperceptible mais agissant partout comme étant le mécanisme secret de la nature[1], dont la matière subtile serait sans cesse consommée par des générations continues, de sorte que la nature serait exposée au danger de vieillir et de mourir par diminution et épuisement progressif [de ce principe][2].

---

1. *Das geheime Triebwerk der Natur. Cf.* Stephan Hales, *Statik der Gewächse...* (1748), p. 178 : « So sehr wir in der Natur Wirckungen so verborgenen und versteckten Triebwerck (*mechanismo*) nachdencken ».
2. Des quatre hypothèses avancées, il est clair que seule la dernière embrasse un phénomène universel qui s'applique non seulement à la surface mais aussi à toute formation à l'intérieur de et sur la Terre. Elle présente donc un pouvoir explicatif supérieur.

Telles sont les opinions que je veux rapidement examiner avant d'établir celle qui me semble être la vraie.

Si la première opinion était juste, alors il s'ensuivrait que tout le sel qui imprègne l'eau des océans et les mers intérieures était autrefois mélangé avec le sol qui recouvre la terre ferme, dont il fut enlevé par la pluie et emporté par les fleuves vers la mer, et il devrait donc encore y être constamment entraîné de la même manière. Seulement, heureusement pour la terre et contrairement à ceux qui pensent pouvoir rendre compte facilement de la salinité de la mer avec une telle hypothèse, celle-ci se révèle infondée par un examen plus attentif. Car en supposant que la quantité moyenne des précipitations sur Terre en un an soit de 18 pouces – quantité observée dans les zones tempérées – ; en supposant que tous les fleuves sont formés et sont alimentés par l'eau de pluie ; en supposant encore que seuls deux tiers de la pluie qui tombe sur terre retournent à la mer par les fleuves et que le tiers restant est en partie évaporé, en partie utilisé pour la croissance des plantes ; en supposant enfin que la mer n'occupe que la moitié de la surface de la Terre, ce qui est le moins que l'on puisse supposer ; on aura mis l'opinion mentionnée dans les conditions les plus favorables : et pourtant tous les fleuves de la Terre n'apporteront à la mer qu'un pied d'eau par an et, en supposant que la profondeur moyenne de la mer n'est que de 100 toises, ils ne la rempliraient pas avant 600 ans | – une fois qu'elle ait été complètement asséchée **204** par évaporation dans le même laps de temps[1]. D'après ce calcul, le flux des fleuves et des ruisseaux aurait déjà rempli

---

1. Kant ne donne aucune justification de toutes les estimations chiffrées avancées. Il semble que ces estimations arbitraires doivent être comprises dans leur valeur d'exemple et d'illustration du phénomène de salinisation progressive de la mer par les cours d'eau.

dix fois l'océan depuis la Création[1] ; et le sel qui reste de ces fleuves après évaporation ne pourrait être que dix fois plus important que celui dont est dotée la mer naturellement ; d'où il devrait suivre que pour déterminer le degré de salinité de la mer, il faudrait seulement laisser s'évaporer dix fois un pied cube d'eau de rivière[2], ce qui devrait laisser autant de sel que la même quantité d'eau de mer ne laisse après une seule évaporation. Cela est tellement éloigné de toute vraisemblance que cela ne pourrait convaincre qu'un ignorant puisque, selon le calcul de Wallerius, l'eau de la mer du Nord, en des endroits où peu de fleuves s'y jettent, contient un dixième, et parfois un septième de sel, alors que dans le golfe de Botnie où l'eau est fortement diluée à l'eau douce des fleuves, elle ne contient cependant qu'un quarantième de sel[3]. La Terre est ainsi suffisamment assurée de ne pas perdre son sel et sa fertilité par l'action de la pluie et des fleuves. Il faut bien plutôt supposer que la mer, au lieu de priver la terre ferme de ses éléments salins lui en fournit au contraire, et quoique l'évaporation laisse

1. Ce passage laisse entendre que Kant prend ici comme allant de soi l'âge de la Terre donné par les Écritures, à savoir 6000 ans. En réalité l'usage du chiffre biblique peut être lu de manière moins dogmatique, comme un élément supplémentaire pour rejeter l'argumentation, à savoir : même en admettant l'âge minimal de la Terre de 6000 ans, la salinité supposée de la mer devrait être bien supérieure à celle qui est observée – et donc à plus forte raison si la Terre est plus vieille.

2. Il faut ici comprendre qu'il faut évaporer 10 pieds cubes d'eau de rivière (ou 10 pieds cubes l'un après l'autre – et non 10 fois de suite le même pied cube d'eau de rivière), pour obtenir un résidu de sel équivalent à une solution d'un pied cube mais 10 fois plus concentrée.

3. J. Gottschalk Wallerius (1709-1785), *Observationes mineralogicae ad plagam occidentalem sinus Bottnici*, Stockholm, 1752. Indépendamment des calculs supposés de la salinité de la mer depuis la Création, les relevés contradictoires de Wallerius suffisent en fait à réfuter l'hypothèse.

derrière le gros sel, elle en enlève cependant la partie qui est devenue volatile et qui est transportée avec l'atmosphère au dessus des terres, et qui donne à la pluie cette fertilité qui surpasse même celle de l'eau de rivière.

La deuxième opinion est beaucoup plus crédible et bien plus cohérente avec elle-même. Manfredi, qui l'a traitée de manière aussi prudente que savante dans le *Commentario* de l'Institut de Bologne, et dont on trouve un exposé dans l'*Allgemeine Magazin der Natur*[1], peut être considéré comme son porte-parole dans le cadre de notre examen. Il remarque que l'ancien sol de la cathédrale de Ravenne qui se trouve, recouvert de débris, sous le nouveau, est 8 pouces en dessous du niveau de la mer à marée haute, et qu'il aurait dû être par conséquent sous les eaux à chaque marée haute du temps de son édification, si la mer n'était pas à l'époque plus basse qu'aujourd'hui, puisque d'anciens témoignages montrent que la mer s'étendait en ce temps-là jusqu'à la vieille ville. | Pour **205** attester son opinion de l'augmentation constante du niveau de la mer, il donne l'exemple du sol de l'église St Marc à Venise qui est aujourd'hui si bas qu'il se retrouve sous l'eau, comme parfois la place St Marc, lors des crues de la lagune, de sorte qu'on ne peut tout de même pas supposer qu'il en était ainsi lors de sa construction. De même il renvoie à la passerelle de marbre qui entoure l'hôtel de ville St Marc et qui aidait vraisemblablement les passagers à rejoindre à pied leur embarcation, ce qui est aujourd'hui à peu près inutile puisqu'elle se trouve de nos jours un demi-pied sous l'eau lors d'une marée ordinaire : il résulte

1. Eustachio Manfredi (1674-1739), « De aucta maris altitudine », in *De Bononiensi scientiarum et artium instituto atque academia commentarii*, Bologne, 1746 ; et *Allgemeines Magazin der Natur, Kunst und Wissenschaften*, Leipzig, 1753, p. 246-272.

de tout cela que la mer doit avoir aujourd'hui un niveau plus élevé qu'autrefois. Pour expliquer cette opinion, il avance que les fleuves charrient dans la mer la vase – dont ils se sont remplis au moment de leur crue et que les ruisseaux ont enlevée des hauteurs de la terre ferme – qui élève ainsi le sol de la mer, par quoi il est nécessaire que la mer elle-même s'élève à mesure que son lit se remplit progressivement. Pour accorder la mesure de cette élévation de la mer avec celle que nous donne les relevés réels, il a cherché à évaluer la quantité de vase emportée par les fleuves lorsqu'ils débordent en prélevant l'eau du fleuve qui coule à Bologne à son embouchure et, en la laissant décanter il a trouvé qu'elle contenait 1/174 de terre. Il a déterminé à partir de cette mesure, et de la quantité d'eau que les fleuves déversent dans la mer en une année, le niveau que la mer devrait atteindre progressivement en vertu de cette cause, et il a trouvé que le niveau devrait s'élever de 5 pouces en 348 ans.

La considération, que nous avons indiquée, de la passerelle de marbre autour de l'hôtel de ville St Marc à Venise, ainsi que le désir d'obtenir une mesure pour établir la grandeur de ses autres observations, ont amené Manfredi à revoir à la hausse l'élévation du niveau de la mer à raison d'un pied tous les 230 ans car, affirme-t-il, les fleuves charrient vers la mer beaucoup de sable, de pierres, etc. **206** en plus des particules de terre qui les rendent troubles. | A ce compte-là, la fin de la Terre arriverait relativement vite, bien qu'il soit plus prudent que Hartsöcker qui, partant d'observations semblables sur le Rhin, prévoit que les parties habitables de la Terre devraient être englouties d'ici 10 000 ans, la mer recouvrant tout et ne laissant submerger que des roches dénudées ; à partir de quoi on peut facilement estimer le degré de déclin sur une moindre période, par ex. 2000 ans[1].

La vraie erreur de cette opinion réside seulement dans son estimation, mais cette opinion est fondamentalement correcte. Il est vrai que la pluie et les fleuves lessivent la terre et l'emportent vers la mer, mais il s'en faut de beaucoup pour que cela se fasse dans les proportions suggérées par l'auteur. Il suppose arbitrairement que les fleuves coulent toute l'année avec la même force que pendant les jours où la fonte des neiges des montagnes donne lieu à des torrents tumultueux, lesquels ont assez de puissance pour attaquer un sol détrempé et rendu friable à cause des froids hivernaux qui viennent de s'achever, et qui peut être ainsi d'autant plus facilement lessivé. S'il avait joint à la prudence l'attention qu'il aurait dû porter à la différence entre les fleuves, entre ceux qui sont alimentés par les montagnes et qui emportent – du fait de la puissance des torrents qui affluent – plus de terre que ceux qui se nourrissent des terres plates, son calcul aurait tellement été revu à la baisse qu'il aurait sans doute abandonné l'idée de fonder son explication sur les changements observés. Si l'on considère enfin que la mer, en raison de son mouvement qui fait dire qu'il n'y a rien de mort en elle – à savoir le rejet continuel sur les rivages de tous les matériaux qui n'ont pas le même degré de mobilité – ne permet pas à la vase de s'accumuler sur son fond mais la dépose immédiatement sur la terre ferme et augmente ainsi celle-ci; alors la crainte de voir ainsi la mer engloutir la terre se transforme en un solide espoir de voir gagner constamment de nouvelles terres sur

---

1. Voir Hartsoeker, *Cours de physique* (1730), p. 317.

la mer au détriment des régions hautes[1]. Car en réalité dans tous les golfes, comme par exemple celui de la mer Rouge ou celui de Venise, la mer se retire progressivement de la pointe du golfe et la terre émergée fait en permanence de nouvelles conquêtes sur le royaume de Neptune ; | au lieu que l'eau se répande toujours plus sur les côtes et enterre le sol émergé sous l'élément liquide, ce qui serait le cas si l'hypothèse du physicien mentionné était fondée.

Mais concernant les causes de l'abaissement des régions des côtes de la mer Adriatique, je préférerais (s'il est bien vrai qu'il n'en a pas toujours été ainsi) me tourner vers une propriété du pays que l'Italie possède plus que de nombreux autres. Nous savons en effet que les fondations de ce pays sont remplies de cavités et que les tremblements de terre, quoiqu'ils sévissent principalement en Basse-Italie, font toutefois sentir leur puissance jusqu'en Haute-Italie et s'étendent à des régions éloignées et même sous la mer, et nous font ainsi connaître les liaisons souterraines entre ces cavités. Maintenant, si le tremblement provoqué par l'embrasement souterrain a le pouvoir de faire bouger les fondations elles-mêmes, ce qui s'est souvent produit, n'est-il pas possible de supposer que la croûte se soit quelque peu enfoncée après de nombreuses attaques violentes et soit devenue plus basse que le niveau de la mer ?

1. Si Kant reconnaît le phénomène de l'érosion fluviale, l'amplitude de celle-ci et surtout le fait que les dépôts alluvionnaires ne s'accumulent pas sur le fond de la mer mais sur ses rives lui font également reconnaître un effet exactement inverse à celui de Manfredi – à savoir non l'engloutissement des terres, mais leur extension au détriment de la mer. Cette remarque s'accorde par ailleurs avec les observations sur la diminution des lacs continentaux – qui assèche elle aussi de nouvelles terres – dans la quatrième hypothèse.

La *troisième opinion*, qui considère l'augmentation de la terre émergée et la diminution des eaux sur la surface de la Terre comme un signe avant-coureur de sa dégradation, a pour elle autant de raisons apparentes tirées de l'observation que la précédente mais moins de causes explicatives concevables. Car il est certain que, bien qu'il pourrait sembler que la mer reste intacte dans son ensemble, gagnant d'un côté de nouvelles régions qu'elle pénètre tandis que des terres s'assèchent progressivement de l'autre, cependant, à y regarder de plus près, de bien plus grandes étendues émergent de la mer qu'il n'y en a recouvertes par celle-ci. En particulier, la mer se retire des régions basses et ronge les côtes élevées parce qu'elles sont principalement exposées à ses attaques, alors que les premières les atténuent par ses pentes légères. Cela seul pourrait suffire à montrer que le niveau de la mer ne s'élève absolument pas, car on remarquerait très clairement cette différence sur ces côtes où la terre plonge progressivement dans la mer selon une pente très faible, car alors une élévation de l'eau de 10 pieds ferait disparaître beaucoup de terre émergée. | Mais comme **208** il se passe plutôt exactement le contraire, puisque la mer n'atteint même plus les dunes qu'elle a autrefois formées qu'elle franchissait sans aucun doute, cela montre qu'elle a depuis lors baissé. Ainsi, les deux cordons littoraux de Prusse et les dunes des côtes hollandaises et anglaises ne sont rien d'autre que des collines de sable que la mer a autrefois élevées mais qui servent maintenant de protection contre celle-ci depuis qu'elle n'a plus le niveau pour les franchir.

Mais à vouloir faire pleinement droit à ce phénomène, doit-on se réfugier dans l'hypothèse d'une diminution réelle de l'élément liquide et de sa transformation à l'état

solide, ou dans celle d'une disparition de l'eau de pluie à
l'intérieur de la Terre, ou encore dans celle du creusement
constant du fond de la mer en raison de son incessant
mouvement ? La première contribuerait probablement très
peu à une modification perceptible de la mer, quoique cela
ne contredise pas tant que cela, à ce qu'il semble, la saine
physique. Car de même que d'autres matériaux fluides
revêtent parfois un état solide sans pour autant perdre leur
essence – par exemple le mercure qui prend la forme d'une
poudre rouge dans les expériences de Boerhaave[1], ou l'air
que Hales a découvert à l'état solide dans tous les produits
végétaux, particulièrement le tartre[2] – il en va ainsi sans
aucun doute de l'eau, dont les parties semblent perdre leur
fluidité dans la formation des plantes de telle sorte que le
bois pulvérisé le plus desséché rend encore de l'eau lors
d'une décomposition chimique, par quoi il n'est pas
invraisemblable qu'une partie de l'eau de la terre est utilisée
dans la croissance des plantes et ne retourne jamais à la
mer. Mais cette diminution est pour le moins imperceptible.
De même, la deuxième raison évoquée ne peut être discutée
au sens strict. L'eau de pluie que la terre absorbe ne
s'enfonce que jusqu'à ce qu'elle rencontre des couches
plus étanches qui ne la laissent pas passer et l'obligent à
trouver une sortie en suivant leurs pentes et à alimenter
des sources. Seulement, une partie de l'eau continuera
toujours de descendre à travers les couches jusqu'à atteindre
les couches rocheuses, et de s'infiltrer même dans celles-ci
à travers des fentes, et des eaux souterraines s'accumulent
qui surgissent parfois à l'occasion de quelque tremblement

1. H. Boerhaave, « De mercurio experimenta », *Philosophical
Transactions*, London, 1733/1736 (et *Hamburgisches Magazin*, 1753).
Boerhaave donnait le nom d'*esprit* au mercure.
2. Stephan Hales, *Statik der Gewächse...* (1748), p. 124.

de terre et inondent des terres*[1]. | Il se pourrait que cette **209** perte de l'eau de mer ne soit pas insignifiante et méritât d'être examinée de plus près. Mais la troisième raison semble bien avoir la part la plus grande et la moins contestable dans l'abaissement du niveau de la mer, qui doit continuer de descendre d'autant que la mer creuse son propre fond, même s'il ne faut redouter aucun début de dépérissement de la Terre de cette manière-là.

Quel est le résultat de l'examen des opinions exposées jusqu'ici ? Nous avons rejeté les trois premières. La terre ne perd pas sa salinité du fait de la pluie et des cours d'eau ; les terres riches ne sont entraînées vers la mer par les fleuves et irrémédiablement perdues pour finir par la remplir et élever les eaux sur les terres habitées. En réalité, les cours d'eau lui amènent la terre provenant des régions hautes ; seulement la mer s'en empare à son tour et les dépose sur les côtes de la terre ferme, alors que la formation et la conservation des végétaux coûte véritablement beaucoup d'eau évaporée à la mer, dont une part considérable semble quitter l'état liquide et compenser ainsi les pertes de la terre. Enfin la supposition d'une diminution réelle des eaux des océans, malgré sa vraisemblance, est insuffisamment établie pour permettre de l'énoncer catégoriquement comme une hypothèse solide. Il ne reste donc qu'une seule cause possible concernant la transformation de la forme de la Terre sur laquelle on puisse s'appuyer avec certitude, à savoir que la pluie et

---

* Voir les *Königl. Akad. der Wissensch. zu Paris physische Abhandlungen*, traduction von Steinwehrsche des *Traités physiques de l'Académie Royale des Sciences de Paris*, 2ᵉ tome, p. 246.

1. Kant renvoie ici à une traduction dont l'original français est : G. F. Maraldi, « Diverses observations de physique générale », *Histoire de l'Académie Royale des Sciences. Année MDCCIV*, Paris, 1706, p. 8-10.

les cours d'eau, en attaquant constamment le sol et en l'entraînant des régions hautes vers les régions basses, tendent à égaliser peu à peu les hauteurs et à faire disparaître les irrégularités de la forme de la Terre autant qu'il est possible. Cet effet est sûr et certain[1]. Le sol de la terre est soumis à ce changement aussi longtemps que subsistent sur les pentes des parties élevées des matériaux qui peuvent être attaqués et emportés par la pluie, et cela se poursuivra tant que les couches plus molles ne seront pas emportées et tant que leurs fondations rocheuses, qui ne souffrent

210 plus de changement, | ne formeront les seules hauteurs. Ce changement est la cause inquiétante du dépérissement imminent de la Terre, non seulement à cause du déplacement des couches, qui fait que les plus fertiles se retrouvent enfouies et enterrées sous les couches mortes, mais surtout à cause de la disparition de la répartition utile de la terre ferme en monts et en vallées. Lorsque l'on considère l'organisation présente de la terre ferme, on s'aperçoit avec admiration de la transition régulière des régions élevées vers les régions basses : sur de longues distances, le sol s'incline selon une pente appropriée vers le lit d'un fleuve, lequel occupe la partie la plus basse de la vallée et, une fois sorti de celle-ci, revêt ensuite une pente régulière jusqu'à la mer où il se jette[2]. Cette configuration bien ordonnée, par laquelle l'excédent de pluie est évacué, dépend beaucoup du degré de la pente, puisqu'une pente trop forte évacue trop rapidement l'eau qui doit fertiliser la terre et qu'une pente trop faible la laisse reposer, s'accumuler et finalement gâter la terre. Seulement cet

---

1. Cette cause avait déjà été identifiée dans l'explication prélimi-
naire du concept de vieillissement (voir note 1, p. 316).
2. Sur la formation du lit des rivières, voir les *Réflexions 87-89*
(1752-1755) ; AA 14, 546-554.

heureux agencement est sans cesse entravé par l'action incessante de la pluie qui, en abaissant les hauteurs et en emportant les matériaux arrachés vers les régions basses, rapproche progressivement la Terre de la forme qu'elle aurait si toutes les irrégularités de surface disparaissaient et si l'eau qu'apporte la pluie sur terre s'accumulait sans s'écouler et la rendait vaseuse en profondeur et par conséquent inhabitable. J'ai déjà noté que le vieillissement de la Terre, bien qu'à peine perceptible même sur de longues périodes, est un sujet sérieux et digne de l'attention philosophique du fait que ce qui est insignifiant n'est plus du tout insignifiant ou négligeable lorsque sa répétition continuelle finit par produire d'importants changements, et que ce n'est qu'une question de temps pour qu'elle finisse par dépérir[1]. Pour autant, on ne peut pas dire que les phases de cette transformation sont absolument imperceptibles. Si les hauteurs s'abaissent sans cesse, alors la quantité d'eau alimentant lacs et fleuves dans les régions basses diminue également. La diminution de la taille de ces derniers témoigne bien d'un tel changement[2].

1. Le même raisonnement était au cœur de l'article sur la rotation de la Terre : l'existence d'une force de résistance à la rotation de la Terre, même infime, ne peut que finir par arrêter celle-ci avec le temps. Il s'agit d'un raisonnement de type infinitésimal où un effet intégral est obtenu par la somme (*Summierung*) de causes minimes. Le prérequis de ce raisonnement est que la durée d'existence de la Terre soit « presque infinie » (AA 1, 195), c'est-à-dire que sa fin soit infiniment éloignée de son commencement (AA 1, 211).

2. C'est le troisième argument que Kant avance en faveur du phénomène général de la diminution du niveau des mers par rapport aux terres : après l'existence des dépôts alluvionnaires fluviaux sur les côtes (2ᵉ hypothèse), et le creusement constant du fond de la mer en raison de son mouvement incessant (3ᵉ hypothèse), l'érosion du relief lui-même tend à diminuer la quantité d'eau de pluie apportée aux mers (4ᵉ hypothèse). L'observation de la diminution des lacs de Prusse joue un rôle déterminant dans la justification de cette thèse.

211 | En réalité, on peut trouver pour chaque lac des indices montrant qu'il était autrefois plus étendu. La partie haute de la Prusse est précisément une région pleine de lacs. Il ne sera pas facile d'en trouver un où l'on ne doive pas remarquer à côté de lui une étendue plane qui est si aqueuse qu'il n'est pas possible de douter qu'elle appartenait auparavant au lac et qu'elle s'est asséchée peu à peu lorsque le lac s'est retiré du fait de la diminution progressive de ses eaux. A titre d'exemple, le lac Drausen s'étendait autrefois jusqu'à la ville de Prusse-Hollande[1] et était navigable selon des témoignages fiables, alors qu'aujourd'hui il s'est retiré à un mille de la ville. Son ancien lit est cependant encore clairement indiqué par une longue surface presque plane, et par ses anciens rivages que l'on peut voir s'élever de chaque côté. Ce changement progressif est pour ainsi dire une partie d'une évolution, dont la fin est presque infiniment éloignée du commencement mais qui ne sera peut-être jamais atteinte, puisque la Révélation a prédit à la Terre que nous habitons une fin soudaine qui mettra fin à son temps en pleine prospérité et ne lui laissera pas le temps de vieillir imperceptiblement et de mourir, pour ainsi dire, de mort naturelle[2].

Je suis en attendant toujours redevable d'un examen de la quatrième opinion que l'on peut se faire du vieillissement de la Terre : si la force continûment active de la Terre – qui donne en quelque sorte vie à la nature et qui, quoiqu'elle ne tombe pas sous les yeux, est impliquée dans toute génération et dans l'économie des trois règnes de la nature – ne s'épuise pas peu à peu provoquant ainsi son vieillissement. Ceux qui supposent en ce sens l'existence d'un esprit du monde universel entendent par là non pas

1. Aujourd'hui Pasłęk, en Pologne, entre Gdansk et Kaliningrad.
2. *Apocalypse* 21, 1.

une force immatérielle, non pas une âme du monde ou des
natures plastiques, créations d'une imagination débridée,
mais une matière subtile et partout active qui constitue le
principe actif de toutes les formations de la nature et qui
est prêt, tel un vrai Protée, à prendre toutes les formes et
toutes les figures[1]. Une telle conception n'est pas si contraire
aux observations et à la saine physique qu'on voudrait
bien le penser. Si l'on considère que la nature a placé, dans
le règne végétal, sa partie spirituelle et la plus forte dans
une certaine huile | dont le caractère tenace réduit sa   212
volatilité, et dont la volatilisation même, soit par évaporation
soit par procédé chimique, n'engendre aucune perte notable
de masse bien que ce résidu ne soit rien d'autre qu'une
masse morte ; si l'on considère donc comment ce *spiritus
rector*, comme l'appellent les chimistes[2], cette cinquième

---

1. Le terme de « matière subtile et partout active » est à la fois
indéterminé et très courant : il désigne, selon les auteurs, l'éther, le feu,
l'électricité ou l'air. Ainsi, Newton parlait à la fin du scolie général
du livre III de la deuxième édition (1713) des *Philosophiae naturalis
principia mathematica* d'un esprit subtil qui pénètre tous les corps et y
demeure (*de spiritu quodam subtilissimo corpora crassa pervadente, et
in iisdem latente*). Rappelons également que Leibniz voyait dans le feu
le « principe actif » de la formation de la Terre (« Protogaea G.W.L. »,
Acta Eruditorum, janvier 1693, p. 40-42, qui est un résumé succinct des
thèses du *Protogaea* qui paraîtra pour la première fois à Göttingen en
1749). Dans la *Berliner Physik*, on lit que l'« électricité est une matière
subtile qui pénètre dans tous les corps » (*Berliner Physik*, AA 29,
091). Cependant, le contexte immédiat est celui d'une reprise d'une
expression de Stephan Hales à propos de l'air (voir note 1, p. 333).

2. Le *spiritus rector*, ou esprit recteur, désigne précisément en
chimie un des principes des eaux essentielles qui donne à la substance
ses caractères particuliers : « Les différents principes qui peuvent entrer
dans la composition des *eaux distillées*, sont : 1) la partie aromatique
des plantes et des animaux, 2) une certaine substance qui ne peut pas
être proprement appelée *odeur* ou *parfum*, puisqu'elle s'élève des
substances même que nous appelons communément *inodores*, mais qui
se rend pourtant assez sensible à l'odorat, pour fournir des caractères

essence qui fait le signe distinctif de toute plante, est engendré partout avec facilité à partir des mêmes aliments, à savoir l'air et l'eau pure ; si l'on considère l'acide volatile ainsi engendré, qui est répandu partout dans l'air et qui forme le principe actif de la plupart des sels, la partie essentielle du soufre et le principe majeur de la combustion du feu, et dont les forces d'attraction et de répulsion se manifestent clairement dans l'électricité, laquelle est capable de maîtriser l'élasticité de l'air et de donner lieu à de nouvelles formations[1] ; si l'on considère ce Protée de

plus ou moins particuliers de la substance à laquelle elle a appartenu ; cette partie aromatique et cette substance beaucoup moins sensible, sont connues parmi les Chimistes sous le nom commun d'*esprit recteur*, que Boerhaave a remis en usage » (Diderot, *Encyclopédie*, t. 5, 1755, p. 196). Selon le même dictionnaire, « l'esprit du monde » était un concept chimique pré-stahlien : « Un *esprit* du monde, un *esprit* universel, aérien, éthérien, ont été [pour les chimistes antérieurs à Stahl] des principes dont ils se sont fort bien accomodés – et ils ont enrichi la physique de plusieurs substances de cette nature : l'archée, le blas, la *magnala* de Van Helmont, les *ens* de Paracelse, etc. sont des fantômes philosophiques de cette classe » (*ibid.*, t. 5, 1755, p. 975).

1. *Cf.* Stephan Hales, *Statik der Gewächse...* (1748), p. 168-171, et en particulier p. 169 : [traduction] « Le soufre n'absorbe pas l'air seulement lorsqu'il brûle dans une substance, mais aussi lorsque des matières dans lesquelles il est incorporé fermentent. La force d'attraction et de répulsion elle-même dans les corps est proportionnelle à la quantité de particules de soufre qu'ils contiennent, d'après le Chevalier Newton. Toutes ces expériences et causes donnent à penser que lorsque les particules élastiques de l'air deviennent solides, il faut l'attribuer à la forte attraction des particules de soufre. Nous en concluons aussi que les corps électriques attirent d'autant plus qu'ils contiennent de soufre ». Le texte renvoie à la question 23 de *l'Optica* de Newton (1706). Remarquons que le soufre est l'élément qui se rapproche le plus du principe huileux primitif (voir note 2, p. 333). Voir également Daniel Gralath, « Geschichte der Electricität » (1747), p. 211 *sq*.

la nature[1], alors on est amené à supposer avec vraisemblance l'existence d'une matière subtile partout active, un soi-disant esprit du monde[2], mais on est aussi amené à s'inquiéter du fait que le processus incessant de génération en consume peut-être toujours plus que la destruction des formations naturelles n'en restitue, de sorte que cette dépense fasse peut-être perdre continûment à la nature quelque peu de sa force.

Quand je compare la passion des peuples anciens pour ce qui est grand, leur enthousiasme pour la renommée, pour la vertu et pour l'amour de la liberté, qui les remplissait de grandes idées et les élevait au-dessus d'eux-mêmes, quand je compare cela au caractère froid et contenu de notre temps, je trouve bien des raisons de féliciter notre siècle d'un tel changement qui a rendu possibles aussi bien les sciences que la doctrine des mœurs, mais j'en arrive quand même à supposer que c'est peut-être là un indice

1. Stephan Hales (*Statik der Gewächse...*, 1748), appelle l'air – précisément en raison de sa capacité à être incorporé à toutes substances et à devenir solide – un « principe actif », un « Protée changeant » (*veränderlichen Proteus*), un « Hermès volatile » (*volatilischen Hermes*) : [tradution] : « L'air est le principe actif qui met toute la nature en mouvement (…) sans lequel le monde serait une masse en repos et inerte » (p. 176) ; « (…) l'air est incorporé aux sels végétaux et peut en partie devenir solide dans le salpêtre : Il faudrait compter ce Protée qui prend toutes les formes, qui est tantôt solide, tantôt volatile, parmi les *principia* de la chimie, et lui donner le rang que les chimistes lui ont jusqu'ici refusé, à savoir qu'il doit être un principe très actif, autant que l'acide sulfurique » (p. 177-178).

2. L'intention de Kant n'est pas ici de *trancher* la question de l'existence de cet « esprit du monde » universel, mais seulement d'*examiner* cette hypothèse et de montrer qu'elle n'est pas contraire à la physique. L'analogie entre l'huile végétale – Protée de la nature – et l'air ou esprit du monde – autre Protée de la nature – vise simplement à montrer la vraisemblance du raisonnement, c'est-à-dire à montrer que l'on ne peut l'exclure catégoriquement.

d'un certain refroidissement du feu qui anime la nature humaine, et dont la virulence a été si féconde en excès comme en beautés[1]. Si je considère au contraire la grande influence qu'ont eu la forme de gouvernement, l'instruction et l'exemple sur la formation des esprits et sur les mœurs, alors je doute que ces indices ambigus sont la preuve d'un changement réel de la nature.

213 Je n'ai par conséquent pas traité la question soulevée du vieillissement de la Terre de manière à trancher, | comme l'exigerait l'esprit d'entreprise d'un physicien courageux, mais de manière à examiner, comme le caractère du sujet le requiert lui-même[2]. J'ai cherché à déterminer plus précisément le concept que l'on doit se faire d'un tel changement. Il pourrait bien y avoir d'autres causes qui mènent la Terre à sa fin par un bouleversement soudain. Car, sans parler des comètes auxquelles on a commodément recours ces derniers temps pour expliquer toutes sortes

1. La métaphore usuelle du feu intérieur (et de son refroidissement) est d'une certaine façon l'expression dans la nature humaine de ce « principe actif ». Rappelons que Leibniz identifiait le feu avec le « principe actif » (voir note 1, p. 331).

2. Kant indique clairement que la nature du sujet – à savoir essentiellement le manque de données – prévient de toute conclusion définitive : en l'occurrence, être téméraire serait une faute dans un sujet qui demande de la prudence (AA 1, 197). Si la question du vieillissement est envisagée du point de vue physique, il est clair qu'il ne s'agit pas d'une physique dogmatique qui traite définitivement des questions (*entscheidend*), mais d'une physique critique qui ne vise pas tant à établir des conclusions qu'à écarter des erreurs en examinant (*prüfend*) des hypothèses à l'aune des observations dont on dispose. Ainsi, c'est en s'appuyant sur des observations, ou des expériences recueillies par d'autres savants, que Kant rejette les trois premières hypothèses ; et c'est en s'appuyant sur les observations des lacs de la région de Königsberg – que Kant connaît peut-être le mieux – qu'il se prononce en faveur de la thèse du vieillissement de la Terre, sans pour autant exclure d'autres causes.

d'événements extraordinaires, il semble que se cache à l'intérieur de la Terre même le royaume de Vulcain et une grande réserve de matières inflammables et ignées qui s'accumule peut-être constamment sous la croûte supérieure, multipliant les foyers et dévorant les fondations des voûtes supérieures – dont l'effondrement annoncé amènerait la matière en flammes à la surface et provoquerait sa fin dans le feu[1]. Mais de tels événements fortuits relèvent tout aussi peu de la question du vieillissement de la Terre que les tremblements de terre ou les incendies concernent la manière dont un bâtiment vieillit.

---

1. Par quoi il faut comprendre la fin de la surface de la Terre, et donc la fin de la Terre elle-même. Le rôle du volcanisme et des tremblements de terre dans l'orographie a été négligé dans l'article : même l'effondrement de la croûte dans les cavités qui se trouvent sous la surface (AA 1, 199) n'est pas directement rapporté au feu souterrain qui en ronge les fondations – mais peut être compris comme un résultat de l'agrandissement des cavités sous l'effet de la remontée des particules d'air sous la surface. Dans la *Réflexion 93* (1752-1755), qui constitue peut-être des notes prises sur l'*Histoire naturelle* de Buffon, Kant distingue « quatre causes de la transformation : 1. le vent (et la pluie), 2. les fleuves, 3. les tremblements de terre, 4. les mers » (AA 14, 569). Sur l'activité du feu souterrain, et l'explication des phénomènes volcaniques, se reporter aux articles de 1756 sur les tremblements de Terre, en particulier le premier traduit ci-après.

SUR LES CAUSES DES TREMBLEMENTS DE TERRE, À L'OCCASION DU MALHEUR QUI A FRAPPÉ LA PARTIE OCCIDENTALE DE L'EUROPE VERS LA FIN DE L'ANNÉE DERNIÈRE (1756)

PRÉSENTATION

Le 1er novembre 1755 vers 9 h 45 du matin, et alors que les habitants sont réunis dans les églises pour l'office de la Toussaint, Lisbonne est détruite par une secousse sismique et par les incendies qui s'ensuivent : on dénombre de 10 000 à 100 000 morts. La secousse qui vient de secouer Lisbonne (environ 150 000 habitants) est encore aujourd'hui considérée comme la plus violente jamais ressentie en Europe (sa magnitude est évaluée à 8,7 sur l'échelle de Richter). Un tsunami de 5 à 10 mètres de haut balaye le golfe de Cadix et les côtes marocaines : la vague se fait sentir jusqu'au Golfe du Mexique[1]. L'événement passionne immédiatement l'Europe entière, d'autant qu'elle a pu en percevoir les effets : les lumières dans les églises vacillent en Italie et à Hambourg, les lacs frémissent en Suisse, en

---

1. A titre de comparaison, le tremblement de Terre du 26 décembre 2004 qui a éclaté au large de Sumatra (Indonésie) à 7 h 58 (0 h 58 TU) était de magnitude 9,1 (le cinquième plus violent jamais mesuré) : le tsunami, de 10 à 30 mètres de haut, s'est fait sentir jusqu'en Australie et en Afrique. Le bilan fait état de plus de 250 000 morts. Les chiffres avancés pour Lisbonne sont plus imprécis, car ils dépendent des estimations des témoins de la catastrophe.

Ecosse et même en Islande[1]. Le jeune Privatdozent Kant publie presque immédiatement trois textes sur le tremblement de terre. Le premier, *Sur les causes des tremblements de terre*, est un article publié dans le numéro 4 du 24 janvier 1756 des *Königsbergische wöchentliche Frag- und Anzeigungs-Nachrichten* : il s'attache à exposer l'explication physique du phénomène, en précisant qu'il ne veut pas faire « d'histoire naturelle du tremblement de terre », c'est-à-dire le recueil de toutes les observations qui ont pu être faites à son sujet. Pourtant il fait ajouter une remarque à cet article (dans le numéro 5 du 31 janvier 1756) où il annonce la parution d'un traité, plus détaillé (qui fera quarante pages), précisément sur l'histoire de celui-ci : c'est *l'Histoire et la description naturelle du tremblement de terre*, publié en février comme brochure à part et sous forme de feuilleton chez Johann Heinrich Hartung (Königsberg). Ludwig Borowski note à ce sujet : « On a unanimement applaudi à ce texte, publié par feuille tous les trois jours, ce qui a déterminé l'auteur à publier la *Nouvelle considération* »[2]. Celle-ci paraît en deux volets dans les numéros 15 et 16 (10 et 17 avril) du même hebdomadaire.

Ainsi, au moment où Voltaire voit dans l'événement l'occasion d'une réfutation philosophique de l'optimisme (voir ci-dessus), Kant s'avance en *Naturforscher*, avec la

1. Voir AA 1, 420 et 436-437. Pour un aperçu de la production littéraire européenne inspirée par l'événement, voir J.-P. Poirier, *Le tremblement de terre de Lisbonne. 1755*, Paris, Odile Jacob, 2005.
2. L. E. Borowski, « Darstellung des Lebens und Charakter Immanuel Kants » (1804), in *Immanuel Kant sein Leben in Darstellungen von Zeitgenossen*, éd. F. Gross, Darmstadt, Wissenschaftliche Buchgesellschaft, 1993, p. 24.

modestie de ne proposer qu'une esquisse qui ne peut atteindre la certitude mathématique. Et il en donne la raison : c'est qu'il n'est pas possible de pouvoir vérifier expérimentalement les deux hypothèses fondamentales – à savoir la continuité de cavités souterraines sous toute la surface du sol, puisque l'on méconnaît l'intérieur de la Terre (§ 1), et la composition précise des vapeurs qui y circulent, puisque, dès qu'elles sont perceptibles, elles sont déjà mélangées à leurs effets (§ 11). Ceci dit, le devoir du physicien reste d'exposer toute la compréhension qu'il a du phénomène, afin de ne pas succomber à l'idée superstitieuse d'une vengeance divine. L'explication de la cause du tremblement de terre en tant que telle tient en un seul paragraphe (§ 6) : le globe est, sous la croûte terrestre, parcouru de voûtes et de cavités qui communiquent les unes avec les autres et qui sont remplies d'une atmosphère chargée de particules telluriennes (comme le souffre, les huiles ou les pyrites) formant un mélange inflammable. Sous certaines conditions (infiltration des eaux, proportions respectives des éléments), cet air s'embrase provoquant une tempête de feu souterraine qui se propage de cavité en cavité, comprime l'air des cavités restantes et provoque une cassure à l'endroit le plus fragile de la croûte. L'explication est donc commune aux secousses sismiques et au volcanisme. Il ne faut pas s'étonner du laconisme de l'explication, puisque Kant ne fait qu'exposer la thèse unanimement reçue depuis le XVIe siècle et qui n'est elle-même qu'une inflexion de l'hypothèse aristotélicienne. En effet, dans les *Météorologiques*, Aristote ramène tous les phénomènes de l'atmosphère à l'existence de deux types de souffles ou d'exhalaisons terrestres, l'une sèche et l'autre humide, que provoque le réchauffement de la terre par le

Soleil[1]. L'exhalaison sèche (*pneuma*) produite par la terre en grande quantité soit s'échappe vers l'extérieur – et donne naissance aux vents – soit reste emprisonnée à l'intérieur et finit en s'accumulant par donner naissance aux tremblements de terre : « Ce n'est donc ni l'eau ni la terre qui peuvent être cause des mouvements sismiques, mais le gaz (*pneuma*), lorsque le fluide qui s'exhale vers l'extérieur se trouve refluer à l'intérieur de la terre »[2]. L'hypothèse kantienne et reçue corrige donc l'hypothèse pneumatique sur un point : la cause des tremblements de terre ne vient pas d'une trop grande pression du vent souterrain qui serait expulsé dans une sorte de frisson de la terre[3], mais de la composition chimique de ces vapeurs, qui les rend inflammables. Kant n'insiste pas : il rappelle en quelques lignes, sans le nommer, les expériences de Nicolas Lémery (1645-1715), qui avait reproduit dès 1700 des mélanges de matériaux à froid qui devenaient inflammables. Il n'y a rien de nouveau ici, ni dans le phénomène, ni dans son explication[4].

1. Aristote, *Météorologiques*, I, 4, 341 *b* 5, trad. p. 11 : « Lorsque la terre est chauffée par le Soleil, l'exhalaison qui se dégage est nécessairement non pas simple, comme certains le croient [Platon, *Timée*, 56d], mais double : l'une se présente plutôt sous forme de vapeur, l'autre plutôt sous forme de souffle ; l'une vient de l'humidité qui est dans la terre et sur la terre (c'est la vapeur) ; l'autre vient de la terre elle-même, qui est sèche (c'est une sorte de fumée) ».

2. *Météorologiques*, II, 8, 366 b 4, trad. p. 89. L'origine commune des vents et des tremblements de terre fait qu'Aristote traite ceux-ci après ceux-là dans son traité.

3. Aristote les compare en effet aux frissons et pulsations d'un organisme vivant (*Météorologiques*, II, 8, 366 b 15).

4. L'hypothèse de vapeurs inflammables souterraines sera reçue jusqu'au début du XXe siècle, et ne sera écartée qu'avec la théorie de la tectonique des plaques (Alfred Wegener, 1912).

Par contre, ce qui rend la secousse de Lisbonne si singulière, c'est la puissante onde marine – ou le mouvement de l'eau (*Wasserbewegung*) – qui a été très vivement ressentie sur les côtes du Portugal mais aussi, avec une intensité moindre, sur celles de l'Allemagne. Et c'est bien à l'explication de celle-ci que Kant consacre la moitié de l'article (§ 8-10). L'inventivité de Kant est ici plus grande. Même s'il ne fait que renvoyer aux expériences de Louis Carré publiées dans les *Mémoires de l'Académie des Sciences* de 1705, et qui concernent le déplacement latéral en bloc de l'eau sous l'effet d'une pression soudaine (un tir de balle de mousquet dans une caisse remplie d'eau), Kant a l'idée d'appliquer ce résultat pour expliquer l'onde marine : le mouvement vertical soudain du fond de la mer provoque un mouvement latéral concentrique des eaux sur toute leur hauteur. Et en effet, on estime bien aujourd'hui que c'est le déplacement des plaques du fond marin (l'épicentre est présumé avoir été à 200 kilomètres à l'Ouest du cap Saint-Vincent) qui a provoqué un déplacement massif de l'eau et la formation d'un tsunami de 5 à 10 mètres sur les côtes du Portugal. Ceci dit, l'explication géophysique du grand tremblement de terre de Lisbonne de 1755, y compris à l'intérieur de la théorie de la tectonique des plaques, est aujourd'hui encore très incertaine, en raison de l'ampleur et du parcours de la secousse[1]. Par contre, Kant étend cette cause à l'explication des ondulations de la mer au Nord de l'Europe, selon un processus d'amortissement progressif de la pression initiale[2]. C'est

1. Voir M.-A. Gutscher, « What caused the great Lisbon earthquake ? », *Science*, vol. 305, N° 5688, 27 août 2004.
2. Notons qu'il y a selon Kant deux façons exclusives de mettre l'eau en mouvement : par pression soudaine, ou par ondulation. Il tient pour évident que la pression soudaine finit par se transformer en

qu'il comprend les phénomènes mécaniquement comme des *déplacements de matière* : déplacement de l'eau sur les fonds marins, déplacement des vapeurs en combustion dans les cavités souterraines. Mais il ne tient pas compte des effets de la secousse sur les couches du sol elles-mêmes (que ce soit le fond marin ou le sol des continents) : on admet aujourd'hui que les différents phénomènes d'oscillation observés (ondulation de l'eau des océans et des lacs continentaux, oscillation du sol et des lampes du continent) ne sont pas provoqués par un déplacement de matière mais par une communication et *propagation des ondes sismiques* par la terre. Mais Kant ne peut le concevoir, d'autant qu'il essaie de ramener tous les phénomène à son hypothèse centrale : la continuité des cavités souterraines du sol.

Il y a quelque chose qui peut en effet paraître étonnant dans l'article de Kant : c'est qu'il consacre toute la première moitié (§ 1-5) à rappeler la corrélation entre la direction des tremblements de terre et la direction des chaînes de montagnes, qui contiennent plus de cavités souterraines. Mais il se garde bien de l'appliquer dans le cas de Lisbonne puisque la géographie physique du pays ne confirme pas cette corrélation. C'est que l'essentiel pour Kant n'est pas d'expliquer la cause particulière de la secousse de Lisbonne, dans une région qui avait été jusque là totalement épargnée, mais d'en tirer des leçons pour la reconstruction de la ville : si la première secousse ne pouvait pas en toute probabilité être prévue, la raison exige que la ville ne soit

ondulation avec la distance, mais il ne dit pas comment cette pression soudaine qui se communique immédiatement à tous les côtés sans perte de mouvement (puisqu'il dit que la vitesse d'un point à son extrémité est la même que celle d'un point au lieu d'impact) finit par perdre de son mouvement et se transformer en oscillations.

pas reconstruite dans le sens de la direction du tremblement de terre, afin d'éviter les mêmes ravages lors d'une prochaine secousse[1]. Autrement dit, là où certains crient aux « dispositions de la Providence » (*Anstalten der Vorsehung*, § 6), Kant oppose les « dispositions qu'offre la raison » (*Anstalten der Vernunft*, § 4), c'est-à-dire les précautions que notre connaissance des événements permet de prendre. Cela suppose donc de rassembler les connaissances et les témoignages sur les secousses, c'est-à-dire de produire une histoire naturelle des tremblements de terre, qui est d'une plus grande utilité pratique qu'une connaissance théorique des causes des phénomènes. Et alors que Kant dit ne pas vouloir ici faire une telle histoire, son article s'inspire en fait très largement de *l'Histoire naturelle générale et particulière* de Buffon (1749), et de sa section sur les volcans et les tremblements de terre, à laquelle il renvoie principalement pour le témoignage de Guy La Barbinais Le Gentil sur les tremblements de terre au Pérou (duquel il reprend presque mot à mot des passages sur les signes précurseurs, sur la direction des tremblements de terre et sur leurs effets en mer), mais à laquelle il emprunte aussi d'autres remarques (sur le mode de construction dans les régions sismiques, les observations du Vésuve, la corrélation avec le volcanisme). Plus que d'un exposé scientifique pointu, qui n'aurait de toute façon pas sa place dans le journal hebdomadaire de Königsberg[2], le texte

---

1. Le texte a donc trois parties : 1) la cause des ravages et les précautions induites de la direction des tremblements de terre (§ 1-5) ; 2) la cause physique des tremblements de terre (§ 6) ; 3) la cause de l'onde marine (§ 7-10).

2. Kant ne restitue d'ailleurs pas précisément les descriptions ou les proportions des expériences mentionnées de Lémery et Carré : voir les notes de traduction.

prend non seulement un aspect pédagogique, mais surtout, en refusant de recourir à une quelconque Providence divine, il s'inscrit en creux dans le débat sur l'optimisme.

Un des enjeux de l'article est donc de s'opposer au mauvais usage de la catastrophe que Kant entrevoit immédiatement : exploiter la peur et la superstition qu'elle peut engendrer[1] pour réfuter la doctrine de l'optimisme, selon laquelle le monde créé par Dieu est le meilleur de tous. Kant a déjà rédigé en 1753 des notes sur l'optimisme, et il le défendra publiquement en 1759 dans ses *Considérations sur l'optimisme*[2]. Mais sous le même mot, il y défend successivement deux versions de l'optimisme, et il va passer d'une critique de Leibniz, et de sa compréhension du meilleur des mondes, à son ralliement. Alors que beaucoup voient dans le tremblement de terre de Lisbonne la réfutation éclatante du soi-disant optimisme leibnizien[3], nous voudrions au contraire suggérer qu'il a été précisément l'occasion pour Kant de se rallier à

---

1. « C'est sans doute un bienfait de la Providence que d'être préservé de la peur de tels destins, que toute la peine du monde ne peut empêcher, et de ne pas augmenter notre souffrance réelle par la peur de ce que nous savons être possible » (§ 1); « La peur leur enlève toute réflexion, et ils croient déceler dans de si grands malheurs un tout autre type de mal que ceux face auxquels on est en droit de prendre des précautions, et ils pensent même pouvoir adoucir la dureté du destin en s'y soumettant aveuglément et en s'en remettant eux-mêmes à la grâce ou à la disgrâce du destin » (§ 4).

2. Respectivement *Reflexionen 3703-3705*; AA 17, 229-239 et AA 2, 29-35. Voir A. Pelletier, « Kant et le débat sur le meilleur des mondes (1753-1759) », dans *Kant et les Lumières européennes*, Paris, Vrin, 2009.

3. Le plus célèbre étant évidemment Voltaire dans son *Poème sur le désastre de Lisbonne*, rédigé dès la fin 1755.

l'« optimisme » de Leibniz[1]. En effet, dans les notes rédigées en 1753 à l'occasion du concours posé par l'Académie Royale de Berlin pour l'année 1755[2], Kant adopte *l'optimisme de Pope*, rejetant le point de vue du tout (celui de Baumgarten et de Leibniz). Il interprète disjonctivement le « tout est bien » de Pope : non seulement tout être est bon en lui-même, mais tout être bon doit concourir au meilleur des mondes, faute de quoi il ne peut être dit le meilleur possible. Il rejette donc non seulement la condition de finitude de ce monde-ci, mais l'existence de manques à l'intérieur du meilleur des mondes (possibles), que Leibniz ne justifiait que parce que Dieu choisit le meilleur dans son ensemble, sous condition de finitude. Or, avec le tremblement de terre de Lisbonne, il s'agit de juger les phénomènes à l'aune de la nature toute entière et des lois (newtoniennes) que les hommes lui prescrivent : non seulement il faut rapporter des phénomènes très distants les uns aux autres (par l'hypothèse d'une continuité des

1. Rappelons que Leibniz n'a jamais employé l'expression d'optimisme, qui a été inventée comme un mot de caricature par le jésuite Louis Bertrand Castel dans sa recension des *Essais de théodicée*, en février 1737, pour le *Journal de Trévoux*. Le mot d'optimisme est donc dès le départ un mot aux contours flous, susceptible de toutes les interprétations, y compris les plus infidèles à Leibniz. C'est bien en raison de cette pluralité de significations qu'il y a un débat sur l'optimisme au XVIIIe siècle, et qu'il faut faire attention de ne pas traiter comme univoque l'optimisme de Kant dans les années 1750.

2. La question est ainsi formulée en séance le 7 juin 1753 : « On demande l'examen du Système de *Pope*, contenu dans la proposition; *Tout est bien*. Il s'agit 1. de déterminer le vrai sens de cette Proposition, conformément à l'hypothèse de son auteur. 2. De la comparer avec le système de l'*Optimisme*, ou du *choix du meilleur*, pour en marquer exactement les rapports et les différences. 3. Enfin d'alléguer les Raisons que l'on croira les plus propres à établir, ou à détruire ce Système » (protocole original accessible en ligne à l'adresse : http:/akademieregistres.bbaw.de).

cavernes souterraines de la Terre), mais il les faut tous rapporter à des lois générales. L'événement ne doit pas être jugé du point de vue particulier anthropocentrique, mais du point de vue général physique. Et c'est bien à partir de ce point de vue d'ensemble que Kant soutient ensuite (contre Crusius et Reinhard) un *optimisme leibnizien* où le degré de perfection de l'ensemble est donné par son degré de réalité. On voit alors comment la défense de l'optimisme, dans sa fomulation leibnizo-baumgartenienne, constitue précisément pour Kant une lutte contre la superstition selon laquelle la nature échapperait aux règles de l'entendement.

Le texte a été publié dans le numéro 4 du dimanche 24 janvier 1756 des *Wochentliche Königsbergische Frag- und Anzeigungs-Nachrichten*, auquel a été ajoutée une remarque dans le numéro 5 du 31 janvier.

Édition : AA 1, 417-427.

SUR LES CAUSES DES TREMBLEMENTS DE TERRE, À L'OCCASION DU MALHEUR QUI A FRAPPÉ LA PARTIE OCCIDENTALE DE L'EUROPE VERS LA FIN DE L'ANNÉE DERNIÈRE (1756)

| Les grands événements qui concernent le destin de tous les hommes suscitent à bon droit cette curiosité tout à fait louable qui s'éveille par tout ce qui est extraordinaire et qui s'attache à en rechercher les causes. Dans un tel cas, le devoir du physicien envers le public est de rendre compte de la compréhension que l'observation et la recherche lui permettent d'obtenir. Je renonce à l'honneur de m'acquitter complètement de ce devoir et je le laisse à celui, s'il existe un jour, qui pourra se glorifier d'avoir exactement pénétré l'intérieur de la Terre[1]. Ma réflexion ne sera qu'une esquisse. Et pour bien me faire comprendre, elle contiendra presque tout ce que l'on peut dire jusqu'à présent avec vraisemblance sur le sujet, sans pour autant être suffisant pour satisfaire la règle stricte qui juge tout à l'aune de la certitude

---

1. Kant doute en effet que cela soit possible. Dans les remarques préliminaires de l'*Histoire et de la description naturelle du tremblement de terre*, qu'il annonce à la fin du présent article, il note que le forage le plus profond ne « dépasse pas cinq cents brasses [environ 800 mètres], soit même pas la six millième partie de la distance au centre de la Terre » (AA 1, 432) : on est donc bien loin d'avoir pénétré, c'est-à-dire au sens propre d'être allé au cœur (*durchschauen*), de l'intérieur de la Terre.

mathématique. Nous habitons sereinement sur un sol dont les fondements sont ébranlés de temps en temps. Nous bâtissons de manière insouciante au dessus de voûtes dont les piliers vacillent de temps à autre et menacent de s'effondrer. Quand nous nous apercevons des ravages occasionnés à côté de nous par le délabrement qui se tient sous nos pieds, nous versons dans la compassion au lieu d'avoir peur, sans nous soucier d'un destin qui n'est peut-être pas si loin de nous. C'est sans doute un bienfait de la Providence que d'être préservé de la peur de tels destins, que toute la peine du monde ne peut empêcher, et de ne pas augmenter notre souffrance réelle par la peur de ce que nous savons être possible.

420 La première chose qui frappe notre attention est que | le sol sur lequel nous nous trouvons est creux et que ses cavités se suivent de manière presque continue sur de très grandes étendues, et se prolongent même sous le fond de la mer[1]. Je ne donnerai aucun exemple tiré de l'histoire : mon intention n'est pas de faire une histoire des tremblements de terre[2]. Mais l'effroyable fracas, comparable au

1. La thèse selon laquelle la Terre – ou du moins la croûte terrestre – est parcourue de cavités se trouve déjà chez Aristote et est reprise par toute la postérité dans l'explication des tremblements de terre et des éruptions volcaniques : « Quant aux contrées dont le sous-sol est spongieux, elles sont plus sujettes aux tremblements de terre, parce qu'elles accumulent en elles une grande quantité de fluide gazeux (*pneuma*) » (*Météorologiques*, II, 8, 366b, trad. p. 91). L'idée d'une continuité presque générale de ces cavités est, elle, moins répandue, mais l'étendue du tremblement de terre de Lisbonne est considérée par Kant comme sa confirmation.

2. Peut-être Kant pense-t-il ici précisément à l'*Histoire naturelle générale et particulière* (1749) de Buffon, à laquelle il va renvoyer explicitement et à laquelle il fera plusieurs allusions. Quoiqu'il en soit, il ne s'agit pas pour Kant de multiplier les relations et témoignages, les chiffres de victimes et les ravages de la nature – ce que Buffon fait avec

déchaînement d'une tempête souterraine ou à un chariot roulant sur des pavés, qui a été entendu lors de nombreux tremblements de terre, dont l'effet prolongé s'est fait sentir en même temps dans des pays très éloignés, dont l'Islande et Lisbonne – qui sont séparées par une mer de plus de quatre cent milles allemands[1] et qui ont été secouées le même jour – fournit la preuve indéniable que tous ces phénomènes convergent pour établir la continuité de ces cavités souterraines.

Il faudrait que je remonte l'histoire de la Terre jusqu'au chaos si je devais donner une explication complète de la cause qui a été à l'origine de ces cavités lors de la formation de la Terre. Mais de telles explications ressemblent bien trop à des fables si l'on ne peut exposer la totalité des raisons qui les rendent crédibles. Quelque puisse en être la cause, il est par contre certain que la direction de ces cavités est parallèle aux chaînes de montagnes et est aussi parallèle, par un lien naturel, aux grands fleuves puisqu'ils empruntent la partie la plus basse d'une vallée bordée des deux côtés par des flancs parallèles. Les tremblements de terre se propagent aussi principalement selon cette direction. Lors des secousses qui se sont déployées sur une grande partie de l'Italie, on a remarqué un mouvement des chandeliers dans les églises presque exactement de direction Nord-Sud, et ce nouveau le tremblement de terre avait une direction d'Ouest en Est, ce qui est également la direction principale des montagnes qui forment la partie la plus haute de l'Europe.

une certaine exhaustivité sur une trentaine de pages – car cela pourrait inutilement nourrir la crainte et la superstition ; mais il s'agit de voir si l'on ne peut en tirer des règles de précaution, qui viendraient s'appuyer sur une théorie explicative.

1. Soit un peu plus de 3000 kilomètres.

S'il est permis aux hommes de prendre quelques précautions face à des événements si terribles, et si l'on ne considère pas qu'il est totalement vain et inutile de mettre en place les quelques dispositions qu'offre la raison face aux détresses générales, est-ce que les malheureuses ruines de Lisbonne ne doivent pas nous faire hésiter à reconstruire la ville dans le sens de sa longueur le long du fleuve, qui indique la direction que doit normalement prendre un tremblement de Terre dans cette région ?

421 | Gentil*[1] affirme que lorsqu'une ville est frappée par une

---

* Voir le *Voyage autour du monde* de Gentil, d'après ce qu'en dit Buffon. Celui-ci confirme également que la direction des tremblements de terre est presque tout le temps parallèle à la direction des plus grands fleuves.

1. Kant renvoie ici à la troisième remarque de Guy Le Gentil de la Barbinais, navigateur (1692-1731), dans le passage cité par Buffon, *Histoire naturelle* (1749), tome 1, p. 521-522 (orthographe modernisée) : « Le Gentil dans son voyage autour du monde parle des tremblements de terre dont il a été témoin, dans les termes suivants : « J'ai, dit-il, fait quelques remarques sur ces tremblements de terre ; la première est qu'une demi-heure avant que la terre s'agite, tous les animaux paraissent saisis de frayeur, les chevaux hennissent, rompent leurs licols et fuient de l'écurie, les chiens aboient, les oiseaux épouvantés et presque étourdis entrent dans les maisons, les rats et les souris sortent de leurs trous, etc. ; la seconde est que les vaisseaux qui sont à l'ancre sont agités si violemment, qu'il semble que toutes les parties dont ils sont composés vont se désunir, les canons sautent sur leurs affûts et les mâts par cette agitation rompent leurs haubans, c'est ce que j'aurais eu de la peine à croire, si plusieurs témoignages unanimes ne m'en avaient convaincu. Je conçois bien que le fond de la mer est une continuation de la terre, que si cette terre est agitée, elle communique son agitation aux eaux qu'elle porte ; mais ce que je ne conçois pas, c'est ce mouvement irrégulier du vaisseau dont tous les membres et les parties prises séparément participent à cette agitation, comme si tout le vaisseau faisait partie de la terre et qu'il ne nageât pas dans une matière fluide, son mouvement devrait être tout au plus semblable à celui qu'il éprouverait dans une tempête ; d'ailleurs, dans l'occasion où

secousse dans le sens même de sa plus grande longueur, toutes les maisons sont détruites, alors que s'il se produit dans le sens de sa largeur, peu de maisons s'écroulent. La cause en est claire. Les bâtiments oscillent à la verticale à cause du vacillement du sol. Donc si une rangée de bâtiments oscille d'Est en Ouest, alors non seulement chaque bâtiment doit supporter son propre poids, mais en plus ceux qui sont à l'Ouest pèsent en même temps sur ceux qui sont à l'Est et les font inévitablement écrouler; alors que s'ils sont secoués dans le sens de la largeur, chaque bâtiment ne doit supporter que son propre poids, et il y aura moins de dégâts dans les mêmes circonstances. Il semble que le malheur de Lisbonne ait été amplifié par la disposition de la ville qui suit la rive du Tage, et c'est pour cette raison que chaque ville devrait être établie – dans les régions où l'on a ressenti plusieurs fois des tremblements de terre et où l'on connaît d'expérience leur direction – selon une direction différente de celle des tremblements de terre. Mais telle n'est pas du tout la préoccupation de la plupart des hommes en pareilles circonstances. La peur leur enlève toute réflexion, et ils croient déceler dans de si grands malheurs un tout autre

je parle, la surface de la mer était unie et ses flots n'étaient point élevés, toute l'agitation était intérieure, parce que le vent ne se mêla point au tremblement de terre. La troisième remarque est que si la caverne de la terre où le feu souterrain est renfermé, va du septentrion au midi, et si la ville est pareillement située dans sa longueur du septentrion au midi, toutes les maisons sont renversées, au lieu que si cette veine ou caverne fait son effet en prenant la ville par sa largeur, le tremblement de terre fait moins de ravage, etc. » *Voyez le nouveau voyage autour du monde de M. le Gentil*, t. 1, p. 172 *sq.* ». Le passage correspondant rapporte le témoignage de Le Gentil de la Barbinais sur le tremblement de terre de Pisco (Pérou) des 3 et 4 février 1716 : *Nouveau voyage autour du monde avec une description de l'empire de la Chine*, Paris, 1725, t. 1, p. 172-173 (ou : Amsterdam, Pierre Mortier, 1731, p. 120-121).

type de mal que ceux face auxquels on est en droit de prendre des précautions, et ils pensent même pouvoir adoucir la dureté du destin en s'y soumettant aveuglément et en s'en remettant eux-mêmes à la grâce ou à la disgrâce du destin.

La ligne de force du tremblement de terre suit la ligne des plus hautes montagnes, et les régions alentour sont donc principalement touchées, surtout si elles sont coincées entre deux chaînes de montagnes et que les secousses des deux côtés se rejoignent. Dans une région plate qui n'est pas en contact avec des montagnes, ils sont rares et faibles. C'est ainsi que le Pérou et le Chili sont les pays au monde les plus sujets aux secousses. On y observe la précaution de bâtir les maisons sur deux étages, dont seul celui du bas est en maçonnerie, alors que celui du haut est fait de **422** roseau et de bois léger, | afin de ne pas s'effondrer en dessous[1]. L'Italie, ou même l'Islande qui est en partie sous les glaces, ou encore d'autres régions élevées d'Europe, confirment cette concordance. Le tremblement de terre qui s'est propagé d'Ouest en Est au mois de décembre de l'année passée à travers la France, la Suisse, la Souabe, le Tyrol et la Bavière, a principalement suivi la ligne des régions les plus élevées de cette partie du monde. Mais l'on sait aussi que les montagnes principales ont des branches perpendiculaires. L'embrasement souterrain se propage à travers elles de proche en proche, et ainsi, après avoir traversé les hautes contrées des montagnes suisses,

---

1. L'indication semble empruntée à la section sur « Les volcans et les tremblements de terre » de l'*Histoire naturelle* de Buffon, à laquelle Kant vient de renvoyer : « Pour ne pas risquer d'être écrasés, les habitants de ces parties du Pérou ne construisent les étages supérieurs de leurs maisons qu'avec des roseaux et du bois léger » (Buffon, *Histoire naturelle* (1749), p. 511).

passe également par les cavités qui longent le Rhin jusqu'en Basse Allemagne. Quelle peut donc être la cause de cette loi de la nature qui associe les tremblements de terre principalement aux régions montagneuses? S'il est prouvé que c'est un embrasement souterrain qui provoque ces secousses, alors on peut facilement en conclure que, du fait que les cavités sont plus étendues dans les régions montagneuses, la propagation des vapeurs inflammables sera plus libre et rencontrera moins d'obstacle, tout comme leur mélange avec l'air souterrain emprisonné, indispensable à leur embrasement[1]. D'ailleurs, la connaissance de la constitution interne du sol nous apprend, autant qu'il est permis aux hommes de le savoir, que les couches des régions montagneuses sont de loin moins épaisses que dans les régions plates et que la résistance aux secousses est par conséquent plus faible dans celles-là que dans celles-ci. Quant à la question de savoir si notre patrie a des raisons de redouter de tels malheurs, je ne chercherai pas à dissiper cette peur si mon métier était de prêcher l'amélioration des mœurs, parce que c'est bien une possibilité générale qu'il est difficile de contester; ceci dit, les motifs de piété tirés des tremblements de terre sont sans aucun doute les plus faibles de tous; mais je ne cherche qu'à formuler des hypothèses concernant les causes physiques de sorte que l'on puisse facilement voir à partir de ce qui a été dit que, puisque la Prusse est non seulement une région sans montagnes, mais qu'elle est en plus le

---

1. Kant énonce ici pour la première fois la cause des tremblements de terre, qu'il reprendra dans le paragraphe six. Il suit la théorie reçue depuis le xvie siècle, à savoir que les tremblements de terre sont produits par la combustion et l'embrasement des vapeurs inflammables qui parcourent les cavités du sol. Les vapeurs inflammables ont donc remplacé les vents souterrains de la théorie pneumatique d'Aristote.

prolongement d'une région presque plate de bout en bout, on a au contraire les plus grandes raisons de se consoler des dispositions de la Providence par un espoir opposé.

Il est temps d'en venir aux causes des tremblements de terre. Il est facile à un physicien d'en reproduire les phénomènes. On prend 25 livres de limaille de fer, autant **423** de soufre, on les mélange | avec de l'eau ordinaire, on enfouit cette pâte dans la terre à une profondeur d'un pied ou d'un pied et demi, et on tasse bien la terre par dessus. Quelques heures après, on voit s'élever une épaisse fumée, la terre est secouée et des flammes s'échappent du sol. On ne peut douter que les deux premiers matériaux soient très répandus à l'intérieur de la Terre, et que l'eau, qui s'infiltre au travers failles et fissures, puisse les porter à fermentation. On peut également produire des vapeurs inflammables en mélangeant des matériaux à froid qui s'enflamment d'eux mêmes. Si l'on verse deux mesures d'essence de vitriol mélangées à huit mesures d'eau ordinaire sur deux mesures de limaille de fer, on provoque une intense effervescence et des vapeurs qui s'enflamment d'elles-mêmes[1]. Qui peut douter que l'acide vitriolique et les particules de fer sont en quantité suffisante à l'intérieur de la Terre? Quand l'eau

---

1. Les deux expériences sont celles de Nicolas Lémery (1645-1715), que Kant mentionnera de nouveau – et en les attribuant à Lémery – à la fin de la *Nouvelle considération sur les tremblements de terre*. Kant a pu lire la traduction allemande du mémoire de Lémery de l'Académie royale des Sciences de Paris, initialement paru en 1700 : Voir Lémery, « Physische und chemische Erklärung der unterirdischen Feuer, der Erdbeben, Stürme, des Bliztes und Donners », *Physische Abhandlungen*, 1748, p. 417-427. Les expériences sont relatées aux pages 418 et 424. Pour la seconde expérience, Lémery indique toutefois les proportions suivantes : trois onces d'essence de vitriol, douze onces d'eau ordinaire et une once ou une once et demie de limaille de fer. Notons encore que la première expérience est également relatée par Buffon, *Histoire naturelle* (1749), p. 504.

vient s'ajouter à ceux-ci et produit son effet à elle, alors ils rejettent des vapeurs qui ont tendance à se répandre, qui secouent le sol et qui s'échappent sous forme de flammes lors des éruptions volcaniques[1].

On a depuis longtemps observé qu'il n'y a plus de violentes secousses dans une région si un volcan est entré en éruption dans son voisinage, de sorte que les vapeurs enfermées ont pu s'échapper[2] : on sait que les tremblements de terre à Naples sont bien plus fréquents et bien plus redoutables lorsque le Vésuve est resté inactif depuis longtemps. Ainsi, ce qui nous effraie est souvent un bienfait, et une éruption volcanique dans les montagnes du Portugal pourrait être un signe avant-coureur que le malheur s'éloigne peu à peu.

La puissante onde marine qui a été ressentie sur de nombreuses côtes en ce malheureux jour de la Toussaint, est le sujet d'étonnement et de recherche le plus étrange de cet événement. Que les tremblements de terre s'étendent jusque sous le fond marin et soumettent les navires à une agitation[3] aussi violente que s'ils étaient sur un sol ferme

---

1. Il ne faut pas s'étonner du laconisme avec lequel Kant traite des causes des tremblement de terre (et des éruptions volcaniques), puisqu'il ne fait rappeler que la théorie unanimement reçue de la combustion des matières inflammables contenues dans le sol terrestre. Voir par exemple Buffon, *Histoire naturelle* (1749), p. 526-531 (« La cause de ces tremblements sont les matières minérales et sulphureuses qui ne se trouvent ordinairement que dans les fentes perpendiculaires des montagnes et dans les autres cavités de la terre, dont le plus grand nombre a été produit par les eaux ; ces matières en s'enflammant produisent une explosion momentanées et des vents violents qui suivent les routes souterraines des eaux », p. 530).

2. Voir Buffon, *Histoire naturelle* (1749), p. 522.

3. Nous traduisons *Rüttelung* par agitation, puisque c'est le terme qu'emploie Le Gentil dans sa deuxième remarque sur les tremblements de terre, et que Kant en reprend ici la description (voir note 1, p. 350).

violemment secoué, est une expérience ordinaire. Seulement, dans les régions où la mer s'est mise à bouillonner, il n'y avait pas la moindre trace de tremblement de terre, et du moins on ne pouvait absolument rien sentir à une distance moyenne des côtes. Pourtant une telle onde marine n'est pas sans exemple. La même chose a été également observée

424 sur les côtes de Hollande, | d'Angleterre et d'Allemagne en l'an 1692 à l'occasion d'un tremblement de terre presque général[1]. Je crois que beaucoup de gens tendent à rapporter, non sans raison, ce bouillonnement de l'eau à l'agitation continue qui s'est abattue sur les côtes portugaises lors du choc soudain du tremblement de terre. Cette explication semble à première vue être en butte à certaines difficultés. J'entends bien qu'une pression isolée dans un élément fluide se communique à toute la masse, mais comment la pression des eaux de la mer portugaise, après avoir parcouru quelques centaines de milles, peut encore donner lieu à une onde haute de quelques pieds à Glückstadt et Husum[2]? Ne semble-t-il pas que d'immenses montagnes d'eau aient dû être formées là-bas pour que se soulèvent ici des vagues à peine perceptibles? Je réponds à cela qu'il y a deux manières pour qu'un élément fluide puisse être entièrement mis en mouvement par une impulsion en un seul endroit, à savoir soit par un mouvement d'oscillation de montée et descente – c'est-à-dire à la manière d'une vague – soit par une pression soudaine qui frappe la masse d'eau en son centre et la repousse comme un corps solide sans lui laisser le temps d'absorber la pression par un mouvement d'oscillation et de propager son mouvement petit à petit.

---

1. Mentionné là encore par Buffon, *Histoire naturelle* (1749), p. 514.

2. Deux villes des côtes occidentales de la province de l'Holstein (aujourd'hui *Land* de Schleswig-Holstein).

La première est sans aucun doute peu susceptible de suffire pour expliquer l'événement dont nous parlons. En ce qui concerne la deuxième, si l'on considère que l'eau résiste comme un corps solide à une pression violente et soudaine, et que cette pression se propage sur les côtés avec la même intensité, sans laisser le temps à l'eau au repos de s'élever au dessus de son niveau habituel ; si l'on considère par exemple l'expérience de Monsieur Carré dans la 2ᵉ partie des *Traités de physique* de l'Académie des Sciences à la page 549[1], où une balle de mousquet tirée dans une caisse constituée de planchettes de deux pouces et qui était remplie d'eau, a tant comprimé l'eau lors de son impact que la caisse toute entière fut disloquée ; alors on pourra se faire quelque idée de la manière dont l'eau peut être mise en mouvement. Si l'on songe par exemple que toute la côte occidentale du Portugal et de l'Espagne, du cap St Vincent au cap Finistère[2], a été secouée sur une distance d'environ 100 milles allemands, et que cette secousse s'est étendue vers l'Ouest sur une égale distance en pleine mer, alors ce sont 10 000 milles carrés de fond marin qui ont été saisis

1. Kant renvoie à la traduction allemande de l'article de Louis Carré (1663-1711), « Expériences physiques sur la réfraction des balles de mousquet dans l'eau et sur la résistance de ce fluide », initialement paru dans les *Mémoires de l'Académie royale des Sciences* (Paris, 1705), effectuée par Steinwehr dans le tome deux de *Der Königl. Akademie der Wissenschaften in Paris physische Abhandlungen* (1748), p. 549-558 : « Physische Versuche von der refraction der geschossenen Flintenkugel im Wasser, und von der Widerstande dieses flüßigen Körpers ». Kant, à la suite de la traduction allemande, orthographie fautivement « Carree ». Il faut comprendre dans la suite que les planches sont de deux pouces d'épaisseur – même si la description de Carré est plus précise (*op. cit.*, p. 550).

2. Le cap Finistère (Espagne) est l'extrémité septentrionale et le cap Saint-Vincent (Portugal) l'extrémité méridionale de la péninsule Ibérique.

par une secousse soudaine, dont nous ne surestimons pas trop la vitesse quand nous la comparons au mouvement [causé par l'explosion] d'une mine de poudre qui projette **425** le premier corps venu | à quinze pieds de haut et qui est donc susceptible de parcourir (selon les fondements de la mécanique) 30 pieds à la seconde. L'eau au repos a résisté à cette soudaine agitation de telle manière que celle-ci ne s'est pas affaiblie et dissipée sous forme de vagues, comme c'est le cas avec les mouvements lents, mais qu'elle a reçu toute la pression et a repoussé sur les côtés l'eau environnante d'une manière si violente et si rapide, comme si c'était un corps solide, en repoussant l'extrémité avec la même vitesse que les parties d'impact[1]. On n'observe alors pas la moindre diminution de mouvement dans chaque bloc de matière fluide (si je peux me permettre d'employer cette expression[2]), qu'il fasse 200 ou 300 milles de long, comme s'il avait été enfermé dans un canal qui aurait la même largeur à l'entrée et à la sortie. Mais si l'ouverture du canal est plus large à la sortie qu'à l'entrée, alors le mouvement en sera en revanche d'autant diminué. Maintenant, il faut se représenter que le mouvement de l'eau se propage de manière circulaire, que son étendue augmente avec la distance au centre, et qu'il s'affaiblit proportionnellement à la distance ; et qu'il est ainsi 6 fois plus faible sur les côtes de l'Holstein, qui se trouvent à 300 milles allemands du centre présumé de

---

1. De l'expérience de Carré, Kant tire qu'un mouvement vertical du fond est suffisant pour provoquer un mouvement latéral (et concentrique) des eaux sur toute leur profondeur.

2. Nous traduisons *Balken*, littéralement « poutre », par « bloc ». En disant que la matière fluide est un bloc ou une poutre, Kant fait allusion au proverbe allemand selon lequel « personne ne peut marcher sur l'eau » ou, littéralement, « l'eau n'a pas de poutres » (*Das Wasser hat keine Balken*).

la secousse, que sur les côtes portugaises qui se situent, en toute hypothèse, à une distance de 50 milles de ce même centre. Le mouvement sera ainsi encore assez conséquent sur les côtes danoises et de l'Holstein pour parcourir 5 pieds à la seconde, ce qui équivaut à la puissance d'un fleuve très rapide. On pourrait ici objecter que la propagation de cette poussée dans les eaux de la mer du Nord ne peut se faire qu'en passant par le canal de Calais, et que les effets de la secousse doivent être considérablement affaiblis lorsqu'ils se propagent dans une mer plus large. Seulement si l'on considère que la poussée de l'eau entre les côtes anglaises et françaises, avant qu'elle n'empreinte le canal, doit s'intensifier à cause de la pression exercée entre ces deux côtes autant qu'elle doit ensuite s'affaiblir à la sortie du canal, alors les effets de la secousse ne devront donc pas être considérablement affaiblis sur les côtes de l'Holstein[1].

Le plus étrange au sujet de cette pression de l'eau est qu'on a même pu la ressentir dans des lacs, à Templin et en Norvège, qui n'ont aucun lien visible avec la mer. Cela semble être | la plus forte preuve jamais avancée pour **426**

---

1. L'hypothèse de la poussée soudaine de blocs d'eau explique en effet correctement la violente agitation continue des eaux qui s'est abattue sur la côte occidentale du Portugal dont parle Kant, et que nous appellerions aujourd'hui un tsunami. Mais elle n'explique pas l'onde perçue à de très longues distances, comme sur les côtes de l'Holstein : celle-ci – tout comme les oscillations perçues dans les lacs intérieurs – relève d'une communication des ondes sismiques non par la mer mais bien par la terre. Après avoir dit que 10 000 milles carrés de fond marin ont été saisis pas la secousse, Kant en tire une conséquence sur la communication de l'ébranlement aux eaux de l'océan, mais il ne l'applique pas au fond marin lui-même, et par extension, aux terres émergées. C'est qu'il envisage un *déplacement* des matières (des vapeurs inflammables dans les cavités souterraines, ou des eaux des océans), mais non une *propagation* des ondes.

prouver la liaison souterraine entre la mer et les étendues d'eaux du continent. Pour sortir de la difficulté qui vient immédiatement en raison de l'équilibre [des fluides], il faut s'imaginer que l'eau d'un lac s'écoule réellement dans des canaux qui le relient à la mer, mais que ce flux ne peut pas être remarqué du fait que les canaux sont étroits et que ce que le lac perd par un écoulement constant en aval est suffisamment compensé par les ruisseaux et les fleuves qui s'y déversent.

Encore qu'il ne faille pas porter de jugement trop rapide au sujet d'un événement aussi singulier. Car il n'est pas impossible que le frémissement des lacs continentaux puisse également provenir d'autres raisons. L'air souterrain déplacé par l'explosion de ce feu enragé pourrait très bien également s'infiltrer par les fissures du sol, qui lui ferment autrement la route en l'absence de ce souffle puissant. Mais la nature ne se dévoile que progressivement. Il ne faut pas être impatient et chercher à lui extorquer dans une fable ce qu'elle nous dissimule, mais il faut attendre qu'elle révèle clairement ses secrets dans des effets indiscutables.

La cause des tremblements de terre semble avoir des effets jusque dans l'atmosphère. Quelques heures avant que la terre ne soit secouée, on a très souvent observé un ciel rouge ou d'autres signes d'un changement de la constitution de l'air[1]. Les animaux sont totalement pris de panique quelques instants avant. Les oiseaux se réfugient dans les maisons ; les rats et les souris sortent de leurs

---

1. Dans la section de *l'Histoire et description naturelle du tremblement de terre* consacrée aux signes précurseurs du tremblement de terre de Lisbonne, Kant rapporte qu'une brume rouge a été observée en Suisse pendant deux semaines avant la secousse. Le phénomène vient là encore confirmer son hypothèse d'une continuité des cavités souterraines.

trous[1]. En un instant un air brûlant prêt à s'enflammer s'échappe de la croûte supérieure de la terre. Je n'ose mentionner les effets que l'on doit en attendre[2]. Ces effets ne sont pour le moins pas agréables au physicien, car quel espoir peut-il avoir de découvrir les lois selon lesquelles les changements de l'atmosphère se succèdent l'un à l'autre si une atmosphère souterraine se mélange à leurs effets – et peut-on vraiment douter que cela ne doive pas arriver très souvent, car sinon on ne pourrait pas comprendre pourquoi on ne rencontre absolument aucune régularité dans les changements du temps alors que leurs causes sont en partie permanentes et en partie périodiques?

| Remarque. Dans le dernier numéro, il faut corriger 427 la date du tremblement de terre en Islande et mettre le 11 septembre et non le 1 er novembre, d'après le récit que fait le 199 e numéro du Correp. De Hambourg[3].

Les considérations présentes doivent être regardées comme des remarques préliminaires sur la mémorable catastrophe naturelle qui s'est produite de nos jours. Son importance et ses nombreuses particularités m'incitent à

---

1. Kant reprend presque mot à mot la première remarque de Le Gentil, déjà cité (voir note 1, p. 350).

2. Il faut rapprocher ce refus d'entrer dans les détails des catastrophes naturelles, de sa déclaration liminaire : « Mon intention n'est pas de faire une histoire des tremblements de terre »; ce qui, comme nous l'avons déjà noté, aurait sans doute l'effet contraire à celui recherché, à savoir l'éradication de la superstition née de la crainte.

3. Kant renvoie ici au *Staats und gelehrte Zeitungen des Hamburger unpartheyischen Correspondenten*. C'est le nom que pris entre 1731 et 1767 le journal de l'embouchure de l'Elbe et de l'Holstein, fondé en 1712, l'*Aviso. Der Hollsteinische unpartheyische Correspondente Durch Europa und andere Teile der Welt* (*Cf.* H. Böning, *Deutsche Presse, op. cit.*, p. 178).

donner au public une histoire détaillée de ce tremblement de terre, de sa propagation à travers les pays d'Europe, de ses particularités curieuses et des considérations qu'elles peuvent susciter, dans un traité détaillé qui va paraître dans quelques jours à l'imprimerie de l'académie et de la cour royale[1].

1. Il s'agit de l'*Histoire et description des plus remarquables événements relatifs au tremblement de terre qui a secoué une grande partie de la terre à la fin de l'année 1755* qui sera publié chez Johann Heinrich Hartung à Königsberg en février 1756 (voir Kant, 1756b).

RECENSION DE L'ÉCRIT DE SILBERSCHLAG : « THÉORIE DE LA BOULE DE FEU QUI EST APPARUE LE 23 JUILLET 1762 » (1764)

PRÉSENTATION

Si Kant n'a pas manqué de souligner dans les différents textes qu'il a publiés entre 1754 et 1756 sa prédilection pour les phénomènes physiques remarquables ou singuliers, lesquels, peut-être plus que les autres, suscitent l'étonnement et invitent le physicien à en chercher les causes, il n'est pas étonnant que son attention ait été retenue par le petit traité sur la boule de feu que publie Johann Esaias Silberschlag en 1764. D'abord parce que le phénomène en question est à la fois rare et impressionnant : une boule de feu de près d'un kilomètre de diamètre parcourt le ciel allemand sur plus de 150 kilomètres avant d'exploser. C'était dans la nuit du 23 juillet 1762 et l'on rapporte que sa lumière était supérieure à celle de la pleine lune. Il n'est pas possible aujourd'hui de savoir précisément s'il s'agissait d'une météorite qui s'est progressivement désintégrée en entrant dans l'atmosphère terrestre ou d'un phénomène lumineux. De toute façon, la question de l'origine terrestre ou extra-terrestre du phénomène ne se pose pas puisqu'à l'époque de Silberschlag encore tous les météores – à savoir les phénomènes observables des astres ou de l'atmosphère terrestre, tels qu'on les désigne depuis les

Météorologiques d'Aristote – relèvent de l'atmosphère terrestre et doivent donc y trouver leur cause et leur explication[1]. Silberschlag et Kant partagent ainsi la conception commune de leur temps : les boules de feu observées ne sont que des phénomènes atmosphériques. L'hypothèse d'une origine extraterrestre des météorites produisant des phénomènes lumineux lorsqu'il entrent dans l'atmosphère terrestre ne semble avoir été formulée pour la première fois que par F. F. Chladni en 1794 (voir bibliographie). Silberschlag propose, lui, en 1764, une théorie de la composition des différentes couches atmosphériques qui puisse expliquer un tel embrasement aux confins de l'atmosphère. Et il tente d'appuyer sa théorie, largement soustraite à toute vérification expérimentale, sur une reconstruction de l'observation la plus fidèle du phénomène en rassemblant et recoupant les principaux témoignages : sur les 135 pages du traité, 20 sont consacrées à 16 comptes-rendus du phénomène, numérotés de A à P[2].

Mais il y a sans doute une seconde raison pour laquelle le traité est remarquable : c'est que Silberschlag revendique explicitement s'appuyer sur la métaphysique dans son explication, « ce qui, note Kant, n'est pas habituel chez les physiciens ». C'est que pour expliquer les phénomènes lumineux à partir des vapeurs (*Dünste*), il faut d'abord expliquer la nature de l'air pur et simple, qui est comme leur base fondamentale, et partir donc d'énoncés premiers sur sa nature. Physicien, Silberschlag (1716-1791) l'est

---

1. Voir Aristote, *Météorologiques*, I, 1, 338*b*20-339*a*. Tous les phénomènes ont en effet pour Aristote une même cause, à savoir la double exhalaison (sèche et humide) dégagée par la Terre réchauffée par le Soleil (*Météorologiques*, I, 4, 341*b*).
2. Voir Silberschlag, *Theorie*, p. 116-135.

sans doute tout autant qu'il est un prédicateur évangélique enthousiaste. De son père médecin, il a reçu son inclination pour la chimie et la médecine, et il deviendra membre extérieur de l'Académie des Sciences de Berlin pour les sciences naturelles (1760). Mais de ses études au cloître Bergen à Magdebourg, il garde une solide foi piétiste et, au moment d'entrer à l'université, il renonce à sa carrière de médecin pour suivre en même temps des études de théologie et de sciences naturelles[1]. Sans aller jusqu'à dire qu'il veuille concilier foi et raison, du moins manifeste-t-il le projet de combler le fossé entre les disciplines rationnelles, et en particulier la physique et la métaphysique. Dans la préface à sa *Théorie*, il en appelle à la certitude de la métaphysique pour échapper à la vraisemblance de la physique. Il écrit :

> Pour autant que les excuses d'un auteur trouvent leur place dans la préface, alors une longue préface à ce petit traité est sans doute nécessaire, et je m'efforcerai de rapporter ces excuses convenablement à l'ensemble. Je ne dois sans doute pas m'excuser de ce que ma plume s'attaque à une matière qui ne relève pas du domaine de la théologie : car elle appartient encore à une province qui est à tout le moins étrangère à la théologie, à savoir le règne de la nature, et ma fonction[2] ne m'oblige pas immédiatement à m'engager sur ce chemin, même si j'ai le droit en tant qu'homme de former des considérations sur l'œuvre de la nature, d'autant que les occupations passées de ma jeunesse m'y autorisent. Je suis une créature de Dieu, mais je vis encore sur la scène du monde visible

---

1. Voir *Allgemeine Deutsche Biographie*, Berlin, Akademie der Wissenschaften, 45 vol., 1875-1912, vol. 34, 1892, p. 314-316.
2. Silberschlag est pasteur de l'église évangélique du Saint-Esprit à Magdebourg.

et je reconnais que mon devoir est de louer mon grand
créateur tant que je suis ici. [...] Le phénomène du ciel
qui fait l'objet de mon travail est certes devenu entre
temps un phénomène dépassé, mais ce n'est pas le cas
de sa théorie, et je m'inquiète seulement de ce que nombre
de choses dans cette théorie puissent paraître à certains
par trop nouvelles ou surprenantes. C'est la raison pour
laquelle je dois m'excuser auprès des physiciens si j'ai
contesté certaines choses qui étaient tenues jusque là
pour des vérités établies. Mais qu'y puis-je faire, si ce
phénomène nous a ouvert les yeux de son éclat étincelant?
Je dois m'excuser auprès des métaphysiciens si je suis
également proche de deux partis qu'ils tiennent encore
pour contradictoires. Car il n'est pas de plus grande
offense en métaphysique que la contradiction. Le
matérialiste voudra me présenter à ses partisans, mais je
suis en réalité son adversaire; et le monadologiste ne
voudra pas me recevoir, sans voir que je suis de son parti,
parce que j'admets les monades mais que je refuse
l'explication qu'il a tenue jusqu'ici. Alors où est-ce que
je me situe? Pourquoi me suis-je approché des limbes
de la philosophie? Qu'est-ce que la boule de feu a affaire
avec la métaphysique? J'ai longtemps été surpris de ce
qu'à cause de certaines hypothèses on a creusé un fossé
infini entre la physique et la métaphysique de sorte que
l'on ne puisse plus passer (*hinüberschreiten*) de cette
science à celle-ci et de celle-ci à celle-là. La métaphysique,
qui doit bien être la science fondamentale de toute la
philosophie, et dont on peut affirmer à bon droit qu'elle
en est la gloire, perd toute utilité au voisinage de la
physique, et le physicien se sent toujours contraint d'en
rester pour l'explication des phénomènes de la nature à
l'intérieur de détestables limites et n'est jamais en état
de remonter jusqu'aux premières sources des forces de
la nature. Il se voit donc à regret obligé de s'appuyer sur
l'ombre de la vraisemblance là où la certitude lui serait

hautement nécessaire[1]. Pourtant la physique et la métaphysique sont de grandes sciences, elles possèdent des trésors de vérités, et sont pour cela nécessairement liées l'une à l'autre, et liées en chacune de leurs parties : ou alors il faut nier que toutes les sciences proviennent d'un unique fondement et d'une unique source et admettre que des vérités peuvent se contredire les unes les autres. Il n'y a qu'une seule vérité dans le monde : elle est un tronc dont les sciences ne sont que les branches et la divinité infinie la racine[2]. J'ai donc risqué un passage (*Überfahrt*) de la physique vers la métaphysique[3].

Silberschlag ne fonde ainsi son hypothèse (à savoir l'identité de la substance et de la force) que sur une sorte de cogito épistémologique, qui prend la forme d'un appel à la conscience d'impossibilité de chaque lecteur : « ce que je dis n'est-il pas vrai ? » (cf. *Théorie*, § 6). D'ailleurs, il reconnaît qu'il ne dépasse pas, contrairement aux attendus de la préface, le stade de la vraisemblance (*ibid.*, § 32), et Kant note avec raison que les excellentes remarques et les hypothèses très vraisemblables ne demandent qu'à être confirmées par l'expérience. Ainsi donc Silberschlag s'avance en métaphysicien, à savoir dit-il en partisan « monadologiste » qui s'oppose aux « matérialistes ». Par

1. Pourtant, Silberschlag ne présente plus loin dans le texte son explication que comme vraisemblable (*Theorie*, § 32), et a fait appel à la conscience de chacun pour justifier son hypothèse métaphysique, qu'il n'a fait qu'énoncer (les phénomènes viennent des forces des substances) : « Je demande ici à chacun de reconsidérer une nouvelle fois chaque proposition de cette démonstration et de se convaincre de sa justesse » (*ibid.*, § 6, p. 5).

2. L'image de l'arbre rappelle celle employée dans une autre préface, la préface française des *Principes de la philosophie* de Descartes ; AT IX, 14-15.

3. Silberschlag, *Theorie*, p. 1-3.

matérialiste, il faut sans doute entendre non seulement les philosophies atomistes ou corpusculaires, mais aussi les monadologies physiques qui, d'une certaine manière, se rattachent à celles-ci. C'est qu'il défend, comme nous allons le voir, une sorte de monadologie hybride, où les monades ne sont pas purement spirituelles et inétendues (comme chez Leibniz), ni matérielles (comme chez Wolff), mais où elles conservent cependant une étendue par l'intermédiaire de leur sphère d'action. La manière dont Silberschlag se rapporte aux différentes thèses métaphysiques est somme toute assez générale, et il n'est pas sûr que le contenu même de sa théorie, c'est-à-dire de son hypothèse explicative, intéresse véritablement Kant. Nous suggérons plutôt que c'est la posture affirmée de Silberschlag, son *hypotheses fingo*, ce passage revendiqué de la métaphysique à la physique qui a pu retenir son attention. Loin de nous de penser qu'il y aurait autre chose qu'une affinité terminologique entre le passage (*Überfahrt*) ici envisagé et les réflexions sur l'*Übergang* de la métaphysique à la physique dans les liasses de l'*Opus postumum* kantien. En 1764, Kant est encore plus proche de sa *Monadologie physique* de 1756 que de celles-ci. Mais nous remarquons simplement que le texte de Kant rend compte presque exclusivement du point essentiel chez Silberschlag, à savoir l'hypothèse présentée dans les cinq premières pages du traité, et ne s'attarde pas sur l'explication physique de la boule de feu, qui en constitue le reste. En somme, ce qui retient l'attention de Kant dans ce compte-rendu, n'est pas la certitude métaphysique d'une explication causale des phénomènes (la déduction dogmatique des couches atmosphériques à partir des sphères d'activité) mais la possibilité de formuler des hypothèses physiques en l'absence de théorie physique. Comme nous l'avons rappelé,

Silberschlag sait bien que son hypothèse physique ne dépasse pas le stade de la vraisemblance. Mais tel est peut-être précisément son mérite selon Kant, et justifie qu'elle relève d'un travail de physicien : « On trouve à chaque page, écrit Kant, des hypothèses nouvelles et très vraisemblables qui méritent d'être comparées plus d'une fois aux phénomènes qui sont déjà connus ou qui doivent encore être observés »

Une fois formulée, Silberschlag « applique » son hypothèse à l'air et à ses changements. Mais son hypothèse est déjà une application, ou une traduction physique, de la formule leibnizienne selon laquelle la force est un caractère de la substantialité, ce qui bientôt permettra de caractériser les monades par leur activité perceptive[1]. Sous la plume de Silberschlag, tous les phénomènes et toutes les forces physiques *matérielles* relèvent de monades qui ont une activité dynamique et donc une *étendue dynamique*. Silberschlag opère une manière de synthèse conceptuelle en retenant de Leibniz l'idée de force, tout en l'associant à l'idée d'étendue pour la penser dans le plan matériel comme chez Wolff, sans pour autant la caractériser de matérielle comme ce dernier. En somme, il soutient une force matérielle sans support matériel, comme le montre le passage subreptice qu'il opère des particules matérielles de l'air à la substance. Le raisonnement est le suivant : en posant que « l'air est constitué de parties réellement différentes et séparées les unes des autres » (§ 2), il vient que l'air a la propriété d'être élastique – ce que prouve la force de compression d'un air comprimé (§ 3) – dont

---

1. *Cf.* Leibniz, « De primae philosophiae emendatione » (1694), dans *Opuscules philosophiques choisis*, trad. P. Schrecker, Paris, Vrin, 2001, p. 165 ; *Système nouveau de la nature* (1695), *Die Philosophischen Schriften*, éd. C. I. Gerhardt, IV, p. 484.

l'hypothèse matérialiste est incapable de rendre compte (§ 5), et il faut donc supposer que les *substances* ne sont pas matérielles mais sont des forces et rien d'autre (§ 6). Plus précisément, Silberschlag use d'une ambivalence, si ce n'est d'une amphibologie, qui permet de passer des parties à la force, et de la force à la substance, laquelle hérite dans ce passage de la propriété d'être étendue, héritée comme en contrebande des parties : de la substance, « nous voulons appeler le périmètre d'action sa sphère dynamique (*dynamische Sphäre*) et l'origine de l'action le centre dynamique (*dynamische Mittelpunkt*) » (§ 6). Dans sa recension, Kant parle de sphère d'activité (*Sphäre der Wirksamkeit*). C'est le concept qu'il avait lui-même employé dès la proposition 6 de la *Monadologie physique* de 1756 afin de concilier la divisibilité de l'espace et la simplicité de la monade qui, bien qu'inétendue, était associée à une étendue dynamique :

> La monade définit le petit espace de sa présence, non par la pluralité de ses parties substantielles, mais par la sphère de son activité, par laquelle elle empêche les choses externes présentes autour d'elle de se rapprocher d'elle-même au-delà d'une certaine limite[1].

Tout en rappelant que la thèse de l'identité de la force et de la substance n'est pas inconnue des métaphysiciens, Silberschlag se fait fort d'en tirer toutes les conséquences : « La proposition *omnis substantia est vis* [toute substance est force] n'est pas inconnue des professeurs de métaphysique, mais il est à regretter qu'il n'aient pas construit plus avant sur ce fondement. Qu'on lise la métaphysique de Monsieur le Professeur Baumgarten »

---

1. Kant, *Monadologie physique*; AA 1, 480.

(*Theorie*, § 6, p. 7). Pris dans son élan, il n'hésite pas à en conclure, sans autre justification :

> L'espace est un milieu dépourvu de matière, et n'est qu'une conséquence de l'activité des substances. On comprend alors mieux comment les trois propositions que la métaphysique a laissées jusqu'ici pénétrer par la foi et la croyance s'accordent entre elles : Toute substance est une monade, celle-ci est la plus petite partie (et suivant Leibniz une partie infiniment petite) de l'espace, Dieu est une monade et est omniprésent (*ibid.*).

Si l'hypothèse métaphysique rend le traité de Silberschlag si singulier, c'est aussi parce que la question des comètes ou des phénomènes lumineux est une question discutée, qui a fait l'objet de nombreuses controverses que Kant n'ignorait pas, en particulier celle qui opposa Martin Knutzen à Johann Heyn, partisan de la théorie des catastrophes de William Whiston, à Königsberg entre 1743 et 1745. On rapporte même que c'est avec le livre de son maître Knutzen, *Les pensées rationnelles sur les comètes* (1744) que Kant développa son intérêt pour les sciences. La thèse présentée par Silberschlag sur l'origine de la boule de feu dans les couches supérieures de l'atmosphère (saturée de particules spirituelles, à savoir huileuses, résineuses et inflammables) n'est pas sans précédent : on peut citer Bergmann et Musschenbroek[1]. Mais elle ravive la question de savoir si de tels mélanges sont encore stables dans les hautes altitudes et si une combustion en est encore possible dans un air raréfié qui se meut lui-même à très grande vitesse. Lorsque Kant écrit la recension de ce texte, il écrit ainsi sur un sujet scientifique d'actualité.

---

1. Voir Gehler, *Physicalisches Wörterbuch*, vol. 2, 1789, *sub voce* « Feuerkugel », p. 234 *sq.*

La recension de Kant a été publiée, sans nom d'auteur, dans le numéro quinze des « Journaux politiques et savants de Königsberg » (*Königsbergsche Gelehrte und Politische Zeitungen*), du vendredi 23 mars 1764. L'éditeur de l'Académie, Paul Menzer, établit la paternité du texte par la lettre de Hamann à J. G. Linder du 16 mars 1764 annonçant la recension de Kant[1].

Édition : AA 8, 449-450.

---

1. AA 8, 523.

RECENSION DE L'ÉCRIT DE SILBERSCHLAG :
« THÉORIE DE LA BOULE DE FEU QUI EST APPARUE LE 23 JUILLET 1762 » (1764)

Hechtel et Compagnie a publié une « Théorie de la boule de feu qui est apparue le 23 juillet 1762, avancée par Johann Esaias Silberschlag, pasteur de l'église du Saint-Esprit à Magdebourg et membre de l'Académie Royale Prussienne des Sciences à Berlin. Avec gravures. 1764. 135 pages in-quarto ». Cette immense boule de feu a illuminé près d'un quart de l'Allemagne d'un éclat bien supérieur à la lumière de la pleine lune, et ce à partir du moment où elle fut découverte, avec la taille apparente d'une étoile filante, à une hauteur d'au moins 19 milles allemands au-dessus de la surface de la terre selon les observations du savant auteur. Ce magnifique météore a parcouru en a peu près deux minutes, avec une vitesse sans commune mesure avec celle d'un boulet de canon, une distance à l'horizontale de presque 80 000 toises depuis la verticale de Röcke, non loin de Leipzig, jusqu'à Potsdam et Falkenreh[1], et il a explosé à une hauteur de quatre milles allemands après [avoir fait] une chute de

---

1. Aujourd'hui Rötha, au Sud de Leipzig, et Falkenrehde, au Nord de Potsdam, distantes d'environ 160 kilomètres, comme l'indique la deuxième planche insérée dans le volume, sur la trajectoire du météore.

15 milles, dans une détonation qui fut entendue après coup et qui surpassa le tonnerre. La taille de cette boule de feu était à la mesure de tous ces phénomènes, et atteignait dans son diamètre au moins 3036 pieds parisiens d'après les calculs géométriques de notre auteur, c'est-à-dire plus de la moitié du quart d'un mille allemand[1]. Tout observateur du monde capable de noble sentiment doit être reconnaissant à Monsieur le savant et respectable auteur, de ce qu'il a voulu, par sa recherche et ses réflexions sur notre atmosphère, encore si peu connue, lever le mystère sur cette apparition gigantesque (éclatante et terrifiante, comme le sont parfois les colosses, mais tout aussi vite engloutie dans l'immense abîme du néant). Les physiciens, quant à eux, trouveront dans les excellentes considérations et remarques de notre

---

1. Le mille allemand (*deutsche Meile*, par quoi il faut sans doute entendre le *deutsche Landesmeile* en usage à Hambourg, ou le *preußische Meile*) mesure 7532, 48 mètres ; la toise (*Toise*) est une mesure française de 194,9 cm, alors que son « équivalent » allemand, la brasse (*Klafter*), mesure environ 180 cm (et 175 cm lorsqu'on la mesure en pieds bavarois, *bayerischer Fuss*) ; enfin, le « pied parisien », encore appelé « pied de Roi », mesure 32, 48 cm. Les estimations de Silberschlag sont donc imposantes : la boule de feu a un diamètre d'environ 990 m, explose à environ 30 km de hauteur, après une chute de 113 km à la verticale et de 156 km à l'horizontale. A supposer que la trajectoire soit rectiligne (ce qu'elle n'est pas dans la traversée de l'atmosphère), le météore a parcouru environ 192 km en 2 minutes, à une vitesse moyenne de 5800 km/h. Cette vitesse est en effet très nettement supérieure à la vitesse du son (environ 340 m/s dans l'air, soit 1200 km /h) – ce qui concorde avec le retard de la détonation – ainsi qu'à la vitesse d'un boulet de canon (les canons de Gribeauval, mis en service en 1764 et décisifs à Valmy, avaient une portée moyenne de 600 m : même à supposer que le boulet parcourut la distance en une seconde, il n'aurait eu qu'une vitesse de 2000 km/h). Dans le texte *Sur les causes des tremblements de terre*, Kant fait référence à une mine de poudre (*Pulvermine*) qui projette les corps à 30 pieds pas seconde (35 km/h).

subtil auteur de nombreuses occasions de s'instruire et d'élargir leur vue de la nature. Le traité comporte deux grandes parties : la première traite de l'atmosphère et la seconde | de la boule de feu, à quoi sont ajoutées en **450** appendice les dernières nouvelles et les dernières observations[1]. Monsieur le savant pasteur, n'étant pas satisfait de la théorie commune de l'atmosphère, avance ses propres réflexions à ce sujet et se voit obligé de s'élancer jusqu'aux hauteurs de la métaphysique, ce qui n'est pas habituel chez les physiciens. Il cherche à expliquer, par des raisons qui semblent tout à fait pertinentes mais qui sont insuffisamment développées, que la présence des substances corporelles dans l'espace correspond en fait à une sphère d'activité, avec un centre et un périmètre dynamiques[2]. Il déduit de la différence des sphères et des forces qui s'y exercent selon la diversité des substances, l'élasticité, la condensation, la vibration de l'air et de

1. Kant simplifie légèrement le sens des concepts employés par Silberschlag lorsqu'il dit que la première partie traite de l'atmosphère (*von dem Dunstkreise*), au singulier. En réalité, elle concerne « les atmosphères », au pluriel (*von der Dunstkreise*) : il s'agit en effet de distinguer les différents types d'airs ou de vapeurs (*Dünsten*) à l'intérieur de l'air – puisque c'est cette différence des matières vaporeuses et des particules qu'elles contiennent qui va expliquer la formation et l'extinction des boules de feu. Les deux sections de cette première partie sont d'ailleurs explicitement intitulées : § 1-29 : de l'air (*von der Luft*) ; et § 31-67 : des vapeurs (*von den Dünsten*).

2. *Dynamischen Umkreis und Mittelpunkt*. Au § 6 de la *Theorie*, Silberschlag indique que « les êtres de substance (*Substanzen Wesen*) contiennent le premier fondement de tous les effets ou de tous les phénomènes du monde », et sont par conséquent des forces, de sorte que « tout ce qui est attribué essentiellement à une force, peut aussi être dit d'une substance » – proposition que Silberschlag invite tout un chacun à examiner (p. 4-5). L'existence de cette activité des substances implique donc un « centre dynamique et une sphère dynamique (*dynamische Sphäre*) ».

l'éther, la sonorité, le timbre, la lumière, les couleurs, la chaleur et même l'attraction des matières. Il applique tout ceci à l'air et à ses changements dans la première section de la première partie. Dans la deuxième section, l'air (*Luftmeer*) est considéré comme une atmosphère (*Dunstkreis*) et une nouvelle division des couches de l'air est proposée à côté de différentes remarques importantes sur les vapeurs, le brouillard, les nuages et la pluie. La première est l'atmosphère (*Atmosphäre*)[1] poussiéreuse, puis vient l'atmosphère humide qui monte beaucoup plus haut, ensuite l'atmosphère poisseuse et phosphorescente qui contient les éléments huileux, résineux et caoutchouteux qui sont la matière première des étoiles filantes, des boules de feu et des traînées dans le ciel[2] ; enfin l'atmosphère

1. Kant emploie ici trois concepts pour désigner l'atmosphère. L'atmosphère dans sa totalité est dite *Luftkreis* ou tout simplement air (*Luftmeer*). L'atmosphère en tant qu'elle est composée de différentes couches ou régions de l'air est dite *Dunstkreis*. Chacune de ces couches est ensuite appelée *Atmosphäre*. Silberschlag, quant à lui, tient les termes de *Dunst* et d'*Atmosphäre* pour équivalents : « Nous entendons par *Dunstkreis* ou *Atmosphäre* ce grand ensemble de matières fines et fluides qui entourent la surface de notre globe terrestre » (*Theorie, op. cit.*, § 1, p. 1). Il s'agit en effet essentiellement de distinguer l'air (*Luft*) en général – et qui est comme la matière de base de l'atmosphère – des différentes vapeurs (*Dünste*) qui le composent – et qui sont elles-mêmes des mélanges de différentes matières : il parle ainsi aussi bien de *wässerigte Dünste, öhligte Dünste, geistige Dünste* que de leurs équivalentes *Atmosphäre* (cf. *Theorie*, § 33-34). Nous traduisons respectivement *Luftkreis, Dunstkreis* et *Atmosphäre* par : *l*'atmosphère, *une* atmosphère et *une couche* d'atmosphère (ou alors atmosphère humide, spirituelle, etc.).

2. « *Fliegenden Drachen* », littéralement les dragons volants, par quoi il faut peut-être comprendre, mais de manière non exclusive, les comètes. Dans la description qu'il fait des différentes apparitions lumineuses, Aristote parle des « traînées » des étoiles filantes : « L'importance du phénomène varie selon la position et la quantité de matière inflammable. Si cette réserve inflammable a largeur et longueur,

spirituelle qui s'étend jusqu'aux confins de l'atmosphère (*Luftkreis*) et d'où proviennent de très vastes feux atmosphériques, comme les aurores boréales[1]. On trouve à chaque page des hypothèses nouvelles et très vraisemblables qui méritent d'être comparées plus d'une fois aux phénomènes qui sont déjà connus ou qui doivent encore être observés[2]. La deuxième partie comporte trois sections sur la trajectoire, la formation et l'utilité de ce météore. Les trois planches expliquent la théorie, la forme et le chemin emprunté par cette boule de feu. La louable attention de Monsieur le respectable Pasteur à une nature riche en merveilles est une incitation pour la jeunesse studieuse, qui se destine aux choses de l'esprit, à apprendre à lire à l'occasion le grand livre de la création, qui est ouvert en grand devant ses yeux, afin de pouvoir aussi permettre un jour à d'autres de comprendre les secrets qui y sont contenus. Coûte 3 florins à la librairie Kanter ici-même comme à Elbing et Mitau.

on aperçoit souvent une flamme qui se propage comme quand on brûle des chaumes dans un champ ; si elle est en toute en longueur, on aperçoit ce qu'on appelle des *torches*, des *chèvres* ou des étoiles filantes. (…) Si l'exhalaison se présente en longueur sous forme de minces traînées (μήκη) qui se disperse en de multiples directions et aussi bien en largeur qu'en profondeur, cela ressemble à des étoiles qui filent dans le ciel » (*Météorologiques*, I, 4, 341b, trad. p. 12).

1. Les différentes couches de l'air – ou atmosphères – sont donc ordonnées naturellement des plus pesantes aux plus légères. *Cf.* Silberschlag, *Theorie*, § 34 : « C'est une loi générale de la nature que les masses fluides les plus légères flottent au dessus des plus lourdes, et les mélanges flottant dans l'air observeront de même cette loi ». Les différentes couches sont donc chargées en particules selon une loi d'évaporation progressive depuis l'atmosphère poussiéreuse, chargée des particules et des exhalaisons les plus terrestres.

2. Il est à noter que Silberschlag lui-même ne dit que présenter des hypothèses « vraisemblables » (*op. cit.*, § 32, remarque).

LEXIQUE

Lexique des Principes métaphysiques de la science de la nature

action, *cf.* effet	*Wirkung, Handlung* [543]
action (espace d')	*Wirkungsraum*
action réciproque	*Wechselwirkung*
activité	*Wirksamkeit*
agir, *cf.* produire	*wirken*
argutie	*Vernunftelei*
attraction (universelle)	*(allgemeine) Anziehung*
axiome, *cf.* principe	*Grundsatz* [487]
bulleux	*blasericht*
calorique	*Wärmestoff*
cohésion (matérielle), *cf.* enchaînement (logique)	*Zusammenhang*
conjonction, *cf.* liaison	*Verbindung*
connexion, *cf.* liaison	*Verknüpfung*
contact	*Berührung*
contenir (un espace)	*einschliessen*
démonstration, preuve	*Beweis*
distance	*Entfernung, Weite*
effort, *cf.* tendance	*Bestreben*
empêchement, *cf.* opposition	*Hinderniß*
enchaînement (logique), *cf.* cohésion (matérielle)	*Zusammenhang*
ensemble de ce qui est mobile	*Menge des Beweglichen*

étendre	*erweitern, ausdehnen, erstrecken*
équivalent	*gleichgeltend, einerlei, gleichmäßig*
effet, *cf.* action	*Wirkung*
figurer (dans l'intuition)	*anschaulich machen*
fin (d'une discipline),	*Zweck*
(poursuivie par quelqu'un)	*Absicht*
force d'attraction	*Anziehungskraft*
force de choc	*stoßende Kraft*
force de compression	*zusammendrückende Kraft*
force d'éloignement	*Fliehkraft*
force d'expansion / extensive	*ausspannende Kraft,*
	ausdehnende Kraft
force d'extension	*Ausdehnungskraft*
force d'impulsion	*treibende Kraft*
force de pression	*drückende Kraft*
force de répulsion	*Zurückstoßungskraft*
force de traction	*ziehende Kraft*
force expansive	*expansive Kraft*
force pénétrante	*durchdringende Kraft*
force repoussante	
force répulsive,	*repulsive Kraft*
force superficielle	*Flächenkraft*
grandeur, *cf.* quantité	*Größe*
gravité	*Schwere*
impénétrabilité	*Undurchdringlichkeit*
insurpassabilité [533]	*Unüberwindlichkeit*
intervalle	*Zwischenraum, Zeitteil* [493]
joindre	*verbinden*
large (espace plus)	*erweitert*
liaison	*Verknüpfung, Verbindung*
lieu	*Ort*
matériau	*Stoff, Materialien*
mobile (ce qui est)	*das Bewegliche*
monde sensible	*Sinnenwelt*
moteur	*Triebwerk*

mouvement (communiquer un)	*Bewegung (mitteilen)*
mouvement (mettre en)	*Bewegung erteilen*
mouvement (imprimer un)	*Bewegung eindrücken*
nombre	*Menge*
occuper (un espace)	*einnehmen*
opposition	*Entgegensetzung, Hinderniß*
originaire	*ursprünglich*
oscillation	*Schwingung*
physicien	*Physiker, Naturforscher*
place, endroit	*Stelle*
pousser (repousser)	*(zurück-) treiben*
pouvoir	*Vermögen*
primitif	*primitiv*
principe, *cf.* axiome	*Prinzip, Anfangsgrund,*
	Grundsatz [468]
produire, *cf.* agir	*wirken*
proposition	*Satz*
propre/proprement dit	*eigentlich*
propriété	*Eigenschaft*
propriété constitutive	*Beschaffenheit* [467]
quantité, *cf.* nombre, ensemble	*Grösse, Quantum,*
	Quantität, Menge
ramené à	*reduziert*
rapport, relation	*Verhältnis*
rapprochement	*Annäherung*
réel (effectivement)	*wirklich*
remplissement	*Erfüllung*
repos (en), immobile	*ruhig*
rigide, rigidification	*starr, Erstarrung*
séparée (métaphysique)	*abgesondert*
spéciale (métaphysique)	*besondere*
solidité	*Gründlichkeit* [475, 478], *Solidität* [497]
tendance, *cf.* effort	*Bestrebung*
théorème	*Lehrsatz*
transformation	*Verwandlung*

transmission	*Antrieb* [515]
univers (système de l')	*Weltgebäude*
univers tout entier	*Weltganze*
vibration	*Bebung*
volume	*Volumen, Raumesinhalt,*
	körperlicher Raum

Lexique des Articles sur la physique de la terre et du ciel

action	*Wirkung, Antrieb* [188]
agitation	*Rüttelung*
atmosphère (en général)	*Luftkreis*
un type d'atmosphère	*Dunstkreis*
une couche d'atmosphère	*Atmosphäre*
boule de feu	*Feuerkugel, Feuerballe*
calamité	*Drangsal*
catastrophe, *cf.* événement	*Begebenheit, Unglücksfall*
cavité	*Wölbung, Höhle, Höhlung*
changement, *cf.* transformation	*Veränderung, Wechsel*
climat	*Witterung*
corrélation	*Übereinstimmung*
courant	*Fortströmung*
décadence, dégradation, dépérissement	*Verderben*
déclin	*Verfall*
dispositif, disposition	*Anstalt*
durabilité	*Dauerhaftigkeit*
effet de levier	*Vorteil des Hebels*
élasticité	*Spannkraft, Federkraft*
embrasement	*Entzündung*
émergé	*trocken*
esprit du monde	*Weltgeist*
événement, *cf.* catastrophe	*Begebenheit*
fermentation	*Gährung*
fluide	*Flüßigkeit*

gradation	*Schattierung*
matière aqueuse	*Materie der Gewässer*
onde marine	*Wasserbewegung*
renflement	*Aufschwellung*
rotation	*Umdrehung, Umschwung, Umwälzung,*
	Drehung, Umwendung
spirituelle (atmosphère)	*geistig*
soulèvement	*Aufwallung*
transformation, *cf.* changement	*Veränderung, Verwandlung*
vapeur	*Dünst, Dampf*
volatile	*flüchtig*
voûtes	*Gewölben*

BIBLIOGRAPHIE ET ABRÉVIATIONS

ŒUVRES DE KANT

AA = *Gesammelte Schriften*, édité par l'Académie des Sciences de Prusse (puis de Berlin), Berlin et Leipzig, vol. 1 à 29, 1922-.
La mention "AA" (Akademie-Ausgabe) est suivie des numéros de volume et de page.

Abrégé de philosophie, traduction d'Arnaud Pelletier, « Bibliothèque des textes philosophiques », Paris, Vrin, 2009.

Correspondance, traduction de Marie-Christine Challiol, Michèle Halimi, Valérie Séroussi, Nicolas Aumonier, Marc B. de Launay et Max Marcuzzi Paris, NRF-Gallimard, 1991.

CRP = Emmanuel Kant, *Critique de la raison pure*, traduction inédite et présentation d'Alain Renaut, Paris, Aubier, 1997.
La mention "CRP" est suivie, le cas échéant, de la pagination dans la première édition de 1781 (A) puis dans la seconde de 1787 (B).

Dissertation de 1770, édition établie et traduite par Arnaud Pelletier, « Bibliothèque des textes philosophiques », Paris, Vrin, 2007.

Géographie, traduction de Michèle Cohen-Halimi, Max Marcuzzi et Valérie Séroussi, Paris, Aubier, 1999.

Histoire générale de la nature et théorie du ciel, traduction de Pierre Kerzberg et Anne-Marie Roviello, Paris, Vrin, 1984.

Natural Science, édition Eric Watkins (*The Cambridge Edition of the works of Immanuel Kant in translation*), Cambridge, Cambridge University Press, 2012.

Quelques opuscules précritiques, introduction, traduction et notes par Sylvain Zac, « Bibliothèque des textes philosophiques », Paris, Vrin, 1970.

Opus postumum, traduction François Marty, Paris, PUF, 1986.

Refl. : réflexions de Kant, publiées dans les volumes 14 à 20 de l'édition de l'Académie (AA).

ÉDITIONS ET TRADUCTIONS DES *METAPHYSISCHE ANFANGSGRÜNDE DER NATURWISSENSCHAFT*

Andler (1891) = *Premiers principes métaphysiques de la science de la nature*, traduit et introduit par Charles Andler et Édouard Chavannes, Paris, Félix Alcan, 1891.

De Gandt (1985) = *Premiers principes métaphysiques de la science de la nature*, traduction François de Gandt, dans Kant, *Œuvres philosophiques*, « Bibliothèque de la Pléiade », t. II, Paris, Gallimard, 1985, p. 363-493.

Friedman (2004) = *Metaphysical foundations of natural science*, traduit et édité par Michael Friedman, Cambridge, Cambridge University Press, 2004.

Gibelin (1990) = *Premiers principes métaphysiques de la science de la nature*, traduit par Jean Gibelin, « Bibliothèque des textes philosophiques », Paris, Vrin, 1990.

Pecere (2003) = *Principi metafisici della scienza della natura*, introduction, traduction et notes de Paolo Pecere, Milan, Bompiani, 2003.

Pollok (1997) = *Metaphysische Anfangsgründe der Naturwissenschaft*, édité et annoté par Konstantin Pollok, Hamburg, Felix Meiner, 1997.

ÉDITIONS ET TRADUCTIONS DES ARTICLES SUR LA PHYSIQUE DE LA TERRE ET DU CIEL

Les articles précédés d'un astérisque (*) sont présentés et traduits dans le présent volume.

*Kant (1754a) = *Untersuchung der Frage, ob die Erde in ihrer Umdrehung um die Achse, wodurch sie die Abwechselung*

des Tages und der Nacht hervorbringt, einige Veränderung seit den ersten Zeiten ihres Ursprungs erlitten habe und woraus man sich ihrer versichern könne, welche von der Königl. Akademie der Wissenschaften zu Berlin zum Preise für das jetztlaufende Jahr aufgegeben worden (« Recherche sur la question de savoir si la terre a subi depuis les premiers temps de son origine quelques modifications dans sa rotation axiale ») : AA 1, 183-191.

Traductions anglaises : William Hastie, dans *Kants Cosmogony as in his essay on the retardation of the earth and his natural history and theoriy of the heaven*, Glasgow, James Maclehose and sons, 1900 (repr. Thoemmes, Bristol, 1993), p. 3-10 ; Olaf Reinhardt, dans Kant, *Natural Science*, CUP, 2012, p. 156-164.

*Kant (1754b) = *Die Frage, ob die Erde veralte, physikalisch erwogen* (« La question du vieillissement de la terre, considérée d'un point de vue physique ») : AA 1, 195-213

Traductions anglaises : O. Reinhardt, D. R. Oldroyd, dans *Annals of science*, London, vol. 39, 1982, p. 349-369 ; Olaf Reinhardt, dans Kant, *Natural Science*, CUP, 2012, p. 165-181.

Kant (1755) = *Meditationum quarundam de igne succincta delineatio* (« Esquisse sommaire de quelques méditations sur le feu ») : AA 1, 369-384.

Traduction française : Mathieu Goldgewicht, dans *Philosophie* (Paris), n° 63, 1999, p. 13-30.

Traduction anglaise : Lewis White Beck, dans Kant, *Natural Science*, CUP, 2012, p. 309-326.

*Kant (1756a) = *Von den Ursachen der Erderschütterungen bei Gelegenheit des Unglücks, welches die westliche Länder von Europa gegen das Ende des vorigen Jahres betroffen hat* (« Sur les causes des tremblements de terre, à l'occasion du malheur qui a frappé la partie occidentale de l'Europe vers la fin de l'année dernière ») : AA 1, 417-427.

Traduction anglaise : Olaf Reinhardt, dans Kant, *Natural Science*, CUP, 2012, p. 327-336.

Kant (1756b) = *Geschichte und Naturbeschreibung der merkwürdigsten Vorfälle des Erdbebens, welches an dem*

Ende des 1755sten Jahres einen großen Theil der Erde erschüttert hat (« Histoire et description des plus remarquables événements relatifs au tremblement de terre qui a secoué une grande partie de la terre à la fin de l'année 1755 ») : AA 1, 429-462.

Traduction française : Jean-Paul Poirier, dans *Cahiers philosophiques*, vol. 78 (1999), p. 85-121.

Traduction anglaise : Olaf Reinhardt, dans Kant, *Natural Science*, CUP, 2012, p. 337-364.

Kant (1756c) = *Fortgesetzte Betrachtung der seit einiger Zeit wahrgenommenen Erderschütterungen* (« Nouvelle considération sur les tremblements de terre observés depuis quelques temps ») : AA 1, 463-472.

Traduction anglaise : Olaf Reinhardt, dans Kant, *Natural Science*, CUP, 2012, p. 365-373.

Kant (1756d) = *Neue Anmerkungen zur Erläuterung der Theorie der Winde* (« Nouvelles remarques sur l'explication de la théorie des vents ») : AA 1, 489-504.

Traduction anglaise : Olaf Reinhardt, dans Kant, *Natural Science*, CUP, 2012, p. 374-385.

*Kant (1764) = *Recension von Silberschlags Schrift : Theorie der am 23. Juli 1762 erschienenen Feuerkugel* (« Recension de l'écrit de Silberschlag : « Théorie de la boule de feu qui est apparue le 23 juillet 1762 » ») : AA 8, 447-450.

Traduction anglaise : Eric Watkins, dans Kant, *Natural Science*, CUP, 2012, p. 409-413.

Kant (1785) = *Über die Vulkane im Monde* (« Sur les volcans de la Lune ») : AA 8, 67-76.

Traduction anglaise : Olaf Reinhardt, dans Kant, *Natural Science*, CUP, 2012, p. 418-425.

Kant (1794) = *Etwas über den Einfluß des Mondes auf die Witterung* (« A propos de l'influence de la lune sur le climat ») : AA 8, 315-324.

Traduction anglaise : Olaf Reinhardt, dans Kant, *Natural Science*, CUP, 2012, p. 426-433.

LITTÉRATURE PRIMAIRE

ARISTOTE, *Météorologiques*, trad. J. Tricot, Paris, Vrin, 1976.

BAUMGARTEN Alexander Gottlieb, *Metaphysica*, Halle, Hemmerde, 7ᵉ édition, 1779 (1ʳᵉ édition, 1739).

BOYLE Robert, *The Origin of Forms and Qualities according to the Corpuscular Philosophy*, Oxford, 1666 ; *in* M. A. Stewart (éd.), *Selected Philosophical Papers of Robert Boyle*, Indianapolis, Hackett Publishing Company, 1991, p. 1-96.

BUFFON, *Histoire naturelle, générale et particulière, avec la description du cabinet du roy*, t. 1, Paris, Imprimerie royale, 1749 (36 volumes parus jusqu'en 1789).

CARRÉ Louis, « Sur la Réfraction des balles de Mousquet dans l'eau, et sur la résistance de ce fluide », *Mémoires de mathématique et de physique de l'Académie royale des sciences*, Académie royale des sciences, Amsterdam, 1705, p. 211-219.

CHLADNI Ernst Florens Friedrich, *Über den Ursprung der von Pallas gefundenen und anderer ihr ähnlicher Eisenmassen und über einige damit in Verbindung stehende Naturerscheinungen*, Riga, Hartknoch, 1794.

D'ALEMBERT Jean (le Rond), *Traité de Dynamique*, Paris, David, 1743.

DELAUNAY Charles, *Conférence sur l'astronomie et en particulier sur le ralentissement du mouvement de rotation. Première conférence de la société des amis des sciences*, Paris, Baillère, 1866.

DESCARTES René, *Œuvres complètes*, Ch. Adam et P. Tannery (éd.), Paris, Leopold Cerf, 12 vol., 1897-1910 ; édition poche, Paris, Vrin, 1996 (citées AT).

DIDEROT Denis, D'ALEMBERT Jean (le Rond), *Encyclopédie ou dictionnaire raisonné des sciences, des arts et des métiers*, Paris, 18 Tomes, 1751-1772.

ERXLEBEN Johann Christian Polykarp, *Anfangsgründe der Naturlehre*, Göttingen, Dieterich, 1772.

EULER Leonhard, « Réflexions sur les divers degrés de lumière du soleil et des autres corps célestes », dans *Mémoires de l'académie des sciences de Berlin* ([6], 1750), 1752, p. 280-310.

– *Lettres à une princesse d'Allemagne sur divers sujets de physique et de philosophie*, Saint Petersburg, Académie impériale des Sciences, 1768.
Traduction allemande : *Briefe an eine deutsche Prinzessinn über verschiedene Gegenstände aus der Physik und Philosophie*, Leipzig, Junius, 1769 (Vieweg und Sohn, Braunschweig-Wiesbaden, 1986).

FONTENELLE Bernard Le Bovier de, *Entretiens sur la pluralité des mondes*, Paris, Blageart, 1686 (Paris, Vialetay, 1970).

– *Poésies pastorales*, La Haye, van Dolque et Foulque, 1688.

GEHLER Johann Samuel Traugott, *Physikalisches Wörterbuch, oder Versuch einer Erklärung der vornehmsten Begriffe und Kunstwörter der Naturlehre, mit kurzen Nachrichten von der Geschichte der Erfindungen und Beschreibungen der Werkzeuge begleitet*, vol. 1, Leipzig, Schwieckertscher Verlag, 1787. Les 5 autres volumes paraîtront jusqu'en 1796. Une édition revue paraît à Leipzig (Schwieckert) en 1825.

GRALATH Daniel, « Geschichte der Electricität », *Versuche und Abhandlungen der naturforschenden Gesellschaft in Dantzig Erster Theil*, Danzig, Schreiber, 1747.

GRANDAMI Jacques, *Nova demonstratio immobilitatis terrae petita ex virtute magnetica et quaedamalia ad effectus et leges magneticas, usumque longitudinum et universam geographiam spectantia, de novo inventa*, La Flèche, Griveau, 1645.

HEGEL G.W.F., *Encyclopédie des sciences philosophiques. Volume 2 : Philosophie de la nature*, trad. Bernard Bourgeois, Paris, Vrin, 2004.

HALES Stephan, *Statik der Gewächse oder angestellte Versuche mit dem Saft in Pflanzen und ihren Wachsthum*, Halle, Renger, 1748.

HARTSOEKER Nicolaas, *Cours de physique accompagné de plusieurs pièces concernant la physique qui ont déjà paru*, La Haye, Jean Swart, 1730.

HUME David, *A treatise of human nature being an attempt to introduce the experimental method of reasoning into moral subjects*, édition Thomas Hill Green et Thomas Hodge Grose, Londres, vol. 1, 1886 (Aalen, scientia Verlag, 1964).

HUYGENS Christiaan, « Discours sur la cause de la pesanteur » (1690), dans *Traité de la lumière*, Dunod, Paris, 1992.

KARSTEN Wenceslaus Johann Gustav, *Anfangsgründe der Naturlehre*, Halle, Renger, 1780.

– *Anleitung zur gemeinnützlichen Kenntniß der Natur*, Halle, Renger, 1783 (AA 29, 171-590).

KÄSTNER Abraham Gotthelf, *Mathematische Anfangsgründe*, Göttingen, Vandenhoeck, 1758.

KEILL John, *Introductio ad Veram Physicam seu Lectiones Physicae*, Oxford, Thomas Bennet, 1702.

KNIGHT Gowin, *An attempt to demonstrate, that all the phœnomena in nature may be explained by two simple active principles, attraction and repulsion : wherein the attractions of cohesion, gravity, and magnetism, are shewn to be one and the same, and the phoenomena of the latter are more particularly explained*, London, s.n., 1748.

KNUTZEN Martin, *Vernünftige Gedanken von den Cometen*, Frankfurt et Leipzig, 1744.

LAMBERT Johann Heinrich, *Propriétés remarquables de la route de la lumière par les airs et en général*, La Haye, Van Daalen, 1759.

– *Neues Organon oder Gedanken über die Erforschung und Bezeichnung des Wahren und dessen Unterscheidung vom Irrthum und Schein*, Leipzig, 1764 (cité dans l'édition des *Philosophische Schriften* par Hans Werner Arndt, Hildesheim, Olms, 1965).

– *Anlage zur Architectonic, oder Theorie des Ersten und des Einfachen in der philosophischen und mathematischen Erkenntniß*, Riga, 1771.

LE GENTIL DE LA BARBINAIS Guy, *Nouveau voyage autour du monde avec une description de l'empire de la Chine*, Paris, 1725 (Amsterdam, Pierre Mortier, 1731).

LEIBNIZ G. W., *Œuvres philosophiques, latines et françoises de feu M. Leibnitz*, édition Erich Raspe, Amsterdam et Leipzig, J. Schreuder, 1765.

– *Opuscules philosophiques choisis*, trad. Paul Schrecker, Paris, Vrin, 2001.

– *Mathematische Schriften*, édition C. I. Gerhardt, Berlin (Halle), 7 volumes, 1849-1863 ; Hildesheim, Olms, 1971.

– *Die Philosophischen Schriften*, édition C. I. Gerhardt, Berlin, 7 volumes, 1875-1890 ; Hildesheim, Olms, 1978.

– *Sämtliche Schriften und Briefe*, Darmstadt, Leipzig puis Berlin, édition de l'Académie des Sciences de Berlin-Brandeburg et de l'Académie des Sciences de Göttingen, 1923- (cités A, suivi des numéros de série, tome, page).

LEMERY Nicolas, « Physische und chemische Erklärung der unterirdischen Feuer, der Erdbeben, Stürme, des Bliztes und Donners », *Der Königl. Akademie der Wissenschaften in Paris physische Abhandlungen aus dem französischen übersetzt von Wolf Balth. Adolph von Steinwehr*, Breslau, Johann Jakob Korn, 1748, p. 417-427.

MANFREDI Eustachio, « De aucta maris altitudine », *De Bononiensi scientiarum et artium instituto atque academia commentarii*, Bologne, 1746.

MELLIN Georg Samuel Albert, *Encyclopädisches Wörterbuch der kritischen Philosophie : oder, Versüch einer fasslichen und vollständigen Erklärung der in Kant's kritischen und dogmatischen Schriften enthaltenen Begriffe und Sätze*, Jena et Leipzig, F. Frommann, 1797.

NEWTON Isaac, *Philosophiae naturalis principia mathematica. The third edition (1726) with variant readings, assembled and edited by Alexandre Koyré and I. Bernard Cohen*, Cambridge, Harvard University Press, 1972, 2 vol., 916 p.

– *De la gravitation suivi de Du mouvement des corps*, trad. M.-F. Biarnais, Paris, Gallimard, 1995.

– *The Principia : Mathematical principles of natural philosophy*, University of California Press, 1999.

Papers and Letters on natural philosophy, édition I. Bernard Cohen, Cambridge (MA), Harvard University Press, 1958.

– *Principes mathématiques de la philosophie naturelle, par feue Madame la Marquise du Chastellet*, 2 tomes, Paris, 1759, Paris, Jacques Gabay, 1990 (cités Newton-Châtelet). L'orthographe a été modernisée.

– *Traité d'Optique sur les réflexions, réfractions, inflexions et les couleurs de la lumière*, traduit par M. Coste, Paris, 1722. L'orthographe des citations a été modernisée (cité Newton-Coste).

NEWTON Isaac, Émilie DU CHÂTELET, *Principes mathématiques de la philosophie naturelle : la traduction française des Philosophiae naturalis principia mathematica*, édition critique du manuscrit par Michel Toulmonde, Ferney-Voltaire, Centre international d'étude du XVIIIe siècle, 2015, 2 vol.

SCHULTZ Johann, « Recension de *Ulrich, J. A. H. : Institutiones logicae et metaphysicae. Jena : Cröker 1785* », in *Allgemeine Literatur-Zeitung*, Jena, 1785, Bd IV, N. 295, p. 297-299. Accessible en ligne à l'adresse : http://zs.thulb.uni-jena.de

SILBERSCHLAG Johann Esaias, *Theorie der am 23 Julii, 1762. erschienen Feuer-Kugel*, Magdeburg, Stendal und Leipzig, 1764.

THOMAS D'AQUIN, *In octo libros Physicorum Aristotelis Expositio*, édition Mariano Maggiòlo, Torino-Roma, Marietti, 1954.

WALLERIUS J. Gottschalk, *Observationes mineralogicae ad plagam occidentalem sinus Bottnici*, Stockholm, 1752.

WASIANSKI Ehregott Andreas Christoph, *Immanuel Kant in seinen letzten Lebensjahren*, Königsberg, F. Nicolovius, 1804.

WHISTON William, *A new Theory of the Earth*, London, Tooke, 1696.

WOLFF Christian, *Anfangsgründe aller mathematischen Wissenschaften*, Halle, Renger, 1710.

– *Vernünftige Gedanken von den Kräften des menschlichen Verstandes und ihrem richtigem Gebrauche in Erkenntnis der Wahrheit*, Halle, Renger, 1713 (cité dans l'édition de Hans Werner Arndt, in *Gesammelte Schriften*, Hildesheim, Olms, I. 1, 1965).

– *Vernünfftige Gedancken von Gott, der Welt und der Seele des Menschen, auch allen Dingen urberhaupt*, Frankfurt/Leipzig, Renger, 1720.

– *Vollständiges mathematisches Lexicon*, Leipzig, Gleditsch, 1734.

ZEDLER Johann Heinrich, *Grosses Vollständiges Universal-Lexicon*, Leipzig et Halle, 68 vol., 1731-1754.

LITTÉRATURE SECONDAIRE

ADICKES Erich, *Kant als Naturforscher*, Berlin, De Gruyter, 1924 (vol. 1) et 1925 (vol. 2).

Allgemeine Deutsche Biographie, Berlin, Akademie der Wissenschaften, 45 vol., 1875-1912.

ARAGO François, « Analyse historique et critique de la vie et des travaux de Sir William Herschel », *L'annuaire pour l'an 1842 présenté au Roi par le bureau des longitudes*, Paris, Bachelier, 1842.

BEISER Frederick C., *The Fate of Reason. German philosophy from Kant to Fichte*, Cambridge, Harvard University Press, 1987.

BÖNING Holger, *Deutsche Presse*, vol. 1. 1., Stuttgart-Bad Cannstatt, Frommann-Holzboog, 1996.

BOROWSKI Ludwig Ernst, « Darstellung des Lebens und Charakter Immanuel Kants » (1804), in *Immanuel Kant sein Leben in Darstellungen von Zeitgenossen*, éd. F. Gross, Darmstadt, Wissenschaftliche Buchgesellschaft, 1993.

CARRIER Martin, « Kants Theorie der Materie und ihre Wirkung auf die zeitgenössische Chemie », *Kant-Studien*, 81(2), 1990, p. 170-210.

CLAVELIN Maurice, « Galilée et Descartes sur la conservation du mouvement acquis », *XVIIe siècle*, 242, 2009, p. 31-43.

Deutsches Wörterbuch von Jacob und Wilhelm Grimm, Leipzig, 16 tomes en 32 volumes, 1854-1961 (consultable en ligne à l'adresse : http://dwb.uni-trier.de/de/).

EISLER Rudolf, *Kant-Lexikon*, Berlin, Mitter, 1930 ; traduction Pierre Osmo et Anne-Dominique Balmès, 2 tomes, Paris, Tel-Gallimard, 2011.

FELBER Hans-Joachim, « Kants Beitrag zur Frage der Verzögerung der Erdrotation », *Die Sterne*, 50, 1974, p. 82-90.

FOUCAULT M., *Les mots et les choses*, Paris, Gallimard 1966.

FRIEDMAN Michael, *Kant's construction of nature. A reading of the Metaphysical foundations of natural science*, Cambridge, Cambridge University Press, 2013.

GRILLENZONI Paolo, *Kant e la scienza. Volume I : 1747-1755*, Scienze filosofiche 62, Vita e Pensiero, Milan, 1998.

GRONDIN Jean, *Kant et le problème de la philosophie : l'a priori*, « Bibliothèque d'histoire de la philosophie », Paris, Vrin, 1989.

– *Emmanuel Kant. Avant/après*, Paris, Criterion, 1991.

GUILLERMIT Louis, *Leçons sur la Critique de la raison pure de Kant*, éd. et présentation M. Fichant, « Bibliothèque d'histoire de la philosophie », Paris, Vrin, 2008.

GUTSCHER Marc-André, « What caused the great Lisbon earthquake ? », *Science* (AAAS, Washington D.C.), Vol. 305, N° 5688, 27 août 2004, p. 1247-1248.

GUYER Paul, *Kant's System of Nature and Freedom : Selected Essays*, Oxford, Clarendon Press, 2005.

HALLIDAY David, RESNICK Robert, WALKER Jearl, *Fundamentals of physics*, Hoboken (NJ), Wiley, 10ᵉ édition, 2013.

HASTIE William, *Kant's Cosmogony as in his essay on the retardation of the earth and his natural history and theory of the heaven*, Glasgow, James Maclehose and sons, 1900.

LEFÈVRE Wolfgang, WUNDERLICH Falk, « The concepts of Immanuel Kant's natural philosophy (1747-1780) », *in* W. Lefèvre (éd.), *Between Leibniz, Newton and Kant*, Dordrecht, Kluwer, 2001.

LIND Gunter, *Physik im Lehrbuch 1700–1850. Zur Geschichte der Physik und ihrer Didaktik in Deutschland*, Berlin, Springer, 1992.

NEWTON Robert R., *Ancient astronomical observations and the accelerations of the Earth and Moon*, Baltimore, John Hopkins University Press, 1970.

– *Medieval chronicles and the rotation of the Earth*, Baltimore, John Hopkins University Press, 1972.

PASCOLI Gianni, *Astronomie fondamentale*, Paris, Dunod, 2000.

PECERE Paolo, *La filosofia della natura in Kant*, Bari, Edizioni di Pagina, 2009.

– « Kant's Newtonianism : a reappraisal », *Estudos Kantianos*, Marília (Brésil), vol. 2, N. 2, 2014, p. 155-182.

PELLETIER Arnaud, « Kant et la rotation de la Terre (1754-1777) : découverte scientifique et "physique critique" », *Kant avant la Critique de la raison pure* (éd. L. Langlois), Paris, Vrin, 2009, p. 113-119.

– « Les réflexions mathématiques de Kant (1764-1800) », *Cahiers philosophiques de Strasbourg*, 26, 2009, p. 97-116 et 265-294.

– « Kant et le débat sur le meilleur des mondes (1753-1759) », dans *Kant et les Lumières européennes* (éd. L. Bianchi *et alii*), Paris, Vrin, 2009, p. 91-98.

– « L'érosion et la boule de feu : difficultés et tâches d'une science de la Terre selon Kant (1754-1764) », dans *Kant, la science et les sciences* (éd. M. Ruffing *et alii*), Paris, Vrin, 2011, p. 203-211.

– « Les catégories : la réforme de la scolastique allemande dans le premier Leibniz », *Studia Leibnitiana*, 46/2 (2014), p. 152-166.

— (ed.), *Leibniz's experimental philosophy*, Stuttgart, Steiner Verlag, 2016.

– « La profondeur et le fond : des concepts simples chez Lambert », à paraître dans les *Cahiers philosophiques de Strasbourg*.

POIRIER Jean-Paul, *Le tremblement de terre de Lisbonne. 1755*, Paris, Odile Jacob, 2005.

POLLOK Konstantin, *Kants « Metaphysische Anfangsgründe der Naturwissenschaft ». Ein kritischer Kommentar*, Hamburg, Felix Meiner, Kant-Forschungen (Bd. 13), 2001.

POZZO Riccardo, OBERHAUSEN Michael, « The place of science in Kant's university », in *History of Science*, Cambridge, n° 129, vol. 40 (3), 2002, p. 353-368.

REINHARDT O., OLDROYD D. R., « Kant's Thoughts on the Ageing of the Earth », *Annals of science*, 1982.

SCHNEIDERS Werner (éd.), *Lexikon der Aufklärung. Deutschland und Europa*, München, Beck, 2001.

STAROBINSKI Jean, *Action et réaction. Vie et aventure d'un couple*, Paris, Seuil, 1999.

STEPHENSON F. Richard, « Historical eclipses and Earth's rotation », *Astronomy & Geophysics*, vol. 44, N. 2, 2003, p. 222-227.

VAN BRAKEL Jaap, « Kant's legacy for the philosophy of chemistry », *in* D. Baird, E. Scerri, L. McIntyre (eds), *Philosophy of chemistry : synthesis of a new discipline*, Dordrecht, Springer, 2006, p. 69-91.

VUILLEMIN Jules, *Physique et métaphysique kantiennes*, Paris, P.U.F., 1955.

WARDA Arthur, *Immanuel Kants Bücher*, Berlin, Verlag Martin Brestauer, 1922 (suivi de la section et du numéro d'inventaire de la bibliothèque de Kant).

WASCHKIES Hans-Joachim, *Physik und Physikotheologie des jungen Kant. Die Vorgeschichte seiner allgemeinen Weltgeschichte und Theorie des Himmels*, Amsterdam, B. R. Grüner, 1987.

WATKINS Eric, « Kant's justification of the laws of mechanics », *Studies in history and philosophy of science*, 29, 1998, p. 539-560.

– « What is, for Kant, a Law of Nature ? », *Kant-Studien*, 105/4, 2014, p. 471-490.

WINTER Eduard, *Die Registres der Berliner Akademie der Wissenschaften 1746-1766. Dokumente für das Wirken Leonhard Eulers in Berlin*, Berlin, Akademie Verlag, 1957.

INDEX DES NOMS

Seuls ne sont repris ici que les noms des auteurs explicitement cités par Kant ou, entre parenthèses, directement évoqués. Les renvois aux *Principes métaphysiques de la science de la nature* sont en caractères droits, ceux aux premiers articles sur la physique de la terre et du ciel sont en italiques.

TABLE DES MATIÈRES

KANT
PRINCIPES MÉTAPHYSIQUES
DE LA SCIENCE DE LA NATURE (1786)

ANNEXE

KANT

PREMIERS ARTICLES SUR LA PHYSIQUE
DE LA TERRE ET DU CIEL (1754-1764)

KANT À LA MÊME LIBRAIRIE

Emmanuel Kant – Alexander Gottlieb Baumgarten, *Réflexions sur la philosophie morale. Principes de la philosophie pratique première*, textes présentés et traduits par L. Langlois en collaboration, pour la traduction, avec M. Robitaille et É.-J.Poliquin, 424 pages, 2015.

Rêves d'un visionnaire, introduction, traduction et notes par F. Courtès, 256 pages, 2013.

Métaphysique des mœurs. Première partie : Doctrine du droit, introduction, traduction et notes par A. Philonenko ; préface de M. Villey, 420 pages, 2011.

Réflexions métaphysiques. 1780-1789, introduction, traduction et notes par S. Grapotte, 304 pages, 2011.

De l'amphibologie des concepts de la réflexion (Critique de la raison pure), introduction, traduction et notes par M. Haumesser, 272 pages, 2010.

Abrégé de philosophie, introduction, traduction et notes par A. Pelletier, 180 pages, 2009.

Emmanuel Kant – Michel Foucault, *Anthropologie du point de vue pragmatique. Introduction à l'Anthropologie*, traduction de M. Foucault, 272 pages, 2008.

Vers la paix perpétuelle. Un projet philosophique, introduction, traduction et notes par M. Marcuzzi, 272 pages, 2007.

La dissertation de 1770, texte, traduction, introduction et notes par A. Pelletier, 216 pages, 2007.

Qu'est-ce que s'orienter dans la pensée ?, traduction et notes par A. Philonenko, 112 pages, 2001.

L'unique argument possible d'une démonstration de l'existence de Dieu, introduction, traduction et notes par R. Theis, 240 pages, 2001.

Projet de paix perpétuelle. Esquisse philosophique (1795), texte et traduction de J. Gibelin, 144 pages, 1999.

Réponse à Eberhard, introduction, traduction et notes par J. Benoist, 176 pages, 1999.

Histoire et politique. Idée pour une histoire universelle du point de vue cosmopolitique. Conjecture sur le commencement de l'histoire humaine. Le conflit des Facultés, traduction par G. Leroy, annoté par M. Castillo, 192 pages, 1999.

Prolégomènes à toute métaphysique future qui pourra se présenter comme science, traduction par L. Guillermit ; préface de J. Vuillemin, 240 pages, 1997.

Logique, traduction et notes par L. Guillermit, 208 pages, 1997.

Première introduction à la critique de la faculté de juger (1789). D'un ton grand seigneur adopté naguère en philosophie (1796). Annonce de la proche conclusion d'un traité de paix perpétuelle en philosophie (1796), traduction par L. Guillermit, 144 pages, 1997.

Métaphysique des Mœurs. Deuxième partie : Doctrine de la vertu, traduction et notes par A. Philonenko, 280 pages, 1996.

Dissertation de 1770, nouvelle édition établie et traduite par A. Pelletier, 216 pages, 2007.

Remarques touchant les observations sur le sentiment du beau et du sublime, introduction, traduction et notes par B. Geonget ; préface de B. Bourgeois, 280 pages, 1994.

Anthropologie du point de vue pragmatique, traduction de M. Foucault, 300 pages, 1994.

La religion dans les limites de la simple raison, traduction de J. Gibelin, revue par M. Naar, 336 pages, 1994.

Métaphysique des mœurs. Première partie : Doctrine du droit, 184 pages, 1993.

Critique de la faculté de juger, traduction par A. Philonenko, 308 pages, 1993.

Réflexions sur l'éducation, traduction par A. Philonenko, 160 pages, 1993.

Fondements de la métaphysique des mœurs, traduction par V. Delbos ; introduction et notes par A. Philonenko, 206 pages, 1992.

Observations sur le sentiment du beau et du sublime, traduction par R. Kempf, 86 pages, 1992.

Essai pour introduire en philosophie le concept de grandeur négative, traduction par R. Kempf, 68 pages, 1991.

Premiers principes métaphysiques de la science de la nature, traduction par J. Gibelin, 168 pages, 1990.

Manuscrit de Duisbourg (1774-1775). Choix de réflexions des années 1772-1777, traduction par F.-X. Chenet, 188 pages, 1989.

Théorie et pratique. Droit de mentir, traduction par L. Guillermit, 120 pages, 1988.

Le conflit des facultés en trois sections, traduction par J. Gibelin, 174 pages, 1988

Histoire générale de la nature et Théorie du ciel (1755), traduction, introduction et notes par P. Kerszberg, A.-M. Roviello et J. Seidengart, 320 pages, 1984.

Les progrès de la métaphysique en Allemagne depuis Leibniz et Wolff, taduction et notes par L. Guillermit, 144 pages, 1973.

Recherches sur l'évidence des principes de la théologie naturelle et de la morale. Annonce du programme des leçons de M. E. Kant durant le semestre d'hiver 1765-1766, traduction par M. Fichant, 124 pages, 1973.

Considérations sur l'Optimisme (1759) - L'unique fondement possible d'une démonstration de l'existence de Dieu (1763) - Sur l'insuccès de tous les essais de théodicée (1791) - Pensées successives sur la théodicée et la religion, traduction par P. Festugière, 236 pages, 1972.

Quelques opuscules précritiques : La monadologie physique (1756) - Nouvelle définition du mouvement et du repos (1758) - De la fausse subtilité des quatre figures du syllogisme (1762) - Du premier fondement de la différence des régions dans l'espace (1768), introduction, traduction et notes par S. Zac, 140 pages, 1970.

Achevé d'imprimer par Corlet Numérique - 14110 Condé-sur-Noireau
N° d'Imprimeur : 137766 - Dépôt légal : avril 2017 - *Imprimé en France*